中国社会科学院 学者文选

胡乔木集

中国社会科学院科研局组织编选

中国社会科学出版社

图书在版编目(CIP)数据

胡乔木集／中国社会科学院科研局组织编选．—北京：中国社会科学出版社，2002.1（2018.8 重印）
（中国社会科学院学者文选）
ISBN 978-7-5004-2966-1

Ⅰ.①胡…　Ⅱ.①中…　Ⅲ.①胡乔木—文集　Ⅳ.①C53

中国版本图书馆 CIP 数据核字(2001)第 022902 号

出 版 人　赵剑英
责任编辑　郑文林
责任校对　林福国
责任印制　王　超

出　　版　中国社会科学出版社
社　　址　北京鼓楼西大街甲 158 号
邮　　编　100720
网　　址　http：//www.csspw.cn
发 行 部　010-84083685
门 市 部　010-84029450
经　　销　新华书店及其他书店

印刷装订　北京市十月印刷有限公司
版　　次　2002 年 1 月第 1 版
印　　次　2018 年 8 月第 2 次印刷

开　　本　880×1230　1/32
印　　张　13.625
字　　数　324 千字
定　　价　75.00 元

凡购买中国社会科学出版社图书，如有质量问题请与本社营销中心联系调换
电话：010-84083683

出版说明

一、《中国社会科学院学者文选》是根据李铁映院长的倡议和院务会议的决定，由科研局组织编选的大型学术性丛书。它的出版，旨在积累本院学者的重要学术成果，展示他们具有代表性的学术成就。

二、《文选》的作者都是中国社会科学院具有正高级专业技术职称的资深专家、学者。他们在长期的学术生涯中，对于人文社会科学的发展做出了贡献。

三、《文选》中所收学术论文，以作者在社科院工作期间的作品为主，同时也兼顾了作者在院外工作期间的代表作；对少数在建国前成名的学者，文章选收的时间范围更宽。

中国社会科学院

科研局

1999 年 11 月 14 日

目　录

编者的话

胡乔木是中国社会科学院的第一任院长，杰出的马克思主义理论家，百科全书式的学者。他是江苏盐城人，生于 1912 年 6 月 1 日。1930 年夏，在江苏省立扬州中学毕业，入清华大学历史系学习。同年加入共青团。1931 年春，任清华大学团支部书记；秋，任北平团市委委员、宣传部长。1932 年秋，在盐城加入中国共产党。1933 年秋，转学浙江大学外文系英语专业。因领导学生运动于 1935 年初被迫离校。随即到上海参加左翼文化运动，先后任社联党团成员、文总党团书记、中共江苏省临委委员。1937 年 5 月，奉调赴陕北。先后任安吴战时青训班副主任、中央青委委员，主编《中国青年》。1941 年 2 月起，任毛泽东秘书、中共中央政治局秘书。在延安期间，协助毛泽东编辑《六大以来》等历史文献，参与领导文艺界整风运动，参加《关于若干历史问题的决议》的起草工作，并为《解放日报》撰写社论。1945 年 4 月至 6 月，出席中共七大。8 月随毛泽东赴重庆谈判，参加党在重庆的文化宣传工作。年底返回延安。1947 年 4 月随毛泽东转战陕北。1948 年 5 月到西柏坡后，任新华社总编辑和社长。中华人民共和国成立后，任中共中央宣传部常务副部长、中共中央副秘书长、书记处候补书记、中央人民政府新闻总署署长、人民日报社社长等职，并为中共中央文字问题委员会主任、中国文字改革委员会委员、汉语拼音方案审订委员会副主任。“文化大革命”中遭迫害。1975 年复出，任国务院政治研究室主要负责人，协助邓小平进行整顿，后再遭打击。1977 年组建中国社会科学院并任院长。在中共十一届三中全会上重新选为中央委员，任中共中央副秘书长、毛泽东著作编委会办公室主任。五中全会当选为书记处书记。历任中共中央文献研究室主任、中共中央党史研究室主任等职，并为国务院学位委员会主任、《中国大百科全书》总编委会主任。1992 年 9 月 28 日在北京病逝。他是中共八届、十一届、十二届中央委员，十二届中央政治局委员，中顾委常委；第一届全国政协常委；第二、三、五届全国人大常委会委员。

从四十年代到九十年代初，胡乔木一直是中国共产党在思想文化、理论宣传战线上的重要领导人。他在哲学和人文、社会科学的诸多学科中都有高深的造诣和独创的见解。他对国际国内重大问题富有研究，起草过许多重要文件、写过许多重要文章，对中共党史、新闻出版、语言文字、文学艺术等领域都具有开创性的建树。

作为中国共产党在思想战线上的重要领导人，胡乔木是党性坚强、立场坚定的忠诚战士。

在国际阶级斗争的大风大浪中，他撰写了《再论无产阶级专政的历史经验》、《西藏的革命与尼赫鲁的哲学》等著名篇章，产生了巨大的影响。面对“两个凡是”，他先后发表了《按照经济规律办事，加快实现四个现代化》和《关于社会主义时期阶级斗争的一些提法问题》等著名发言，为解放思想、拨乱反正制造了舆论。在总结建国以来历史经验、正确评价毛泽东和毛泽东思想的过程中，他主持历史问题决议的起草，全面贯彻执行以邓小平为核心的第二代领导集体的要求，先后在党中央的会议上和起草小组内发表谈话三十多次，反复修改决议文稿，亲自撰写“文化大革命”等重要段落，为统一全党思想作出了重大贡献。当资产阶级自由化思潮泛滥的时候，他毫不犹豫地拿起批判的武器，发表了《当前思想战线的若干问题》和《关于人道主义和异化问题》等讲话，明确指出：“正确的批评当然首先要坚持四项基本原则，这是任何领域的批评的共同基础。”“至于宣传个人主义和资产阶级人道主义的作品，当然要进行批评，不管什么人反对，也要进行批评。”

胡乔木是中共党史研究和编纂的开拓者，党的文献工作的奠基人。

从 1951 年写成中共党史的奠基作《中国共产党的三十年》，到 1991 年发表总结七十年探索社会主义道路历程的《中国共产党怎样发展了马克思主义》，他在党史领域辛勤耕耘了四十年。他提出，党史研究和写作要有坚定的党性，要“站在党的立场上叙述党的历史”。同时，他又提出要加强党史工作的科学性，指出“我们依靠的是科学，是真理”，“历史要分析”，“要进行独立的科学的研究”，“要拿出权威性的材料，写得比较实在”，“要用科学的态度、科学的方法、科学的论证来阐明党的各种根本问题。”胡乔木关于党史研究指导思想和方法论的许多精辟见解，不仅对中国共产党历史的研究而且对所有的历史科学的研究，都具有指导意义。从 1941 年参与编辑《六大以来》等“党书”，到中共十三大后领导修订《毛泽东选集》一至四卷，胡乔木没有间断过党的文献的编辑整理工作。党的文献工作是在他直接领导和关怀下建立发展起来的。建国以后，他参与了《毛泽东选集》的编辑工作。十一届三中全会以后，党的文献工作在他主持下有了大的突破。为《周恩来选集》、《刘少奇选集》等一批老一辈革命家的著作集的编辑出版，他倾注了心血。在《邓小平文选》的编辑出版上，他花费精力最多，从文稿的选择和整理到注释的撰写，都经过他精心斟酌。经胡乔木审改的“党的文献编辑工作中一些原则性问题的处理意见”得到中央批准，成为共同遵循的“法规”，而胡乔木在这方面的工作实绩，创造了供人仿效的范本，他的严谨学风和开拓创新精神，具有深远的启迪和教育作用。

胡乔木是新中国新闻事业的奠基人。

他指导过延安《解放日报》、重庆《新华日报》的工作，写了许多社论、评论和新闻。在解放战争期间，他以中宣部和新华社的名义就解决新闻工作中存在的问题，发出过一系列重要的指示。新中国成立后，他长期领导新华社和人民日报的工作。强调人民日报“要坚持正确的办报方向”，指出“报纸是党的工具，是帮助党推动工作前进的”，报纸是党和政府联系群众的桥梁，改进报纸的工作一要联系实际，二要联系群众，三要在报纸上开展批评和自我批评。他指导了1956年人民日报改版的工作，指出“人民日报是党的报纸，也是人民的报纸”。报纸应该发表党的指示，同时尽量反映人民群众的意见。他认为要“扩大报道范围”，广泛反映国内国际生活里的重要的新的事物；要“开展自由讨论”，加强“报纸是社会的言论机关”的功能；主张报纸的副刊要办成贯彻“百花齐放、百家争鸣”方针的重要园地。十一届三中全会后，他积极贯彻解放思想、实事求是的思想路线，坚持四项基本原则，既不断推进新闻事业的改革和发展，又切实扭转思想战线上涣散软弱的状态。1982年春，有人提出“党性来源于人民性又高于人民性”的说法，为新闻工作摆脱党的领导制造理论根据。对此，胡乔木阐明：“共产党的党性，只能来源于无产阶级的阶级性，来源于科学社会主义思想。”“因为共产党具有这种先进性，所以它在每一个不同的历史时期，都能够代表广大人民的利益。”指出：“党报必须加强与群众的联系，既代表党也代表人民的利益，遇有某些复杂的情况需要分别采取适当措施，而不要笼统引用‘人民性’这个含混不清的概念来作为包治百病的药方。”

胡乔木又是中国文字改革和社会主义文学事业的推进者。

他一直为完成简化汉字、推广普通话、制订和推行《汉语拼音方案》这三项文字改革的任务和汉语规范化而不遗余力地奋斗。1982 年，他在对汉字字形结构长期研究的基础上，提出了简化汉字的十五条原则，为实现汉字信息化提供了基本思路。1984 年，针对某些求成过急的主张，他再次指出：“汉字是消灭不了的”，“在很长的时期内汉字还要用，拼音化的过程会是很长的”；强调“在新的历史时期内，仍然要坚持文字必须稳步进行改革的方针”。他认为当前文字改革的主要任务是推广和普及普通话，研究整理现行汉字，推行《汉语拼音方案》并使之完善化、规范化和加强文字改革的调查研究。这就把新时期的文字改革工作放到了一个切实可行的基础上。

胡乔木始终关注社会主义文艺的繁荣和发展。

他积极主张、大力宣传用“文艺为人民服务，为社会主义服务”的新口号来代替“文艺为政治服务”的旧口号。他指出，用“两为”的新口号来代替“为政治服务”的旧口号有很大的必要。“两为”的口号“比‘为政治服务’的提法更本质”，在表达我们的文艺服务目的方面，来得更加直接，给我们的文艺开辟的服务途径，更加宽广。他透辟地说明，文学艺术反映我们社会生活的社会主义内容，这是历史的必然要求；我们当然要提倡文艺作品表现某些强烈的政治主题。但是，这远不能代表文学艺术的全体。他指出，“某些没有倾向性或者没有明显的政治倾向性的文艺作品也仍然要存在和发展。只要是合乎美学标准的，也能够在一个方面起为人民服务、为社会主义服务的作用”。这就大大拓展了社会主义文学艺术的道路。

赞扬优秀作家作品，批评错误创作倾向，是胡乔木指导文艺工作的主要方式。对片面宣扬现代派的思潮，胡乔木从中外文学史的大量事实出发进行了科学的分析和批评，具有相当强的学术性。一方面，他肯定“艺术的创新是永远需要的”；无论中国和外国，不少追求现代派或采用现代派手法的作家还是反映现实，追求社会正义，批判资本主义的。同时，他又指出，“艺术不能离开生活”，“创新离不开艺术最根本的原则”。现代派的情况相当复杂，它在20世纪不能成为主流。现实主义产生了许多文学人物、场景，提出了许多有社会意义的问题，道路很广阔。对文艺理论研究、中国文学史研究，胡乔木也提出了科学的、合乎艺术规律的原则和方法。对中国诗歌形式的精深研究，特别是对创造新格律诗所作的理论探索和创作尝试，使他站到了这一领域的前沿。

与大多数学术大师的道路不同，作为革命者，胡乔木早在学生时代就投身于中国人民的解放和建设事业，他不是在书斋里而是在革命斗争的实践中成为一个大学问家。他以学问家的姿态来指导思想理论战线各方面的工作和斗争，同时又从理论家的高度来指导做学问。这就决定了他的学术研究与大多数学术大师不同的特点，这就是学术研究同政治、经济和社会生活的紧密的结合。学术研究的成果，是他对国际国内政治、经济、思想、理论领域出现的问题进行有说服力的分析论证或批评斗争的强有力的支柱。他的许多论文，体现了鲜明的政治性和严谨的学术性的统一。

程中原

2001年6月

再论无产阶级专政的历史经验*

在1956年4月间，我们曾经就斯大林问题讨论过无产阶级专政的历史经验。从那个时候以来，在国际共产主义运动中，继续发生了一系列引起我国人民关切的事件。铁托同志在11月11日的演说和各国共产党对于这篇演说的评论，在我国报纸发表以后，再一次使人们提出了许多需要加以答复的问题。我们现在这篇文章将着重地讨论以下一些问题，就是：第一，关于苏联的革命和建设的基本道路的估计；第二，关于斯大林的功过的估计；第三，关于反对教条主义和修正主义；第四，关于各国无产阶级的国际团结。

在观察现代国际问题的时候，我们必须首先从这样一个最基本的事实出发，就是帝国主义侵略集团同全世界人民力量之间的对立。饱受帝国主义侵略痛苦的中国人民永远也不会忘记：帝国主义从来就反对各国人民的解放和一切被压迫民族的独立，从来就把最坚决地代表人民利益的共产主义运动看作眼中钉。从第一

---

* 此篇系根据中共中央政治局扩大会议讨论写成。以“人民日报编辑部”文章名义在1956年12月29日《人民日报》发表。

个社会主义国家苏联出世以来，帝国主义就用尽一切手段来危害苏联。在一系列的社会主义国家成立以后，帝国主义阵营同社会主义阵营的对立，它对于社会主义阵营所进行的明目张胆的破坏活动，更成为世界政治中异常显著的现象。帝国主义阵营的首脑——美国，在干涉社会主义国家的内政方面，作得特别凶恶无耻。它多年来阻挠着我国解放自己的领土——台湾，多年来公开地把颠覆东欧各国作为政府的政策。

帝国主义在1956年10月的匈牙利事件中的活动，是帝国主义在侵朝战争以后对于社会主义阵营一次最严重的进攻。正如匈牙利社会主义工人党临时中央委员会会议的决议所说，匈牙利事件是由内部和外部的几个方面原因造成的，任何片面的解释都是不正确的，而在这些原因中，国际帝国主义“起了主要的决定性的作用”。在匈牙利的反革命复辟阴谋被击退以后，以美国为首的帝国主义者，一方面操纵联合国通过反对苏联和干涉匈牙利内政的决议，一方面在整个西方世界煽起疯狂的反对共产主义的浪潮。美帝国主义尽管利用英法侵埃战争的失败，竭力企图夺取英法在中东北非的利益，但是还是声明保证同英法消除“误会”，取得“更密切、更亲密的谅解”，以便重整共同反对共产主义、反对亚非人民和反对全世界爱好和平人民的统一战线，为了反共、反人民、反和平的目的，帝国主义国家应该团结起来——这就是杜勒斯在北大西洋公约组织理事会会议上所说的“在世界历史的这一紧要关头，必须有一套生活和行动的哲学”的主要含义。杜勒斯多少带着醉意地断言：“苏联共产党结构正处于恶化状态（?），而统治者的权力正在崩溃（?）……面对着这种形势，自由国家必须保持道义的压力，这种压力有助于破坏苏联—中国共产主义体系，有助于保持军事实力和决心。”他号召北大西洋公约国家“搞垮以军国主义（?）和无神论观念为基础的苏联强有力的专制政治（?）”，并且认为，“改变共产党世界的性质，在现在看来似乎是可能的事情”！

我们从来认为敌人是我们最好的教师。现在杜勒斯又在给我们上课了。他尽可以污蔑我们一千次，诅咒我们一万次，这毫无什么新奇之处。但是他从“哲学”上要求帝国主义世界把对于共产主义的矛盾放在其他一切矛盾之上，一切都为了“改变共产党世界的性质”，“破坏”和“搞垮”以苏联为首的社会主义体系，这对于他们虽然肯定是徒劳的，对于我们却给了十分有益的教训。尽管我们一贯主张而且继续主张社会主义国家和资本主义国家应该和平共处，实行和平竞赛，帝国主义者还是时时刻刻都想消灭我们。因此，我们无论什么时候也不能忘记敌人同我们之间的严重斗争，这就是世界范围内的阶级斗争。

在我们面前有两种性质不同的矛盾：第一种是敌我之间的矛盾（在帝国主义阵营同社会主义阵营之间，帝国主义同全世界人民和被压迫民族之间，帝国主义国家的资产阶级同无产阶级之间，等等）。这是根本的矛盾，它的基础是敌对阶级之间的利害冲突。第二种是人民内部的矛盾（在这一部分人民和那一部分人民之间，共产党内这一部分同志和那一部分同志之间，社会主义国家的政府和人民之间，社会主义国家相互之间，共产党和共产党之间，等等）。这是非根本的矛盾，它的发生不是由于阶级利害的根本冲突，而是由于正确意见和错误意见的矛盾，或者由于局部性质的利害矛盾。它的解决首先必须服从于对敌斗争的总的利益。人民内部的矛盾可以而且应该从团结的愿望出发，经过批评或者斗争获得解决，从而在新的条件下得到新的团结。当然，实际生活的情况是复杂的。有时为了对付主要的共同的敌人，利害根本冲突的阶级也可以联合起来。反之，在特定情况下，人民内部的某种矛盾，由于矛盾的一方逐步转到敌人方面，也可以逐步转化成为对抗性的矛盾。到了最后，这种矛盾也就完全变质，不再属于人民内部矛盾的范围，而成为敌我矛盾的一部分了。这种现象，在苏联共产党和中国共产党的历史上，都曾经出现过。总之，一个人只要站在人民的立场上，就决不应该把人民内部的矛盾同敌我之间的矛盾等量齐观，或者互相混淆，更不应该把人民内部的矛盾放在敌我矛盾之上。否认阶级斗争、不分敌我的人，决不是共产主义者，决不是马克思列宁主义者。

在开始谈到我们所要讨论的问题之前，我们认为必须首先解决这个根本立场问题。否则，我们就必然会迷失方向，就不可能对于国际现象作出正确的解释。

一

帝国主义者对于国际共产主义运动的攻击，长期以来，主要地集中于苏联。而最近时期国际共产主义运动中的争论，也大都同对于苏联的认识有关。因此，正确地估计苏联的革命和建设的基本道路，是马克思列宁主义者所必须回答的重要问题之一。

马克思主义关于无产阶级革命和无产阶级专政的学说，是工人运动经验的科学总结。但是，除了只存在了七十二天的巴黎公社以外，马克思和恩格斯没有亲自看到过他们所毕生努力争取的无产阶级革命和无产阶级专政的实现。俄国无产阶级在列宁和苏联共产党的领导之下，在 1917 年胜利地实现了无产阶级革命和无产阶级专政，接着又胜利地建成了社会主义社会。科学的社会主义从此由理论和理想变为活生生的现实。这样，1917 年的俄国十月革命，就不但在共产主义运动历史上开辟了一个新时代，而且在整个人类历史上开辟了一个新时代。

苏联在革命以后的三十九年中获得了巨大的成就。随着剥削制度的消灭，苏联消灭了经济生活中的无政府状态、危机和失业。苏联的经济和文化，以资本主义国家所不能比拟的速度向前发展着。它的工业总产量，在1956年已经达到革命以前最高年份1913年的三十倍。革命以前工业落后、文盲众多的国家，现在已经成为世界上第二个工业强国，拥有世界上先进的科学技术力量和高度发展的社会主义文化。苏联劳动人民由革命前的被压迫者变成为国家和社会的主人翁，他们在革命斗争和建设劳动中发挥了巨大的积极性和创造性，他们的物质生活和文化生活的状况得到了根本的改变。十月革命以前的俄国本来是国内各民族的牢狱，而在十月革命以后，这些民族却得到了平等的地位，迅速地发展成为社会主义的先进民族。

苏联的发展并不是一帆风顺的。苏联在1918年到1920年，受到了十四个资本主义国家的进攻。早期的苏联，经历过内战、饥荒、经济困难、党内宗派分裂活动的严重的折磨。在第二次世界大战的决定性的时间内，在西方国家开辟第二战场以前，苏联曾经独力承受了并且击败了希特勒和他的伙伴们的几百万军队的进攻。这些严酷的考验没有压倒苏联，没有阻止它的前进。

苏联的存在，从根本上动摇了帝国主义的统治，而给予一切革命的工人运动和被压迫民族解放运动以无限的希望、信心和勇气。各国劳动人民援助了苏联，苏联也援助了各国劳动人民。苏联执行了维护世界和平、承认各民族一律平等和反对帝国主义侵略的外交政策。苏联是在世界范围内战胜法西斯侵略的主力。英勇的苏联军队同有关各国的人民力量合作，解放了东欧各国和中欧的一部、中国的东北部和朝鲜的北部。苏联同各人民民主国家建立了友好关系，援助了这些国家的经济建设，并且同它们在一起组成了世界和平的强大堡垒——社会主义阵营。对于全世界被压迫民族争取独立的运动，对于世界人民争取和平的运动，对于第二次世界大战以后新产生的亚非地区的许多和平国家，苏联也给予了重大的支持。

以上所说的这一切都是不可争辩的事实，而且是人们早已知道了的。为什么现在还要再一次提起这些事情呢？这是因为，共产主义的敌人固然一贯地抹煞这一切，而现在有些共产主义者在探讨苏联经验的时候，也往往把注意力集中到事情的次要方面，而忽视了事情的主要方面。

关于苏联的革命和建设的经验，就它们的国际意义说来，有几种不同的情况。在苏联的成功的经验中，一部分具有基本的性质，在人类历史的现阶段具有普遍意义。这是苏联经验中的首要和基本的方面。另一部分不具有这种普遍意义。此外，苏联还有一些错误的、失败的经验。错误和失败，尽管在表现形式和严重程度上各有不同，却是任何国家在任何时期都不能完全避免的。而苏联由于是第一个社会主义国家，没有成功的经验可以借鉴，它的一些错误和失败更加难于避免。这些错误和失败，对于所有共产主义者都是极其有益的教训。因此，苏联的全部经验，包括某些错误和失败的经验在内，都值得我们认真地加以研究，而它的成功的基本经验尤其重要。苏联发展的事实证明，苏联革命和建设的基本经验是一个伟大的成功，是马克思列宁主义在人类历史上第一曲响彻云霄的凯歌。

什么是苏联革命和建设的基本经验呢？据我们看来，至少以下这一些经验具有基本的性质：

（一）无产阶级的先进分子组织成为共产主义的政党。这个政党，以马克思列宁主义为自己的行动指南，按照民主集中制建立起来，密切地联系群众，力求成为劳动群众的核心，并且用马克思列宁主义教育自己的党员和人民群众。

（二）无产阶级在共产党领导之下，联合劳动人民，经过革命斗争从资产阶级手里取得政权。

（三）在革命胜利以后，无产阶级在共产党领导之下，以工农联盟为基础，联合广大的人民群众，建立无产阶级对于地主、资产阶级的专政，镇压反革命分子的反抗，实现工业的国有化，逐步实现农业的集体化，从而消灭剥削制度和对于生产资料的私有制度，消灭阶级。

（四）无产阶级和共产党领导的国家，领导人民群众有计划地发展社会主义经济和社会主义文化，在这个基础上逐步地提高人民的生活水平，并且积极准备条件，为过渡到共产主义社会而奋斗。

（五）无产阶级和共产党领导的国家，坚持反对帝国主义侵略，承认各民族平等，维护世界和平，坚持无产阶级国际主义的原则，努力取得各国劳动人民的援助，并且努力援助各国劳动人民和被压迫民族。

我们平常所说的十月革命的道路，撇开它在当时当地所表现的具体形式来说，就是指的这些基本的东西。这些基本的东西，都是放之四海而皆准的马克思列宁主义的普遍真理。

每个国家的革命和建设的过程，除了有共同的方面，还有不同的方面。在这个意义上说，每一个国家都有它自己的具体的发展道路。关于这个问题，我们将在后面去讨论。但是从基本原理上说来，十月革命的道路却反映了人类社会发展长途中的一个特定阶段内关于革命和建设工作的普遍规律。这不但是苏联无产阶级的康庄大道，而且是各国无产阶级为了取得胜利都必须走的共同的康庄大道。正是因为这个缘故，中国共产党中央委员会向党的第八次全国代表大会的政治报告中说："尽管我国的革命有自己的许多特点，可是中国共产党人把自己所干的事业，看成是伟大的十月革命的继续。"

保卫十月革命所开辟的这一条马克思列宁主义的道路，在目前的国际形势下具有特别重大的意义。帝国主义者声言要“改变共产党世界的性质”，他们所要改变的正是这条革命道路。几十年来，一切修正主义者对于马克思列宁主义所提出的修正意见，所传播的右倾机会主义思想，也正是想避开无产阶级解放的这一条必由之路。一切共产主义者的任务，就是团结无产阶级，团结人民群众，坚决地击退帝国主义者对于社会主义世界的猖狂进攻，坚决地沿着十月革命所开辟的道路前进。

二

人们问道：既然苏联革命和建设的基本道路是正确的，为什么又发生斯大林的错误呢？

关于这个问题，我们在4月间的文章[①]中已经讨论过了。但是由于最近时期东欧形势以及其他有关情况的发展，正确地认识和正确地对待斯大林错误的问题，已经成为影响许多国家共产党的内部发展和各国共产党相互团结的重大问题，已经成为影响全世界共产主义队伍反对帝国主义的共同斗争的重大问题。因此，需要把我们对于这个问题的观点作一些进一步的申述。

斯大林对于苏联的发展和国际共产主义运动的发展是有伟大功绩的。我们在《关于无产阶级专政的历史经验》一文中说过：“在列宁逝世之后，作为党和国家的主要领导人物的斯大林，创造性地运用和发展了马克思列宁主义；在保卫列宁主义遗产、反对列宁主义的敌人——托洛茨基分子、季诺维也夫分子和其他资

① 指《关于无产阶级专政的历史经验》，根据中共中央政治局扩大会议讨论写成，以“人民日报编辑部”文章名义发表于1956年4月5日《人民日报》。

产阶级代理人的斗争中，他表达了人民的意愿，不愧为杰出的马克思列宁主义的战士。斯大林所以赢得苏联人民的拥护，在历史上起了重要的作用，首先就是因为他和苏联共产党的其他领导人在一起维护了列宁的关于苏维埃国家工业化和农业集体化的路线。苏联共产党实行了这条路线，使社会主义制度在苏联取得胜利，并且造成了苏联在反希特勒的战争中取得胜利的条件，而苏联人民的这一切胜利是同全世界工人阶级和一切进步人类的利益相一致的。因此，斯大林这个名字也就很自然地同时在世界上享有很高的荣誉。”

但是斯大林在苏联的内外政策方面都犯了一些严重的错误。斯大林的个人专断的工作方法，曾经在一定程度上损害了苏联党的生活中和国家制度中的民主集中原则，破坏了一部分社会主义法制。由于斯大林在许多工作中严重地脱离群众，个人专断地决定许多重大政策，因而就不可避免地要犯严重的错误。这种错误，特别明显地表现在肃清反革命的问题上和对某些外国的关系问题上。斯大林在肃反工作中，在一方面，惩办了很多必须惩办的反革命分子，基本上完成了这条战线上的任务；但是在另一方面，却冤枉了许多忠诚的共产主义者和善良的公民，造成了严重的损失。斯大林在对待兄弟国家和兄弟党方面，总的来说，是站在国际主义的立场上，援助了各国人民的斗争和社会主义阵营的发展的。但是，在处理某些具体问题的时候，他却表现了大国沙文主义的倾向，缺乏平等的精神，更谈不到教育广大干部采取谦虚的态度；有时他甚至错误地干涉某些兄弟国家和兄弟党的内部事务，因而引起了许多严重的后果。

对于斯大林的这些严重的错误应该怎样解释呢？这些错误同苏联的社会主义制度的关系是怎样的呢？

马克思列宁主义的辩证法科学告诉我们，任何一种生产关系以及在这种生产关系的基础上建立起来的上层建筑，都有它的发生、发展和灭亡的过程。生产力发展到一定阶段，旧的生产关系基本上不能再同它相适应；经济基础发展到一定阶段，旧的上层建筑基本上不能再同它相适应。在这样的时候，就必然要引起根本性质的变革。谁要抵抗这种变革，谁就会被历史所抛弃。这一规律，以不同的形态适用于一切社会。这就是说，也适用于现在的社会主义社会和将来的共产主义社会。

斯大林的错误，是不是由于苏联的社会主义经济制度和社会主义政治制度已经过时，而不能再适应苏联发展的需要了呢？当然不是如此。苏联这个社会主义社会还是年轻的，它所走过的时间还不到四十年。苏联经济迅速发展的事实证明，苏联的经济制度基本上是适合于生产力的发展的，苏联的政治制度也是基本上适合于经济基础的需要的。斯大林的错误并不是由社会主义制度而来；为了纠正这些错误，当然不需要去“纠正”社会主义制度。西方资产阶级想用斯大林的错误来证明社会主义制度的“错误”，这是完全没有根据的。另外有些人想用社会主义的国家政权对于经济事业的管理来解释斯大林的错误，认为政府管理了经济事业就必然成为妨害社会主义力量发展的“官僚主义机构”，这也无法令人信服。谁也不能否认，苏联经济的巨大高涨正是劳动人民的国家政权有计划地管理经济事业的结果，而斯大林所犯的主要错误，却很少同管理经济的国家机关的缺点有关。

但是在基本制度适合需要的情况下，在生产关系和生产力之间，在上层建筑和经济基础之间，也仍然存在着一定的矛盾。这种矛盾表现成为经济制度和政治制度的某些环节上的缺陷。这种矛盾，虽然不需要用根本性质的变革来解决，仍然需要及时地加以调整。

有了适合需要的基本制度，也调整了制度中的日常性质的矛盾（按照辩证法，就是处在“数量变化”阶段的矛盾），是否就可以保证不发生错误了呢？问题没有这样简单。制度是有决定性的，但是制度本身并不是万能的。无论怎样好的制度，都不能保证工作中不会发生严重的错误。有了正确的制度以后，主要的问题就在于能否正确地运用这种制度，就在于是否有正确的政策、正确的工作方法和工作作风。没有这些，人们仍然可以在正确的制度下犯严重的错误，仍然可以利用良好的国家机关做出并不良好的事情。

为了解决以上所说的这些问题，必须依靠经验的积累和实践的考验，不可能一蹴而就。而且，情况是不断变化的，旧的问题解决了，新的问题又产生了，任何一劳永逸的解决也是不会有的。从这种观点看来，就是在已经建立了巩固的基础的社会主义国家中，它的生产关系和上层建筑的某些环节也还有缺陷，在党和国家的政策、工作方法和工作作风方面，也还有这样那样的偏差，这并没有什么奇怪的地方。

在社会主义国家中，党和国家的任务，就在于依靠群众和集体的力量，及时地调整经济制度和政治制度的各个环节，及时地发现和纠正工作中的错误。当然，党和国家的领导人员的主观认识，总不可能百分之百地符合于客观实际。因此，在他们的工作中，个别的、局部的、暂时的错误总是不可避免的。但是，只要严格遵守并且努力发展马克思列宁主义的辩证唯物主义的科学，只要彻底遵守党和国家的民主集中制，只要认真地依靠群众，全国性的、长时期的、严重的错误，却是可以避免的。

斯大林后期的一些错误之所以发展成为全国性的、长期性的、严重的错误，而不能得到及时的纠正，正是因为他在一定范围内和一定程度上脱离了群众和集体，破坏了党和国家的民主集中制。党和国家的民主集中制之所以会受到某种破坏，有一定的社会历史的条件。这就是：党在领导国家方面还缺乏经验；新的制度还没有巩固到足以抵抗一切旧时代影响的侵袭（新制度的巩固过程和旧影响的消失过程，都不是直线的，它们的某种波浪式的起伏现象，在历史的转变时期是屡见不鲜的）；国内外的紧张斗争对于某些民主发展所起的限制作用；等等。但是仅仅这些客观条件并不足以使犯错误的可能性变为现实。在比斯大林所处环境更加复杂得多和困难得多的条件下，列宁却没有犯斯大林那样的错误。在这里，决定的因素是人们的思想状况。斯大林后期被一连串的胜利和歌颂冲昏了头脑，他的思想方法部分地但是严重地离开了辩证唯物主义，而陷入了主观主义。他开始迷信个人的智慧和权威，不肯认真地调查和研究各种复杂的实际情况，不肯认真地倾听同志们的意见和群众的呼声，以致使自己所决定的一些政策和措施往往违反客观实际情况。而且，他往往在一个长时间内固执地要推行这些错误的东西，而不能及时地改正自己的错误。

为了纠正斯大林的错误，消除这些错误的后果，苏联共产党已经采取了步骤，并且已经开始取得了成就。苏联共产党第二十次代表大会，在破除关于斯大林的迷信、揭露斯大林错误的严重性、消除斯大林错误的后果方面，表现了巨大的决心和勇气。全世界的马克思列宁主义者和同情共产主义事业的人们，都支持苏联共产党纠正错误的努力，希望苏联同志的努力得到完满的成功。很明显，由于斯大林的错误不是一个短时间的错误，这个错误的纠正不可能在一个早上就得到完全胜利。它需要一个相当长的时间的努力，需要细致的思想教育工作。我们相信，曾经克服过无数困难的伟大的苏联共产党，必将克服这些困难，达到自己的目的。

苏联共产党的这样一个纠正错误的斗争，当然不会从西方资产阶级和右翼社会民主党方面得到支持。他们为了乘机抹煞斯大林的正确方面，抹煞苏联和整个社会主义阵营在过去时期的巨大成就，为了乘机在共产主义队伍中制造混乱和分裂，硬把对于斯大林错误的纠正叫作所谓反对“斯大林主义”，叫作所谓“反斯大林分子”对于“斯大林分子”的斗争。他们的恶意本来是显而易见的。不幸，在某些共产主义者中间，也在那里传播着类似的说法。我们以为，共产主义者采取这种说法是极端有害的。

大家知道，斯大林尽管在后期犯了一些严重的错误，他的一生乃是伟大的马克思列宁主义革命家的一生。斯大林在青年时代为反对沙皇制度和传布马克思列宁主义而斗争，在参加了党中央的领导机关以后为准备 1917 年革命而斗争，在十月革命以后为保卫十月革命的成果而斗争，在列宁逝世以后的近三十年中为建成社会主义、保卫社会主义祖国、发展世界共产主义运动而斗争。从整个说来，斯大林始终是站在历史潮流前面指导斗争的，他是帝国主义的不可调和的敌人。甚至在他犯错误的时候，他的悲剧也在于，他相信那是捍卫劳动者的利益不受敌人侵害所必需的。无论如何，斯大林的错误虽然对苏联造成了不应有的损失，但是在斯大林领导时期，社会主义的苏联还是大大地向前发展了。这个不可否认的事实，不但说明了社会主义制度的力量，而且也说明了斯大林毕竟是一个坚定的共产主义者。因此，我们在总结斯大林的全部思想和活动的时候，必须同时看到他的正面和反面，他的功绩和错误。只要我们是全面地观察问题，那么，如果一定要说什么“斯大林主义”的话，就只能说，首先，它是共产主义，是马克思列宁主义，这是主要的一面；其次，它包含一些极为严重的、必须彻底纠正的、违反马克思列宁主义的错误。尽管在某些时候为了纠正这些错误而对这些错误加以强调是必要的，但是为了作出正确的估价，不使人们发生误解起见，将这些错误放在适当的地位也是必要的。我们认为，斯大林的错误同他的成绩比较起来，只居于第二位的地位。

只有采取客观的分析的态度，我们才能够正确地对待斯大林以及一切在他的影响下犯了类似错误的同志，才能够正确地对待他们的错误。他们的错误既然是共产主义者在工作中的错误，这就是共产主义队伍内部的是非问题，而不是阶级斗争中的敌我问题。我们就需要用对待同志的态度而不应该用对待敌人的态度来对待他们，就需要在批评他们的错误方面的同时，保护他们的正确方面，而不应该否定他们的一切。他们的错误有社会历史的根源，尤其有思想认识的根源。这种错误既可以在他们身上发生，也可以在某些别的同志身上发生。因此，在认识和纠正了他们的错误以后，就需要把这种错误看作严重的教训，看作一项可以利用的财产，用来提高一切共产主义者的觉悟，从而防止重犯这种错误，并且推进共产主义事业的发展。否则，如果对于这些犯错误的人采取否定一切的态度，把他们叫作这种分子那种分子，而加以歧视和敌视，就不但不能使自己的同志得到应有的教训，而且由于混淆了是非和敌我这两类性质不同的矛盾，势必在客观上帮助敌人反对共产主义的队伍，瓦解共产主义的阵地。

铁托同志和南斯拉夫共产主义者联盟其他领导同志在最近的言论中，对于斯大林的错误和其他有关问题所采取的态度，据我们看来，不能够认为是全面的和客观的。南斯拉夫的同志们对于斯大林的错误抱有特殊的反感，这是可以理解的。在过去时期内，南斯拉夫的同志们在困难条件下，作了坚持社会主义的可贵的努力。他们在企业和其他社会组织中实行民主管理的试验，也引起了人们的注意。中国人民欢迎苏联和其他社会主义国家同南斯拉夫取得和解，欢迎中南两国建立和发展友好关系，并且同南斯拉夫人民一样希望南斯拉夫在社会主义道路上日益繁荣和强盛。我们也同意铁托同志这次演说中的一些论点，例如对于匈牙利反革命分子的谴责，对于匈牙利工农革命政府的支持，对于英法以三国侵略埃及的谴责，对于法国社会党采取侵略政策的谴责。但是使我们惊异的是，他在演说中对于几乎所有社会主义国家和许多共产党都进行了攻击。铁托同志断定，“顽固的斯大林主义分子……在各国党内设法继续保持他们的职位，他们再一次希望巩固他们的统治，把这种斯大林主义的倾向强加在他们的人民的头上，甚至别国人民的头上”。因此，他宣称：“我们必须同波兰同志们一起来反对其他国家的——无论东方国家的或西方国家的——党内出现的那种倾向。”我们没有看到过波兰党的领导同志认为必须对于兄弟党采取这种敌对态度的言论。对于铁托同志的这些意见，我们觉得必须说，他把所谓“斯大林主义”、“斯大林主义分子”等等作为攻击的对象，并且认为现在的问题是“在南斯拉夫开始的”路线和所谓“斯大林主义路线”哪一个得胜的问题，这种态度是不正确的。这只能把共产主义运动引向分裂。

铁托同志正确地指出：“从将来是社会主义还是反革命这样的角度来看匈牙利目前的发展，我们必须保卫卡达尔的现政府，我们必须帮助它。”但是南斯拉夫联邦执行委员会副主席卡德尔同志在南斯拉夫联邦国民议会上关于匈牙利问题的长篇演说，却很难说是对于匈牙利政府的保卫和帮助。他的演说不但对于匈牙利事件作了一种完全不分敌我的解释，而且要求匈牙利的同志们“必须从根本上改变政治制度”；要求他们把全部政权交给布达佩斯的和其他区域性的工人委员会，“不管工人委员会成了什么样子”；要求他们“不必在恢复共产党方面枉费心机”，“因为对群众来说，这样的党是官僚专制的化身”。这就是卡德尔同志给兄弟国家所设计的“非斯大林主义路线”的一个标本。匈牙利的同志们拒绝了卡德尔同志的这个建议。他们解散了被反革命分子所操纵的布达佩斯和其他区域性的工人委员会，坚持地发展了社会主义工人党。我们认为，匈牙利的同志们是作得完全正确的，否则匈牙利的将来就不会是社会主义，而是反革命。

南斯拉夫的同志们显然是作得太过分了。即令他们对于兄弟党的批评有某些合理的部分，但是他们所采取的基本立场和方法都违背了同志式的讨论的原则。我们不愿意干预南斯拉夫的内部事务，但是这里所说的并不是内部事务。为了巩固国际共产主义队伍的团结，为了不给敌人在我们队伍中制造混乱和分裂的条件，我们不能不向南斯拉夫的同志们提出兄弟般的劝告。

三

斯大林的错误的一个严重后果是教条主义的发展。各国共产党的队伍在批判斯大林的错误的同时，展开了克服教条主义的斗争。这个斗争是完全必要的。但是一部分共产主义者由于对斯大林采取了否定一切的态度，由于提出了反对"斯大林主义"的错误口号，因而帮助了对于马克思列宁主义的修正主义思潮的发展。这种修正主义的思潮无疑是有利于帝国主义对于共产主义运动的进攻的，而事实上，帝国主义也正在积极地利用这种思潮。我们在坚决反对教条主义的时候，必须同时坚决反对修正主义。

马克思列宁主义认为：在人类社会的发展中有共同的基本规律。但是在不同的国家和民族中间，又存在着千差万别的特点。因此，每个民族都经历着阶级斗争，并且最后都将沿着在一些基本点上相同、而在具体形式上各有不同的道路，走向共产主义。只有善于根据自己的民族特点运用马克思列宁主义的普遍真理，各国无产阶级的事业才能得到成功。而且只要他们这样做，他们就会创造出自己的新的经验，从而给别的民族和整个马克思列宁主义宝库作出一定的贡献。教条主义者不了解，马克思列宁主义的普遍真理只有通过一定的民族特点，才能在现实生活中具体地表现出来和发生作用。他们不肯认真地研究本国、本民族的社会历史特点，不肯根据这些特点具体地运用马克思列宁主义的普遍真理。因此，他们也就不可能指导无产阶级的事业达到胜利。

马克思列宁主义既然是各国工人运动经验的科学总结，当然不能不重视运用先进国家经验的问题。列宁在《做什么?》一书中说过："社会民主主义的运动，根本上就是国际的。这不仅是说我们应当反对本国沙文主义，而且是说在年轻国家内刚刚开始的运动，只有在它运用别国经验的条件下，才能顺利发展。"列宁在这里是说俄国刚刚开始的工人运动必须运用西欧工人运动的经验。在年轻的社会主义国家运用苏联经验的问题上，他的这个观点也是适用的。

但是学习必须有正确的方法。苏联的一切经验，包括基本的经验，都是同一定的民族特点结合在一起的，都是别的国家所不应该原样照抄的。如前所说，苏联的经验中还有错误的、失败的部分。所有这些成功的和失败的经验，对于善于学习的人都是无价之宝。因为它们都可以帮助我们少走弯路，少受损失。反之，如果不加分析地原样照抄，那么，在苏联成功了的经验也可以在别的国家造成失败，更不要说失败的经验了。列宁在我们上文所引用的话下面紧接着说："但是，要真能运用别国经验，单单认识这种经验或单单抄袭别国最近的决议，是不够的。为此就必须善于用批评的态度来看待这种经验，独立地检查它。谁只要想一想现代工人运动已发展和散播到了如何广大的地步，就会懂得，为了履行这个任务，该要有多少丰富的理论力量和政治经验（以及革命经验）。"显然，在无产阶级已经取得政权的国家，问题比列宁在这里所说的更要复杂许多倍。

在中国共产党的历史上，在 1931 年到 1934 年间，教条主义者否认中国的特点，照抄苏联的某些经验，曾经使我国的革命力量遭到严重的失败。这个失败深刻地教训了我们的党。我们的党在 1935 年的遵义会议到 1945 年的第七次全国代表大会期间，曾经彻底地清算了这条为害严重的教条主义路线，团结了全党同志，包括犯过错误的同志在内，发展了人民的力量，从而取得了革命的胜利。如果不是这样做，取得胜利是不可能的。因为我们克服了教条主义路线，我们的党现在在学习苏联和其他兄弟国家的经验的时候，才有可能比较地少犯一些错误。也由于这样，我们能够充分了解目前波兰和匈牙利的同志们纠正过去时期教条主义错误的必要性和艰巨性。

教条主义的错误在任何时候任何地方都是必须纠正的。我们将继续努力纠正和防止在我们工作中的这类错误。但是反对教条主义同容忍修正主义毫无共同之点。马克思列宁主义承认各国的共产主义运动必然有它的民族特点，但是这决不是说，各国的共产主义运动可以没有基本的共同点，可以离开马克思列宁主义的普遍真理。在目前的反对教条主义的潮流中间，在我们国内和国外，都有人借口反对照抄苏联经验，而否认苏联的基本经验的国际意义，借口创造性地发展马克思列宁主义，而否认马克思列宁主义的普遍真理的意义。

由于斯大林和其他一些社会主义国家过去时期的领导者犯了破坏社会主义民主的严重错误，共产主义队伍中的一些不坚定的分子，就借口发展社会主义民主，企图削弱或者否定无产阶级专政，削弱或者否定社会主义国家的民主集中制，削弱或者否定党的领导作用。

无产阶级专政必须把对于反革命力量的专政同最广泛的人民

民主，亦即社会主义民主，紧密地结合在一起，这是不能有任何怀疑的。无产阶级专政之所以强有力，所以能够战胜国内外的强大敌人而负起实现社会主义的伟大历史任务，正因为它是劳动群众对剥削者的专政、大多数人对少数人的专政，正因为它对于广大劳动人民实现了任何资产阶级民主所不能实现的民主。离开了对于广大劳动人民的密切联系，离开了他们的积极支持，就不可能有什么无产阶级专政，至少不可能有巩固的无产阶级专政。阶级斗争愈是紧张，无产阶级愈是需要采取最坚决最彻底的态度，依靠广大的人民群众，动员他们的革命积极性来战胜反革命力量。苏联十月革命时期和紧接着的国内战争时期“热火朝天”的群众斗争的经验，充分地证明了这个真理。我们党所常说的“群众路线”，也就是从苏联当时的经验学来的。苏联当时的紧张斗争，基本上依靠着人民群众的直接行动，当然不可能具备完善的民主程序。到了剥削阶级已经消灭、反革命力量已经基本上肃清以后，无产阶级专政虽然对于国内的反革命残余（这种残余在帝国主义存在期间不可能完全肃清）仍然是必要的，但是它的主要锋芒就应该转向防御国外的帝国主义侵略势力。在这种条件下，当然应该在国内政治生活中逐步地发展和健全各种民主的程序，健全社会主义法制，加强人民对于国家机关的监督，发展国家管理工作和企业管理工作中的民主方法，密切国家机关和企业管理机关同广大群众的联系，撤除损害这种联系的障碍，进一步克服官僚主义的倾向，而不应该像斯大林那样，在阶级消灭以后仍然强调阶级斗争的尖锐化，因而妨害了社会主义民主的健全的发展。苏联共产党坚决地纠正了斯大林在这个问题上的错误，这是完全正确的。

社会主义民主在任何意义上都不允许同无产阶级专政对立起来，都不允许同资产阶级民主混淆起来。无论在政治方面、经济方面和文化方面，社会主义民主的唯一目的，都是为了加强无产阶级和全体劳动人民的社会主义事业，为了发展他们建设社会主义的积极性，为了发展他们同一切反社会主义势力作斗争的积极性。因此，如果有一种民主可以被利用来进行反社会主义的活动，可以被利用来削弱社会主义事业，那么，这种所谓“民主”就决不是什么社会主义民主。

但是有些人并不是这样认识问题的。对于匈牙利事件的反应，最显著地暴露了这一点。在过去时期的匈牙利，劳动人民的民主权利和革命积极性受到破坏，而反革命分子却没有受到应有的打击，以致反革命分子在1956年10月间能够很容易地利用群众的不满情绪，组织武装叛乱。这就说明了过去时期的匈牙利还没有认真地建立起无产阶级专政。但是，当匈牙利处在革命和反革命、社会主义和法西斯主义、和平和战争的紧急关头的时候，一些国家的共产主义知识分子是怎样提出问题的呢？他们不但没有提出实行无产阶级专政的问题，反而出来反对苏联援助匈牙利社会主义力量的正义行动，出来宣称匈牙利的反革命是“革命”，出来向工农革命政府要求给予反革命分子以“民主”！个别社会主义国家的某些报纸，至今还在放肆地诋毁在艰苦条件下英勇奋斗的匈牙利共产主义者所采取的革命措施，但是对于全世界反动派的反共、反人民、反和平的浪潮，却几乎默不作声。这些奇异的事实说明了什么呢？这些事实说明，那些离开无产阶级专政而高谈民主的“社会主义者”，实际上是站在资产阶级方面而反对无产阶级，实际上是要求资本主义而反对社会主义，虽然他们中间许多人或者并没有自觉到这一点。列宁曾经再三指出，无产阶级专政的学说是马克思主义的最主要之点；是否承认无产阶级专政，乃是“马克思主义者和庸俗小资产者（以及大资产者）之间的最深刻的区别”。对于1919年的匈牙利无产阶级政权，列宁曾经要求他们“采取严酷无情和迅速坚决的强力手段”来镇压反革命分子，并且说：“谁不了解这一点，谁就不是革命者，谁就没有资格当无产阶级的领袖或顾问。”由此可见，人们如果因为看到了斯大林后期所犯的错误，看到了过去时期匈牙利领导者所犯的错误，就否认马克思列宁主义关于无产阶级专政的基本原理，把这个基本原理污蔑为什么“斯大林主义”和“教条主义”，那就会走上背叛马克思列宁主义和离开无产阶级革命事业的道路。

否认无产阶级专政的人们也否认社会主义民主需要集中，否认无产阶级政党在社会主义国家中的领导作用。这些议论，对于马克思列宁主义者说来，当然不是什么新东西。恩格斯在同无政府主义者斗争的时候早已指出，在任何社会组织中，只要有联合活动存在，就必须有一定的权威和一定的服从。权威和自治之间的关系是相对的，它们的应用范围是因社会发展阶段不同而有所改变的。恩格斯说：“把权威原则描写成绝对坏的东西，而把自治原则描写成绝对好的东西，这是荒谬的”。他并且说，谁要是坚持这种荒谬观念，谁就是在实际上“为反动派效劳”。列宁在反对孟什维克派的斗争中，透彻地指出了党的有组织的领导对于无产阶级事业的决定意义。在1920年批评德国共产主义“左派”的时候，列宁着重地指出：否认党的领导作用，否认领导者的作用，否认纪律，“这就等于完全解除无产阶级的武装以帮助资产阶级。这也就恰恰是小资产阶级的散漫、动摇、不能坚忍、不能团结、不能整齐动作等等的劣根性。这种劣根性如果任其横行，必使任何无产阶级的革命运动都会一败涂地。”这些原理是否过时了呢？是否不适用于某些国家的特殊情况呢？运用了这些原理，是否就会产生斯大林的错误呢？事实显然不是如此。马克思列宁主义的这些原理，经历了国际共产主义运动和社会主义国家发展的历史考验，到现在还没有遇到过一种可以称为例外的情况。斯大林的错误不是由于实行了国家生活中的民主集中制，实行了党的领导，恰恰是由于他在一定范围内和一定程度上破坏了民主集中制和破坏了党的领导。正确地贯彻国家生活中的民主集中制，正确地加强党对于社会主义事业的领导，乃是社会主义阵营各国团结人民、战胜敌人、克服困难而获得强大发展的基本保证。正是因为这样，帝国主义者和一切反革命分子为要打击我们的事业，总是向我们要求“自由化”，总是集中力量来破坏我们事业中的领导机构，来破坏无产阶级的核心共产党。他们对于目前某些社会主义国家中由于党和国家机关的纪律受到损害而产生的“不稳定状态”，表示了极大的满意，并且正在利用这种状况来加紧他们的破坏活动。这个事实说明，维护民主集中制的权威，维护党的领导的作用，对于人民群众的基本利益具有多么严重的意义。毫无疑问，民主集中制的集中必须建立在广泛的民主的基础上，党的领导必须是密切联系人民群众的领导。在这些方面如果发生了缺点，就必须坚决地加以批判和克服。但是对于这些缺点的批判，只能是为着巩固民主集中制，巩固党的领导，而绝对不能是像敌人所企求的那样，造成无产阶级队伍的涣散和混乱。

在借口反对教条主义而修正马克思列宁主义的人们中间，有些人索性否认无产阶级专政和资产阶级专政之间的界限，否认社会主义制度和资本主义制度之间的界限，否认社会主义阵营和帝国主义阵营之间的界限。在他们看来，用不着经过无产阶级政党领导的无产阶级革命，用不着建立无产阶级政党领导的国家，某些资产阶级国家就可以建设社会主义，它们的国家资本主义就已经是社会主义，甚至全人类社会都已经在“长入”社会主义了。但是，正在他们进行这种宣传的时候，帝国主义对于已经建立了多年的社会主义国家，却正在动员一切可以动员的军事、经济、外交、特务和“道义”的力量，积极准备把它们“破坏”和“搞垮”。这些国家的潜伏的和逃亡到外国的资产阶级反革命分子，也还在力求复辟。修正主义的思潮虽然是有利于帝国主义的，但是帝国主义者的行动，却并不有利于修正主义，而是证明了修正主义的破产。

四

为了反对帝国主义的进攻，各国无产阶级的最迫切的任务之一，是加强无产阶级的国际团结。帝国主义者和各国反动派为了达到他们的毁灭共产主义事业的目的，正在利用各国人民中狭隘的民族感情和某些民族隔阂，来千方百计地破坏无产阶级的国际团结。坚定的无产阶级的革命派坚决地维护这个团结，把这个团结看成各国无产阶级的共同利益。动摇分子在这个问题上动摇不定，没有明确的立场。

共产主义运动一开始就是国际性的运动，因为只有各国无产阶级共同努力，才能战胜各国资产阶级的共同压迫，而实现自己的共同利益。共产主义运动中的这种国际团结，大大地帮助了各国无产阶级革命事业的发展。

俄国十月革命的胜利，给了国际无产阶级革命运动的新发展以巨大的推动力量。在十月革命以来的三十九年中，国际共产主义运动已经得到了极其伟大的成就，在世界范围内成为强大的政治力量。全世界无产阶级和一切渴望解放的人们，都把关于人类的光明前途的全部希望，寄托在这个运动的胜利上面。

在过去的三十九年中，苏联由于是第一个胜利的社会主义国家，而在社会主义阵营出现以后，又是这一阵营中最强大和经验最丰富的国家，对于各社会主义国家以及资本主义世界的各国人民能够给予最重大的援助，所以它一直是国际共产主义运动的中心。这种情况不是任何人人为地决定的，而是历史条件所自然形成的。为了各国无产阶级共同事业的利益，为了共同反对以美国为首的帝国主义阵营对于社会主义事业的进攻，为了争取社会主义各国经济文化的共同高涨，我们必须继续加强以苏联为中心的国际无产阶级的团结。

各国共产主义政党之间的国际团结，是人类历史上一种完全新式的关系。这种关系的发展过程当然不会没有困难。各国共产主义政党必须联合，同时必须保持各自的独立。历史的经验证明，如果不把这两个方面正确地统一起来，而忽视任何一个方面，就不能不犯错误。当各国共产党相互间保持平等的关系，经过真正的而不是形式上的协商而达到意见和行动的一致，它们的团结就会增进。反之，如果在相互关系中把自己的意见强加于别人，或者用互相干涉内部事务的办法代替同志式的建议和批评，它们的团结就会受到损害。在社会主义各国中，由于共产党已经对于国家生活担负领导责任，由于党同党之间的关系往往直接涉及国家间的关系和民族间的关系，这种关系的正确处理就成为一个更加需要慎重对待的问题了。

马克思列宁主义从来坚持无产阶级的国际主义同各国人民的爱国主义相结合。一方面，各国共产党必须用国际主义的精神教育党员和人民，因为各国人民的真正的民族利益要求各民族的友好合作。另一方面，各国共产党又必须成为本国人民的正当的民族利益和民族感情的代表者。共产党人从来是真诚的爱国主义者，而且他们了解，只有在正确地代表了民族利益和民族感情的时候，他们才能受到本国广大人民真正的信任和爱戴，才能有效地在人民群众中间进行国际主义的教育，有效地协调各国人民的民族感情和民族利益。

为了巩固社会主义各国的国际主义团结，社会主义各国的共产党必须相互尊重对方国家的民族利益和民族感情。在较大国家的党对待较小国家的党的关系中，这一点尤其具有重要的意义。为了不致引起较小国家方面的反感，较大国家的党需要经常注意采取平等的态度。列宁说得对：“各国有觉悟的共产主义无产阶级，对于遭受压迫极久的国家和民族内的民族心理残余，要特别慎重，特别注意。”

如前所说，斯大林在对待兄弟党和兄弟国家的关系中，曾经表现过某些大国主义的倾向。这种倾向的实质，就是忽视各国共产主义政党和各个社会主义国家在国际联合中的独立平等地位。这种倾向有一定的历史原因。旧时代大国对待小国的积习固然还会留下某些影响，而一个党或者一个国家在革命事业中所取得的一系列胜利，也难免使人们产生一种优越感。

正是因为这样，为了克服大国主义的倾向，需要作有系统的努力。大国主义并不是某一国家特有的现象。乙国比甲国小和落后，但是比丙国大和先进，这样，乙国尽管埋怨甲国的大国主义，却往往同时对于丙国摆出大国的架子。我们中国人特别需要记住的是：我国在汉唐明清四代也是大帝国。虽然我国从十九世纪中叶以后的百年间成了被侵略的半殖民地，虽然我国现在还是一个经济文化落后的国家，但是在条件变化以后，大国主义倾向如果不竭力防止，就一定会成为严重的危险。而且应该指出，目前这种危险在我们的一些工作人员中已经开始露出了苗头。因此，中国共产党第八次全国代表大会的决议和中华人民共和国政府 11 月 1 日的声明，都向自己的工作人员提出了反对大国主义倾向的任务。

但是妨碍无产阶级国际团结的，不仅有大国主义。大国在历史上不尊重甚至压迫小国，小国在历史上不信任甚至仇视大国。这两种倾向在各国人民中以至各国无产阶级队伍中都还或多或少地存在着。因此，为了巩固无产阶级的国际团结，除了首先要在较大国家中克服大国主义的倾向以外，还必须在较小国家中克服民族主义的倾向。无论是在大国或是小国，共产党人如果把本国本民族的利益同国际无产阶级运动的总利益对立起来，借口前者而反对后者，在实际行动中不认真维护无产阶级的国际团结，反而损害这种团结，这就是一种违反国际主义、违反马克思列宁主义的严重错误。

斯大林的错误曾经引起了某些东欧国家人民的严重不满。但是，在这些国家中，某些人对于苏联的态度也不是公正的。资产阶级民族主义分子竭力夸大苏联的缺点，而抹煞苏联的贡献。他们企图使人们不想到这一点：如果没有苏联存在，帝国主义将怎样对待这些国家和这些国家的人民。我们中国共产党人十分高兴地看到，波兰和匈牙利的共产主义政党现在已经在认真地制止那些制造反苏谣言、在各个兄弟国家的关系中煽动民族对立的坏分子的活动，并且着手破除在一部分群众中以至一部分党员中的民族主义偏见。这显然是巩固社会主义国家友好关系的迫切需要的措施之一。

我们在前面已经指出，苏联过去时期的对外政策，基本上是符合于国际无产阶级利益、符合于被压迫民族利益、符合于世界人民利益的。苏联人民在过去的三十九年中，在援助各国人民的事业方面作了巨大的努力和英勇的牺牲。斯大林所犯的一些错误，决不能使伟大的苏联人民的这种历史功绩减色。

苏联政府在改善苏南关系方面所作的努力，苏联政府在1956年10月30日的宣言，以及在1956年11月间同波兰的会谈，表示了苏联共产党和苏联政府彻底消除过去对外关系中的错误的决心。苏联所采取的这些步骤，对于加强国际无产阶级的团结，是一个重大的贡献。

很明显，当帝国主义者向各国共产主义队伍进行疯狂进攻的今天，各国无产阶级需要努力加强相互间的团结。大敌当前，那些妨害国际共产主义队伍团结的言论和行动，无论用了什么名义，都难于指望获得各国共产主义者和各国劳动人民的同情。

加强以苏联为中心的无产阶级的国际团结，不但符合于各国无产阶级的利益，也符合于全世界被压迫民族独立运动和全世界和平事业的利益。亚洲、非洲、拉丁美洲的广大人民，从切身的经验出发，很容易了解谁是他们的敌人，谁是他们的朋友。因此，帝国主义所煽动的反共、反人民、反和平的浪潮，在这些洲的十几亿人口中只能找到极少数人的冷落的响应。事实证明，苏联、中国、其他社会主义国家以及帝国主义国家的革命无产阶级，是埃及反侵略斗争的忠实支持者，是亚洲、非洲、拉丁美洲各国独立事业的忠实支持者。在反对帝国主义的斗争中，社会主义国家、帝国主义国家的无产阶级和争取民族独立的国家这三种力量，具有共同的利害，它们的相互支援对于人类前途和世界和平具有最伟大的意义。帝国主义侵略势力最近时期重新造成了国际形势的一定程度的紧张。但是依靠上述三种力量的联合斗争，加上全世界其他一切爱好和平的力量的共同努力，这种紧张状况是可以重新转向和缓的。帝国主义侵略势力不但没有从对埃及的侵略中得到什么东西，反而遭到了沉重的打击。由于苏联军队对于匈牙利人民的援助，帝国主义在东欧制造战争前哨阵地和破裂社会主义阵营团结的计划，也已经归于失败。社会主义各国坚持同资本主义国家和平共处，坚持发展相互间的外交关系和经济文化关系，坚持以和平谈判解决国际争端，坚持反对准备新的世界战争，坚持在全世界扩大和平地区、扩大和平共处五项原则的应用范围。所有这些努力，必将在全世界被压迫民族和爱好和平的人民中获得愈来愈广泛的同情。国际无产阶级团结的加强，更将使帝国主义好战分子不敢轻于冒险。因此，尽管帝国主义还在抵抗这些努力，但是和平的力量终将战胜战争的力量。

* * *

国际共产主义运动的历史，如果从 1864 年第一国际成立的时候算起，到现在还只有九十二年。在这九十二年中，虽然有许多迂回曲折，但是整个运动的进展是十分迅速的。在第一次世界大战期间，出现了占世界土地六分之一的苏联；而在第二次世界大战以后，又出现了占世界人口三分之一的社会主义阵营。这些社会主义国家犯了一些这样那样的错误，敌人就高兴起来了，有些同志和朋友就难过起来了，其中有一些人甚至对于共产主义事业的前途发生了动摇。但是无论敌人的高兴、同志和朋友的难过或者动摇，都是没有充足理由的。无产阶级初次担负国家的管理，迟的只有几年，早的也只有几十年，要求他们不遭到任何失败是不可能的。短时间的、局部范围的失败，不但过去有，现在有，将来也还会有。但是任何有远见的人决不会为此而感觉失望和悲观。失败是成功之母。目前的短时间的局部性的失败，正是增加了国际无产阶级的政治经验，从而为无限的将来岁月的伟大成功准备条件。如果拿英国资产阶级革命和法国资产阶级革命的历史来比较，我们事业中的这些失败就简直算不得什么。英国的资产阶级革命，开始于 1640 年。但是在战胜了国王以后，接着就出现了克伦威尔的独裁统治。接着又出现了 1660 年的旧王朝的复辟。直到 1688 年，资产阶级政党以政变的方式从荷兰迎来了一个带着荷兰海陆军进入英国的国王，这才使英国的资产阶级专政稳定下来。法国资产阶级革命从 1789 年爆发到 1875 年第三次共和国成立，经过了八十六年，中间交织着进步和反动，共和和帝制，革命的恐怖和反革命的恐怖，内战和外战，征服外国和投降外国，尤其动荡不宁。社会主义革命虽然受着全世界反动派的联合压迫，它的整个道路却顺利和稳定得多。这正是说明了社会主义制度的空前强大的生命力。在最近一段时间内，国际共产主义运动虽然遭到了一些挫折，但是我们却从此得到了许多有益的教训。我们纠正了或者正在纠正我们队伍中必须纠正的一些错误。在错误纠正以后，我们就会更加强大起来，就会团结得更好。同敌人的预料相反，无产阶级的事业将更好地前进而不是后退。

但是帝国主义的命运却完全是另一回事。在那里，帝国主义跟被压迫的民族之间，帝国主义国家相互之间，帝国主义政府跟人民之间，存在着根本利害的冲突，这种冲突愈来愈尖锐，没有一个医生能够找出医治的药方。

当然，新生的无产阶级专政的体系，目前在许多方面还有许多困难，还有许多弱点。但是比之以前苏联孤军奋斗的情况，我们现在是好得多了。而且，哪有一种新生的事物没有困难和弱点呢？问题是在于未来。我们前面的道路无论还有多少曲折，人类最后总是要走到光明的目的地——共产主义，这是没有任何力量可以阻止的。

西藏的革命和尼赫鲁的哲学*

西藏少数卖国贼发动的一场叛乱战争，已经基本上平息了。叛乱分子所造成的流血冲突，随着他们的可耻的失败，在西藏绝大部分土地上停止了。现在，西藏正在面临着一次和平的革命，这就是全国人民代表大会决议所指出的西藏广大人民期待已久和迫切要求的民主改革。这是一场革命，是 1949 年前后席卷中国大陆的人民大革命在西藏的继续。这场革命在西藏和平解放以来的八年中，一直因为原西藏地方政府的阻挠而拖延了。在叛乱平定之后接着进行的革命，将是一场和平的革命，就是说，不流血的革命。西藏人民对于西藏的没有参加叛乱的上层阶级将采取赎买的政策，就跟在汉族地区对待民族资产阶级的政策差不多。因为在西藏人民的背后，有全中国已经完成了民主改革和社会主义改造的几亿人民的支援，有充分的条件这样做。

现在世界上很多国家的舆论正在对西藏问题大谈特谈，这是一件极大的好事。这个从来不曾被人们认真注意过的世界屋脊上

---

* 此篇系根据中共中央政治局扩大会议讨论写成，以“人民日报编辑部”文章名义在 1959 年 5 月 6 日《人民日报》发表。

的一百多万人民，完全有权利享受这份光荣，让全世界注意他们，让他们在全世界的议论中得到教育，得到锻炼。有些外国人说：西藏的少数反动分子的叛乱是"革命"，是"民族主义"的、"反侵略"的、"反殖民主义"的、"反帝国主义"的"革命"，他们应该获得"完全"的"不受侵犯"的自治或者"独立"；而人民解放军在藏族人民的积极支持下对于叛乱的平定，则是"武装干涉"，是"侵略"，是"殖民主义"和"帝国主义"，是"希特勒"。这样说的人是西方帝国主义者，是各国的反动派，例如亚洲的岸信介、李承晚、乃沙立、吴庭艳和蒋介石（但是他并不赞成西藏独立，而要求西藏归顺台湾）。还有一些资本主义国家的一部分资产阶级，他们的一般政治态度同上述那些人不同，但是在这个问题上却同帝国主义站在一边，例如印度的某些资产阶级分子。所有上述的这些人在世界上是少数，在本国也是少数，但是他们控制着相当大量的宣传机器，一时显得颇为嚣张。世界上更多的人说，西藏的叛乱是反动的，平定叛乱是正义的。社会主义各国人民一致支持中国人民对叛乱分子的斗争。就是在资本主义世界，站在中国人民方面的也占大多数。他们包括各国的劳动人民，主张正义和进步的人士，和正在反对外国侵略外国干涉的民族资产阶级。这些民族资产阶级懂得，赞成外国干涉西藏，就等于赞成外国干涉印度尼西亚、锡兰、柬埔寨、尼泊尔、伊拉克、古巴以及亚洲、非洲、拉丁美洲许多国家的内政，等于赞成侵犯这些国家的主权和领土完整。但是在有一些资本主义国家，这种正义的声音暂时没有那批反中国的宣传机器所造成的喧声高。有些人感觉难过：好端端一个中华人民共和国，好端端的中印友好，如果不出西藏叛乱，岂不更好！他们的心是好的，但是，他们没有看出，西藏叛乱既然发生了，而又迅速平定了，坏事就变成了好事。西藏的革命被这次叛乱加速了，而西藏的民主化将最终结束外国干涉西藏的历史，这对于中印友好的真正巩固也是完全必要的。总之，对于这种种不同议论，不但西藏人民和全中国人民应该认真研究，得到教训，而且许多资本主义国家的人民，特别是那些对西藏问题大嚷特嚷的资本主义国家中的人民，也将会加以研究，得到他们所需要的教训。

我们现在想谈谈尼赫鲁先生4月27日在印度人民院的讲话。(本报编辑部按：在我们写好这篇评论以后，我们读到了尼赫鲁总理5月4日在印度联邦院的讲话。这篇讲话的主要论点并没有超出4月27日讲话的范围。所以，我们没有对它作任何的修改和补充。)

尼赫鲁先生从今年3月17日到4月底，在议会讲西藏问题，这是第七次了。尼赫鲁先生曾经多次表示同情所谓“西藏人的自治愿望”，反对中国的所谓“武装干涉”。在4月27日，他讲的话比较更有系统，本报已经在4月30日全文发表过了。为了读者的方便，我们现在把他的话再引出一段，这段话在很大程度上可以作为他对于西藏叛乱和印度作用的看法的一个提要：

> “情况无疑是困难的。一方面，是一个生气勃勃的、迅速前进的社会；而另一方面是一个停滞不前的、没有改变的、担心可能会在改革的名义下对自己采取什么行动的社会。两者之间的距离很大，看来很难有任何会合点。与此同时，某种形式的改变不可避免地来到了西藏。交通迅速地发展了，西藏长期的与世隔绝的状态部分地被冲破了。虽然物质上的障碍逐步消除了，可是心理上和感情上的障碍却增加了。显然，冲破这些心理上和感情上的障碍的尝试或者没有作，或者作了没有成功。
>
> “如果说这完全要由西藏若干‘上层反动分子’负责，

看来这种说法是把一种复杂的情况异乎寻常地简单化了。甚至根据得自中国方面的消息，西藏暴乱的规模也是相当大的。这个暴乱的基础一定是强烈的民族主义情绪，这种情绪不仅影响着上层阶级的人，而且影响着其他人。毫无疑问，既得利益集团参加了暴乱，并且企图从中得利。试图用颇为陈腐的字眼、措辞和口号来解释情况，是很少有什么帮助的。

“当这些不愉快的事态发展的消息传到印度来的时候，立即引起了强烈的普遍的反应。这种反应并不是政府引起的。这种反应实质上也不是政治性的。这种反应主要是一种基于情感和人道原因的同情。它的产生也还基于同西藏人民久远的宗教和文化联系所造成的亲密感情。这是本能的反应。不错，印度有些人的确企图把这种反应引导到不当的方向，而从中得利。但是，印度人民的反应却是明摆着的事实。如果这里的反应尚且如此，那么人们就不难设想西藏人自己的反应怎样了。也许亚洲的其他佛教国家也有这种反应。当这种实质上不是政治性的强烈情绪存在的时候，那是不能仅仅用政治方法来处理的，更不能用军事方法来处理了。我们一点也不想干涉西藏；我们非常希望保持印度和中国之间的友谊；但是同时，我们非常同情西藏人民，我们对于他们的困难处境感到非常难过。我们仍然希望，中国当局会采取明智的态度，不使用他们巨大的力量来对付西藏人，而根据他们自己就西藏地区的自治作出的保证，争取他们友好合作。首先，我们希望，目前的战斗和杀戮将会终止。”

尼赫鲁所谓西藏的“停滞不前的、没有改变的、担心可能会在改革的名义下对自己采取什么行动的社会”，究竟是一个什么样的社会，他没有说明。但是，这正是全部问题的出发点。我们的讨论必须从这里开始，也只能从这里开始。

西藏社会是一个领主庄园制的农奴社会。在西藏，主要的生产资料——全部土地和绝大部分牲畜都属于三种领主，也就是农奴主，即官家（封建政府）、寺院和贵族。这三种农奴主只占西藏一百二十万人口中的百分之五左右，即六万人左右。所有的农民和大部分牧民都没有自己的土地和牲畜，只能为农奴主劳动。他们自己，连同他们的子女，世世代代，都分别隶属于不同的农奴主。农奴主的领地一部分属于专为封建政府支差的土地，被分配种这些土地的农奴要无偿地担负封建政府各种名目的差役。兵役也由这些领地上的一部分农奴担负。其余的领地是农奴主的所谓“自营地”。在这种领地上，农奴要用自己的耕牛农具（有时还要带自己的伙食）为领主耕种全部土地，而领主只给一小块（约占领主土地的十分之三）不好的份地给农奴作为代价。农奴每年要用绝大部分时间在农奴主的土地上劳动，并且要为农奴主作各种无偿的劳役。在以上这两种领地上，农奴的劳动收入的百分之七十以上都成为农奴主的剥削收入。农奴的收入一般都难于维持生活，因此不能不向农奴主借高利贷。大批农奴所欠的债无法偿还，以至有的已经欠了几百年的债。农奴不但没有任何政治权利,而且没有普通的行动自由，短期外出也必须由领主准假。

西藏的贵族是世袭的。全西藏现在有贵族二三百家，其地位高低看财产多少而定。大贵族约占贵族总数的十分之一，即二十几家，他们每家都有几十处庄园，几千个农奴。西藏封建政府的权力始终掌握在这些大贵族手中。贵族和农奴等级的界限很森严。农奴见了贵族要回避或鞠躬吐舌，表示敬畏，讲话也要有一定的讲法，不许讲错。贵族对于逃亡的农奴或者其他被认为违法的农奴，可以任意用刑，除了最通常的鞭打以外，还有剜眼、割鼻、割手、割脚筋、挖膝盖骨等各种骇人听闻的酷刑。

西藏的寺院在社会生活中占有重要地位。寺院的正当宗教活动和人民的宗教信仰自由，无论在什么时候，都是必须加以保护和尊重的。但是，西藏寺院的统治者，到目前为止，却都同时是农奴主。寺院在高利贷和商业方面对于农奴的剥削，比官家和贵族更苛刻。寺院对农奴还多一重以宗教名义进行的剥削。寺院内部也是等级森严，农奴出身的贫苦喇嘛和小喇嘛，在寺院中也是被剥削者。寺院内也设有各种刑具和牢狱，对于农奴和下层喇嘛可以任意处刑，其残酷的程度同其他农奴主没有两样。

大致说来，贵族和寺院各占有全西藏土地的百分之三十左右，其余的百分之四十左右属于封建政府。

建筑在这样反动的、黑暗的、残酷的、野蛮的农奴制基础上的西藏政教中枢，当然就是一小撮最大的农奴主的集合体。在这些最大的农奴主中间，不可避免地要产生各种可怕的腐败现象和内部斗争。在达赖喇嘛周围的一部分掌握权力的高级官员中，为了争权夺利互相残杀毒毙的事件层出不穷。达赖喇嘛，并不是像尼赫鲁所说的那样，无条件地被这些人非常崇敬；相反，这些人经常把达赖喇嘛当作傀儡，把自己的意见强加于他，在他们认为必要的时候，甚至把达赖喇嘛本人活活害死。例如，人们知道，1855 年，达赖十一世只在十八岁的时候就在布达拉宫暴亡；随后，1875 年，达赖十二世又在二十岁的时候在布达拉宫暴亡。英帝国主义侵入西藏以后，西藏上层反动统治者倾轧异己的手段，也更加卑鄙和残酷了。1923 年，班禅九世被迫终身逃亡内地；1947 年，担任了八年摄政的热振呼图克图被逮捕并勒毙狱中；同年，现在穆索里的达赖十四世的父亲，也因为具有爱国思想，被里通外国的反动分子为了便于控制达赖而毒死；1950 年，致力于和平解放西藏的格达活佛，在昌都被毒死和焚尸灭迹。这些著名的罪行，都是西藏统治集团中外国干涉者的走狗干的。

这个社会过去确是停滞不前的，不但经济衰敝，文化落后，连人口也不能增殖。但是，这个社会的制度丝毫也不“温和”，丝毫也不“人道”！这个社会制度是一个十足的落后、反动、残酷、野蛮的制度！

试问世界上一切大吵大闹的所谓西藏人民的同情者：你们同情的“西藏人民”是谁呢？你们所宣传的西藏的自治或“独立”是谁的自治或独立呢？你们痛哭哀悼的西藏叛乱的失败是谁的失败呢？看起来，很多所谓“同情者”只是假冒西藏人民之名，假冒西藏自治之名，假冒人道之名。他们所同情的并不是西藏人民，而是西藏人民的世世代代的压迫者、剥削者、残杀者，而是西藏的吃人制度的首脑。在西藏的大农奴主剜出农奴的眼睛和心脏来的时候，这些同情专家不觉得是悲剧，不向这些农奴主要求温和和人道。在这些大农奴主向驻守在自己国土上的人民解放军举行武力进攻的时候，在他们用野蛮的方法残杀被他们俘虏的解放军战士和人民政府的工作人员的时候，同情家们只是叫“打得好”，只是鼓吹这些农奴主能够进行百年的游击战争，也不向他们要求温和和人道。而唯有在人民解放军对于这些坚持叛乱的豺狼由防御转入进攻的时候，也就是说，唯有在这个世界上最残酷最野蛮的农奴制度由于武装匪徒的叛乱的失败而最后遭遇着危机的时候，一切什么悲剧呀、同情呀、人道呀、自治呀、独立呀的叫喊，就像潮水冲破了闸门一样地泛滥起来了。由此可见，进行这种叫喊的人们，除了有一些是出于误会以外，根本是最反动的农奴制度和最野蛮的大农奴主的卫士，根本是西藏人民自由解放的敌人。也正因为这样，这个梅特涅①式的反革命的“神圣同盟”才会把美国国务院、英国殖民主义者、南朝鲜李承晚、南越吴庭艳、中国蒋介石和印度的反动党派人民社会党、人民同盟联系在一起。这有什么奇怪呢？

我们感到惊异的是印度总理尼赫鲁先生，一方面显然跟这个同盟中的许多肮脏人物存在着重要的矛盾，懂得他们所玩弄的不利于印度、不利于中印友好、不利于尼赫鲁自己的阴谋诡计，另一方面却不由自主地被这个同盟推到他们的所谓“同情”西藏运动的重要地位，而让他们坐山观虎斗，拍手称快。我们现在被迫在自己的评论中同尼赫鲁先生有所争辩，这是我们非常难过的事。尼赫鲁先生是我们尊敬的友好邻邦印度的总理，是世界上有威望的政治家之一。对于我们来说，尤其不能忘记的是，他是一位中国的友人，一位帝国主义的战争政策和侵略政策的反对者。而且，他对于社会进步，也曾经发表过不少开明的言论。例如，他在1934—1935年在狱中所写的《自传》一书中，尽管对共产主义表现很多误解和偏见（他自己也说，他是“典型的资产阶级”，带着在资产阶级环境的“熏陶中所养成的一切偏见”），但是他仍然承认，由于用科学方法研究过去的历史和当前的时事，“马克思主义的作家对今天世界上发生的变化做出了最精辟、最深刻的分析”。他并且说：“经济利益形成各团体和各阶级的政治观点。理智或道德的看法都不能超越这种利益。个人可以接受感化，可以放弃特殊的权利，虽然这是少有的事情，但阶级和团

① 克勒曼特·梅特涅从1809年到1848年先后担任奥地利帝国的外交大臣和首相。1815年俄国的沙皇、奥地利帝国的皇帝和普鲁士的国王为了共同镇压当时欧洲的资产阶级革命运动，签订了一个同盟条约，结成了所谓“神圣同盟”。后来，欧洲各国的君主都参加了这个同盟。梅特涅是这个“神圣同盟”的组织者和领导人。——作者原注

体却不会这样。因此。感化一个统治的特权阶级使它放弃它的权力和特权，这样的企图一直是失败的，似乎也没有什么理由说将来能够成功。”尼赫鲁在这里说得很对。但是，他在1959年4月27日的讲话中却唱着一种多么不同的调子！他或者是完全抛弃了他以前发表过的见解，或者是实际上没有了解他所曾以为了解过的马克思主义的科学方法。他现在责备我们没有能够感化统治西藏的特权阶级使它放弃权力和特权，而且企图把对于西藏社会的阶级分析作为“颇为陈腐的字眼、措辞和口号”一笔勾销，把极端对立的农奴和农奴主这样两个阶级，描写成为“担心可能会在改革的名义下对自己采取什么行动”的一个单一的社会！当然，尼赫鲁的这个企图是我们所无法同意的。西藏社会的阶级对立是一个活生生的事实，根本不是什么字眼、措辞、口号的问题，更谈不到什么陈腐。改革当然要采取行动，当然要有利于绝大多数要求改革的人，只是不利于极少数坚决反对改革的人。在西藏的情况下，改革首先就是要有利于占人口百分之九十五的一百十四万人。其余占人口百分之五的六万人，这里面也有种种不同的情况。坚决反对改革、直至举行叛乱和死不悔改的，只是其中的极少数。我们已经说过，两万左右的叛匪大部分是被裹胁欺骗的劳动人民（任何反革命军队都是如此），如果除去其中三分之一左右的康巴人，那么，参加叛乱的西藏人只占西藏一百二十万人的百分之一多一点。以为整个西藏上层阶级都叛变了的想法是不正确的。而且，在这六万人中还有相当一部分赞成改革的开明人士。因此对于上层阶级也必须分别情况，适当对待，这是我们所一向坚持的政策。如果说，上面说的这些不同情况的人对于改革都是同样担心的，在心理上和感情上都是同样有障碍的，那是不合乎实际的。至于要求改革的绝大多数人，他们对于改革有什么要担心，有什么心理上感情上的障碍呢？

尼赫鲁在讨论西藏社会的时候，虽然并不反对改革，也不否认既得利益集团在叛乱中的作用，但是整个说来，他不但没有涉及这个社会的极端残酷的剥削制度，而且实际上把极大多数被剥削者和极少数剥削者混为一谈，并且在这个基础上否认西藏叛乱要由少数上层反动分子负责，把中国人民平定叛乱的正义行动说成是“悲剧”，对于叛乱表示同情。这样，他就犯了一个极可惋惜的错误。作为印度的朋友，作为尼赫鲁所讨论的问题的当事人，我们认为，指出这个错误是必要的。如果同意尼赫鲁的逻辑，那么，不但西藏的革命是不能允许的，整个中国的革命也是不能允许的。大家记得，中国汉族地区在解放前虽然不是农奴制度，但是基本上也没有脱离封建社会的范围。这个社会也是一向被称为停滞不前的、没有变化的、与世隔绝的社会。有些人也曾经讥笑我们是从陈腐的、过时的、极端简单化的和完全不合国情的外来思想——马克思列宁主义出发，断言我们的改革运动将受到整个社会整个民族的抵抗，甚至宣布我们是分裂民族，背叛祖国，是听命于莫斯科的所谓“赤色帝国主义”的代理人，等等，等等。现在历史已经作出结论：正确的是我们而不是他们。所有对于共产主义者的种种攻击和诽谤，一概都彻底地破产了。停滞不前的、没有变化的中国，在无产阶级领导之下，一变而为生气勃勃、迅速前进的中国，证明马克思列宁主义的分析是放诸四海而皆准的。过去的停滞不前，不过是因为生产力的发展受到落后的生产关系的束缚罢了。马克思列宁主义者、共产主义者才真正代表了民族的利益和祖国的利益，而那一小撮自称为代表全民族利益的反共分子，尽管也曾暂时迷惑过一部分群众，却真正被证明为帝国主义的代理人。我们相信，中国历史的这个结论，尼赫鲁总理也是不至于反对的。但是按照尼赫鲁在西藏问题上的逻辑，只要他的同情不仅仅限于“西藏人民”，而扩大到整个“中国人民"，那么，整个中国革命也就要变成为令人百倍难过的空前的大"悲剧"了。在中国人民解放战争时期，蒋介石的国民党和国民党军队比西藏的两万左右叛匪多得多，说他们不止是"上层反动分子"的"理由"也多得多，战争的规模也大得多，总之，值得引起的"同情"也应该强烈得多。但是，据我们所知，尼赫鲁总理在同情整个中国的时候，并没有同情于汉族的"大农奴主"；而在同情中国的一部分——西藏的时候，却同情于西藏的"小蒋介石"。这种极端的矛盾，究竟令人如何理解呢？

尼赫鲁先生可能说我们不公正，因为他所讲的只限于西藏，而西藏人和汉人是不同的。这就是说，汉人在西藏人中间领导革命，将不可避免地遇到民族的障碍。西藏人和汉人不同，千真万确。不但如此，蒙古族人、维吾尔族人、壮族人、回族人、苗族人、朝鲜族人，以及中国的其他许多少数民族，也都和汉人不同。在中国共产主义者和中国政府面前，存在着国内的少数民族问题。我们是十分谨慎地对待这个问题的。我们用了近十年的时间，培养了各少数民族自己的干部，并且在汉族人民中，特别是在汉族干部、共产党的汉族党员和人民解放军的汉族官兵中，认真地进行了反对大汉族主义的教育。我们采取了资本主义世界上没有先例的办法，在汉人占人口多数的民族杂居地区说服汉人，建立了少数民族的自治区。例如内蒙古自治区、广西壮族自治区、宁夏回族自治区和其他的一些自治州、自治县，就是这样建立起来的。在西藏，为了争取西藏上层分子的合作，我们用了特别大的耐心，在和平解放了八年之久的时间里，一直保存着原来的西藏地方政府，它的一套制度、它的军队甚至它的货币，一直说服西藏人民暂时不要进行他们所迫切要求的改革。如果中央人民政府像所谓达赖喇嘛声明所说，不给原西藏地方政府任何自治的权利，那么，那些叛国有据的反动分子早就会被逮捕惩处，西藏的民主改革也不会拖延到现在了。中央人民政府对那些反动分子采取了如此仁至义尽的态度，甚至在拉萨叛乱爆发以后，甚至在知道达赖喇嘛已经被劫出拉萨以后，人民解放军西藏军区的部队还是一直等到叛匪向军区直接发动了武装攻击的七小时以后，才开始举行还击。很明显，到了这一步，反动分子已经把和平解决的路都堵死了，除了坚决讨伐和平定叛乱以外，任何其他的办法都没有可能了。人民解放军既然有力量迅速平定拉萨地区的叛乱，如果它愿意先下手，当然早就可以把罗布林卡包围起来，使叛匪无法劫走达赖喇嘛。每个明白事理的人稍微想一想，都会懂得这个道理，而决不会去理睬什么两三发炮弹打向宫殿、落入池塘的童话。中央人民政府和人民解放军面对着这种严重局面，始终坚持不打第一枪的方针，正是说明了共产党人对待民族问题始终是很慎重的，对于争取西藏上层分子尤其尽了最大的努力。这种政策，只有革命的无产阶级才能认真执行，资产阶级或者其他剥削阶级就是想要这样做，也是做不到的。

在这里，在民族关系问题上，根本的关键仍然是阶级分析的方法问题。尼赫鲁先生希望我们“争取他们友好合作”，这无疑是一个好的主意，虽然尼赫鲁先生的意思是为了间接地指责我们过去和现在没有这样做。事实上，只有革命的无产阶级才能彻底地正确地解决历史上的民族问题。民族之间的纠纷和隔阂，基本上是剥削阶级造成的，剥削阶级也永远不可能消除这种现象。但是各民族的劳动人民，在革命的无产阶级的正确领导之下，完全能够通过一定的努力，消除历史上遗留下来的一切纠纷和隔阂，结成兄弟般的融洽的友谊。中国历史上有过长时期的民族压迫和民族斗争。蒙古统治者和满洲统治者压迫过汉人、维吾尔人和西藏人，而汉族统治者也压迫过蒙古人、满洲人、维吾尔人和西藏人。在无产阶级领导的中华人民共和国成立以后，情况就根本改变了。占人口绝大多数并且是革命主力的汉人，现在仍然需要派遣一部分人员到内蒙古去，到新疆去，到西藏去，但是，现在不是去压迫和剥削那里的少数民族，而是跟当地民族的革命干部在一起，帮助那里的劳动人民从本民族的压迫者、剥削者手中获得自由和解放，实现民主和社会主义，也就是说，建立使各少数民族的经济和文化繁荣昌盛起来的基础。在这些地区工作的共产主义的汉族人员，包括人民解放军的汉族官兵，不但没有骑在少数民族人民的头上摆威风，相反，他们是跟当地民族的革命干部一道，做少数民族人民的勤务员。他们常常不避艰险，同少数民族的劳动人民同甘共苦，为他们的权利和幸福而斗争。这样，各少数民族的劳动人民，以及各少数民族的一切爱国的、赞成改革的上中层分子，就同汉族的劳动人民联合一致，像汉族人民一样地推翻了他们本民族的上层反动分子的反动统治。这样，各民族的纠纷和隔阂的根源就消灭了，各民族的友好合作就获得了真正巩固的基础。这个过程，在内蒙古，在新疆，在西北的宁夏、甘肃、青海，在西南的四川、贵州、云南、广西，都已经实现了。在这个过程中，领导改革的人员都竭力团结各少数民族的赞成改革的各阶层人士，在改革以前、改革中间和改革以后都同他们保持密切的合作。诚然，不可能没有斗争，而四川、甘肃和青海的藏族地区还曾经发生了武装叛乱。但是，如我们在别的地方已经指出过的，这些藏族地区的叛乱，正是由西藏的反动分子利用他们的特殊地位指使和煽动起来的。

在西藏，由于那里的大农奴主的统治在和平解放的过程中没有受到变动，他们仍然能够利用合法地位指挥保卫农奴制度的旧藏军、康巴叛匪和其他反动的政治机构，并且继续跟一些外国干涉者相勾结。因为这样，在那里不但没有进行改革，而且还能够发动这一次的叛乱。但是，即使如此，从人民解放军进驻西藏以来，西藏人民仍然是屡次三番地热烈地要求改革。水深火热中的西藏人民所担心的不是改革，他们担心的倒是中央人民政府过于迁就西藏的大农奴主，而一年又一年地拖延改革！世界上的人道主义者诸君须知：西藏的农奴也是人，要他们相信那些无情地勒索他们、鞭打他们、挖出他们的眼睛的魔鬼是他们的保护人，是不可能的；要他们相信那些帮助他们劳动和治病、不取他们一针一线的解放军战士是他们的仇敌，是不可能的。这就是这次叛乱尽管打着民族旗号和宗教旗号，尽管有高山深沟的地形，尽管有各种名目的外国援助，却完全得不到西藏人民支持，转瞬之间就被打得落花流水的根本原因。西藏人民对于平定叛乱的人民解放军收缴了封建政府的官印，收缴了叛匪的枪枝，收缴了农奴主的刑具“法鞭”，普遍感到久旱逢甘雨一般地高兴，这三样东西把他们压迫得太惨了！他们给解放军自动带路，自动报告匪情，自动协助捕捉残匪，搜查枪枝。只是在拉萨人民法院一处，就接收了群众自动收缴来的枪几百枝。在山南，许多村庄的居民听说解放军要来，马上聚集起来向战士献哈达，献鲜红的桃花和嫩绿的柳枝，同时向解放军哭诉叛匪奸淫掳掠杀人放火的罪行，要求解放军一定要替他们报仇。贡噶宗的叛匪曾在公路上挖了四条横沟阻挡解放军前进，但是叛匪一走，当地居民马上把壕沟填平。解放军一到林芝，当地的群众马上自动组成一支骡马运输队，帮助解放军运送弹药粮草，并且跟随解放军一道追剿残匪。这种感动人的例子是说不完的。叛乱一平，广大群众很快协助人民政府恢复秩序，很快在人民政府协助下转入生产。山南的春耕虽然因为叛匪骚扰推迟了半个月，但是，在解放军的帮助下，播种期并没有延长。那里成群的人正在地里送粪、播种，整修渠道，并且唱出了多久没有唱过的欢乐的歌声。农民们纷纷询问什么时候分配土地。在根据群众要求，宣布叛乱头目的土地今年实行谁种谁收以后，劫持达赖喇嘛的主犯之一大农奴主索康·旺清格勒在开苏溪卡的农奴，马上自动把所有劳动力组织成为劳动互助小组，共同耕种所有的土地，争取丰收。很明显，西藏的农民们相信，他们在西藏的土地上翻身作主的日子不久就要到来了。很抱歉，我们在这里的话说得太长了一点……但是，关心西藏的一切善良的人们请看，这一切跟清朝以来的旧式中国军队进驻西藏的时候所遇到的景象多么不同！跟英国侵略军由印度攻入拉萨的时候所遇到的景象多么相反！试问：怎么能够把人民解放军跟西藏人民在一起平定杀人放火、无恶不作的叛匪的正义行动，描写成为民族镇压和民族侵略呢？

尼赫鲁先生断言，汉族社会和藏族社会两者之间很难有任何会合点，冲破双方心理上感情上的障碍的尝试不是没有作，就是作了没有成功。对于西藏的劳动人民，这个问题现在已经由事实作了答复，而且将来还会作出更大量更生动的答复。就是对于藏族的上层分子，他们中间许多人的心理上感情上的障碍，也已经在不同程度上起了变化。达赖喇嘛在被劫持的情况下完全自发地、秘密地写给谭冠三将军的三封信，和班禅额尔德尼、阿沛·阿旺晋美、喜饶嘉错、阿旺嘉错、黄正清等人在人民代表大会上的讲话，就是这一方面的显著证明的一部分。站在西藏自治区筹备委员会方面的，有大批西藏的爱国的上中层分子。拉萨的中小学的学生，大都是上中层分子的子女，叛乱一结束就来上学，而且人数比叛乱以前大大增加。可见，断言叛乱是民族性的“革命”，叛乱的平定是民族性的“悲剧”，是没有根据的。

有一些对中国并无恶意的印度朋友，由于受了长时间的有偏见的宣传的影响，由于他们没有直接看见西藏社会生活和人民解放军活动的真相，而他们的报纸又很少发表中国方面的完整的资料，一时误解中国的立场和政策，这是有可能的。但是，事实胜于雄辩，水落自然石出。我们完全相信，那些暂时有所误解的、对于我们现在所说的话仍然将信将疑的印度朋友们，终会得出客观的结论来的。我们希望，尼赫鲁先生也是他们中间的一个。当然，尼赫鲁先生有很大的自信，他有一套对于西藏问题的独立的见解。他倾向于假定原西藏地方政府的有势力集团是一群纯洁的羔羊，因而甚至在他们向我们发动进攻的时候，仍然是我们不对。我们不能要求我们的外国朋友对于中国的事情一定要跟我们一样看，我们更不能要求尼赫鲁先生一定要改变他的哲学的、历史的、政治的观点。在尼赫鲁先生的思想中，显然是存在着矛盾的，但是，我们不打算讨论应当怎样解决这些矛盾。在这类问题上，我们固然可以进行友好的辩论，也完全可以不辩论。大家家里的事情都很多，各人自扫门前雪就够忙了，何必多管他家瓦上霜呢？尼赫鲁先生在北京的时候说得好："要把一个国家的意愿强加在另一个国家的头上，或者要把一国人民的生活方式强加在另一国人民的头上，任何这种尝试一定会产生冲突，危及和平。"但是，现在的问题是，一批印度人，其中不幸也有尼赫鲁先生，一定要我们按照他们的主张办事。我们是很好的朋友和邻人，你走你的阳关道，我走我的独木桥，不是完全可以相安无事吗？你的办法如果在印度行得好，那么我们再向你学习也还不迟。究竟有什么必要像现在这样地迫不及待，甚至不惜采取某种妨碍友好的干涉行为，这是我们所百思而不得其解的。

尼赫鲁总理否认印度曾经干涉西藏。他追述了印度独立和分治前后的情况，证明印度对西藏从来"没有政治的或者不可告人的野心"。我们承认，尼赫鲁的话，在这样的意义上是合乎实际的，这就是说，印度政府不打算吞并西藏，或者派遣武力来干涉西藏的事务。印度始终承认：西藏是中国的一部分，中国政府享有对于西藏的主权。印度在 1954 年 4 月同中国签订了以五项原则为基础的关于中国西藏地方和印度之间的通商和交通协定，并且随后从西藏撤出了自己的部队，移交了印度的邮电设施。这些都是中国人民认为满意的。但是一个国家对另一个国家的内政的干涉，方式可以有多种多样。要说印度政府对中国的西藏过去和现在根本没有任何方式的干涉，那是不能令人信服的。

人们记得，本报也公布过，1950 年 10 月中国政府命令自己的部队进入西藏的时候，印度政府就曾经经由外交途径进行干涉。当时，中国政府在下令进军西藏的同时，曾要求西藏地方政府派代表前来北京谈判。这完全是中国主权范围内的内政问题。但是，印度政府却在 1950 年 10 月 21 日、10 月 28 日、11 月 1 日三次照会中国政府，说“中国军队之侵入西藏不得不被认为是可悲叹的”，是“没有理由的”，说这对印度政府“是最为惊异和遗憾的”。照会中还提出，中国军队进驻自己的领土西藏，“将使对中国不友好的那些国家在这一国际事务紧急和微妙关头，有借口来进行反华宣传”；在联合国恢复中国代表权的问题上“将会引起严重后果，并将使那些反对人民政府参加联合国和安全理事会的国家获得有力的支持”；“会使中国的地位在世界人士心目中产生偏见”；会使中央人民政府同西藏地方政府的“和平谈判就难于与此同时进行”；将不“符合中国或和平的利益”；“已经大大地增加了世界的紧张形势和导向大战的趋势”；“已经影响到”印度与中国的“友谊关系以及全世界和平的利益”。对此，中国政府在答复印度政府的照会中曾经指出，人民解放军进军西藏是行使国家主权，西藏问题是中国的内政，任何外国的干涉都是不容许的。这个问题跟中华人民共和国在联合国的代表权问题，是完全不相干的两件事；如果那些对中国不友好的国家竟然利用联合国的代表权问题威胁中国不得在自己的领土上行使主权，那只是再一次表示这些国家对中国的敌对态度罢了。在中国政府一再坚决地表示了这种严正的态度之后，特别是在人民解放军在昌都地区取得了歼灭企图阻挡进军西藏的藏军主力的重大胜利以后，滞留印度的西藏地方政府的谈判代表团才在1951年4月下旬到达北京。经过谈判，终于在同年5月达成了关于和平解放西藏的十七条协议。

重提这一段经过，可能是不愉快的。但是事实终究是事实。怎么能说，印度政府从来没有干涉过西藏呢？

不幸的是，这种干涉仍在以某种形式继续着。这种干涉发生在中印两国政府联合声明以和平共处五项原则为指导两国关系的原则之后，就不能不令人更为遗憾了。就以尼赫鲁总理本人来说，他在西藏叛乱发生后发表过的声明和谈话，其中虽有不少友好的表示，但是有些话我们觉得不能认为是符合和平共处五项原则的。例如，他说，“北京没有遵守西藏同中国关于西藏自治地区的协议和对印度提出的保证。那里发生了武装干涉”（4月13日）。“我衷心希望西藏人民将能维持并且享受他们的自治，而不受其他人的压迫和镇压”（4月14日）。试问：把中国对于自己的一个地方发生的叛乱实行平定称为“武装干涉”，称为“压迫和镇压”他们的“自治”，并且说什么没有遵守“对印度提出的保证”，这一切怎么能说不是干涉呢？印度政府坚持说达赖喇嘛不是被叛乱分子劫持的，而是叛乱分子的领袖，既然如此，印度政府对于达赖喇嘛的隆重欢迎和尼赫鲁总理本人到穆索里的访问，岂不意味着对于一个友好国家的叛乱领袖的欢迎和会商吗？由于印度政府始终没有明确执行不干涉的政策，人们就不难理解，为什么执政的国大党主席甘地夫人和国大党总书记克里帕拉尼夫人都宣称西藏是一个“国家”或者“自治国家”，包括国大党在内的印度多数政党组织的“支援西藏人民委员会”公然要求把西藏问题提交联合国，印度的报刊公然污蔑中国政府“采取强盗行径和实行帝国主义”，污辱中国国家元首是“可恶的雪人”，并且要求召开有所谓印度、西藏和中国三方面参加的另一次西姆拉会议[①]式的会议来解决纯属中国内政的西藏问题。西藏叛乱发生以后，甚至在这以前，印度的一些政界人物和一些报刊就展开了一个诽谤中国的运动，规模之大，使人想起美国政界和报界对于古巴处决反革命罪犯的干涉。试问，对于一个友好国家的内政采取这种施加政治压力的方法，难道能说是符合五项原则吗？

尼赫鲁总理说，印度对于西藏问题的反应实质上不是政治性的而是本能的，它主要是一种基于情感和人道原因的同情，也基于同西藏人民久远的宗教和文化联系所造成的亲密感情。我们了解，印度人民对于中国的西藏人民具有亲密感情；不但如此，印度人民对于整个中国人民也具有亲密感情。周恩来总理访问印度的时候，到处听到“印度人中国人是兄弟”的热烈口号，此情此景，恍如昨日。对于西藏人民的感情，怎么能被用来作为一些政界人士损害对中国人民的感情和干涉中国内政的理由呢？这种

---

① 西姆拉会议是1913年10月在印度北部的西姆拉召开的所谓“中英藏会议”。这次会议是英帝国主义侵略西藏的重要阴谋。参加会议的，有英国代表印度殖民政府的外务大臣麦克马洪，西藏代表伦兴香托拉，袁世凯政府的代表西藏宣抚使陈贻范。

英国代表一手把持西姆拉会议，在会上提出一个所谓解决西藏问题的方案，其主要内容包括：“中国政府承认西藏有完全自治权，不得改为行省”；“中国政府除西藏办事长官的卫队外，不得驻兵藏境”；“中国政府与西藏有争议时，由印度政府判决之”；“英国人得在西藏自由经商，中国政府不得加以限制”以及“西藏内政暂由印度政府监督，英国政府得派代表常驻拉萨”等等。很显然，英国提出这个方案的目的是要使西藏从中国分裂出去，由英国在印度的殖民政府统治西藏，奴役西藏人民。因此，这个方案遭到中国人民的坚决反对，连当时的袁世凯政府也拒绝接受。——作者原注

逻辑具有一种显然的危险，因为，如果这样的逻辑是可以成立的话，那么，在西藏走上了民主的社会主义的繁荣强盛的道路之后，是不是也可以用久远的宗教和文化联系为理由，组织什么“支援阿萨姆邦人民委员会”、什么“北方邦事务委员会”，来干涉印度的阿萨姆邦或者北方邦的事务呢？西藏自治区政府以及整个中国政府，是否也可以把对于阿萨姆邦人民或者北方邦人民的深切同情宣布为一项基本政策，并且根据这种政策对那些邦的事务指手画脚呢？如果印度政府可以用对西藏人民的深切同情和悠久联系为理由，要求中国政府给予印度某种保证，那么，印度政府不是也可以干脆用对全中国人民的深切同情和悠久联系为理由，要求中国政府对全部内政给予印度某种保证吗？同样，中国政府不是也可以用对印度人民的深切同情和悠久联系为理由，要求印度政府对自己的内政给予中国某种保证吗？那还有什么和平共处，什么五项原则可言呢？世界不是就陷在互相干涉的混乱中吗？我们相信，我们的印度朋友一定跟我们一样，不会欢迎而且也无法容忍这样一种国际秩序的。

把印度方面前后两次对于中国西藏的干涉联系起来，人们不难看出，印度政府虽然不打算占领西藏，或者使西藏正式独立，但是的确力图阻挠中国在自己的领土西藏行使完全的主权。印度的一些政界人士在这一方面继承过去英国政府的传统：只承认中国对西藏的所谓“宗主权”，有如印度对于不丹和锡金的“宗主权”。他们所谓的西藏“自治”，不同于中国宪法上所明文规定的民族区域自治，不同于内蒙古、新疆、广西、宁夏等地的民族区域自治，而是一种半独立状态。不错，西藏不是一个省，而是中华人民共和国的一个自治区，它比省具有宪法和法律所规定的更多的权限，但是它决不是什么保护国——既不是中国的保护国，也不是印度的保护国，也不是中印两国共同的保护国，也不是中印两国之间的什么缓冲国。中华人民共和国对于西藏地方享有完全的主权，跟对于内蒙古、新疆、广西、宁夏等地方享有完全的主权一样，这是丝毫不容怀疑的，这是丝毫不容任何外国或者联合国以任何名义任何形式干涉的。因此，西藏的任何问题，都只能由中国解决，在中国解决，而不能在任何外国去解决。西藏的任何半独立状态不利于西藏人民，不利于全中国人民，不利于印度人民，不利于中印友好和亚洲和平，而仅仅有利于西藏的卖国的、反动的大农奴主和支持这伙卖国的、反动的大农奴主的外国干涉者，仅仅有利于那些企图在中印两国之间制造纠纷的扩张主义分子和帝国主义阴谋家。中印两国是两个爱好和平并且有悠久友谊的国家，我们两国有一千种理由要和睦相处，互不侵犯，互不干涉，而没有任何一种理由要互相冲突，要设什么缓冲地区；如果硬要设，那就恰恰是要制造本来不存在的真正可悲叹的冲突了。鉴于印度政府在这个问题上的态度，鉴于印度一些并非不负责的人士的言论，我们认为，彻底澄清这一点，对于巩固中印友谊是十分必要的。尼赫鲁总理在4月27日讲话中提及五项原则的时候，只说到“互相尊重”（这无疑是必要的），而没有说“互相尊重领土完整和主权”（这是五项原则的原话，而且是任何互相尊重的前提）。我们希望，这不过是一种疏忽。

印度的一些政界人士对中国内政的干涉，不是一种偶然的现象。它带有时代的特征。印度是一个摆脱英帝国主义殖民统治而获得独立的国家，它要求在和平的国际环境中发展民族经济，同帝国主义和殖民主义势力存在着深刻的矛盾。这是一方面。另一方面，印度的大资产阶级同帝国主义又有千丝万缕的联系，对外国资本有一定程度的依赖性。而且，大资产阶级的阶级本性，也决定了它的某种向外扩张的欲望。这就使它在反对帝国主义干涉政策的同时，又或多或少地有意无意地反映某些帝国主义干涉政策的影响。在国际事务中，以尼赫鲁总理为首的印度政府，在反对战争、维护和平、反对殖民主义的问题上，在执行对中国友好、对苏联和其他社会主义国家友好、不参加美帝国主义的军事集团的外交政策上，一般地反映了印度人民的意志，起了并且继续起着重要的、受人尊敬的作用。但是，由于历史的原因，印度大资产阶级却继承着而且企图继续保持英国殖民统治者所留下的某些遗产。当然，伟大的印度人民对于印度资产阶级的这种两面性不负任何责任。我们也相信，不但印度人民，而且印度政府中的一切有远见的明智的人士，都承认印度的出路是在进步方面，是在向前看，而不是向后看。我们跟他们一样地认为，一个不久前才获得独立、而现在也还受着帝国主义干涉者威胁的国家的当局，竟然干涉自己邻国的事务，这是现代国际政治中一种令人惋惜的现象。

我们同尼赫鲁先生可以有这样那样的意见分歧，但是在这一点上大概是没有分歧的，就是中国并没有干涉印度的内政。中国人民只是在印度方面发出了大量的污蔑性的言论之后才开始回击的。尼赫鲁总理在 4 月 27 日的讲话中正当地谴责了某些印度人的旨在破坏中印友好关系的言行。可惜，他随即集中力量攻击中国的反干涉言论。他说，“中国的负责人物对印度所作的评论和指责”，是“不顾事实真相和礼节，使用了冷战的语言”。但是，中国指责印度方面的干涉是有事实根据的，已如上述，中国舆论界怀疑所谓达赖声明的真实性，也是有事实根据的，这个声明中的大量漏洞和冒名顶替的痕迹，现在仍然是客观地存在着。很明显，那些把达赖喇嘛劫到印度的西藏反动分子，跟那些长期以来聚集在噶伦堡进行叛国活动的西藏反动分子在一起，正在竭力利用所谓达赖喇嘛的声明，来堵塞达赖喇嘛回到祖国的道路，而这是跟尼赫鲁总理多次表示的愿望不相符的。

说到重视事实真相和礼节，我们感到遗憾的是，印度的一些政界人物和一些报刊，在过去一个多月中对中国所说的很多话，决不能认为合乎事实和礼节。我国人民注意到，尼赫鲁总理在这一方面不止一次地起了节制作用，这无疑是有益于中印友好的。但是，我们究竟不能说，在他指责中国中央人民政府破坏十七条协议、提出所谓中国对印度的“保证”等等的时候，他的话也是合乎事实真相和礼节的。至于说到冷战的语言，那么，印度的一些政界人士和报刊，咒骂中国是“新的和凶恶的帝国主义”、“扩张帝国主义”，攻击中国平定西藏叛乱是“军事干涉”，“殖民行动”，“强盗行径”，所有这些，难道不正是“冷战的语言”吗？对于这类“冷战的语言”，我们在一个相当长的时间内一忍再忍，作了最大限度的克制，我们的报纸几乎守口如瓶。人们记得，直到4月18日，周恩来总理还在第二届全国人民代表大会上发出维护中印友好的热诚呼吁。但是令人痛心的是，这一切所换来的却是对于所谓达赖喇嘛声明的大事宣扬，却是对于我国政府和我国人民的更放肆的攻击。退无可退了，我们不得不起而反击。有人企图用“言论自由”来为印度的反华诽谤运动辩解。但是他们为什么不想一想，难道中国人就不要言论自由吗？西藏是我国的领土，西藏问题是我国的内政，外国人尚且可以有所谓本能的反应，我国人民反而会没有本能的反应吗？现在，某些外国对于我们的诽谤运动似乎已经趋于低落了，理智正在重占上风，但是也还有极少数人企图继续煽风放火。可以正告这些人：你们的反华诽谤运动一天不停，我们的反击就一天不止。你们愿意用多长的时间，我们就准备付出多长的时间，而且还准备着你们煽动别的国家来对我们进行围攻，也准备着在你们后面还有世界上一切帝国主义分子的助威。但是，想用任何压力来干涉中国内政，来挽救西藏大农奴主的穷凶极恶的统治，那是毫无希望的。世界上一切反共反华的人们对于我们越骂得凶，就越能暴露他们的真面目，也就越能教育全世界人民。

如前所说，现在世界上议论西藏问题的人很多，他们的出发点也有许多不同。尼赫鲁总理跟许多对中国显然怀有恶意的人们不同，他跟我们在西藏问题上有某些分歧，但是在总的方面，他是主张中印友好的。对于这一点，我们没有任何怀疑。我们所以对于尼赫鲁总理的指责作这样详细的答复（当然在文章里也有不少地方涉及了那些对我们显然怀有恶意的人），正是因为，我们怀有充分的信念：分歧是可以缩小的，争论是可以解决的。诚然，争论是有些尖锐，因为这是我们祖国和西藏人民的切身利益所在。但是我们仍然希望，我们的争论从本质上能够有益于两国人民的相互了解，有益于两国人民和两国政府的友好，并且在语言上也能够没有疏忽了友谊和礼貌。我们完全同意尼赫鲁总理的一些语重心长的、对中国人民十分亲切的话。他说："我们非常希望保持印度和中国之间的友谊。""如果印度和中国这两个亚洲的伟大国家，这两个过去世世代代一直是和睦的邻邦的国家竟然彼此产生了敌对情绪，这将是一个悲剧。"中印友好是有悠久历史和深厚基础的，我们的基本利益相同，我们的主要敌人也相同，我们决不会忘记我们的共同利益，而落入我们的共同敌人的圈套。这次的争论虽然令人遗憾，但是我们坚决相信，它不会造成敌对情绪，它不会动摇我们两国的友谊。尼赫鲁总理宣布：印度一点也不想干涉西藏。我们热烈欢迎这个友好的声明。只要印度方面停止干涉西藏的言行，目前的争论就会随之结束。中国从来没有也永远不会干涉印度。我们还愿意郑重地告诉一切关心印度安全的全体印度爱国者：一个民主的、繁荣的、作为中国各族人民大家庭之一员的西藏自治区，必然会成为巩固和加强中印友好的因素，而决不会也决不可能成为对于印度共和国的什么

“威胁”。社会主义中国的和平睦邻政策是永远不会动摇的，我们两国近十一亿人民的友谊是永远不会动摇的，就像喜马拉雅山的不会动摇一样，那些诽谤者的胡说八道是毫无根据的。在尼赫鲁总理 1954 年 10 月访问我国的时候，他曾经说：“中国和印度都是大国，面对着类似的问题，并且都已经坚决地走上前进的道路。这两个国家彼此了解愈深，那么，不但亚洲的福利，而且全世界的福利就愈有保证。今天世界上存在的紧张局势，要求我们共同为和平而努力！”我们愿意两国人民永远记住尼赫鲁总理在这里所指出的真理。跟中国人民一样，伟大的印度人民是一贯珍惜中印两国的友谊的。我们深信，那些毒化中印关系的谰言，随着对于事实真相的了解，随着两国有关人士的共同努力，必将为印度广大人民所识破，所抛弃。中印两国和两国人民，将在和平建设的事业中继续友好合作，并将继续为亚洲和世界的和平而携手奋斗。

按照经济规律办事，加快实现四个现代化*

一　经济规律的客观性

马克思、恩格斯、列宁、斯大林和毛泽东同志都曾多次谈到经济规律的客观性。马克思在谈到按比例分配社会劳动的必要性时指出：这个规律如同自然规律一样，“自然规律是根本不能取消的。在不同的历史条件下能够发生变化的，只是这些规律借以实现的**形式**。”① 列宁指出：社会经济形态决不是“可按长官意志（或者说按社会意志和政府意志，反正都一样）随便改变的”，它的发展是“自然历史过程”，它的发展规律“不仅不以人的意志、意识和意图为转移，反而决定人们的意志、意识和意

---

* 此篇是 1978 年 7 月 28 日在国务院务虚会上所作发言《按照经济规律办事》整理而成，发表于 1978 年 10 月 6 日《人民日报》。

① 《马克思致路·库格曼》，《马克思恩格斯选集》第 4 卷，第 580 页，人民出版社 1995 年版。

图”[1]。毛泽东同志说：“社会主义经济，对于我们来说，还有许多未被认识的必然王国。”[2] “我们要在今后实践中继续调查它，从中找出它固有的规律，以便利用这些规律为社会主义服务。”[3]

由于我们对这些指示认识和宣传不够，特别是由于林彪、“四人帮”的流毒，现在还有相当多的领导工农业经济工作的干部不承认或者实际上不承认经济规律的客观性，不承认经济规律，以为社会意志、政府意志、长官意志就是经济规律，以为经济规律可以按照政治需要而改变，以为这就是政治统帅经济。这些同志忘记了，“政治是经济的最集中的表现”[4]，政治不能在客观存在的经济规律以外，自己创造出另外的什么规律来强加于经济。事实上，单就经济发展的规律性来说，党的正确的政治领导的任务，正在于尽最大的努力来使我们的社会主义经济工作按照客观规律进行（实践证明，这是一个很复杂、很困难的任务），因为只有这样，才能保证经济工作的成功，也才能保证经济工作的政治目的的实现，也才能保证政治领导和人民利益的一致。

肯定了经济规律的客观性，还要解决下面两个问题：（一）社会主义社会制度是否保证我们的经济可以自动地有计划地和高速度地发展；（二）为什么资本主义国家的经济管理方法有值得我们学习的地方。

关于一。马克思、恩格斯曾多次指出，资本主义社会“对

---

① 列宁：《什么是“人民之友”以及他们如何攻击社会民主主义者?》，《列宁选集》第 1 卷，第 10、33 页，人民出版社 1995 年版。

② 毛泽东：《在扩大的中央工作会议上的讲话》（1962 年 1 月 30 日），《毛泽东著作选读》下册，第 829 页，人民出版社 1986 年版。

③ 毛泽东：《十年总结》（1966 年 6 月 18 日）。

④ 列宁：《论工会、目前局势及托洛茨基的错误》，《列宁全集》第 40 卷，第 212 页，人民出版社 1986 年版。

生产自始就不存在有意识的社会调节”，[1] 资产阶级社会的全部生产“不是由共同制定的计划，而是由盲目的规律来调节，这些盲目的规律，以自发的威力，最后在周期性商业危机的风暴中显示着自己的作用”。[2] 社会主义社会的生产是由国家的计划来实现有意识的社会调节的。由此可以推论：社会主义社会的经济一定会比资本主义发展的速度高，并且一定会创造出比资本主义高得多的劳动生产率。总的说来，社会主义经济已经证明比资本主义经济发展速度高，并且还可以更高，也完全可以创造出更高得多的劳动生产率。但是在实际上，社会主义经济在有些时候、有些方面却比资本主义经济发展得慢些，并且还没有创造出比资本主义更高的劳动生产率。这是为什么呢？这是因为，第一，已经进行社会主义革命的国家，原来的经济和文化发展比发达的资本主义国家落后。在这些国家，小生产的势力和封建主义的影响比较强大，虽然进行了社会主义革命，小生产和封建主义的种种落后习惯的势力还是长久地多方面地存在着，严重地妨碍着社会主义经济的正常的迅速的发展。第二，社会主义社会作为一个新生的制度，还不巩固，不得不分出相当大的力量去对付国内和国外的敌对势力。第三，社会主义国家的国民经济计划，是一种对生产的有意识的社会调节，这在历史上是没有先例的，人们要熟练地运用客观经济规律正确地制定和执行计划是一个十分艰巨的任务，需要有相当长时间的认识和实践的过程。毛泽东同志说：社会主义生产关系“是和生产力的发展相适应的；但是，它又

---

① 《马克思致路·库格曼》，《马克思恩格斯选集》第 4 卷，第 581 页，人民出版社 1995 年版。

② 恩格斯：《家庭、私有制和国家的起源》，《马克思恩格斯选集》第 4 卷，第 175—176 页，人民出版社 1995 年版。

还很不完善，这些不完善的方面和生产力的发展又是相矛盾的”。[①] 此外，还有上层建筑和经济基础的又相适应又相矛盾的情况。大家知道，恩格斯早已一再指出，国家权力可以帮助经济发展得比较快，但也可以沿着相反的方向起作用，这样，政治权力就会给经济发展造成巨大的损害，并能引起大量人力物力的浪费。恩格斯说的虽然是过去的历史，但是实践已经证明，社会主义国家也不能保证它的政治权力始终不发生给经济发展造成巨大损害的问题。斯大林说：“不能把我们的年度计划和五年计划跟国民经济有计划、按比例发展的客观经济规律混为一谈。”[②] 他指出：社会主义的生产关系常常落后于生产力的发展，搞得不好，仍然可能变成生产力进一步发展的极严重的阻碍物，以至发生冲突。实际上，冲突不只由于生产关系和生产力进一步发展的矛盾，还由于国家机关在经济组织工作中的错误。斯大林 1925 年在联共十四次大会的报告中曾指出：“在资本主义国家里，任何一种较为重大的错误，任何一次较为严重的生产过剩或生产和需求总量之间的严重脱节现象，都不可避免地要由某种危机来纠正。……在资本主义国家那里所发生的经济危机、商业危机和财政危机，都只是触及个别资本家集团（斯大林这时还不能预见到 1929 年大危机的情况——引者）。而在我们这里却是另一种情况。商业和生产中的每次严重停滞，我国经济中的每个严重失算，都不会只以某种个别危机来结束，而一定会打击到整个国民经济。每次危机，不论是商业危机、财政危机或工业危机，在我们这里都可能变成打击全国的总危机。”[③] 斯大林说的这种情况，

① 毛泽东：《关于正确处理人民内部矛盾的问题》，《毛泽东著作选读》下册，第 768 页，人民出版社 1986 年版。

② 斯大林：《苏联社会主义经济问题》，第 5 页，人民出版社 1961 年版。

③ 《斯大林全集》第 7 卷，第 248 页，人民出版社 1958 年版。

在苏联无论在他这样说以前和以后都出现过，在我们中国也出现过。由此可见，社会主义社会制度本身并不能自动地保证我们按照客观经济规律办事，因而也并不能自动地保证我们的经济始终有计划地高速度地发展。社会主义社会制度给了我们按照客观经济规律办事的可能性，这是社会主义制度的优越性，是资本主义制度在整个国民经济发展历史范围内所不可能有的；但是要把可能性变为现实性，还要作很大的努力，还免不了有曲折，也就是毛泽东同志常说的要付学费。为了减少发展中的曲折，社会主义经济制度就必须同社会主义政治制度即人民民主制度密切结合，就必须同经济科学、管理科学、自然科学密切结合。总之，社会主义经济是在公有制基础上的高度社会化的大生产，如果我们正确地运用社会主义制度的优越性按照客观规律办事，就会以人类历史上前所未有的巨大力量来加速经济发展；相反，如果我们不研究不遵守客观规律，靠长官意志想当然瞎指挥，那就会造成某些单位甚至整个国民经济停滞倒退，使千百万以至几亿人民遭受苦难。因此，社会主义制度不但给了我们按照客观经济规律办事的巨大可能性，而且给了我们按照客观经济规律办事的绝对必要性和严重的历史责任。我们建国已经快三十年了，不能只是用缺乏经验来解释自己的错误了；为了加快实现四个现代化，现在特别有必要认真地总结正反两方面的经验，努力自觉地按照客观经济规律办事，积极地发挥社会主义制度的优越性。

关于二。毛泽东同志说："工业发达国家的企业，用人少，效率高，会做生意，这些都应当有原则地好好学过来，以利于改进我们的工作。"[①] 资本主义社会的生产不是由共同制定的计划

① 毛泽东：《论十大关系》，《毛泽东著作选读》下册，第742页，人民出版社1986年版。

而是由盲目的规律来调节的，为什么它的经济管理方法还有应当学习的方面呢？资本主义经济就全体来说是无计划的，但是在一个企业内部一般却是有计划的。马克思说："在工场内部的分工中预先地、有计划地起作用的规则，在社会内部的分工中只是在事后作为一种内在的、无声的自然必然性起着作用"。[①] 可见，整个资本主义社会生产的无计划性并不排除资本主义企业内部的有计划性。马克思早就着重指出资本主义企业管理的二重性，即一方面是"一种由社会劳动过程的性质产生并属于社会劳动过程的特殊职能"，另一方面它又是"剥削社会劳动过程的职能"。这里前一种职能是一切制度下一切种类的社会劳动都不可缺少的。"一切规模较大的直接社会劳动或共同劳动，都或多或少地需要指挥，以协调个人的活动，并执行生产总体的运动——不同于这一总体的独立器官的运动——所产生的各种一般职能"[②]，其中当然也包括计划的职能。资本主义早期工场内部的计划管理和其他管理，在今天已经发展成为大公司的现代化的高效率的计划管理和其他管理，甚至在一个国家的一定经济部门内（例如美国农业的生产和经营）也有某种程度某种性质的计划管理和其他管理。在这些范围内，资产阶级有意识地按照客观经济规律办事（这当然丝毫也不改变他们经济的资本主义性质，也不能使他们避免危机），并且由于历史悠久，他们运用这些规律已经积累了相当丰富的经验，达到了熟练的程度。正是在马克思所说的资本主义企业管理的第一种职能的意义上，无产阶级可以而且必须向资产阶级学习。列宁说："只有那些懂得**不**向托拉斯的组

① 马克思：《资本论》第一卷，《马克思恩格斯全集》第23卷，第394页，人民出版社1972年版。

② 同上书，第368、367页。

织者学习就不能创造或实施社会主义的人，才配称为共产主义者。因为社会主义并不是臆想出来的，而是要靠夺得政权的无产阶级先锋队去掌握和运用托拉斯所造成的东西。我们无产阶级政党，如果不去向资本主义的第一流专家学习组织托拉斯一样的大生产的本领，那便无从获得这种本领。”① “有人在这里说，不向资产阶级学习也能够实现社会主义，我认为，这是中非洲居民的心理。我们不能设想，除了建立在庞大的资本主义文化所获得的一切经验教训的基础上的社会主义，还有别的什么社会主义。”② 无产阶级政权“单靠专政、暴力、强制是坚持不住的；唯有掌握了文明的、技术先进的、进步的资本主义的全部经验，使用一切有这种经验的人，才能坚持得住。”③ 列宁的话是在半个多世纪以前说的，但是现在原则上还是适用。我们向资产阶级学习是有分析有选择的，是站在无产阶级和社会主义的立场上学习，而不是站在资产阶级和资本主义的立场上学习，所以毛泽东同志说要有原则地学过来。我们在学习的过程中当然要防止和纠正那种认为外国一切都好、中国可以依靠外国而不是依靠自力更生实现四个现代化的倾向。但是现在的主要危险不是这个，而是骄傲自满，故步自封，夜郎自大，是“四人帮”所散布的把自力更生和学习外国先进事物对立起来的流毒。坚持自力更生不但不排斥学习外国先进事物，而且如上所说，必须以学习外国先进事物为条件，否则就要陷入爬行主义，就不可能建成社会主义，或者在

① 列宁：《论“左派”幼稚性和小资产阶级性》，《列宁选集》第3卷，第536页，人民出版社1995年版。

② 列宁：《在全俄中央执行委员会会议上关于苏维埃政权的当前任务的报告》，《列宁全集》第34卷，第252页，人民出版社1985年版。

③ 列宁：《在全俄水运工人第三次代表大会上的演说》，《列宁全集》第38卷，第241页，人民出版社1986年版。

建成以前就要被敌人所击败。只有把社会主义制度的优越性同发达的资本主义国家的先进科学技术和先进管理经验结合起来，把外国经验中一切有用的东西和我们自己的具体情况、成功经验结合起来，我们才能够迅速提高按照客观经济规律办事的能力，才能够加快实现四个现代化的步伐。

打倒了“四人帮”，经济形势起了根本的变化，生产速度上升，生产秩序有了很大好转。但是我们的管理水平还是很低，也就是说，我们按经济规律办事的水平还是很低。我们现在的工农业还不能完全地按国家的需要、群众的需要和出口的需要组织生产，产品的品种、规格、质量、数量还不能充分计划化，以致有些需要的能够生产的东西生产得不够，而有些生产出来的东西却不合需要，造成积压和浪费。我们的动力、原材料的供应能力和生产、基建的需要还不能完全按比例，以至常常发生停工、窝工。我们还没有认真发展专业化和协作，很多企业是按照大而全、小而全的办法建设起来的，因此技术进步很慢，劳动生产率很低，成本很高。一般企业很少注意经济效果，广泛存在着劳动无定员、生产无定额、质量无检验、成本无核算的现象，在人力、物力、财力上造成很多浪费。由于我们在经济管理工作中不善于把国家、企业和职工的利益很好地统一起来，我们在促使企业的领导者和广大职工主动地关心企业的经营状况和改革方面，还没有充分发挥经济动力的作用。所有这些，都是我们按经济规律办事的水平还很低的表现，都是我们目前必须着重解决的问题。

二　按照经济规律办事

为了加快实现四个现代化，我们必须按经济规律办事，大大提高我们的经济管理水平。经济规律很多，现在只就有计划按比例的规律，价值规律，国家、企业、个人利益的统一，三个问题讲一点意见。

首先是要遵守有计划按比例的规律。

马克思说，“时间节约以及有计划地分配劳动时间于不同的生产部门，仍然是以集体为基础的社会首要的经济规律。甚至可以说这是程度极高的规律。”① 时间节约属于价值规律的范围，后面再说，这里先说有计划地分配劳动时间的问题。过去的阶级社会客观上也要按比例分配社会劳动，但是不可能自觉地有计划地做到这一点。我们的社会主义经济能够也必须自觉地有计划按比例地发展。这是社会主义经济的基本特点。真正做到有计划按比例地发展，我们的国民经济就能够实现长期的、稳定的、高速度的增长，而避免无政府状态、半无政府状态以及作为其后果的发展速度大幅度波动的现象，为不断扩大社会主义再生产、不断提高人民的物质文化生活水平创造可靠的物质基础。由于林彪、“四人帮”的长期破坏，目前，我们的国民经济基本上还处在“半计划”状态。要改善我们的经济管理工作，首先要把半计划化变为充分计划化。我们的计划要遵守、反映、运用有计划按比例的规律，兼顾长远利益和当前利益，兼顾国家利益（包括中央利益和地方利益）、工农业企业的集体利益和劳动者的个人利益。要考虑各方面的需要和可能，经过反复计算，综合平衡，然后制定出来。国家计划不应当留缺口，地方计划不应当层层加码。计划外的生产和基建，要分别纳入各级计划。应当有直接的计划和间接的计划，两者结合，形成国家的统一计划。国家下达

① 马克思：《政治经济学批判大纲》第一分册，第112页，人民出版社1975年版。

的指标要同企业的订货合同衔接起来，有效地解决目前存在的一定程度的产需脱节、供求失调的矛盾。

加强计划管理，可能遇到中央和地方、部门和部门、国家和企业之间的矛盾，在目前计划体制受到林彪、“四人帮”长期干扰破坏的情况下更可能遇到这种情况。但是这些矛盾在统筹兼顾的原则下是可以解决的，而且必须解决。我们的计划工作一定要充分发挥地方的积极性，否则我们的计划就不能反映全国人民的需要，也不能充分生效。但是地方的积极性又必须服从于国家的整体利益。各省要求工业化，这是正确的，合理的，各省一定要因地制宜地把本省的工业发展到一个高水平，也一定要能生产最必要的日用工业品和支农产品。但是这并不是说各省都要建立一个独立的完整的工业体系。这在目前固然不可能，即使从长远说也不一定需要，因为各省的资源状况有很大不同，不因地制宜而要万事不求人，结果必然造成人力物力的巨大浪费，延缓全国实现四个现代化的时间。在发达的资本主义国家，美国各州的工农业发展就是各有重点，西欧各国也是有无相通，这并没有妨碍反而加速了它们的现代化。我们应当遵照毛泽东同志的教导，实行统筹兼顾，一切从八亿人口出发。如果不解决好中央和地方的矛盾，国家计划有缺口，地方层层加码，造成计划本身的脱节，计划外生产、计划外基建大量存在，那就不但不能加快实现四个现代化，不能提高经济管理水平和生产技术水平，而且必然使生产不能正常进行、基建长期不能完工投产、物资既短缺又积压、采购人员满天飞等等混乱浪费现象无法解决，必然给新生资产阶级分子造成冒险家的乐园。

有计划按比例地发展国民经济，要求切实搞好专业化和协作。这是现代化大生产发展的必然规律，是提高生产技术、提高劳动生产率、提高产品质量、节约动力和原材料消耗、降低成本的一个极为重要的途径。马克思说：“一个民族的生产力发展的水平，最明显地表现在该民族分工的发展程度上。”[①] 列宁说：“技术进步必然引起生产的各部分的专业化”，“要把制造整个产品的某一部分的人类劳动的生产率提高，就必须使这部分的生产专业化”。[②] 最近二三十年来，世界的科学技术日新月异地发展，专业化的分工更细，协作的规模更大。我们的经济要获得充分的发展，就要在国家统一计划下，真正搞好专业化分工和部门之间的、地区之间的、企业之间的协作。哪些适于专业化生产，哪些适于综合经营，某种专业化生产究竟是适于在省市范围内、大区范围内还是全国范围内进行，各个企业的原料、材料、燃料、动力以及备品、配件由谁供应比较经济，这些都需要经过反复平衡计算，并且在有计划按比例发展的条件下，才能得到合理的解决。例如，目前企业普遍存在的大而全、小而全的问题，在某种意义上说，也可以说是迫不得已的。如果不是在整个社会的范围内搞好专业化分工和广泛协作，就很难解决，甚至还会继续发展。只有按行业、按地区组织好各种备品、配件的专业化生产，确保供应；又组织好维修设备的专业公司，服务上门；同时，销售、运输、职工生活服务等等，也由社会的各种专业服务行业承担，才能解决。

其次是要遵守价值规律。

价值规律是商品经济的普遍规律。它的基本点是每一商品的价值都决定于生产它的社会必要劳动时间，商品的价格以价值为基础，商品按等价的原则进行交换。在社会主义条件下，商品生

---

① 马克思恩格斯：《德意志意识形态》，《马克思恩格斯全集》第 3 卷，第 24 页，人民出版社 1960 年版。

② 列宁：《论所谓市场问题》，《列宁全集》第 1 卷，第 79、80 页，人民出版社 1984 年版。

产和商品流通将继续长期存在，在我国还需要大大发展，价值规律在经济生活中仍然起不可缺少的作用。我们在制定和执行计划的过程中，一定要利用价值规律，反映价值规律的要求，一定要要求所有企业（包括国防工业）严格实行时间节约，不断争取劳动耗费、物资耗费（即所谓“物化劳动”的耗费）和经济效果的最优比例，严格进行经济核算，努力降低单位产品的成本，努力提高劳动生产率和资金利润率，否则就会给社会主义事业造成很大的损失和混乱。对于每一个企业和它的每一个劳动者，每一分钟都不允许浪费，否则就必须承担由此而产生的损失。不遵守客观存在的价值规律，也就不可能严格遵守有计划按比例规律（马克思说，“商品的价值规律决定社会在它所支配的全部劳动时间中能够用多少时间去生产每一种特殊商品”①。可见，有计划按比例规律和价值规律是不可分离的），而违反这些规律就不可避免地要遭到惩罚。

斯大林说：有商品生产的社会主义社会不能没有价值规律，这并不坏，“因为这种情况教导我们的经济工作人员不断地改进生产方法，降低生产成本，实行经济核算，并使企业能够赢利。这是很好的实践的学校，它促使我们的经济工作干部迅速成长，迅速变成现今发展阶段上社会主义生产的真正领导者”②。算帐才能实行那个客观存在的价值法则。毛泽东同志说：“这个法则是一个伟大的学校，只有利用它，才有可能教会我们的几千万干部和几万万人民，才有可能建设我们的社会主义和共产主义。否

① 马克思：《资本论》第一卷，《马克思恩格斯全集》第23卷，第394页，人民出版社1972年版。

② 斯大林：《苏联社会主义经济问题》，第15页，人民出版社1961年版。

则一切都不可能。”[1] 建国以来的将近三十年中，我们的广大干部和群众，坚持在这个伟大的学校里学习，确实是学到了相当的本领，做出了相当的贡献，这才保证了我国国民经济的发展。但是，林彪、“四人帮”的干扰破坏，使革命导师的指示无法执行，使我们的计划经济遭受严重损失。为了扭转林彪、“四人帮”给我们的经济造成的某些混乱状态，我们必须运用价值规律进行经济核算，通过记帐、算帐对创造出来的价值（生产部门）或实现的价值（流通部门）的计算，对生产或流通中物化劳动和活劳动消耗的计算，对经营成果的考核，来不断改善我们的社会主义经济管理。为了运用价值规律进行经济核算，我们必须使价格正确地反映价值。我们应当运用价值规律来制定我们的价格政策，使计划价格有利于合理调整国家、集体、个人三者利益间的关系，合理调整工人和农民之间的关系，使计划价格对社会生产起积极的调节作用。

计划第一，价格第二，这是说我们首先要根据社会的需要来制定计划，其次要为各种产品规定合理的价格，让这些价格为计划服务，而不是把两者割裂开来。价格是以价值为基础的，但又不会绝对和价值相等。价格定得比较好些，生产这种产品的单位的利润就会多些，反之就会少些，因而价格是我们计划经济的一个重要工具。我们要善于运用这个工具。“四人帮”不让人讲利润，谁讲就对谁打棍子，当然谈不到运用价值规律把价格当作实现计划的工具。于是就出现这样的情况：社会上迫切需要的产品如生活上日用的陶瓷、铁锅一类东西，有关单位不那么愿意生产，因为收购价格低，不如工业陶瓷和铁管，这样就受到“利

① 毛泽东：《对“关于五级干部会议情况的报告”的批语》（1959年3月30日）。

润挂帅”的责备。现在，“四人帮”打倒了，所谓“利润挂帅”的帽子没有人乱扣了，我们就应当把日用陶瓷、铁锅的价格适当提高一些，使价值规律发生作用的结果有利于计划的实现。斯大林说价值规律在社会主义制度下对生产不起调节作用，至多只能说有些影响，是说得过分了。马克思说，“在资本主义生产方式消灭以后，但社会生产依然存在的情况下，价值决定仍会在下述意义上起支配作用：劳动时间的调节和社会劳动在各类不同生产之间的分配，最后，与此有关的簿记（指会计核算等工作——引者），将比以前任何时间都更重要。”[①] 这是马克思反复说明过的观点。可见价值规律对于社会主义制度下的生产并非没有调节作用。我们经济建设的实践也证明了这一点。在制定国家计划的同时，我们可以而且应当通过价格政策使价值规律起一定的调节生产的作用。

经济核算的制度在“四人帮”横行的那段时间里被破坏得很厉害。工人上班不上班一个样，干多干少一个样，干轻干重一个样，干好干坏一个样，这就是说对活劳动的消耗根本不计算、不监督。有些单位工人常年不劳动，照样拿工资；有些单位临时工做工，正式工不做工、干私活或者游荡。这种状况现在已经有了相当大的改变，但是改变得还很不彻底。例如某一建设工程现场的几千名工人，长期间实际每天只工作五至五个半小时，每天少干一万个小时以上。这种不计算劳动的状况，不止是一个经济问题，而且是一个危害我国工人阶级劳动态度和革命品格的严重政治问题。难道我们还能够视若无睹，而不赶快大力解决吗？很多企业长期以来对物化劳动也不计算、不监督，原材料任意浪

---

① 马克思：《资本论》第三卷，《马克思恩格斯全集》第25卷，第963页，人民出版社1972年版。

费，固定资金、流动资金占用不计多少。至于创造了多少价值，创造了多少利润，更是不讲。这种不计算、不监督的状态，是我们企业管理被搞乱了的一个根本原因。现在我们拨乱反正，就要运用价值规律，健全经济核算制度，通过各种实物指标和价值指标，通过严格实行按劳分配和把企业经营的好坏同每个职工的物质利益结合起来的办法，来改善经营管理，来为实现管理现代化创造一个必要的前提。没有这样的计算和监督，其他改善管理的一切措施都无从说起。在实行经济核算中要尽可能使实际生产出来的价值、消耗的活劳动和物化劳动的多少，准确地表现出来。说“尽可能”，是因为实际上不可能做到很准确，在这方面有许多难以克服的困难；但是尽可能还是应当做到的。

第三，保证国家、企业和个人利益的统一。

毛泽东同志说：“国家和工厂，国家和工人，工厂和工人，国家和合作社，国家和农民，合作社和农民，都必须兼顾，不能只顾一头。”[①] 国家、生产单位和生产者个人这种利益上的统一，是社会主义制度所决定的，必须反映这种利益上的统一，是社会主义经济管理体制的根本规律之一。过去，在考虑管理体制问题时，往往是从国家内部的条块关系或中央和地方关系上考虑得多些，也就是在集权和分散的问题上考虑得多些。这种考虑当然是必要的，这是执行毛泽东同志关于正确处理好中央和地方关系的指示。但是从经济关系上保证国家、企业、个人的利益统一问题上考虑得比较少，这就没有充分执行毛泽东同志关于这个问题的全部指示。事实上，无论条块怎样分工，无论企业由谁管，都不能不首先从国家、企业、个人的经济关

① 毛泽东：《论十大关系》，《毛泽东著作选读》下册，第 729 页，人民出版社 1986 年版。

系去考虑问题。因为第一，社会主义经济的根本目的就是要提高人民（当然包括职工）的物质文化生活水平，不考虑职工的利益就违背了社会主义经济的根本目的；第二，职工和职工所属的企业是直接的生产者和生产的组织者，不首先考虑他们的利益就不可能保证生产的迅速发展；第三，无论中央国家机关或是地方国家机关，由于本身是不直接承担经济利害的行政机关，往往对企业的经济活动的迫切需要比较隔膜，因此，无论不适当地集权于中央或是不适当地分权于地方，结果常是同样地不利于经济建设的发展，所谓“一统就死，一分就乱”。关于这个问题，后面还要进一步讨论。

把国家和企业的关系处理好，对于加速实现四个现代化关系十分重大。国家和企业的关系处理得是否妥善，不仅关系到国家和企业的利益，而且直接关系到每个职工个人的利益。因为社会主义全民所有制的企业，是社会主义经济的基本单位，职工个人和国家的关系，同企业和国家的关系是密切联系在一起的。

处理国家和企业的关系，应当把执行国家统一计划作为基本前提。在这个前提之下，还必须考虑价值规律的要求。要在国家统一计划下，在经济上明确国家和企业双方面的经济责任。当前，应当考虑适当扩大企业的权限，以促进企业的领导和群众主动地关心企业经济活动的成果。过去在工业七十条中曾经规定，国家对企业要实行“五定”，企业对国家要实行“五保”。在工业三十条中，又重新提出了“五定”和考核企业的八项经济技术指标。这是一个十分重要的问题，应当进一步调查研究，把有关的规定完善起来。现在的八项指标中，没有固定资产占用指标，这不利于促进企业管好、用好投资，为国家创造更多的财富。在研究改进管理的时候，看来需要解决这个问题。[1]

“定”和“保”，体现了国家和企业双方的责任。一方面，企业进行正常生产所需的条件，要定下来，给以保证。如果保证不了，妨碍了企业生产的正常进行，国家和有关协作单位应负经济责任。另一方面，对企业应完成的任务也要有严格的规定。全面完成了任务，应当给企业一定的奖励，例如留给企业一部分基金，用于奖励先进的集体和个人，改善职工集体福利和进行扩大再生产。完不成任务，企业和个人也应承担一定的经济责任。列宁说：“各个托拉斯和企业建立在经济核算制基础上，正是为了要他们自己负责，而且是完全负责，使自己的企业不亏本。如果他们做不到这一点，我认为他们就应当受到审判，全体理事都应当受到长期剥夺自由（也许在相当时期后实行假释）和没收全部财产等等的惩罚。”[2] 我们应当遵照列宁指示的原则，对企业的办好办坏、挣钱赔钱实行有奖有罚，赏罚分明。企业管理严重混乱，违法乱纪，造成大量亏损的，对负责的企业领导人应当实

---

① 《工业七十条》指1961年9月16日中共中央发布的《国营工业企业工作条例（草案）》。

“五定”和“五保”都是“工业七十条”中的规定。“五定”是国家对企业规定的生产要求和提供的生产条件，即：①定产品方案和生产规模，②定人员和机构，③定主要的原料、材料、燃料、动力、工具的消耗定额和供应来源，④定固定资产和流动资金，⑤定协作关系。“五保”是企业对国家必须承担的责任，即：①保证产品的品种、质量、数量，②保证不超过工资总额，③保证完成成本计划，并且力求降低成本，④保证完成上缴利润，⑤保证主要设备的使用期限。

“工业三十条”指1978年4月中共中央发表的《关于加快工业发展若干问题的决定（草案）》。

八项经济技术指标是“工业三十条”中规定的全面考核企业生产经营情况的指标，即：①产量，②品种，③质量，④消耗，⑤劳动生产率，⑥成本，⑦利润，⑧流动资金占用。

② 列宁：《给财政人民委员部》，《列宁全集》第35卷，第549页，人民出版社1959年版。

行法办，处刑罚款，另外组织新的领导班子去接管，不能让极端失职渎职的人逍遥法外。总之，要使企业经营得好，不但对国家有利，而且对全体职工和企业领导人也有利；企业经营得不好，对企业职工特别是企业领导人也不利。要把国家、集体、个人的利益直接地结合起来，使企业中的每个人都能从物质利益上关心国家计划的完成，关心企业经营的成果。

“四人帮”反对把个人利益和集体利益结合起来，根本否定个人利益。这是一种完全违反马克思列宁主义的假左真右的反动思潮。一切共产党人的根本宗旨，就是为大多数人谋利益。如果共产党不能为大多数人谋利益，群众为什么需要共产党，为什么需要拥护共产党呢？大多数人的利益，当然既是集体利益，也是个人利益。列宁说：“我们说，必须把国民经济的一切大部门建立同个人利益的结合上面。共同讨论，专人负责。由于不善于实行这个原则，我们每走一步都吃到苦头。”① 事实上，我们不也是每走一步都吃到苦头吗？所以毛泽东同志说得对：“一切空话都是无用的，必须给人民以看得见的物质福利。”②

要处理好有关个人物质利益的问题，就要坚决贯彻各尽所能、按劳分配的原则。长时期的千百万群众的实践证明，在社会主义这个历史阶段，贯彻按劳分配，国民经济就上去，社会主义制度就进一步得到巩固和发展；不实行按劳分配，国民经济就上不去，社会主义制度就会受到损害。这是一条不以人们意志为转移的经济规律。如果按照这条规律办事，人们就得到它的奖励，如果违背这条规律办事，人们就会受到它的惩罚。根据劳动总局

---

① 列宁：《新经济政策和政治教育委员会的任务》，《列宁全集》第42卷，第191页，人民出版社1987年版。

② 毛泽东：《经济问题与财政问题》，《毛泽东选集》，第876页，东北书店版。

的统计，第一个五年计划期间，工业总产值每年平均递增百分之十八，全员劳动生产率每年平均递增百分之八点七，职工工资平均每年递增百分之七点四。在这期间，工业的增长百分之五十九是靠提高劳动生产率。相反，1958 年以后，工资不能按时正常增长，劳动生产率也不能正常增长，结果工业的增长全部或大部是靠增加职工。如果维持劳动生产率每年增长百分之八点七的速度不变，1977 年工业、基建、交通运输三方面工人的劳动生产率就应当是目前的三倍，就是说，职工总数可以减少三分之二。这个教训还不深刻吗？现在我们正在重新按这条规律办事，一定可以收到良好的效果，而且有些地方已经收到效果。李先念同志曾经指出，以前每当提高工资，做财政工作的同志常常顾虑财政收支会发生不平衡，而到年底结算的结果，国营企业利润的收入有增无减，“发财”的还是财政部。这是对我们二十多年实践经验的一个很好的总结。

无论如何，按经济规律办事，必须坚持政治挂帅的前提。按经济规律办事，决不是可以把政治放在次要地位，相反，必须坚持党的领导，坚持群众路线，才能正确解决执行过程中的种种问题，克服种种阻力。“四人帮”散布的种种流毒需要肃清；新生资产阶级分子的进攻需要粉碎；我们同志中间存在的某些习惯势力和各种错误倾向需要克服。例如，可能有人借口按照经济规律办事，搞经济主义，放松政治思想工作，或者借口实行政治挂帅，不关心群众疾苦，强迫命令，或者无论在什么借口下为非作歹，等等。所有这一切，都需要从加强党的领导，实现真正的无产阶级政治挂帅来解决，从长远利益、根本利益上统一大家的认识来解决。总之，无产阶级的政治挂帅和按照客观规律办事是统一的，不实行无产阶级政治挂帅，就不能坚持社会主义方向，坚定地执行党的路线、方针、政策，坚定地实现新时期的总任务；

而马克思主义的政治挂帅，必须是符合经济规律的，否认和违背经济规律的主观主义的蛮干，必然造成经济损失和政治损失，也彻底违反无产阶级政治挂帅的根本原则。

三　扩大经济组织和经济手段的作用

社会主义制度要求全国的生产都能够有计划地进行，这就使社会主义国家比资本主义国家增加了计划机关和许多工业管理机关。这些机关是需要的，但是这些机关在全国各级的总和是否太大？把它们的许多经济行政工作交给一些经济组织用经济手段去处理是否更有效？这是必须认真考虑的问题。列宁在《国家与革命》一书中曾经设想无产阶级专政的国家机器可以非常简单，因为它在管理经济方面的工作“已经被资本主义简化到了极点”。现在我们发现，工作并没有简单到列宁所设想的那种程度。尽管如此，我们依靠纯粹行政方法进行工作的范围还是太大了，而且不必要地建立了许多臃肿而缺乏效率的机构，以至妨碍我们利用资本主义所已经给我们简化了的现成遗产，妨碍我们按照经济规律管理经济。

行政方法永远是需要的，一个经济组织的科学管理也表现为科学的行政。社会主义国家的经济管理部门完全能够掌握科学的管理方法，按照经济规律办事，并且使自己达到精简、统一、效能、节约、反对官僚主义的目的。但是经济管理主要地究竟不能依靠纯粹行政的方法。这是因为：第一，纯粹行政的方法往往把普通行政机关（它们既不承担经济责任，也不实行经济核算）的办事方法照样地搬用到经济生活中去，容易考虑行政的方便，要求经济活动机械地适应行政的系统、层次、区划，而不是努力去研究、适应、运用经济规律去管理经济工作。这就助长了企业中的大而全、小而全的结构，无偿调拨、无偿供应、无偿支付、不讲经济责任和经济核算的供给制管理，经济活动衙门化、官工化、官商化的经营方法，以及相信社会意志、政府意志、长官意志的万能，因而犯主观主义的瞎指挥的错误。第二，按照这种办法，行政机构有多少层次，涉及多少方面，经济管理也就有多少层次，涉及多少方面，很容易造成机构重叠，周转层次多，公文旅行周期长，问题长期拖延不决，极大地妨碍经济工作的效率，丧失经济活动的时机。第三，行政的结构，无论属于条条或块块，往往同产品供产销的结构和其他经济活动的客观需要不相适应。以行政区划代替经济区划，不但造成商品和物资流向混乱，库存太多，有时甚至荒谬地阻断合理的经济联系，造成人为的经济分割和经济封锁，阻碍商品流通和产品调拨，妨害经济的正常发展。第四，纯粹行政方法往往不能正确地及时地反映国家、企业、职工、用户四者的物质利益及其相互关系，也往往不能正确地及时地反映中央和地方、地方和地方之间的物质利益关系，这种状况要反映到行政领导方面并得到纠正，往往需要很长的时间。由于行政领导对于企业的盈亏不承担直接的经济责任，对于企业经营的是非好坏不敏感，没有强烈的关心，判断和决定难于迅速、正确、有效，因而容易对国家、企业、职工、用户造成损失。第五，依靠纯粹行政的方法，不利于发挥下级地方、企业和广大职工的积极性、主动性、创造性，使企业缺少应有的权限，使有事业心、进取心、革命干劲的企业领导人和广大职工往往感到有劲无处使，至少是不能充分有效地使出来，只能一切等待上级的安排和批示。这要产生多少有形的尤其是无形的损失！因此，这种依靠纯粹行政方法的管理应当缩小到十分必要的范围，而最大量的经济工作应当由政府行政的范围转入企业经营的范围。企业本身也要尽量缩小纯粹行政方法的管理，扩大依靠经济手段的管理。

为了扩大经济组织和经济手段的作用，需要进行一系列的经济改组和经济改革，解决一系列具体问题。这里只提出以下四个方面的建议。

（一）推广合同制。

在我国的经济工作中曾经在许多范围内实行合同制，实践证明，这是一种比较有效的形式，应当大力推广。合同制通常是两个企业直接订立的合同，他们对经济利益的考虑比较周到，向对方提出的要求比较仔细切实，并且双方自愿，互相制约，一般不存在强迫命令，有缺点容易弥补，不用经过层层审批。在基层企业和基层企业之间，产供销之间，大公司和专业公司之间，大公司相互间，专业公司相互间，地方公司相互间，各种公司和基层企业之间，都可以实行合同办法，从而提高经济工作效率，保证经济活动的计划性，减少各级行政机关的负担。不但如此，我们还认为，在国家和企业（包括工业和农业企业，全民所有制和集体所有制企业）之间，以至在中央和地方、地方和地方、地方各级之间，企业和职工之间，都可以实行合同制。实行国家和企业之间的合同制，对于明确国家和企业双方的责任，提高企业的主动性、积极性，改变目前经济管理中的许多混乱状态，尤其能够发挥重要的作用。合同制要充分地和正确地发挥作用，仍然首先需要无产阶级政治挂帅，同时还需要许多其他经济条件的配合和保证，并非实行了合同制就可以什么问题自然解决，什么都顺利。但是采取这种形式，有利于加强国民经济的计划化，加快国民经济的发展；有利于发展生产的专业化和协作；有利于全面完成经济技术指标，首先是质量、品种指标和节约动力、燃料、原材料消耗指标；有利于发挥价值规律的作用，加强经济核算，提高劳动生产率和资金利润率；有利于大大克服官僚主义和浪费，大大发扬群众路线，大大提高经济管理水平，培养经济管理人才。这一切是确定无疑的。

（二）发展专业公司。

中央《关于加快工业发展若干问题的决定》（草案）中提出："组织专业化生产，是现代工业发展的必然趋势。大而全、小而全的万能厂，既造成很大的浪费，又严重阻碍生产技术的进步，阻碍劳动生产率的提高。"列宁说过："分散的企业联合为一个辛迪加，就能大大节省，这是经济学告诉我们的，也是一切辛迪加、卡特尔、托拉斯的例子说明了的。"[①] 发达资本主义国家的经验，说明了按行业、按地区组织专业化和协作，用专业公司这种组织形式（包括全国性的，地方性的，同一行业联合的，各有关行业联合的）把各个分散的企业组织起来，不仅是现代工业发展的必然趋势，也是高速度、高水平地发展工业的客观要求。在这方面，我们在六十年代初期已做过一些尝试，在中央工业、交通部门试办过十三个专业公司，在一些省、市也组织了一些，如上海的各种专业公司、浙江的丝绸公司等。除了上海的以外，其他专业公司成立的时间较短，虽然由于经验不足，工作中有过这样那样的缺点、错误，对生产力的发展还是起了一定的促进作用。如 1964 年 10 月国务院批准冶金部成立的铝业公司，由于把原料、半成品、辅助原料的生产都统一组织到一个专业公司里，密切了上下工序的协作和联系；公司内部集中统一领导，又接近生产单位而减少层次，调度灵活，使生产有了很快的发展。铝业公司停办以后，1966 年到 1976 年十年的产量增加很少，这十年国家投资却是 1965、1966 两年的五倍。其他专业公司成立

① 列宁：《大难临头，出路何在?》，《列宁选集》第 32 卷，第 204 页，人民出版社 1985 年版。

前后也有类似的情况。过去有些专业公司工作中的缺点是没有照顾地方的利益，像烟草公司，曾把地方有关烟草的利润税收全部集中到烟草公司，对非传统产烟区的农民利益也很少考虑。这些问题在今后工作中不难解决。今后中央各部办的专业公司，要照顾到地方的利益；而各地办的专业公司，中央有关部门也要能管得着。

从小而全、大而全这种落后的生产组织形式，转移到按照专业化和协作组织起来的社会主义专业公司的轨道上来，是一场从经济基础到上层建筑领域的深刻变革，是一项政策性很强、牵涉面很广、繁重而又复杂的工作，要在调查研究的基础上，统一规划，认真试点，采取积极而又慎重的方针，有计划、有步骤地进行。

（三）加强银行的作用。

列宁说：“**没有大银行，社会主义是不能实现的**。”“大银行是我们实现社会主义**所必需**的‘国家机构’，我们可以……使它成为**更巨大**、更民主、更包罗万象的机构。那时候量就会转化为质。统一的规模巨大无比的国家银行，连同它在各乡、各工厂中的分支机构……这是全国性的**簿记机关**，全国性的产品生产和分配的**计算机关**，这可以说是社会主义社会的**骨骼**。”[①] 解放以来，银行进行了多方面的工作，积累了丰富的经验。银行是全国的结算中心、信贷中心和出纳中心。在全国都有它的分支机构，国家的很多经济管理工作都可以通过银行来做，而且可以比用行政办法做得更灵活，更有效。企业的一切经营活动，银行都可以加以促进和监督。在“文化大革命”前，我们的国家银行，通过信

① 列宁：《布尔什维克能保持国家政权吗?》，《列宁全集》第32卷，第300页，人民出版社1985年版。

贷和拨款对企业的活动进行了有效的促进和监督。那时银行向企业贷款有三个基本要求：（1）企业要有物质保证；（2）要有经上级批准而起法律作用的计划；（3）要保证按期偿还。这几条在当时执行得是比较好的。但是，近十几年来，在林彪、“四人帮”的干扰破坏下，这些好的做法被否定了。现在除了工资基金和一部分基建投资以外，其他对企业的作用还发挥得很少，这也是只依靠行政手段（例如由首长批条子）不依靠经济手段所造成的一种不良后果。为了迅速提高经济管理水平，克服很多工商业企业和基本建设单位的混乱状态，应当积极恢复和大力加强银行的作用。

（四）发展经济立法和经济司法。

以上所说的实行合同制、发展专业公司、加强银行的作用，以及其他类似的办法，在执行过程中间都会遇到各种复杂的争论问题。要使这些问题得到迅速、公正、准确的解决，必须加强经济立法和经济司法工作，把国家、企业、职工的利益和各种利益关系，用法律形式体现出来，并且由司法机关按照法律办法处理。否则，这一切就不容易生效，还会退回到依靠单纯行政办法的老路。我们现在形式上虽有订货合同制度，但有不少合同不能履行或不能严格履行。即使被处罚款，不是列入成本，就是冲抵利润，对企业负责人和职工没有直接利害关系。我们发布了许多很好的条例、规定，但是它们往往不具备严格的法律形式，没有明确的法律效力。要使它们变成法律并且具有明确的法律效力，不仅需要进行郑重的经济立法，并在全国人民中间进行深入的宣传，还要有认真的严格的经济司法机关，对一切违反这些法律的企业和个人进行严肃的法律处理。

四 认真实行以农业为基础

国民经济的发展一定要以农业为基础，这是经济史上的一条根本经验。马克思继重农学派之后进一步论证了这个规律，毛泽东同志把它规定为我国社会主义建设的一项基本方针。实践证明，这个方针是完全正确的。我们国家的经济能否持久地稳定地高速度发展，根本上决定于农业能否高速度发展。十年规划规定1985 年粮食产量要达到八千亿斤，这是一个关系全局的指标。现在中央决定加快实现四个现代化，保证加快农业的发展就有了更大迫切性。

粉碎“四人帮”以后，党中央和许多省的领导机关对农业提出了和采取了许多重要措施，使农业的形势逐步好转，得到了全国农民的热烈拥护。

当然，由于林彪特别是“四人帮”的干扰破坏，也由于我们工作中的缺点，农业的情况还是严重的。1977 年全国平均每人占有的粮食，只相当于 1955 年的水平，就是说，粮食生产的增长只相当于人口的增长和工业等方面用粮的增长。为了改变农业的这种长期发展缓慢的状况，还必须作出一系列重大的决策，包括大力发展牧业和林业，大力发展社队工业和农工联合企业。这里只根据毛泽东同志和党中央的一些指示，提出两个关于调动农民积极性的原则问题。

第一，缩小工农业产品交换价格的剪刀差。

要在社会主义经济中运用价值规律，就必然要求工农业产品等价交换，消灭两者之间的剪刀差。毛泽东同志二十多年前就明确指示：“工农业品的交换，我们是采取缩小剪刀差，等价交换或者近乎等价交换的政策。”① 李先念同志在农田基本建设会议上重申了中央这一早已确定了的方针，指出现在的任务就是要在深入调查研究的基础上提出实施方案。因此，缩小剪刀差是党的一项既定政策，问题只在于研究制定适当方案加以具体执行。

应当指出，建国二十几年来，农产品收购价格提高了一倍，而工业品零售价格只上升了百分之二十八。两者的差价是在逐步缩小，但是目前仍然偏大。剪刀差偏大，剪刀差缩小偏慢，当然要很大地挫伤农民发展生产的积极性。除了情况较好的地区以外，许多地区的农民辛苦一年，增产少增收，增产不增收，少数地区甚至还有增产反减收的情况。这有多方面的原因，但是剪刀差的存在是一个带普遍性的重要原因。这种状况不改变，就会妨碍农业迅速发展，妨碍农业现代化，妨碍落实农村政策的充分收效，不利于巩固工农联盟，不利于缩小工农、城乡差别，不利于以农业为基础。调整工农业产品比价，牵涉的方面很广很复杂，当然需要解决许多具体问题和政策问题，但是困难是可以克服的。绝大多数农民大幅度地减轻了负担，增加了收入，这就能够真正做到以农业为基础，就会对加速农业发展、农村发展和加速农业现代化发挥不可估量的作用，现在围绕着农村的很多似乎无法解决的困难都可为之一扫。否则，农业就很难摆脱二十多年来发展缓慢的局面，就会拖住加快四个现代化的后腿。很明显，一个现代化的富强的社会主义中国，是不可能在贫困落后的农村的基础上建设起来的。

第二，真正承认农民的集体所有制，承认生产队的自主权。

---

① 毛泽东：《论十大关系》，《毛泽东著作选读》下册，第 728 页，人民出版社 1986 年版。

毛泽东同志在1959年3月第二次郑州会议上曾尖锐地批判无偿占有农民和生产队劳动成果的错误。毛泽东同志1961年亲自主持制定的农村人民公社工作条例修正草案（六十条）中，再一次强调要保障生产队的经营自主权。当时的草案是以生产大队为基本核算单位，后来改为以生产队为基本核算单位，生产队的自主权当然就应当更加扩大了。但是由于林彪、“四人帮”的干扰破坏，这个问题在近十多年来仍然没有解决，就是说，相当一部分地方，农民的集体所有制实际上没有得到保障和承认，至于没有得到完全保障和承认的地方就更多。哪里不实行民主办社，民主种田，哪里就是实际上不承认农民的集体所有制，就是实际上不承认涉及七亿集体农民的社会主义经济制度和社会主义政治制度。为什么在全国广大地区会发生像湘乡县那样任意增加生产队负担的情况呢？为什么在旬邑县和其他许多县会发生侵犯农民人身权利的情况呢？为什么某些领导机关可以随便下命令把农民种的作物一概拔掉、铲掉，改种其他作物，而不承担由此造成的损失的法律和经济责任呢？为什么某些领导机关可以不经过农民群众的讨论决定就下命令要一个县或一个县以上的人民公社基本核算单位实行过渡，取消社员的这种权利、那种权利呢？这说明，在不少同志心目中，实际上并不存在什么农民的集体所有制，并不存在生产队、生产大队和人民公社的自主权，并不存在人民公社的各项基本制度。社队各级的集体经济权益，以至社员的个体财产、人身权利，都可以由上面、由某一个或几个领导者包括社队干部个人自由处置，而人民公社的各级机构和社员代表大会、社员大会一概可以置之不理。党中央坚决纠正了这种错误，这完全反映了广大农民的心愿。但是为了彻底解决这个问题，不但需要党的政策，而且需要国家的明确无误、坚定不移的制度。宪法已经规定了国家保障社会主义劳动群众集体所有制经济的巩固和发展，规定了社会主义公共财产不可侵犯，人民公社社员可以经营少量的自留地和家庭副业，这都很好，但是还不够，因而还是有人可以泰然自若地加以破坏。这就表明，为了彻底解决这个问题，还需要专门的法律和法院，需要对任何敢于违犯这一法律的人严格依法惩处。

为了保障人民公社的集体所有制，国家（除了法律规定的范围以外）、一切企业、机关、部队对于社队的经济关系，社队和社队，公社、大队和生产队，社队和社员之间的经济关系，都应当实行合同制，合同都应当按照一定的程序民主通过。在合同规定的范围以外的要求，社队和社员有权拒绝，违反合同而使社队和社员遭受损失，社队和社员有权取得赔偿。这样才能有真正的集体所有制。在这样的基础上，农民才会感觉到自己是自己命运的主人，是生产队、生产大队、公社和国家的主人，才会真正积极地大胆地发展农业生产，建设社会主义的现代化农村。这样决不会削弱而只会加强党和国家对农民的领导，决不会妨碍而只会保证条件确实成熟的过渡。

为了加快农业生产的发展，加快实现农业现代化，还需要在农村发展各项农业专业化的技术和生产，在农村按照国家计划发展农作物加工工业和其他工业，发展林牧渔业，发展农村教育文化，大大提高全体农民特别是青年农民的科学技术水平。这一切，在提高农民收入、保障社队自主权和民主管理的前提下，都不难逐步实现。

为了调动农民生产积极性，当然还要充分实现按劳分配、多劳多得的社会主义原则，实行民主办社、经济公开的原则，还要充分执行中央有关农村工作的各项政策和指示。这里暂不一一论列。

五　加强经济学的普及和提高

恩格斯说：无产阶级政党的“全部理论内容来自对政治经济学的研究”①。经济学是研究经济规律的科学，为了按照客观经济规律办事，不能不大力加强经济学的普及和提高。我们正在用中国历史上空前的规模和速度来发展社会主义经济建设，实现社会主义的四个现代化。这就需要大大扩大我国经济学研究的队伍，因为要研究的经济问题实在是很多很多，而且很多都要做细致的定量的研究，除了各单位正在进行的大量工作外，还需要有许多专业的经济学研究机构（包括大学里的研究力量）来做国家机关的助手。目前经济研究队伍的力量实在太薄弱了。

我们的经济研究工作要研究许多重大的理论问题，也要研究许多重大的实际问题。要研究总结中国的建设经验，也要研究外国的经验。经济科学同其他科学一样，现在正在发展许多新的学科；我们现在面临的许多重大复杂问题，例如编制计划和计划管理体制问题，调整工资问题，调整价格问题，扩大对外贸易和引进项目的技术和财政问题，要得到准确的定量的答案，就需要利用这些新的学科。但是我们现在还没有或很少这方面的人才。为了在各部门按经济规律管理经济，在各个企业进行经济核算，各个大的企业和经济领导机关有必要逐步普遍设立经济师或经济工程师，在县、公社、大的农场，也应当逐步设立，专职兼职都可以。没有人才，要培训。只有在提高和普及相结合的情况下，经济学才能迅速发展，才能帮助我们在党中央领导下，把我们的经济管理水平大大提高一步，赶超世界先进水平。

---

①　恩格斯：《卡尔·马克思〈政治经济学批判·第一分册〉》，《马克思恩格斯选集》第2卷，第37页，人民出版社1995年版。

关于社会主义时期阶级斗争的一些提法问题*

现在，思想理论工作正处在一个重要的历史时期。由于林彪、“四人帮”的长期干扰，有些旧的说法需要继续清理。我们应当有足够的理论上的勇气，敢于提出问题，解决问题。要有远见，能够看到我们所处的历史条件将向着什么方向发展，使我们的思想理论工作，适合于历史发展的需要。对有些重大的理论问题的提法，要继续进行讨论和研究，弄清楚它们的客观意义和科学涵义。

比如，“无产阶级专政下继续革命”这个口号，究竟是什么涵义，它的科学根据是什么，继续使用好不好，就值得重新研究。这不仅是一个理论问题，而且是一个现实问题。这个口号本来不是毛主席提出的，而是“四人帮”一伙提出的。它公开见之于文字，最早是在1967年两报一刊编辑部写的《沿着十月社会主义革命开辟的道路前进》一文中。后来康生把它写到了“九大”政治报告中，他在向中直机关干部传达“九大”精神时，又作了发挥。这个口号提出以来，报刊上发表过不少文章，

---

* 此篇是1979年1月3日在中共中央宣传部的一次碰头会上的讲话摘要。

但始终没有严格推敲，把它的科学涵义和根据讲清楚。列宁指出："一切革命的根本问题是国家政权问题。"通常讲的政治革命，总是指推翻一个统治阶级，夺取政权。这个口号是在"文化大革命"高潮中提出来的，它是同当时的实践即"夺走资派的权"的实践联系在一起的，与后来的"老干部=民主派=走资派"的反动公式也有重要关系。林彪、"四人帮"一伙，利用这个口号，竭力混淆革命和反革命的界限，制造了一整套向无产阶级全面夺权的理论。粉碎"四人帮"以后，对这个口号还作过一些宣传。但是究竟它的涵义是什么仍然是一个问题。它与如何估计目前和今后的阶级斗争有关，也与如何解释正确处理人民内部矛盾的理论有关。按照正确处理人民内部矛盾的理论，阶级斗争（无论是否属于人民内部矛盾）是完全可以正确处理的，这种正确处理是否要叫做"继续革命"？今后，这种涵义不清的口号，在现实生活中仍然可能成为不安定的因素。讲清楚这个问题，对党的理论和实践，对中国革命和国际共产主义运动，都有重要的意义。至于采取什么形式讲清楚，那需要考虑，至少在一段时间内不要在报刊上讲。

对于社会主义时期阶级斗争的形式和作用的认识，也是很迫切需要解决的重要理论问题。毛主席在八届十中全会说："在社会主义这个历史阶段中，还存在着阶级、阶级矛盾和阶级斗争，存在着社会主义同资本主义两条道路的斗争，存在着资本主义复辟的危险性。"这个提法后来被林彪、"四人帮"一伙歪曲和篡改了。康生主持修改的"九大"党章总纲也采用了这个说法，说，在社会主义社会"这个历史阶段中，始终存在着阶级、阶级矛盾和阶级斗争"。毛主席没有说过"始终"这两个字，这两个字是康生加的。加上这两个字，就把毛主席的话搞得面目全非，在逻辑上也讲不通。列宁说："社会主义就是消灭阶级"。

如果说在社会主义社会，阶级和阶级斗争始终存在，那怎么消灭阶级，怎么进入共产主义？那岂不等于说，社会主义永远不是社会主义，或永远不能实现消灭阶级的社会主义？这种“始终存在”的错误提法，迫切需要纠正，也很容易纠正。但是也要经过中央正式决定，采取一定的手续才好把它正式纠正过来。

在社会主义社会，阶级斗争在什么范围、什么条件下存在？它是不是社会主义社会发展的动力，或者能不能始终作为动力？它对社会前进究竟起什么作用？生产斗争、科学实验是不是也推动社会前进？生产斗争与阶级斗争的关系如何？这些问题，都需要重新进行认真的实事求是的科学探讨。

又比如，“以阶级斗争为纲”，应当怎样理解？这个提法，要看在什么意义上、在什么范围内讲才有意义。不讲清楚就会引起思想上和实际工作中的混乱。人们会认为，只要还有残余形态的阶级斗争，这种斗争就还是社会前进的动力。这样势必造成阶级斗争的人为的扩大化。而且，照这样推论，社会一旦消灭了阶级，失掉了以阶级斗争为纲的根据，社会发展就似乎没有纲、没有动力，或者忽然有别的矛盾起而代之，成为纲和动力了。这是牵涉到历史唯物主义的根本问题，一定要给予科学的解释。

毛主席在七届二中全会提出，无产阶级和资产阶级的矛盾，已经成为国内的主要矛盾。但是在社会主义改造基本完成以后，这一矛盾是否仍然是主要矛盾？《关于正确处理人民内部矛盾的问题》并没有这样说，而是以生产力和生产关系的矛盾为社会主义社会的基本矛盾。1966 年以后，林彪、“四人帮”借口抓主要矛盾、抓纲，来反对社会主义建设，反对把党的工作重心转移到实现四个现代化上面来。在这个问题上的混乱，现在不能再继续下去了。

与阶级斗争相联系的一个问题，是党的发展问题，党的历史问题。党内斗争，是否都是社会阶级斗争的反映，都是路线斗争？党的历史是否只是路线斗争的历史？《人民日报》已经发表了这方面的文章，这个问题提得很重要。党内存在路线斗争，这是事实。但是，党的历史不等于就是路线斗争的历史。如果任何斗争都是路线斗争，那么，党内就几乎天天存在路线斗争。党内斗争的情况很复杂，是否一定要把某几次斗争指定为路线斗争，并且一定要一次一次地排列起来？这样是不是把复杂的现象简单化，并且会不会产生许多牵强附会的说法？很长时间以来在一些同志中间形成这么一种心理，似乎党内的任何斗争不提到路线斗争的高度上来，就没有重要意义，就像吃饭没有吃饱似的，总不过瘾。这种考虑问题的习惯是一定历史阶段形成的，对党内生活的影响是严重的，因为大家认为，谁犯了路线错误，这个人就一切都错了，就宣布了政治上的死刑，在相当时间内同反革命差不多，因而造成党内生活的紧张状态和不正常状态。这种简单化的提法对党的发展究竟有没有必要，究竟是否有利，究竟是否合乎实际，当然也要根据实践是检验真理的唯一标准的原则，加以科学的探讨，否则会搞得不能自圆其说。马克思、恩格斯、列宁一生都进行过不少的党内斗争，但是他们并没有说进行过多少次路线斗争，别人也没有这样说过，因为没有必要这样来归类和计数。把党内一切复杂的斗争都简单化成为一定的刻板的模式，我们以后有没有必要继续这样做？

总之，需要重新研究和探讨的问题还有许多。我们一定要把马列主义、毛泽东思想搞准确，维护它的严整的科学思想体系。这对我们实现新时期的总任务，是十分必要的。

以上只是我个人的一些看法，提出来仅供同志们参考，不对的地方请大家批评指正。

关于人道主义和异化问题*

谨以这篇讲话式的论文

献给一切探讨马克思主义、社会主义、人道主义的理论界、文艺界同志和探讨人生意义、人生目的的青年；

献给参加本文的起草和修改的同志们，在本文起草和修改过程中提出种种宝贵意见的同志们和前辈学者们，没有他们的帮助，本文就不可能以现在的面貌出现；

也献给一切曾经抱有或继续抱有不同观点的同志们，他们的观点使作者获得了写作本文的动机和展开论证的条件，如果本文对他们提出了某些批评意见，这也完全属于正常的同志态度。

近几年来，我国理论界围绕人道主义和异化问题，展开了一场争论。这方面的文章已经发表了好几百篇，专门的讨论会也开过好多次。这场争论是有意义的。争论中提出了许多重要的问

---

* 此篇是1984年1月3日在中共中央党校的讲话，经整理后在1984年1月27日《人民日报》发表。

题，广泛地推进了对这些问题的研究。回答和解决争论中的所有重要问题，是需要广大理论工作者来共同进行的一项巨大工程。我今天的讲话不可能涉及争论中的很多问题，只准备就几个主要问题讲一些意见，跟大家一起讨论。说得不对的，请大家批评、指正。

关于人道主义，我想首先应该指出，它有两个方面的含义：一个是作为世界观和历史观；一个是作为伦理原则和道德规范。这两个方面有联系，又有区别。我们现在讨论人道主义问题，尤其需要注意两者的区别，以免造成意义上的混淆。关于作为伦理原则的人道主义问题，我在讲话的第三部分将专门谈到。当前的争论，首先在于作为世界观和历史观的人道主义。因为已经发表的宣传人道主义的文章，大都没有区别人道主义的这两种含义，而且大都把人道主义作为解释历史、指导现实的世界观和历史观来理解和宣传。当然，宣传人道主义的文章意见不尽一致，不赞成或不完全赞成这种宣传的文章也不少，不能一概而论。但是，应该看到，现在确实出现了一股思潮，要用作为世界观和历史观的人道主义来“补充”马克思主义，甚至要把马克思主义归结为或部分归结为人道主义。有的同志提出了“人是马克思主义的出发点”这样的根本性的理论命题；有的同志宣传“人——非人——人”（即人异化为非人，再克服异化复归于人）这样的历史公式；一些同志认为不但资本主义社会有异化，社会主义社会也有异化；一些同志热衷于抽象地宣传“人的价值”、“人是目的”这类人道主义口号，认为可以靠它们去克服这种“异化”。如此等等的说法，提出了这样一些根本问题：究竟应该怎样来看待人类历史的发展，怎样来看待社会主义社会的发展？究竟应该用怎样的世界观和历史观，是马克思主义的历史唯物主义还是人道主义的历史唯心主义，作为我们观察这些问题和指导自己行动的思想武器？我认为，现在这场争论的核心和实质就在这里。因此，我的讲话也就围绕这场争论的核心和实质，而不以某几位作者的某几篇论文的具体内容为对象。

下面，我讲四个问题：一、究竟什么是人类社会进步的动力？二、依靠什么思想指导我们的社会主义社会继续前进？三、为什么要宣传和实行社会主义的人道主义？四、能否用“异化”论的说法来解释社会主义社会中的消极现象？因为是讨论马克思主义的一些根本问题，马克思本人的话不免引用得多一点；这也有好处，可以帮助大家弄清楚马克思主义究竟是什么和不是什么。

一 究竟什么是人类社会进步的动力？

对于这个问题，历史上有种种答案。从根本上说，是两种答案：历史唯心主义和历史唯物主义。近代西方思想史上的种种人道主义，从资产阶级人道主义到空想社会主义，它们的历史观都是唯心主义的，它们对人类历史发展和社会进步动力问题，都不能作出科学的解释。只有马克思建立的历史唯物主义，才找到了对这个问题的科学的答案，并在它的基础上建立了科学社会主义理论。

资产阶级人道主义产生于十四——十六世纪欧洲文艺复兴时期，它的最初形式是人文主义。针对中世纪神学以神为中心，贬低人的地位，蔑视世俗（即非宗教的）生活，提倡禁欲主义等观点，作为新兴资产阶级思想代表的人文主义者提出了以人为中心的思想。他们要求尊重“人性”、“人的尊严”、人的“自由意志”，主张“顺从你的意欲而行”。他们重视人的世俗生活和世俗享受的意义，提倡世俗教育和科学知识。人文主义坚决反对作为封建制度精神支柱的中世纪神学，在历史上起过巨大的进步作用。在十七、十八世纪资产阶级革命中，人道主义的思潮跃居历史的前台，成为资产阶级启蒙思想家反对封建专制和等级制度的一面旗帜。“天赋人权”和“自由、平等、博爱”等口号，在法国革命进程中起了重要的作用，并产生了深远的影响。文艺复兴时期的人文主义，启蒙运动和资产阶级革命时期的人道主义，尽管都有重大的进步意义，但是作为历史观来说，都是唯心主义的。人文主义者也好，启蒙思想家和其他资产阶级人道主义思想家也好，他们所说的人和人性都是抽象的人、抽象的人性。① 他们认为历史发展和社会进步的动力，在于人类的善良天性或者人类的理性。启蒙思想家主张以理性作为审判台，一切都拿到理性面前接受审判，认为只要诉诸理性或通过教育，人类的一切“迷误”都能克服。人道主义者提出“人道”、“正义”、“自由”、“平等”、“博爱”这样一些口号，并不能科学地说明历史。恩格斯说过：这是一些“或多或少属于道德范畴的字眼”，“这些字眼固然很好听，但在历史和政治问题上却**什么也证明不**

① 人性本来是一个抽象概念，即人类的共性，可以跟神性、兽性、非人性、反人性等概念相对待。但是历史地考察起来，人性又是具体的，在不同的历史发展时期和不同的社会集团，以及由于不同的生活环境、文化教养、心理特征等等，人性有它的纷繁的演变和分化。尽管并不是没有人类的共性可言，但是要用这种共性（无论关于它的解说可以怎样丰富）去解释人类社会的历史发展，却不免显得太贫乏了。这里和下文所说的关于抽象的人性的主张，就是指不认识或不承认人性的历史的演变和分化，而只承认一种所谓为全人类所共有并有永恒标准的人性。这是一种非科学的抽象，它跟人性作为一个科学概念的抽象是两回事。至于人类学、社会学（包括民俗学）、心理学、教育学等具体科学部门和文学艺术，从各自的角度研究和表现历史的、现实的人和人性，当然是必要的。历史唯物主义不能代替这些研究和表现，当然也不应该指责它们是历史唯心主义的抽象的人性论。

了”。①

十九世纪的空想社会主义对资本主义进行了猛烈的抨击，提出了种种改革社会的方案和关于未来合理社会的设想。但是，空想社会主义者和资产阶级的人道主义者一样，用抽象的人性、人的本质来解释历史，来设计他们的改革方案，来构想他们的合理社会。俄国著名的马克思主义者普列汉诺夫在上世纪末说得很中肯：“本世纪上半期所有的无数的乌托邦不过是以**人的天性**为最高准绳而设想完美立法的企图。”② 空想社会主义者认为，资本主义的黑暗和罪恶不过是人性或者说人类理性的迷误；消除这些黑暗和罪恶是思维着的理性的任务；社会主义正是理性、真理和正义的表现，只要把它发现出来，它就能用自身的力量创造出新的世界。由于离开具体的历史条件，离开特定的社会关系谈论人性、人的本质，并把它们当作人类社会历史发展的决定力量，他们在历史观上依旧停留于唯心主义。他们在考虑怎样实现自己的主张的时候，必然忽视社会历史的现实基础，脱离已经出现的无产阶级和其他劳动人民的现实斗争，而去指靠抽象的概念、笼统的全人类和唤起人性、改善人性的人道主义说教，并且往往还把希望寄托在少数杰出的统治者身上。这样的社会主义学说只能流于空想。空想社会主义学说虽然提出了许多卓越的思想，包括各尽所能、按需分配的共产主义思想，成为马克思主义的三大来源之一，在人类思想进步史上具有不容忽视的地位，但是，作为革命斗争中的思想武器，它只能是幻想的武器。用幻想的武器去进行战斗，当然不可能解决改造社会、推进历史的现实任务。空想

① 恩格斯：《民主的泛斯拉夫主义》，《马克思恩格斯全集》第6卷，第325页，人民出版社1965年版。

② 普列汉诺夫：《论一元论历史观之发展》，第27—28页，三联书店1961年版。

社会主义始终没有为人类解放找到现实的道路，也没有改变资本主义世界的发展进程，不就是历史的证明吗？

要丢掉幻想的武器而掌握现实的武器，就必须同空想社会主义的抽象人性论、同它的唯心主义历史观彻底决裂。这种决裂是社会主义从空想发展成为科学的关键。正如列宁所指出的，“社会主义学说正是在它抛弃了关于合乎人的本性的社会条件的议论，而着手唯物主义地分析现代社会关系并说明现在剥削制度的必然性的时候取得成就的。”①

跟历史唯心主义相反，历史唯物主义不是以抽象的人、人性、人的本质等等的概念为出发点，而是以具体的社会物质生活条件为出发点来解释历史。马克思、恩格斯在《德意志意识形态》中说：“我们首先应当确定一切人类生存的第一个前提也就是一切历史的第一个前提，这个前提就是：人们为了能够‘创造历史’，必须能够生活。但是为了生活，首先就需要衣、食、住以及其他东西。因此第一个历史活动就是生产满足这些需要的资料，即生产物质生活本身。同时这也是人们仅仅为了能够生活就必须每日每时都要进行的（现在也和几千年前一样）一种历史活动，即一切历史的一种基本条件。”② 历来的思想家在解释历史的时候，都忽略了这个基本的、简单的事实。马克思正是抓住了这个基本事实和它的全部意义，从这里出发，发展和形成了历史唯物主义关于人类社会的生产力和生产关系，经济基础和上层建筑，社会存在和社会意识，阶级和阶级斗争，国家和革命，

---

① 列宁：《什么是“人民之友”以及他们如何攻击社会民主党人？（答〈俄国财富〉杂志反对马克思主义者的几篇文章）》，《列宁选集》第1卷，第52页，人民出版社1995年版。

② 马克思、恩格斯：《德意志意识形态》，《马克思恩格斯全集》第3卷，第31—32页，人民出版社1960年版。

无产阶级解放和全人类解放的完整学说。历史唯物主义指出，生产力的发展，生产力同生产关系的矛盾，以及在阶级社会中表现这一矛盾的阶级斗争，才是历史发展的动力。

马克思在《〈政治经济学批判〉序言》中对历史唯物主义的基本思想作过这样的经典表述："人们在自己生活的社会生产中发生一定的、必然的、不以他们的意志为转移的关系，即同他们的物质生产力的一定发展阶段相适合的生产关系。这些生产关系的总和构成社会的经济结构，即有法律的和政治的上层建筑竖立其上并有一定的社会意识形态与之相适应的现实基础。物质生活的生产方式制约着整个社会生活、政治生活和精神生活的过程。不是人们的意识决定人们的存在，相反，是人们的社会存在决定人们的意识。社会的物质生产力发展到一定阶段，便同它们一直在其中运动的现存生产关系或财产关系（这只是生产关系的法律用语）发生矛盾。于是这些关系便由生产力的发展形式变成生产力的桎梏。那时社会革命的时代就到来了。随着经济基础的变更，全部庞大的上层建筑也或慢或快地发生变革。"①

因为找到了对人类社会进步动力问题的科学的回答，无产阶级和人民群众的改造社会、推进历史的革命斗争才得到科学的指导，并因而取得伟大的胜利，开创了人类社会发展的崭新时代——社会主义时代，使广大劳动人民得到解放。这不同样是历史已经充分证明了的吗？

有些同志指责历史唯物主义只讲"物"，不讲"人"，"见物不见人"。这是没有根据的（当然，某些编得不好的教科书之类是另外一回事）。历史唯物主义在展开它的全部学说时并没有抛

---

① 马克思：《〈政治经济学批判〉序言》，《马克思恩格斯选集》第2卷，第32—33页，人民出版社1995年版。

开人，相反，正是历史唯物主义科学地说明了人的历史，说明了人如何创造历史，并且指明了所有的人都得到全面自由发展即全人类得到最后解放的科学道路。历史唯物主义讲“物”，恰恰是讲人们为满足自己的生活需要而进行的物质生产活动，是讲人们和物质即自然界相互作用而形成的生产力，是讲通过对物的占有而形成的人们之间的物质的生产关系。历史唯物主义认为历史是人创造的，但是跟历史唯心主义不同，它认识到人首先是通过物质生产活动，通过在这个基础上的社会斗争（在阶级社会首先是阶级斗争）来创造历史，因此，归根到底，从事物质生产的人民才是历史的主要创造力量。历史唯物主义只是抛开历史唯心主义的人道主义关于人、人性、人的本质的抽象谈论，而把这一切放到一定的社会关系（首先是生产关系）中去考察。因为只有这样，社会的人的问题才能得到正确的解释和解决。列宁在比较马克思的经济学和资产阶级经济学的时候说：“凡是资产阶级经济学家看到物与物之间的关系（商品交换商品）的地方，马克思都揭示了**人与人之间的关系**。”[①] 因此，批评马克思主义“见物不见人”的说法是不能成立和不能接受的。历史唯物主义观察和解决人的问题的基本方法论原则，就是从一定的社会关系出发来说明人、人性、人的本质等等，而不是相反，从抽象的人、人性、人的本质等等出发来说明社会。这是马克思主义的历史唯物主义同资产阶级人道主义的历史唯心主义的一个根本分歧，也是我们现在这场争论中的一个根本分歧。

“人是马克思主义的出发点”——这是一个典型的混淆马克思主义同资产阶级人道主义、历史唯物主义同历史唯心主义的界

① 列宁：《马克思主义的三个来源和三个组成部分》，《列宁选集》第2卷，第312页，人民出版社1995年版。

限的命题。马克思主义的历史唯物主义从分析人们的物质生产活动和人们之间的物质的生产关系出发，正是为了具体地理解人；离开人们的物质生产活动和人们之间的社会关系来谈人，就只能是抽象的人。把抽象的人作为出发点，这完全不是马克思主义。马克思之所以能够创立马克思主义，就是因为他越过了以抽象的人作为出发点的资产阶级人道主义的历史哲学，找到了自己的新出发点。马克思 1845 年写的《关于费尔巴哈的提纲》，恩格斯称它为包含新世界观的天才萌芽的第一个文件，在这个文件里，马克思指出："人的本质不是单个人所固有的抽象物，在其现实性上，它是一切社会关系的总和。"[①] 人类社会，人们的社会关系（首先是生产关系），这就是马克思主义的新出发点。正是从分析社会关系出发，马克思才批判了已有几百年历史、经历了各种形态、但都是以抽象的人和人性为出发点的人道主义的唯心主义历史观，包括批判了马克思曾深受其影响的费尔巴哈人本主义及其关于人的本质的异化的观点，如他自己所说，"实际上是把我们从前的哲学信仰清算一下"[②]。同时，马克思还为此而同当时社会主义运动中仍然停留在人道主义历史观基础上的各种流派坚决划清界限。例如马克思指出，德国小资产阶级的"真正的社会主义者"忘记了，"不管是人们的'内在本性'，或者是人们的对这种本性的'意识'，'即'他们的'理性'，向来都是历史的产物"；他们"只是把关于人的本质的思想悄悄塞给每个

---

① 马克思：《关于费尔巴哈的提纲》，《马克思恩格斯选集》第 1 卷，第 56 页，人民出版社 1995 年版。

② 马克思：《〈政治经济学批判〉序言》，《马克思恩格斯选集》第 2 卷，第 34 页，人民出版社 1995 年版。

人，并且把社会主义的各种阶段变为人的本质的各种哲学概念”。[①] 出发点的变化，新的出发点的发现，是人类思想史上划分时代的根本变革和伟大发现的开端。有了新的出发点，才能产生唯物主义的历史观，建立“工人阶级政治经济学”，形成科学的社会主义学说，就是说，才能有马克思主义。如果停留在旧的出发点上，无论怎样变换形式，也不可能跳出资产阶级人道主义历史观的窠臼，不可能有马克思主义。

可是，我们的一些同志，一方面把“人是马克思主义的出发点”当作一个极重要、极新颖的命题提出来宣传，一方面又极力模糊以“人”为出发点同以人类社会和人们的社会关系为出发点这新旧两种出发点之间的原则区别，试图把它们说成是差不多的东西。有的同志声称，这个命题中所说的“人”，并不是抽象的人，而是马克思所说的“现实的人”，“从事实际活动的人”。似乎有了这个申明或其他类似的申明，他们就离开了抽象的人道主义，坚持了马克思主义。但是，这样的简单申明，并不能改变他们的观点的实质，而且不可避免地包含着一个逻辑矛盾：要说明人是“从事实际活动”的“现实”的人，就不能把人看成是笼统的、没有分化和没有差别的，就需要说明人在其中活动的具体的社会关系，这就必须从具体的社会关系出发，而不能从“人”出发。既然舍弃了具体的社会关系和具体的社会发展状况来谈“人”，并由此来谈论“人性”、“人的本质”、“人的价值”、“人的尊严”、“人的自由”、“人的需要”、“人的自然欲望”等等，那么，这种以人为出发点和归宿点的命题，就只能是抽象的人道主义实际上也就是资产阶级人道主义的命题。马

---

① 马克思、恩格斯：《德意志意识形态》，《马克思恩格斯全集》第 3 卷，第 567、606 页，人民出版社 1960 年版。

克思自从找到了他的历史观的新出发点，在研究人类历史的时候从来不从抽象的、笼统的意义上来谈人，他所说的人都是作为社会关系的不同承担者的人，也就是不同的社会关系的人格化。马克思在《政治经济学批判（1857—1858 年草稿）》和《经济学手稿（1861—1863 年）》中，两次在批评蒲鲁东的时候，都驳斥过所谓“从社会的角度来看，并不存在奴隶和公民；两者都是人”的说法。马克思指出：“其实正相反，**在**社会**之外**他们才是人。是奴隶或是公民，这是 A 这个人和 B 这个人的一定的社会存在方式。”[①] 马克思在研究资本主义社会的时候，也从来不是从资本家和工人“两者都是人”的角度来讨论问题。当然，资本家和工人都是人，有人的共性，但是强调这种共性，作这样一种抽象，对于认识资本家和工人以及他们之间的关系，没有实质上的意义。有实质意义的是，资本主义生产方式的主要当事人，资本家和雇佣工人，“本身不过是资本和雇佣劳动的体现者，人格化，是由社会生产过程加在个人身上的一定的社会性质，是这些一定的社会生产关系的产物”。[②] 如果不是这样从分析人们的现实的社会关系出发，而是从笼统的“人”和“共同人性”出发，就根本不可能指明资本主义的灭亡和社会主义的兴起都是历史的必然，也就不可能提出无产阶级的历史使命。

宣传“人是马克思主义的出发点”的同志，还引用了不少马克思的话，来为他们这个命题作论证。这些同志无视了一个基本情况，即马克思、恩格斯对于他们的新的世界观和历史观究竟

---

① 马克思：《政治经济学批判（1857—1858 年草稿）》，《马克思恩格斯全集》第 46 卷上，第 220 页，人民出版社 1979 年版；马克思：《经济学手稿（1861—1863 年）》，《马克思恩格斯全集》第 47 卷，第 173 页，人民出版社 1979 年版。

② 马克思：《资本论》，《马克思恩格斯全集》第 25 卷，第 995 页，人民出版社 1974 年版。

以什么为出发点，早就作出了十分明确的回答。

马克思、恩格斯在《德意志意识形态》中表述唯物史观的时候说过："这种历史观就在于：从直接生活的物质生产出发来考察现实的生产过程，并把与该生产方式相联系的、它所产生的交往形式，即各个不同阶段上的市民社会，理解为整个历史的基础；……同时从市民社会出发来阐明各种不同的理论产物和意识形式，如宗教、哲学、道德等等，并在这个基础上追溯它们产生的过程。"①

恩格斯在《社会主义从空想到科学的发展》中指出："唯物主义历史观从下述原理出发：生产以及随生产而来的产品交换是一切社会制度的基础；在每个历史地出现的社会中，产品分配以及和它相伴随的社会之划分为阶级或等级，是由生产什么、怎样生产以及怎样交换产品来决定的。所以，一切社会变迁和政治变革的终极原因，不应当到人们的头脑中，到人们对永恒的真理和正义的日益增进的认识中去寻找，而应当到生产方式和交换方式的变更中去寻找；不应当到有关的时代的**哲学**中去寻找，而应当到有关的时代的**经济**中去寻找。"②

马克思1879—1880年写的《评阿·瓦格纳的〈政治经济学教科书〉》中，驳斥了这个德国庸俗经济学家、讲坛社会主义者以抽象的人的需要来确定商品价值的论点，指出："'**人**'？如果这里指的是'一般的人'这个范畴，那末他根本没有'任何'需要；如果指的是孤立地站在自然面前的人，那末他应该被看做是一种非群居的动物；如果这是一个生活在不论哪种社会形式中

---

① 马克思、恩格斯：《德意志意识形态》，《马克思恩格斯全集》第3卷，第42—43页，人民出版社1960年版。

② 恩格斯：《社会主义从空想到科学的发展》，《马克思恩格斯选集》第3卷，第740—741页，人民出版社1995年版。

的人……那末出发点是，应该具有社会人的一定性质，即他所生活的那个社会的一定性质，因为在这里，生产，即他**获取生活资料的过程**，已经具有这样或那样的社会性质。”跟从人出发的方法相反，马克思申明：我的分析方法“不是从**人**出发，而是从一定的社会经济时期出发”。[①]

我们应该相信谁呢？是相信马克思和恩格斯本人，还是相信宣传“人是马克思主义的出发点”的同志们呢？

不顾作为马克思主义者的马克思和恩格斯的这些清清楚楚的说法，反复摘引还没有完全脱离费尔巴哈影响的马克思早期著作中从人本主义那里沿袭下来的一些说法，如“人的根本就是人本身”、“人本身是人的最高本质”以及“共产主义是现实的人道主义”等等；或者引用马克思后来的成熟的著作中的论述，而不理会这些论述的精神实质，不理会这些论述同摘引者自己立论的矛盾，怎能不把问题越说越糊涂呢？如前所说，马克思主义之所以成为马克思主义，首先就在于它有了新的出发点，并由此出发而建立了新的科学体系。在这个根本问题上，是不容回避和含糊的。提出“人是马克思主义的出发点”这样的命题，这就离开了马克思主义的根本思想，抛弃了马克思主义之所以成为马克思主义的东西，抹煞了马克思主义之所以区别于非马克思主义的实质。这样，马克思主义在历史观上所完成的革命变革实际上就被一笔勾销了。

至于“人——非人——人”这样的历史公式，把人类历史概括为人性的异化和复归的历史，这是一种典型的人道主义的唯心主义历史观。各种人道主义学说对人性有不同的理解，有的并不使用人性异化的概念，它们提出的历史公式却是类似的，如“理性——理

---

① 马克思：《评阿·瓦格纳的〈政治经济学教科书〉》，《马克思恩格斯全集》第19卷，第404、415页，人民出版社1963年版。

性的迷误——理性”，或“公平——不公平——公平”，等等。按照这类公式，似乎存在着某种抽象的、固有的、完美的、真正的人性或人的本质；在人类社会的某一个发展阶段，这种人性、人的本质发生了异化，从原来的人异化成为非人（或假人）；而在人类社会的未来阶段，这种人性、人的本质又得到了复归，从非人（或假人）复归成为真人。难怪现代西方竟有神学家把这类玄学的历史公式同“乐园——失乐园——复乐园”这种神学的历史公式相比拟，并把它归之于马克思主义，企图把宗教、人道主义、马克思主义调和到一起。这很难说不是对马克思主义开玩笑。

马克思主义认为，人类的历史首先是生产方式发展的历史。随着生产方式的发展，人类本身也在发展，虽然有历史的曲折和歧途，但总的趋势是向前，是进步。衡量历史进步的尺度只能是生产和生产方式的发展，以及与之相应的社会、政治、文化、科学、教育的发展，而不能是抽象的人性、人的本质。没有任何理由把远古幻想为乐园。从原始社会到奴隶制社会，怎么能够一般地把它看作是人性的倒退呢？这是人类社会的一个巨大的进步，是生产力有一个很大的发展的结果，它标志着人类摆脱了蒙昧和野蛮的阶段，而步入了文明的大门，从此才开始了人类的文明史。同样，从奴隶制社会到封建社会到资本主义社会，也是人类的生产力和社会关系的巨大进步，虽然这些进步都是在阶级对立的状态下发生的，因而伴随着许多的罪恶、苦难和堕落。马克思和恩格斯是资本主义制度罪恶的最彻底的批判者，但是他们在《共产党宣言》中仍然明确地指出：“资产阶级在历史上曾经起过非常革命的作用。”[①] 至于共产主义之代替资本主义，更是意

① 马克思、恩格斯：《共产党宣言》，《马克思恩格斯选集》第1卷，第274页，人民出版社1995年版。

味着人类的生产力和社会关系的伟大进步，而不是什么抽象的、固有的人性的复归。马克思、恩格斯把共产主义以前的人类历史称作“人类社会的史前时期”，是为了说明只有在共产主义下人们才能完全自觉地创造自己的历史，而不是要把这以前人类社会发展的全部文明史当作“非人”的历史加以抹煞。相反，马克思主义认为，如果没有过去时代的人类物质文明和精神文明的发展，就不可能有共产主义。

总之，作为世界观和历史观的人道主义，同马克思主义的历史唯物主义是根本对立的。我们的宣传人道主义世界观和历史观的同志，却企图抹煞这种对立，而把两种不同的世界观和历史观混合起来。他们或者要把马克思主义纳入人道主义而成为人道主义世界观和历史观的一个派别（尽管被誉为“真正”的、“最高”的、“最科学”的人道主义派别），或者要把作为世界观和历史观的人道主义纳入马克思主义而成为马克思主义世界观和历史观的一个部分（据认为，前者是后者的核心和实质，是出发点和归宿）。这两种含义实际上是一样的，都是要把马克思主义人道主义化。他们认为马克思主义忽视了人，要用人道主义来“重新说明”马克思主义，要用抽象地谈论人性、人的价值，确立“人是马克思主义的出发点”，来“补充”、“纠正”或“发展”马克思主义；或者认为只有用人道主义来“重新说明”了的马克思主义，才是本来面目的、完整无缺的马克思主义，否则就是被歪曲和有缺陷的马克思主义。这样的观点是马克思主义者所不能接受的。作为世界观和历史观，马克思主义和人道主义，历史唯物主义和历史唯心主义，根本不能互相混合、互相纳入、互相包括或互相归结。完全归结不能，部分归结也不能。人道主义并不能说明马克思主义，不能补充、纠正或发展马克思主义，相反，只有马克思主义才能说明人道主义的历史根源和历史作用，指出它的历史局限，结束它所代表的人类历史观发展史上一个过去了的时代。马克思主义的历史唯物主义代表人类历史观发展史上一个新时代。历史唯物主义认为不能离开具体的社会关系去谈人、人性、人的本质，不能离开社会生产力的发展和对社会关系的改造去谋求人的问题的解决。它拒绝“人类天性”这一类的抽象议论，而着手分析现实的社会关系，寻找无产阶级解放和全人类解放的具体道路。由此得出的实际结论，就不是各种人道主义的说教和各种合理社会的空想，不是抽象人性的神秘“复归”，而是无产阶级和劳动人民按照社会发展规律对社会进行革命的改造。这样，马克思主义就对解决人的问题提供了一个科学的答案，这是过去的一切志士仁人都没有找到的。社会主义从空想到科学的发展当然没有也不会丢开人，而正是为争取绝大多数人的利益找到了现实的革命的道路。只有通过无产阶级的解放才能达到全人类的解放，这就是科学的结论。随着历史的发展，马克思主义（包括历史唯物主义）当然需要并且实际上是在继续发展；但是现在笼统地宣传人道主义的许多同志们的主张，同科学发展的要求正好相反，是要使我们的历史观从唯物主义倒回到唯心主义，从而使我们的社会主义学说从科学倒回到空想。

二　依靠什么思想指导我们的社会主义社会继续前进?

或者有同志会问：“人是马克思主义的出发点”这个命题对于资本主义社会或其他剥削制度社会是不正确的，现在我们是在建设社会主义社会了，这个命题是不是有它的意义呢？这实际上是问：马克思主义的历史唯物主义在社会主义社会是不是继续有效？让我们来考察一下吧。

社会主义制度建立以后，生产资料私有制已经基本消灭，阶级斗争已经不是社会的主要矛盾，社会主义社会面临着新的条件和新的任务。毫无疑问，社会主义制度的一切活动的目的都是为了劳动人民和他们的利益。[①] 但是，社会主义将怎样来实现这一切呢？我们应该怎样来看待社会主义社会的发展呢？依靠什么思想指导我们的社会主义社会继续前进呢？有一些宣传人道主义世界观和历史观的同志，实际上是认为，历史唯物主义只在革命和革命以前的时期适用，现在已不适用，而要代之以人道主义了。他们说社会主义就是要实现“人是目的”，“人本身就是人的最高目的”，社会主义就是要实现“人的价值”，“人的价值就在于他自身”，还说“人的价值和人的解放程度是考察社会主义优越性的综合指示器”，“我们要努力为消除异化现象，提高人的价值而斗争”。他们似乎认为社会主义还没有达到理想中那么美好的境界，就是因为还缺乏这些观念，如果在全社会普及了这些观念，就能保证实现最美好的境界。究竟这些说法是不是正确，能不能够指导我们前进呢？

如同争取社会主义制度的斗争一样，在新制度建立以后，社会主义社会的继续前进仍然必须以历史唯物主义的科学为指导，反对种种历史唯心主义的空想。这并不是因为我国社会主义发展的现阶段还没有最终消灭阶级划分，世界上还存在着资本主义制

---

① 按照宪法规定，所有公民都有劳动的权利和义务，从理论上说，这里把“劳动人民”换成“人”也无不可。而在实际上，大家都看到，即使在社会主义社会，特别是它的初级阶段，尽管绝大多数人都是善良守法的劳动者，人还是各种各样的。社会虽然在许多方面努力为所有的人服务，例如向他们提供各种消费手段、教育手段、就业机会等等，却并不是所有的人都在为社会服务，甚至还有这样那样的反革命分子和从事贪污盗窃投机诈骗抢劫杀人等活动的破坏分子。因此，不能认为简单地变换提法就有多么了不得的意义。——作者原注。

度，因而阶级斗争在我国还将在一定范围内存在，而是因为历史唯物主义并不只是说明阶级社会历史的科学，它是说明整个人类社会历史的科学。历史唯物主义关于社会进步动力的原理，不仅为人类社会发展的历史所证实，而且在今天和今后仍然是促进我国社会主义建设的强大的武器。社会主义社会的发展，同以往人类社会历史的发展一样，仍然离不开社会生产力的发展，离不开生产力和生产关系、经济基础和上层建筑在一定条件下的矛盾，仍然需要在科学地认识和正确地解决这些矛盾中前进。作为社会主义社会主人的人民，比革命以前获得了远为广大的自由。但是人们的自由只有在对必然的认识和根据这种认识而进行的对世界的改造中才能实现，这个客观规律的有效性同以前一样，是不以任何人的意志为转移的，也是不因社会制度的变化而变化的。社会主义制度的建立，为社会生产力的发展和广大人民物质文化生活需要的满足开辟了广阔的可能性和远大的前景。但是社会主义是科学而不是魔术，不可能使人们的各种要求一下子都得到实现。正如毛泽东同志所说："社会主义制度的建立给我们开辟了一条到达理想境界的道路，而理想境界的实现还要靠我们的辛勤劳动。"① 无论在物质方面还是在精神方面，我们都需要从实际出发，遵循事物的规律，依靠人民的努力，在既定的现实基础上一步一步地前进。我们所创造和继续加以完善的新的生产关系和整个社会政治制度，使我们能够比旧社会远为迅速地前进。但是，我们的经济文化基础的落后却是长期的历史所造成的，我们不应该也不可能视而不见，实行不承认主义。"人们自己创造自己的历史，但是他们并不是随心所欲地创造，并不是在他们自己

① 毛泽东：《关于正确处理人民内部矛盾的问题》，第 33 页，人民出版社 1975 年版。

选定的条件下创造，而是在直接碰到的、既定的、从过去承继下来的条件下创造。”[①] 经常记住马克思的这句话，会帮助我们的头脑保持清醒。

集中力量发展社会生产力，是由历史唯物主义的科学所揭示的我国社会主义时期历史发展规律的客观要求，这在我们这样经济比较落后的国家显得特别迫切，因而它很自然地成为全国人民的首要愿望。人民知道，只有努力进行社会主义现代化建设，切实地尽快地发展社会生产力，才能逐步满足人们关于吃、穿、住、学习、研究、劳动、创造、交往、旅行、娱乐、休息等等的需要。我们的各项工作，我们在上层建筑和意识形态各个领域的活动，我们改革和调整生产关系的各种活动，都要围绕着并且服务于促进社会生产力的发展这个有决定意义的目标。我们的党和国家从开国初期就很注意经济建设，努力发展生产力。中间犯过在经济建设上急于求成、夸大主观意志作用的错误，也犯过忽视发展生产力（反对所谓“唯生产力论”）、实行平均主义的错误。这些错误从指导思想来说，都是由于背离了历史唯物主义的科学，背离了经济科学和自然科学。十一届三中全会以来，党中央总结了过去的经验教训，力求忠实地遵循各种科学的规律，因而正确地确定了全党全国工作重点必须坚定不移地转移到社会主义现代化的经济建设上来，并且同这一战略转移相适应，决定了和实行了一系列正确的政策措施，开始获得了公认的显著的成绩。当然，这些成绩离开党在十二大提出的建设高度文明、高度民主的社会主义现代化强国的宏伟目标还很远，工作中也还不能避免缺点和错误（我们当然应该竭力避免这些，但即使借助于计算

① 马克思：《路易·波拿巴的雾月十八日》，《马克思恩格斯选集》第1卷，第585页，人民出版社1995年版。

机，究竟也不能完全避免，这或者就是人性不同于所谓神性的所在之一吧）。如果不去具体地、历史地分析现实的经济文化条件，不从这些条件出发，按照客观规律，切实地进行各种建设，解决现实存在的种种实际问题，或者对解决这些问题提出积极的切实的建议，那么，任何关于“人是目的”、“人的价值”、“人的尊严”的抽象讨论，无论讨论者怎样真诚，动机怎样善良，都不能使我们在实现这些目的、价值、尊严方面前进一步。正如马克思说过的，凭借关于“人”的解放的抽象议论，“‘人’的‘解放’并没有前进一步；只有在现实的世界中并使用现实的手段才能实现真正的解放”；“‘解放’是一种历史活动，而不是思想活动，‘解放’是由历史的关系，是由工业状况、商业状况、农业状况、交往关系的状况促成的”。[①]

由此可见，不仅历史上存在过空想社会主义，在社会主义条件下，人们只要离开历史唯物主义的科学，离开社会主义建设的实践，而热衷于人道主义的抽象议论，仍然会陷入某种空想社会主义。这种历史唯心主义的空想，不同于从前的曾经起过进步作用的空想社会主义，在今天只能起消极作用。因为它散布一种幻想，以为不需要进行长期的艰苦的物质文明和精神文明建设，就可以或者就应该无条件地完全实现人的目的、需要等等。而当社会主义由于种种历史限制还不能完全实现这些要求时，它就有可能影响一部分缺乏马克思主义基本常识的人去怀疑社会主义的实践，干扰社会主义建设的正常进程。历史唯物主义者应该理解，人们的需要等等都是历史地发展着的。具体地研究人们的需要，具体地研究如何发展和改进我们的各项建设以更好地满足这些需

① 马克思、恩格斯：《〈德意志意识形态〉第一卷手稿片断》，《马克思恩格斯全集》第42卷，第368页，人民出版社1979年版。

要，是我们必须积极进行的科学工作（应该承认，这一工作还没有引起全党的普遍注意）；倘若只是抽象地提出来，那就没有什么意义，而且任何时候都不可能完全实现。

拿“人的价值”来说。这在现在是一个很时髦而又被弄得很混乱的概念。不管人们给予它的含义如何多样，历史唯物主义认为，不能离开社会发展的具体情况，离开人在社会中的劳动，离开个人同他人、同集体、同阶级、同社会的关系，来抽象地、孤立地谈论“人的价值”。荒岛上的鲁滨逊和土人“星期五”在互相发现以前，无所谓人的价值和尊严；只在互相发现以后，他俩之间才有可能发生这些问题。历史上从来也不存在什么抽象的“人的价值”；不同的时代、不同的阶级、不同的人们有不同的价值观。实际上，抽象的“人的价值”观念，只是随着资本主义商品交换出现才产生的。资产阶级思想家的价值观，一般地是以个人为中心的，是个人主义的，这是资产阶级专门追逐个人利益（所谓“商品拜物教”、一切向钱看的“拜金主义”等等）的阶级意识的表现。资产阶级思想家还宣称“人的价值就在人自身”，似乎每个人生来都具有平等的价值。资本主义私有制度和剥削制度的现实，恰恰是对这种虚幻口号的讽刺。无产阶级的、社会主义的“人的价值”观，是集体主义的。马克思、恩格斯在《德意志意识形态》中说过：“只有在集体中，个人才能获得全面发展其才能的手段，也就是说，只有在集体中才可能有个人自由。”[①] 固然，没有任何个人也就无所谓集体或社会，但是没有集体或社会，任何个人首先无从存在（荒岛上的鲁滨逊也是依靠社会所给予他的使用和制造工具的能力，依靠社会所留

① 马克思、恩格斯：《德意志意识形态》，《马克思恩格斯全集》第3卷，第84页，人民出版社1960年版。

给他的一些工具，才能独立生存了一大段时间)，更谈不到他的价值和自由。社会和个人的关系，可以比做树根和树叶的关系；树没有叶子不行，但是没有根更不行，所以说根深才能叶茂。正是由于这个简单的真理，社会主义首先强调人民的价值，只有在人民的价值中才谈得到每个个人的价值。由于社会主义实现了生产资料公有制，消灭了剥削制度，才使全体劳动人民从而使它的每一个分子获得前所未有的社会地位（或社会价值)，才为在物质上和精神上更充分地实现全体劳动人民和他们中间的每个个人的价值创造了前提。

在社会主义社会中，在个人和社会的关系上，人的价值包括两个方面，即：社会对个人的尊重和满足；个人对社会的责任和贡献。从社会对个人这方面来说，在社会主义条件下，限制我们实现更高的人的价值的，已经不是根本社会制度的不合理，而主要是经济文化发展的不充分，某些体制的不完善，以及我们的工作中的缺点错误等等。例如，尽管我们党和政府这几年来为改善人民的物质文化生活，并为此而改进党和政府本身的工作，做了巨大的努力，并且收到了显著的成效，但是现在不少群众的生活水平还不高，有的地方还很低，城市住房还比较紧张，一部分青年的上学、就业问题还没有解决；党和政府的某些机构中还程度不同地存在着官僚主义、以权谋私等不良作风；社会上还有各种为非作歹的坏分子，还有贪污、盗窃、浪费、破坏生态平衡、男女不平等、虐待妇女儿童、早婚多育、迷信、不卫生、不文明等落后现象。我们的党和政府正在动员人民努力发展经济文化，提高政治觉悟，为消灭种种落后的和消极的现象而斗争。这需要全体人民在党和政府的领导下同心同德地进行社会主义物质文明和精神文明建设，包括有计划地发展生产、盖房子、办学校、发展医疗卫生事业、扩大就业门路、进行共产主义思想道德教育、整顿党风、打击犯罪活动，促进社会风气的根本好转等等。谁也不应该脱离这些建设和斗争，在尊重“人的价值”的口号下提出各种各样不切实际的关于个人享受、个人自由的要求，似乎社会主义制度一经建立就应该无条件地保证实现这些要求，否则就表明社会主义制度“不合乎人性”。那样做，除了鼓励个人主义、涣散人心以外，能解决任何一个实际的问题吗？

尤其必须着重指出的是，我们决不能只从社会给予个人这方面来谈“人的价值”。因为社会要能够提供实现其每个成员的“人的价值”的条件，首先就需要把它们创造出来。所以，评价一个人的价值，不仅在于他的存在和需要是否从社会、从他人那里得到承认和满足，更重要的是在于他为社会、为他人尽了什么责任，作了什么贡献。社会主义的各尽所能、按劳分配原则，共产主义的各尽所能、按需分配原则，都是从这两个方面的结合来规定个人和社会的关系的，而且都把为社会、为他人尽其所能放在首位。马克思主义所理解的人的价值，应该从伦理角度反映这种关系。所以，从共产主义的世界观、人生观来看，人的价值首先在于为共产主义事业、为无产阶级和全人类的解放作出贡献；在我国，在今天，首先就是为建设社会主义物质文明和精神文明作出贡献。共产主义者是唯物主义者，不是苦行僧。我们承认和重视个人的需要、享受等等的重要意义，而且正是为此才强调个人对社会的贡献，因为有所贡献才能有所享受。只有人人都为社会作贡献，社会才能根据这种贡献的总和，扣除必须扣除的部分，来满足每个人对享受的需要。享受和劳动不可分，一如权利和义务不可分，自由和纪律不可分。这是极明白的道理。实际上，不仅马克思主义者这样理解，人类历史上的许多先进分子，也是更强调从个人贡献于社会这方面来谈“人的价值”。例如宋朝的范仲淹所说的“先天下之忧而忧，后天下之乐而乐”，就包含着这种意思。著名的正直的伟大科学家爱因斯坦说得更明确：“一个人的价值，应该看他贡献什么，而不应该看他取得什么。”又说：“一个人对社会的价值首先取决于他的感情、思想和行动对增进人类利益有多大作用。”① 并非马克思主义者的爱因斯坦所能深刻理解的道理，在社会主义社会中应该成为常识的道理，我们的一些同志竟然不加考虑，而一味片面地从个人需要的角度提出人的价值问题，这是很奇怪的。他们以为这是针对过去“左”的错误而提出的救世药方。过去发生过的忽视人民群众权益的“左”的错误确实需要纠正，我们的党和政府已经作了巨大的努力来纠正，但是这样抽象地片面地提出问题，非但不能解决问题，而只能增加解决问题的困难。

至于“人是目的”，这原是十八世纪康德的伦理学口号，是针对人没有成为目的、仅仅是手段的社会提出来的。历史上的剥削阶级在剥削、压迫劳动人民的时候，只把他们当作手段；社会主义当然要根本改变和永远结束这种状况。但是，我们一些同志强调“人是目的，不是手段”，并把这样的口号当作深刻的哲理，这就走入了歧途。在“人是目的”的问题上，如同在“人的价值”的问题上一样，社会主义首先强调人民是目的，只有实现人民是目的，才谈得到实现人民中的各个个人是目的。社会主义铲除了剥削制度，使人民有了真正当家作主的权利。这是不是意味着人从此就只是目的，不再是手段呢？不是。把目的和手段割裂开来、对立起来的观点，根本不是唯物辩证法的观点。社

① 爱因斯坦：《论教育》，《个人和社会》，《纪念爱因斯坦译文集》，第68—69、51页，上海科学技术出版社1979年版。

会主义社会的一切劳动都是为了人民及其每一个分子的利益，从这个意义上讲人是目的。但是人的利益并不会自动实现，无论人可以怎样广泛地利用机器和其他工具，归根到底，仍然不能离开人本身的劳动。就是说，为了达到人是目的这个目的，人还是免不了要充当手段。当然，这跟历史上剥削阶级把人当作手段截然不同。首先，这里目的和手段不是分属于剥削者和被剥削的劳动者，而是统一在人民自己身上；其次，由于这种一致性，人不是被迫作别人的手段，而是自觉地充当人民（包括他人和自己）的手段，起码共产党人和人民中间的其他先进分子首先要自觉地这样做。

充当手段本身并不能决定是否丧失人的尊严和荣誉。这除了是否自愿以外，还决定于为什么目的而充当手段。我们提倡全心全意为人民服务，也就是说用自己的劳动为大多数人谋福利，把自己的力量以至于生命贡献给祖国，贡献给人民。人在这个意义上作为手段，正是人的尊严和荣誉所在。中国共产党人一贯地自觉地把自己当作工人阶级和人民群众实现其历史使命的手段，并且以此为无上的光荣。党也号召和组织人民群众为实现他们自己的目的和利益而奋斗，亦即自觉地充当自己的手段。充当手段也不一定就是痛苦或牺牲，因为从本质上说，人的基本实践活动即人的劳动，在消除了剥削之后，在自觉进行的条件下，既是谋生的手段，又日益成为生命本身的需要。对于人类的先进分子说来，即使在剥削制度存在的时候，目的和手段也不是对立的。马克思在艰苦条件下为工人阶级的利益奋斗了一生，为人类的解放事业和科学事业奋斗了一生，难道他在奋斗中就不感到愉快吗？鲁迅在黑暗的旧社会里俯首而为孺子牛，不是仍然自以为甘吗？中国红军在克服无数艰难险阻、付出巨大牺牲而胜利完成长征的时候，不是像毛泽东同志的著名诗篇所描写的那样，“更喜岷山千里雪，三军过后尽开颜”吗？我们一切忠贞的共产党人，无论在革命成功以前和以后，无不以能为人民的利益奋斗为乐事，而以不能为人民的利益奋斗为痛苦。社会主义的原则应该是目的和手段的统一，社会利益和个人利益的统一，享受和劳动的统一，权利和义务的统一，自由和纪律的统一。离开人民的、社会的需要去宣传“人是目的”，去追求什么“自我设计”、“自我表现”、“自我满足”等等，势必导致同社会主义格格不入的极端个人主义。就在那样的情况下，人也仍然摆脱不了做自己个人不高尚目的的手段。

无论如何，我们不能脱离历史发展，把人的价值、目的、自由等等抽象化，看成是非历史的东西。不能从概念出发，向社会主义的一定阶段提出实际上无法实现的要求，而只要个人愿望未能得到满足，就抱怨“人的价值”被贬低了，“人是目的”被忽视了，“不把人当人看”了；因为被要求为国家的、人民的利益服务，就嚷嚷“人被当作手段”了，人“异化”了。这种观察问题的观点和方法是违背马克思主义的历史唯物主义的，也是违背社会主义社会的根本原则的。我国目前生产力水平还不高，很多问题的解决当然不能尽如人意。但我们的事业每天都在向前发展，社会主义制度的优越性正在一天比一天更多地发挥出来。为此，同革命年代一样，需要人们做出踏踏实实的努力，需要人们艰苦奋斗，甚至需要个人做出必要的牺牲。不但为了守卫广西、云南边疆的安全，不但为了修筑新疆、青海、西藏的公路和铁路，不但为了抗御洪水，不但为了同刑事犯罪分子作斗争，就是为了让天津的人民喝上滦河水，不也有十七位解放军指战员和四位民工付出了宝贵的生命的代价吗？为了保证拥挤在华山危险的狭路上的游客的安全，抢救其中已经坠崖重伤的人，以第四军医大学学生为主的英雄群体挺身而出、舍己为群所表现的崇高精神，哪一个当代热血青年能不为之激动和引以自豪呢？难道他们的牺牲和奋斗不正是以人民的利益、价值等等为目的的吗？有的人道主义宣传者把社会主义建设事业的发展和个人价值对立起来，甚至说什么“人的世界不断贬值，物的世界（包括权力）不断增值”，模仿马克思揭露资本主义制度时使用的词句来批评社会主义制度，似乎我们实现四个现代化的伟大事业不是为了增进人民群众的利益，而是为了损害他们的利益。这样的宣传会把人们引到哪里去，还不值得大家深思猛醒吗？

三　为什么要宣传和实行社会主义人道主义？

我们反对人道主义的抽象宣传，反对人道主义的唯心史观，但是，我们并不笼统地反对任何意义上的人道主义。我们要求对人道主义进行马克思主义的分析，批评资产阶级的人道主义，宣传和实行社会主义的人道主义。

前面已经说过，人道主义有两个方面的含义。作为世界观和历史观的人道主义，是唯心主义的，它不能对人类社会历史作出科学的解释。至于人道主义在历史上和现实中的具体作用，则要作具体的分析。欧洲文艺复兴时期兴起的人道主义思潮，尽管它总是抽象地谈论人、人性、人的本质，总是以全人类的普遍性形式出现，但就其实际的历史内容来说，它是资本主义发展的要求在人们思想上的反映，它是新兴资产阶级的思潮。这种人道主义思潮在反对神权统治和封建专制的斗争中，在为资产阶级革命作思想准备的过程中，起了重要的历史进步作用。资产阶级成为统治阶级以后，资产阶级人道主义的伪善性质随着资产阶级反动倾向的发展和无产阶级革命斗争的兴起而日益增长。这时的资产阶级人道主义，常常成了资产阶级暴力镇压无产阶级和劳动人民的甜蜜补充，而在无产阶级和劳动人民的队伍中，它的影响常常成为革命斗争的销蚀剂。当然，在这个时期，一些空想社会主义者和批判现实主义作家，为揭露资本主义社会的黑暗，还在使用人道主义的武器。就在现代的资本主义社会中，仍然不乏真诚的人道主义者，他们反对霸权主义所制造的战争危险，反对核竞赛，反对法西斯主义和其他恐怖主义，反对种族歧视，要求维护妇女和儿童的权利，要求保护人类生存的环境，等等。在这些方面，社会主义者无疑仍然应该支持他们所进行的斗争。只要他们坚持反对帝国主义的反动政策，坚持揭露资本主义制度造成的阻碍人类进步的罪恶现象，他们就可能转变成为社会主义者或社会主义的同情者。例如法国作家法朗士、罗曼·罗兰和阿拉贡，科学家郎之万和约里奥·居里，西班牙画家毕加索（这里只说各人的原籍），英国作家萧伯纳和科学家贝尔纳、李约瑟，德国作家亨利希·曼、托玛斯·曼兄弟和布莱希特，科学家爱因斯坦，美国作家德莱塞、电影艺术家卓别林和新闻记者斯诺，加拿大外科医生白求恩，智利诗人聂鲁达，印度作家泰戈尔，日本作家有岛武郎、宫本百合子和经济学家河上肇，就是其中的杰出代表。但是，不容讳言，人道主义者中的许多人由于资产阶级立场和世界观的局限，又远离甚至反对劳动人民的革命斗争，这样，他们反对资产阶级的反人道暴行的斗争就难免软弱无力。至于资产阶级政客和论客们口中的所谓人道主义，完全用来粉饰帝国主义，攻击人民革命和社会主义，那就是彻头彻尾的虚伪和反动了。因此，我们在批判资产阶级人道主义的时候，要肯定它的历史作用；对于现实生活中的资产阶级人道主义者和资产阶级人道主义宣传，要区别其不同的政治和社会倾向，采取不同的态度和政策。

我们所要宣传和实行的人道主义，是社会主义的人道主义。什么是社会主义的人道主义呢？在我们为建设社会主义而斗争的前进过程中，为什么必须宣传和实行社会主义的人道主义呢？社会主义的人道主义同资产阶级的人道主义区别在哪里呢？

社会主义的人道主义，是作为伦理原则和道德规范的人道主义，它立足在社会主义的经济基础之上，同社会主义的政治制度相适应，属于社会主义的伦理道德这种意识形态；作为一项伦理原则，它是以马克思主义世界观和历史观为基础的。

有了马克思主义的历史唯物主义，为什么还要有社会主义的人道主义呢？历史唯物主义从来没有忽视也不应该忽视伦理道德这种意识形态的重要作用。它一方面对不同时代、不同阶级伦理道德的历史变化给以科学的说明，找出它同它所依附的经济基础的相互关系，以及它同依附在同一经济基础上的上层建筑和其他意识形态的相互关系；另一方面要求新社会的建设者们在建立新的经济基础的同时，努力建设同它相适应的伦理道德，如同建设上层建筑、意识形态的其他部门一样。历史唯物主义指出，伦理道德是经济基础的反映并为经济基础服务；不同的社会，经济基础不同，为经济基础所决定、所要求的伦理道德，当然有本质的不同。历史唯物主义又指出，社会生活是复杂的，并不是一切社会现象都可以分类归入生产力、生产关系、上层建筑和意识形态（语言、理论数学和理论自然科学、体育竞技活动，都是这种社会现象的例子），此外，不同社会制度的社会生活中也不是没有任何共同的东西，因此，社会制度的改变从不曾也决不会引起社会生活的整个中断和整个重建。从意识形态的历史发展方面看，新的社会总是要从旧的社会批判地继承和发展改造许多属于人类文明的精神财富的东西，伦理道德也是这样。所以，社会主义人道主义本质上不同于作为伦理原则的资产阶级人道主义，又同它有一定的批判继承的关系。

人类社会发展进程中，提出过许多伦理道德理想。资产阶级人道主义的伦理道德理想，是无产阶级的社会主义运动以前的时代里提出过的最高的伦理道德理想。然而，在资本主义制度下，这些伦理道德理想的某些超出资产阶级利益界限的积极内容就无法真正实现。尽管一些真诚的人道主义者个人可以在实践人道主义伦理原则方面表现出令人敬佩的品格，尽管在不触及资本主义根本制度的改良范围内资本主义社会也可以使这种原则的某些要求得到一定程度的实现，但是从根本上说，资本主义的阶级剥削制度使人道主义的伦理原则在很大范围内只能流于空谈。在社会主义制度下，消灭了资本主义的阶级剥削制度，建立了生产资料的公有制。新的经济基础，保证社会主义人道主义这种新的、更高水平的人道主义伦理原则有充分的可能真正实现和逐步更完满地实现。因为社会主义人道主义批判地继承和改造了资产阶级人道主义伦理原则中的合理的东西，所以也可以说，历史上一些真诚的人道主义者所幻想而无法在全社会范围内实现的某些人道主义伦理原则，只有在社会主义制度下才能变为现实。空想社会主义所提出的解放全人类、人的自由而全面的发展这样一些社会理想，也只有在马克思主义世界观和历史观的基础上加以改造，才能为科学社会主义所继承，并在无产阶级的解放斗争中找到逐步实现的现实道路。

当我们强调社会主义的人道主义依附于社会主义的经济基础的时候，还要着重指出，在无产阶级领导人民为在将来建立社会主义制度而斗争的革命实践中，在无产阶级政党领导的革命队伍中，已经形成和发展了作为对待人的伦理原则的革命的人道主义。这里所说的对待人，首先是指绝大多数人；下面将要说到，人民对待已经投降或已经不能为害的敌人，也实行特定的人道主义伦理原则。

社会主义的人道主义是革命的人道主义的发展，革命的人道主义是社会主义的人道主义的前身。两者的本质是一致的。

革命的人道主义，是我们在革命年代提出的口号。中国共产党和毛泽东同志，在领导中国革命的过程中，对革命人道主义的发展作出了很大的贡献。当然，指导中国革命的思想，是马克思主义而不是作为世界观和历史观的人道主义。那种人道主义不可能帮助我们确定反帝反封建的斗争纲领，更不可能帮助我们找到开展武装斗争、实行土地革命、用农村革命根据地来包围和夺取城市等革命道路。但是，在我们的以马克思主义为指导的人民革命过程中，作为革命伦理原则的革命人道主义同我们的革命斗争联系在一起，却得到了很大发展。拿我们的军队来说，由于它的性质是革命的，是为人民服务的，差不多从红军创建的时候开始，就实行“三大纪律、八项注意”（三大纪律中的一、三两项纯粹是军队内部的纪律，并不涉及军民关系，这里作为一个整体说，所以未加分析），实行官兵平等和“三大民主”。我们的人民军队的军民关系、官兵关系的人道性，在中国历史上从未有过，在世界历史上也是罕见的。在旧中国的反动军队里，官长不把士兵当人，军队不把百姓当人，更不把俘虏当人。而在我们的人民军队里，官兵是同志关系，军民是鱼水关系，所以官长不打骂士兵，同士兵共甘苦；尊重老百姓，爱护老百姓，不拿老百姓一针一线，说话和气，买卖公平，不打人骂人，不调戏妇女；对俘虏也不虐待，不搜腰包，愿意留的欢迎，愿意回家的发放路费（俘虏一般也是阶级兄弟，只是由于反动军队的压迫和欺骗才进攻红军，而在成为俘虏以后，他们就获得了自由，有了觉悟的可能）。这一切都是由人民军队的革命本质和政治宗旨所决定的；同时，也体现了它的革命人道主义的伦理原则。毛泽东同志提出的“救死扶伤，实行革命的人道主义”，不仅仅是医疗工作方面的口号，在一定意义上也可以说它从伦理方面反映了我们的革命的性质。这种革命人道主义精神在全国解放以后得到了进一步的发展。剿匪反霸，救济失业，消灭娼妓乞丐，禁止贩毒吸毒，使全国的社会面貌焕然一新。建国初期，在国家财政还非常困难的情况下，党和毛泽东同志提出实行劳动保护和公费医疗。对于旧中国几千年束手无策的水旱灾害和鼠疫、霍乱、血吸虫病等病害，人民政府依靠人民进行了大规模的水利建设、抗灾斗争和除病灭害斗争。像这样解除人民群众疾苦的事情不胜枚举。这些都是我们的制度和政权的政治职责和经济职责；同时，也体现了人民国家的革命人道主义的伦理原则。在坚决推翻剥削制度，消灭剥削阶级的时候，对于剥削阶级的人们，除了其中极少数罪大恶极、血债累累的分子以外，我们仍然努力帮助他们在劳动中转变为自食其力的人，参加到劳动者的行列中来。我们坚决镇压反革命分子和严重犯罪分子，这是为了保护人民；同时，只要有可能，对于一切不需要判处死刑立即执行的罪犯，包括伪满洲国“皇帝”溥仪、国民党的军政党特要人、日本侵略军的重要军官，我们都给予人道的待遇，并且分别给予改造自新、重新做人的机会，或者遣送回国。这些也是革命人道主义的一种表现。所以，尽管敌人骂我们反人道，而事实恰恰证明，正是无产阶级革命运动才真正实现了先进人类所长期追求的基本的人道精神。

比起革命的人道主义，社会主义的人道主义在新的基础上又扩大了范围和丰富了内容。社会主义社会的建立和社会主义建设的发展，理所当然地要求社会主义的人道主义的发展。社会主义的公有制使个人和社会的基本利益归于一致。这样，社会就应该和能够真正做到对每个劳动者及其劳动和劳动成果的尊重，就应该和能够真正把满足社会成员日益增长的物质和文化需要作为社会生产的目的，就应该和能够为劳动者的才能的发挥和发展逐步创造必要的社会条件。社会主义社会的劳动者之间，就应该和能够真正建立起团结、互助、友爱的关系，排除旧社会那种损人利己、尔虞我诈的关系。因此，在社会主义制度的基础上，就应该和能够在全体社会主义劳动者的广大范围内形成社会主义的伦理关系,而社会主义的人道主义就是它的重要内容之一。这种社会主义的人道主义,从伦理方面体现出社会主义国家、社会主义社会对绝大多数人民的权利、利益、人格的尊重和关心,体现出绝大多数人民对共同利益的共同关心以及人民之间的相互尊重和关心。

社会主义的人道主义并不是自发地、自然而然地形成的，而是在共产主义思想教育下，在先进分子的模范行动的带动下，逐步形成的。无论在革命过程中，还是在社会主义建设过程中，中国共产党都非常重视共产主义思想和革命伦理道德的教育，提倡全心全意为人民服务，提倡冲锋在前、退却在后，吃苦在前、享受在后，提倡一事当前，先为别人、为人民着想，提倡在必要的时候为了别人的利益而牺牲自己的利益，为了祖国和大多数人的利益而牺牲个人和少数人的利益。毛泽东同志在《纪念白求恩》一文中批评一些共产党员对同志对人民不是满腔热忱，而是冷冷清清，漠不关心，麻木不仁，号召大家学习白求恩同志毫不利己专门利人的精神和他对同志对人民的极端的热忱，指出一个人“只要有这点精神，就是一个高尚的人，一个纯粹的人，一个有道德的人，一个脱离了低级趣味的人，一个有益于人民的人”①。这些都是崇高的共产主义的精神，是真正的共产党人和真正的革命者的政治本色和革命品德；同时，从对待人的伦理原则这个方

① 毛泽东:《纪念白求恩》,《毛泽东选集》第2卷，第660页，人民出版社1991年版。

面说，也体现了革命的、社会主义的人道主义精神。中国共产党人总是用共产主义思想和包括社会主义人道主义在内的革命的伦理道德准则约束自己，教育我们组织起来的队伍，教育在我们领导下的广大群众。宣传和实行社会主义的人道主义，是我们的伦理道德教育的一项重要内容，是以共产主义思想为核心的社会主义精神文明建设的一项重要任务。

以上的这些说明，是不是把革命的、社会主义的人道主义说得太宽了呢？提倡共产主义的道德，同提倡社会主义的人道主义，是什么关系呢？我们从革命军队的政治纪律、民主精神到人民政府的经济和社会措施以至于法制等等，在这样广阔的背景上来说明作为伦理原则的社会主义人道主义，并不是要把这些政治、经济、社会的政策和措施，都归入人道主义，而是说这些政策和措施都必然具有它们的社会主义伦理的意义，就这一侧面而言，它们也都是社会主义人道主义的表现。人们之间的很多伦理关系，不能不联系到人们之间的政治、经济、社会关系而成为它们的一个侧面。社会主义人道主义的伦理原则的实现，是同经济、政治、社会的社会主义改造和社会主义建设不可分的，并且只能以这种改造和建设为前提和基础。这正是历史唯物主义的科学原理所教导我们的。因此，我们必须联系而不是离开政治、经济、社会的改造和建设来说明、宣传和实行社会主义的人道主义。至于共产主义道德和社会主义人道主义的关系，应该看到，在社会主义社会生活的伦理道德要求的总体中，它们居于不同的层次。共产主义道德是现时代人类的最高道德，属于这个总体中的最高层次、最高要求，是对先进分子的要求。社会主义人道主义属于这个总体中的较低或较基本的层次，作为道德要求，它具有大得多的广泛性，就是说，它能够也应该为绝大多数人所接受。这个总体还包括其他程度不同的较低层次。所有这些层次，以及它们的许多方面，又互相联系和渗透。共产主义道德不能脱离开其他层次、其他方面的伦理道德要求，而应该同这些要求密切联系，在许多情况下还要通过这些要求而体现出来并赋予这些要求以更高的意义。例如，一个共产党员医务工作者的共产主义道德，就必须联系和通过模范地遵守医务工作者的职业道德（其中就包括对待病人的社会主义人道主义原则）来体现，而同共产主义的革命事业联系起来的医务道德就把传统的医务道德提到更高的境界。

社会主义的人道主义，可不可以说就是马克思主义的人道主义？如果说，马克思主义的人道主义的含义，不是作为世界观和历史观，而是作为从属于马克思主义世界观和历史观、从属于社会主义经济制度和政治制度的社会主义伦理道德原则，那么，使用马克思主义的人道主义的提法并无不可。不过，如果没有必要的说明，这个提法有可能被解释为马克思主义和人道主义这两种不同的世界观、历史观的互相混合、互相纳入或互相归结，从而引起概念的混淆。事实说明，作为社会主义伦理道德的一项重要内容的社会主义人道主义这个提法，如同社会主义民主、社会主义法制、社会主义精神文明、社会主义文艺、社会主义现实主义等提法一样，表示它们是从属于一定社会制度（经济基础）的上层建筑和意识形态，含义更为明确。

在今天，宣传和实行社会主义的人道主义，具有重要的迫切的现实意义。由于长期的封建思想的影响，由于资产阶级腐朽思想的侵蚀，由于文化的落后和经济的落后，在我国的现实社会生活中，违反人道原则的犯罪现象仍然不同程度地存在着，对人（首先是对于普通劳动者、普通知识分子、普通服务人员和普通顾客，尤其是对于普通妇女、普通儿童、普通老人和有残疾的人）缺乏关心、尊重、同情、爱护的冷漠现象也仍然不同程度地存在着。这些现象的存在，是同人民的利益、同社会主义的利益相冲突的。为了发展社会主义的物质文明和精神文明建设，我们必须同这些现象进行坚持不懈的斗争，并且必须尽一切可能减少人们的痛苦和不幸，满足人们在日常生活和日常工作中的迫切需要，反对漠视群众的基本权利和切身利益的官僚主义恶习，尽一切可能改善劳动条件，加强劳动的安全保护工作，防止和避免一切不必要的牺牲。我们必须对共产党员、对干部、对群众、对青少年进行以共产主义思想为核心的、包括社会主义人道主义伦理原则在内的思想道德教育。这种社会主义人道主义的道德教育，完全不同于抽象人性、抽象的人的价值、个人主义和人道主义世界观、历史观的宣传。五十年代后期以来，在我国多次批判过人道主义。这些批判的错误之一，是没有区别人道主义作为世界观、历史观和作为伦理原则这两个方面，把批判人道主义的历史唯心主义变成反对任何意义上的人道主义，以至连革命的人道主义、社会主义的人道主义也不宣传了。这种错误应该坚决纠正，不允许重复。在各项工作中，都应该注意宣传和实行社会主义的人道主义。文学艺术作品尤其要作这种宣传。我们反对的只是在文学艺术作品或文学艺术评论中宣传人道主义的世界观、历史观，反对歪曲革命历史和革命现实而宣传超历史、超社会的人性论，但是决不反对也不允许反对文学艺术作品表现我们的革命、我们的社会主义社会、我们的革命者和劳动者对人的关心、尊重、同情、友爱，决不反对也不允许反对文学艺术工作者站在革命的、社会主义的立场对真实的人性、人情、爱国心、正义感和普通公民人格的尊严作具体的生动的描写。如果那样去反对，那就不但是愚蠢，而且是反对社会主义文学艺术本身，是摧残它们的生命，剥夺它们的感染力和教育意义。我们要从各方面努力，使社会主义的人道主义，随着社会主义的经济建设、政治建设和文化建设的发展，像社会主义制度所要求的那样，得到最充分的实现。

总之，我们要宣传和实行社会主义的人道主义，同时要同那种抽象地宣传人道主义实际上是宣传资产阶级人道主义的倾向划清界限。我们宣传和实行社会主义人道主义，不是把它当作我们的世界观和历史观，而是把它当作社会主义社会生活中对待人的一项伦理原则。社会主义人道主义是建立在马克思主义和它的历史唯物主义的思想基础之上的；而资产阶级人道主义的思想基础，则是抽象人性论的历史唯心主义。因为世界观、历史观的基础完全不同，引来了一系列的根本对立。资产阶级人道主义从抽象的人、人性、人的价值出发；社会主义人道主义则相反，从社会主义的社会关系出发，从社会主义建设现实发展的需要和可能出发。资产阶级人道主义一般以不触犯资本主义根本制度为界限；社会主义人道主义则相反，它的实现以消灭剥削制度、建立社会主义公有制度为前提。资产阶级人道主义诉诸人性、人的理性，诉诸全人类，诉诸剥削者和压迫者的善心，鼓吹“勿抗恶”，反对为反抗反动势力所不能不采取的革命暴力；社会主义人道主义则相反，它的实现以无产阶级和劳动人民反对反动统治和剥削的阶级斗争，以人民革命和人民民主专政为条件。在社会主义社会中，剥削阶级作为阶级虽已消灭，阶级斗争在一定范围内仍然存在，在这种情况下，宣传和实行社会主义人道主义，仍然必须同打击和反对各种反社会主义的敌人的阶级斗争联系在一起。资产阶级人道主义一般地以个人主义为核心；社会主义人道主义则相反，以集体主义为核心，认为个人离不开集体，主张个人利益和集体利益的统一，个人要为集体服务，集体也要为个人服务，即所谓我为人人，人人为我。表面上看，抽象人道主义具有普遍性的形式，其实它是狭隘的，因而有不可避免的虚伪性；

社会主义人道主义则相反，它是具体的、有条件的，却符合绝大多数人的利益，因此，它是真诚的、现实的，具有资产阶级人道主义所不可比拟的巨大力量和进步性。可以预期，随着我国的社会主义实践的进展，随着建设高度文明、高度民主的社会主义现代化国家的进展，社会主义的人道主义在我国一定能够得到进一步的发扬光大。

四　能否用“异化”论的说法来解释社会主义社会中的消极现象？

社会主义制度是迄今为止的人类历史上最进步的社会制度。但是，同任何新生事物一样，它的发展道路不可能是平坦的、笔直的；它的各个方面也不可能都是完美无缺的。我国在发展过程中发生过不少错误和挫折；就在现在，在纠正了过去的严重错误以后，也仍然存在不少的缺点和弊病。毫无疑问，工作中的各种不同性质的问题和社会上的各种消极现象，都需要我们正视和克服。问题是在于，应该用什么指导思想来看待这些消极现象，怎样才能正确地解释和克服它们。

我们认为，只有根据历史唯物主义的理论和方法，对过去的错误、挫折和现存的消极现象进行具体的历史的分析，才能针对不同情况制定出解决问题的正确方针和办法。有一些同志却不是这样认识问题。同抽象地宣扬人道主义相联系，他们把马克思用于描写资本主义制度下雇佣劳动和资本的对抗关系的概念——异化，引申运用到社会主义社会，把我国在社会主义时期曾经发生过而已经解决的和现在仍然存在或新发生的各种各样的困难、曲折、缺点、弊病，甚至实际上并不存在而只是某些同志在夸张中虚拟出来的所谓缺点和弊病，统统说成社会主义社会的异化。似乎只要盖上异化的印记，问题就得到了深刻的说明，弊病就找到了有效的药方。“异化”论真有这般法力吗？

为了回答这个问题，让我们首先对异化这个词做一点历史的回溯和考察。

这是一个外来词，原词含有转让、疏远、脱离等义，并不能都译为异化。异化一词在近代西方逐渐进入哲学、社会学著作，但不同的著作家赋予它的含义并不一样。黑格尔用异化说明主体和客体（包括劳动者和产品）的分裂、对立，说明所谓“绝对理念”的“外化”为自然。费尔巴哈用异化说明和批判宗教，认为宗教由人所创造而又主宰了人，上帝无非是人的本质的异化；他在批评唯心主义时也认为它是人的理性的异化。其他使用异化概念的资产阶级哲学家，各有各的用法。渗透到现代日常生活和文艺评论中的异化一词，意义更加含混，大致表示疏远、孤独、陌生、无能为力、没有目的、没有准则、没有意义等等。异化论在现代资本主义世界流行一时，正是资本主义社会矛盾重重，使资产阶级或小资产阶级思想家对生活感觉迷惘、荒诞和绝望的表现。

关于马克思使用异化概念的情况，在他创立马克思主义以前和以后是很不相同的。

马克思是从黑格尔出发，经过费尔巴哈，而创立马克思主义的。正如列宁所说：“马克思在 1844 至 1847 年离开黑格尔走向费尔巴哈，又进一步从费尔巴哈走向历史（和辩证）唯物主义。”[①] 马克思 1845 年写的《关于费尔巴哈的提纲》，是这个思想发展历程中的重大飞跃。在写这个《提纲》以前，特别是在

① 列宁：《拉萨尔〈爱非斯的晦涩哲人赫拉克利特的哲学〉一书摘要》，《列宁全集》第 38 卷，第 386—387 页，人民出版社 1959 年版。

《1844年经济学哲学手稿》中，马克思受费尔巴哈用异化来说明宗教的方法的影响（这里也有黑格尔对劳动的分析的影响），提出劳动异化的思想，把“异化”作为基本范畴，来说明历史，批判资本主义，论证资本主义灭亡和共产主义实现的历史必然性。这是马克思走向创立马克思主义的重要一步。书中有许多很有价值的见解，但还不是成熟的马克思主义著作。马克思在对他的经济分析和实际结论作哲学论证的时候，还没有完全摆脱思辨哲学的方法，也就是从某种抽象概念或抽象公式出发，把对象纳入这个概念或公式的方法。在写这个《提纲》以后，马克思迅速地完全摆脱了这种方法。他同恩格斯在1845—1846年合写的《德意志意识形态》中，只是把“异化”作为当时“哲学家易懂的话”来使用，并且申明只是“暂时还用一下”。[1] 而在1848年发表的《共产党宣言》中，马克思和恩格斯不仅没有使用异化概念，而且批评了德国“真正的社会主义者”在法国社会主义文献下面写上“人的本质的外化”之类的“哲学胡说”，使它们变为“关于实现人的本质的无谓思辨”。[2] 马克思在《共产党宣言》以前所写的《哲学的贫困》（1847年），和在这以后所写的《法兰西阶级斗争》（1850年）、《路易·波拿巴的雾月十八日》（1851—1852年）、《法兰西内战》（1871年）、《哥达纲领批判》（1875年）以及《雇佣劳动与资本》（1849年）、《国际工人协会成立宣言》（1864年）、《工资、价格与利润》（1865年）等一系列重要著作中，在马克思全部读过并参加了部分写作的恩格斯的

---

① 马克思、恩格斯：《德意志意识形态》，《马克思恩格斯全集》第3卷，第39、316页，人民出版社1960年版。

② 马克思、恩格斯：《共产党宣言》，《马克思恩格斯选集》第1卷，第298页，人民出版社1995年版。

主要著作《反杜林论》（1876—1878 年）中，都没有使用异化概念。

这些情况当然不是偶然的。它说明，成熟时期的马克思认识到异化作为理论和方法是不能揭露事物本质的，他已经超越了这种理论和方法，而创造了辩证唯物主义和历史唯物主义的科学。他不再用异化理论说明历史，而是用历史唯物主义科学地说明历史；他也不再用异化理论说明资本主义和资本主义制度下的劳动，而是用剩余价值学说来科学地说明它们。他对法国路易·波拿巴政变这一重大政治事件的分析，为具体运用历史唯物主义提供了光辉的范例，却没有加上异化之类的“无谓思辨”。从一定意义上说，马克思正是超越了异化的理论和方法，才建立和发展了科学的马克思主义的理论和方法。的确，如果异化理论已经能够科学地说明历史，那就不需要历史唯物主义了；如果异化理论已经能够科学地说明资本主义，那就不需要剩余价值学说，以及对整个资本运动的科学研究了。那样，马克思的两大发现都不需要，马克思主义也就不会产生了。

热衷于异化理论的同志们喜欢引证马克思在《资本论》和准备写作《资本论》的手稿中使用过异化概念。这也帮不了他们的忙。只要用客观态度考察一下就可以看出，马克思在这些著作中使用异化概念，并没有把异化看作具有普遍性、永久性的基本规律。他明确指出：“很明显，这种颠倒的过程不过是**历史的**必然性，不过是从一定的历史出发点或基础出发的生产力发展的必然性，但决不是生产的某种**绝对**必然性，倒是一种暂时的必然性”。[1] 同时，在他用异化概念来表述资本主义制度下的雇佣劳

① 马克思：《经济学手稿（1857—1858 年）》，《马克思恩格斯全集》第 46 卷下，第 361 页，人民出版社 1980 年版。

动和资本主义生产关系中的其他现象的时候，他并不认为异化概念已经能够说明这些现象的本质；在他看来，这些异化现象的本质是有待说明的，是要用他的剩余价值学说和他对资本运动的整个科学研究来说明的。而且，作为表述的概念，他也并不认为它是不可代替的。马克思未及最后整理的传世遗稿中，异化一词使用得比较多些；但在他 1867 年完成了的《资本论》第一卷中，只有四处使用了异化；[①] 而在他 1872—1875 年亲自作了大量校改的法文版《资本论》第一卷（他在 1878 年还曾写信给《资本论》的俄译者丹尼尔逊，要求他"应始终细心地把德文第二版同法文版对照，因为后一种版本中有许多重要的修改和补充"[②]）中，只有一处保留了异化，其他三处都改换了表述方式，就是明证。

总之，对异化概念，要区别两种情况。一种是把异化作为基本范畴和基本规律，作为理论和方法，一种是把异化作为表述特定的历史时期中某些特定现象（包括某些规律性现象）的概念。马克思主义拒绝前一种异化概念，而只在后一种意义上使用这一概念，并且把它严格限制在阶级对抗的社会，特别是资本主义社会。

由此可见，那种把异化说成是被马克思改造成为"辩证唯物主义和历史唯物主义的基本范畴之一"，因而成为说明历史、说明资本主义的一般方法的观点，同马克思使用异化概念的实际情况是多么不相容，更不用说那种认为异化是一般规律，也应该成为分析社会主义社会的一般方法的观点了。

① 马克思：《资本论》，《马克思恩格斯全集》第 23 卷，第 473、626、668、708 页，人民出版社 1972 年版。现在这个中译本中有五处使用了异化，经译者查明，第 626 页另有一处不应该译为异化。

② 马克思：《致尼・弗・丹尼尔逊（1878 年 11 月 15 日）》，《马克思恩格斯全集》第 34 卷，第 332 页，人民出版社 1972 年版。

当然，马克思主义不是教条主义，它要随着工人运动和社会主义实践的发展而发展。不能认为马克思没说过的话我们现在就不能说，马克思说过的话就句句都是不可变易的真理。但是，我们要求的是在实践中推进马克思主义的科学社会主义理论，而不是把它引向后退。推进和发展科学社会主义理论，包括对某些概念作出新的解释，或者引进、创造某些新的概念，都必须依据历史唯物主义的基本理论和方法，都必须从实际出发，接受实践的检验。有些同志说，异化就是主体在发展的过程中，由于自己的活动而产生出自己的对立面，然后这个对立面又作为一种外在的、异己的力量而转过来反对或支配主体本身。他们脱离开具体的历史条件，把异化这种反映资本主义特定社会关系的历史的暂时的形式，变成了永恒的、可以无所不包的抽象公式。然后，又把它运用于分析社会主义，从而提出社会主义的异化问题。他们就是用这种方法把社会主义社会同资本主义社会混为一谈。社会主义制度是一个崭新的社会制度，它是在消灭了资本主义私有制、消灭了资本对雇佣劳动的剥削的基础上建立起来的。资本主义转变为社会主义，是历史发展中的一次根本性的飞跃。这是一条极其重要的历史分界线。如果不承认这条历史分界线，把马克思用以表述资本主义对抗社会关系时使用过的异化概念，搬来分析社会主义的社会关系，必然导致严重歪曲我们的社会主义现实。马克思所说的资本主义条件下雇佣工人的劳动，异化为反对和支配自己的异己力量，这是由资本主义制度的本质决定的。社会主义的异化的说法，或者是把社会主义社会中许多旧社会的遗留以及由此产生的种种现象叫做异化，这同他们自己的异化定义相矛盾；或者是认为社会主义在发展中由于自己的活动必然要产生出反对和支配自己的异己力量，这倒是符合他们的异化定义，但等于说社会主义社会同资本主义社会是一样的。从异化的抽象公式出发，把社会主义社会中的种种消极现象统统纳入异化公式之中，势必把这些都看成是规律性的和对抗性的，是由社会主义社会中主体自己的活动造成的。这决不可能帮助我们解释和克服社会主义社会中存在的任何消极现象，只能对这些问题的解决以至对社会主义制度本身带来破坏性的影响。

现在，我们来具体分析一下这些同志从他们对异化的定义出发所罗列的社会主义的几种所谓异化现象。

一是所谓“思想异化”，用异化来说明个人崇拜现象。

“文化大革命”是我国社会主义发展过程中的一个严重挫折。它的发生有复杂的原因，首先是由于毛泽东同志对我国的阶级斗争形势和党内状况作了错误估计，因而脱离了党的领导集体，实际上依靠了一批阴险毒辣的投机分子。他的错误估计和错误领导所以能够支配全党，当然同当时已经形成的毛泽东同志的极大权威和对于他的个人崇拜有关。对于个人崇拜这样一个特定的历史现象，决不能抄袭费尔巴哈说明宗教的方法，简单地用异化来说明，而必须根据历史唯物主义的方法，从客观的社会历史背景和革命实践的发展来进行具体分析。马克思、恩格斯、列宁都曾反对和斥责个人崇拜，但他们都没有把它说成什么异化或异化的萌芽。它所涉及的如何正确评价杰出领袖人物的个人作用问题，只有历史唯物主义能够给以正确的说明。我们党和中国人民在长期革命过程中形成的对毛泽东同志的信赖和敬仰，是由于他长期正确的领导作用和对中国革命的卓越贡献。这种敬仰的形成是很自然很正常的，即令有人表达这种感情使用了不准确的措词，但说不上是什么个人崇拜。中国革命由1935年到1956年间的胜利发展，正是一个最有力的说明。后来正常的敬仰逐渐变成了个人崇拜，一方面是因为毛泽东同志本人由于成功变得不谨慎，脱离实际和脱离群众，直至破坏了党的民主集中制，把权力过分集中于个人；另一方面，它又同过去毛泽东同志常常处于正确地位，而全党对社会主义时期各种问题（特别是阶级斗争问题）的认识还不成熟这种情况有关。个人崇拜现象当然是错误的，它的恶性发展所带来的后果是极其严重的。“文化大革命”期间，林彪、江青等反革命野心家别有用心地制造和利用个人崇拜，对社会主义事业大肆破坏，并且制造了很多反人道的野蛮罪行，使很多党员（包括党的各级领导人）、知识分子、工人、农民和爱国民主人士遭到极大的不幸。林彪、江青两个反革命集团的首恶已经依法受到严惩。我们党坚决谴责“文化大革命”和个人崇拜。同时，我们也看到，即使在“文化大革命”中，人们对毛泽东同志的态度，情况仍然很复杂，前后也有很多变化，决不能把它同宗教信仰相提并论。十一届三中全会以来，党中央集中全党的智慧，已经对于“文化大革命”的历史和个人崇拜等现象进行了科学的总结，并从中引出必要的教训和避免重犯类似错误的办法。这种总结所依据的完全是历史唯物主义的观点和方法，而不是什么异化理论。企图以“思想异化”来说明个人崇拜现象，除了给人一幅简单化的漫画以外，丝毫不能说明事件的原因，更不能说明党为什么能够这样顺利地拨乱反正。

二是所谓“政治异化”或“权力异化”。

在我们的社会里，社会主义的民主和法制有不健全的地方，党和国家的各级领导体制有不合理的地方，某些干部中存在官僚主义等不正之风，甚至存在以权谋私、欺压群众等等腐败现象；同时，某些不觉悟的群众也有一些违反国家法律，破坏国家利益和公共利益，以及危害其他公民的生命、财产、权利的行为。这两种不同方面的消极现象，都是长期剥削制度社会影响的遗留，而不是新生的社会主义社会在成长过程中发生的什么异化。对于这些旧的残余，多年来我们党和政府不断地加以揭露和纠正，现在正在进行更坚决的和更有系统的努力，从思想作风上加以整顿，从组织上加以清理，从体制上加以改革，并且对于一切严重违反刑法的罪犯（无论是官是民），依法实行严厉的打击。所有这些措施都得到了人民的大力支持。用所谓“政治异化”或“权力异化”来说明上述各种消极现象，完全违背了马克思主义的政治学说、国家学说，歪曲了客观事实，同党、政府和人民的共同努力背道而驰。

我们知道，在政治权力和国家的问题上，正是马克思主义抛弃了关于天赋人权、社会契约的天真童话，从经济关系和阶级斗争来解释国家的产生和发展，才使这些现象得到科学的说明。恩格斯就是从具体的、历史的经济政治分析，而不是简单地用异化来说明私有财产和国家的起源的。同样，马克思主义指出，只有无产阶级专政，才在历史上第一次使国家权力成为人民的权力，从而也就为最终消灭作为阶级统治工具的国家创造了前提。但是马克思主义者并不是空想家。一方面，无产阶级专政（我们叫它作人民民主专政，这同法西斯式的恐怖统治毫无共同之点）是向无阶级社会过渡的必要条件，在国际国内存在阶级斗争的情况下，没有它，胜利了的无产阶级和劳动人民一天也不能维持自己的统治。不承认这一点就不是马克思主义者。另一方面，任何革命政党和革命政权都不仅要民主，而且要集中，要有完成各自任务所必须具有的集中的权力。即使作为阶级统治的政治权力消亡以后，在国家和政党消亡以后，在民主已经成为习惯以后，在民主基础上的集中和权威在有组织的社会生活中仍然是完全必要的。否则，不但有计划的生产和分配难以进行，连交通的秩序都无法维持，对于巨大的自然灾害更无法进行有领导的和有效的抵抗。这是人们的常识。片面地崇拜民主、自治而否定集中、权威，认为民主本身就是集中，因而从根本上反对民主集中制，这大概是假定任何大小问题都可以通过群众投票，以便根据表决中多数人的意见来解决吧。那么，群众将每日每时都生活在投票之中，并且群众必须人人是百科全书，对需要表决的任何问题都具有正确的理解和判断的能力。这种荒唐的“民主”不但在今天不可能想象，就在遥远的将来也是难以想象的。总之，认为凡有权力的地方就要发生“权力异化”，这只是无政府主义的观点，根本不是马克思主义的观点。

在宣传所谓“政治异化”、“权力异化”的同志中，许多人对“文化大革命”是深恶痛绝的。痛恨“文化大革命”，这完全正当。因此，要提醒这些同志注意，谈论所谓“政治异化”、“权力异化”，把社会的公仆变为社会的老爷说成是一种带规律性的现象，岂不是同“无产阶级专政下的继续革命”、“党内走资本主义道路的当权派”、“资产阶级就在共产党内”一类的提法过于近似了吗？而那些提法不正是“文化大革命”的“理论根据”吗？以那种“理论”为指导的“文化大革命”，究竟是否有助于克服我们社会中的消极现象，对干部队伍中的不正之风等等到底起了什么作用，难道还不清楚吗？

我们还愿意提醒这些同志，即令他们是站在正确的方面，他们也应该记得，无论马克思、恩格斯和列宁，在毕生为工人阶级的解放而奋斗的同时，对工人运动中的种种错误倾向、错误思潮以至形形色色的机会主义派别，从未放弃过思想斗争和政治斗争。这种斗争曾经严重到导致第一国际和第二国际的分裂。他们在这些斗争中都具体地分析了这些倾向、思潮和派别的思想政治错误和它们的社会历史背景，从而大大丰富和发展了马克思主义。他们为什么竟一次也没有把这些倾向、思潮和派别说成是工人运动的异化呢？这里没有别的原因，只是因为他们严格地运用马克思主义的理论和方法。今天鼓吹“政治异化”论的同志们，何不学习一下马克思、恩格斯、列宁的榜样呢？那样，他们或许会发现，在严肃的问题上轻率地玩弄异化的标签，离开马克思主义有多么远。

至于有些同志把经济工作中由于缺乏经验、由于对客观规律没有认识而犯了错误、干了蠢事，说成是经济领域的异化，更是把异化概念滥用到无边无际的程度。任何错误、挫折、事与愿违，都是异化，这是多么廉价而又万能的科学！人们将永远离不开异化，就像在太阳底下离不开自己的影子一样！这些同志对异化的滥用，至少说明如下两点：第一，他们为了把异化说成是普遍性的，是无所不包的，就不惜牵强附会，硬造出这种所谓“经济异化”的说法来。第二，他们是以脱离实际的轻浮态度和思辨哲学的高谈阔论来对待非常严肃、非常实际的社会主义经济建设问题。必须指出，由于经济建设成为我们工作的重心，这方面我们面临大量的新情况、新问题，其中也包括经济体制改革的问题。所有这些问题，都要求我们深入调查研究，了解实际情况，按照实事求是的科学方法切切实实地加以解决。耀邦同志曾经多次号召理论工作者一定要密切联系实际，而不要沉溺于空洞的概念的推演。我们的高谈“经济异化”和其他“异化”的同志们，能否把自己的思想方法改变一下呢？

归结起来说，社会主义社会里的各种问题、各种消极现象的产生和存在，有多方面的复杂的原因。社会主义制度建立的时间还不长。旧社会留给我们的基础比较薄弱，经济文化比较落后，历史上缺乏民主传统。资产阶级和其他剥削阶级思想以及旧社会的传统影响即列宁所说的“千百万人的习惯势力”的影响还比较广泛地存在；在实行对外开放政策的条件下，国外资产阶级的影响又通过各种渠道渗透进来。新的制度、新的事物是人们创造的，不是天生的，在从不成熟到成熟的过程中，必然存在许多不完善的地方。建设新社会的人们也要在改造客观世界同时改造自己的主观世界。许多事情没有经验，难免犯错误。有些过去错误留下的后果今天还需要我们努力去消除。有些适合过去情况的制度和办法，随着情况的变化，在今天变成不适合或不完全适合，阻碍我们前进了。诸如此类的情形，今后还会不断发生。我们今天社会中种种消极现象以及它们的多方面的原因，具有不同的性质和不同的层次。不同性质、不同层次的矛盾，需要用不同的方法去解决。我们只有掌握辩证唯物主义和历史唯物主义，掌握马克思主义的经济理论和科学社会主义理论，并且认真从实际出发，在建设社会主义的实践中灵活运用这些理论，才能逐步地找出解决各种问题、克服各种消极现象的办法。抛开对具体问题作具体分析的方法，把如此复杂的问题简单化为一个社会主义的异化，似乎有很深刻的内容，实际上思想极为贫乏。它在认识上不能推进任何对真理的接近，在实践上不能提供任何解决的办法。相反，由于它具有模糊的但是又相当固定的反现实的倾向，又具有可以到处乱套的抽象形式，可以把社会上的一切消极现象都归罪于社会主义制度或者社会主义社会的领导力量，把反对的目标集中于党和政府的领导，因而不可避免地会在社会上散布对社会主义、共产主义和党的领导的不信任情绪和悲观心理。

在谈论社会主义异化的文章中，有的实际上已经根据这个概念的逻辑，引出了结论，说社会主义的政治、经济、思想领域处处都在异化，说产生这些异化的根本原因不在别处，恰恰就在社会主义制度本身。有些同志没有得出这样的结论，并且申明，他们认为社会主义的异化是可以克服的，这正是社会主义的优越性。尽管没有提出论证，这种申明的意图总是比较好的。但是，这同他们把异化看作在社会主义社会仍然有效的规律，却很难不自相矛盾。因为一切规律都不是人可以“克服”的，人可以克服的就不是规律。或者他们会说，人们只要发现了异化的规律，就可以根据对这种规律的认识来控制它的作用，这就是他们所说的“克服”的本意。就算是这样吧。但是异化并不像水和火那样既可为害又可为利，它对于社会主义也不是什么普通的缺点和不合理现象，而是一种足以毁灭社会主义制度的“灾变”。因此，社会主义的“优越性”就只在于能够控制这种灾变的产生和发展。这就不能不成为一种讽刺了。我们还希望一些具有某种善良愿望而主张异化论的同志注意到，有些人已经从异化论出发直接要求取消一切社会政治权力，一切社会经济组织，一切思想权威，一切集中和纪律，公开宣传无政府主义、绝对自由主义和极端个人主义。这当然不是那些比较善意地谈论社会主义异化的同志们始料所及的。但是一个思潮有它自己发展的必然的逻辑。如果我们的理论在根本方向上不正确，就难免引起很不好的社会效果。这种后果纵然难以完全预料，却是每一个有责任心的共产党员不能不在事先加以认真考虑的。

从以上几个方面的说明可以看到，宣传人道主义世界观、历史观和社会主义异化论的思潮，不是一般的学术理论问题，而是关系到是否坚持马克思主义的基本原理和能否正确认识社会主义实践的有重大现实政治意义的学术理论问题。在这个问题上的带有根本性质的错误观点，不仅会引起思想理论的混乱，而且会产生消极的政治后果。

这种错误思潮的出现不是偶然的，有一定的国内和国际的历史背景。了解这种思潮产生的背景，对于我们充分认识开展这场思想争论的意义，是必要的。

这股错误思潮的产生，就国内的背景说，是对“文化大革命”十年内乱的一种反动。本来我们党经过这几年的努力奋斗，已经对十年内乱的历史作出了科学的总结，基本上完成了拨乱反正的任务，实现了伟大的历史转折。我们的认识和我们的事业都有了很大的进步。但是，那段历史灾难在一部分人的思想上仍然留下很深的阴影。有些同志从斥责林彪、江青反革命集团对马克思主义和社会主义的严重歪曲，从批评我们党和毛泽东同志在一段时间里所犯的“左”的错误，走到怀疑马克思列宁主义、毛泽东思想，怀疑社会主义和党的领导的地步。对于我们党已经作出的历史总结，有些同志不是在同党保持一致认识的基础上继续前进，而是仍然把它作为一个悬而未决的问题去争论，企图离开马克思主义方向，从别的方向，例如人道主义的方向和异化的方向，去对“文化大革命”的经验教训寻找更“深刻”的答案。这就难免成为缘木求鱼了。

这股思潮的产生，还有国际的背景。随着对外开放和对外文化交流这一正确政策的实施，各种西方学术文化思想大量涌入，其中就包括关于人道主义和异化理论的一些哲学流派。西方资产阶级思想界（包括西方的“马克思学”的学者和所谓的“马克思主义者”）有不少人利用马克思的《1844年经济学哲学手稿》，混淆马克思早期思想和成熟的马克思主义的区别，甚至加以颠倒，认为1844年的马克思才是成熟的，后来是倒退了，这种倒退又为恩格斯和列宁所加剧。我国思想界有的同志接受了这类思潮的影响，以为发现了可以使马克思主义“柳暗花明又一村”的“新大陆”而加以宣传。另一些同志在这些错误思潮袭来的时候，虽不随声附和，也感到难以鉴别和批判，或者认为无关大体，因而采取观望态度。这样，虽然一开始就有一部分理论工作者从马克思主义立场对这些错误思潮进行了严肃的批评，仍然没有阻止它们的蔓延，以致党中央不能不出来讲话。

这种哲学思潮的消极影响也波及其他一些方面，例如文艺界和一部分青年知识分子。如果我们不起来批评这种错误思潮，维护马克思主义的健康发展，那么不难想象，若干年后，将会产生怎样的恶果。

我们的思想战线的同志，一定要深入学习小平同志在二中全会上关于思想战线不能搞精神污染的讲话，提高认识，改变过去那种软弱涣散的状态，积极参加这场维护马克思主义思想阵地的争论。关于开展这场思想争论的方针、政策和办法，中央已经在一些文件、报刊评论、负责人的讲话中反复阐明了，不需要在这里重复。如同党中央所已经指出的那样，我们的思想战线的绝大多数同志是按照党和人民的要求积极工作的，取得的成绩是明显的，主要的。无论是理论界或文艺界，宣传人道主义世界观、历史观和社会主义异化论的人，以及在其他问题上散布资产阶级思想的人，都是很少数。当然要看到这些错误思想的腐蚀性和蛊惑性，不能低估它们的消极影响。既然问题牵涉到离开马克思主义的方向，诱发对社会主义的不信任情绪，党的、马克思主义的理论工作者就有责任更积极地出来争论，批评这种错误思想，消除它们的影响，同时在争论中结合社会主义的实践，重新学习马克思主义，进一步发展马克思主义。至于在这些问题上发表过不正确观点的同志，总的来说，都属于思想认识问题。对于这类问题，只能通过学习和研究马克思主义，开展认真的讨论以及恰如其分的批评和自我批评，才能达到既分清是非又团结同志的目的。我今天的讲话，在开头已经说过，只是参加讨论，并且只涉及人道主义和异化的一部分问题。对这一部分问题，在一次讲话中也不能说得很透彻，其中一定还有不周到和不准确的地方，再一次恳切地希望大家指正。不赞成我的讲话的基本观点的同志，我也恳切地欢迎他们参加争论。真理愈辩愈明。对于这样一些复杂的理论问题，唯有进行客观的深入的细致的研究和讨论，才能得到正确的结论。通过这场讨论和争论，我们的马克思主义的思想工作和社会主义科学文化事业将走上更加健康发展的道路，这是毫无疑问的。

中国共产党的三十年*

中国共产党成立于1921年7月1日，到现在是三十年了。中国共产党的三十年历史，是马克思列宁主义在一个约占世界人口四分之一的大国中，在一个半殖民地半封建的国家中得到伟大胜利的历史；是中国工人阶级领导着广大的农民和其他的民主力量，向帝国主义者及其走狗作英勇斗争，经历长时期的艰难曲折，终于推翻了他们的反动统治，建立了以工人阶级为领导、以工农联盟为基础的人民民主共和国，从而为走向社会主义前途开辟了顺利道路的历史。

中国共产党三十年的奋斗历史可以分作四个段落来叙述，即：一、党的成立和第一次国内革命战争（1921—1927年）；二、第二次国内革命战争（1927—1937年）；三、抗日战争（1937—1945年）；四、第三次国内革命战争和中华人民共和国的成立（1945年至今）。以下是这个三十年历史的一个简单的轮廓。

---

* 此篇发表于1951年6月25日《人民日报》。

一　党的成立和第一次国内革命战争

中国共产党是中国工人运动和马克思列宁主义相结合的产物。中国共产党在1921年成立不是偶然的。那是在世界第一次大战和俄国十月社会主义革命之后，在1919年5月4日开始的、中国人民反对帝国主义的凡尔赛和约、并且一般地反对帝国主义封建主义的“五四”爱国运动之后。中国的薄弱的工业在世界第一次大战时期有了比较迅速的发展，中国工人阶级的人数和工人斗争的规模也随之发展。随着俄国十月革命的成功，马克思列宁主义的影响在中国革命知识界中间传播了起来。五四运动促成了中国工人运动和马克思列宁主义的结合，为党的成立作了准备。五四运动后一年，共产主义的小组就在上海、北京、汉口、长沙、广州、济南、杭州等中心城市中成立起来了。

中国工人阶级生长的过程，同时是中国在帝国主义侵略下沦为半殖民地，中国人民与外国侵略者及其走狗中国封建统治者作斗争的过程。

1840年，英国以武力侵略中国，进行了鸦片战争，并且在1842年强迫中国签订第一个不平等条约“南京条约”。从这以后，接着发生了1857年的英法联军对中国的战争，1884年的中法战争，1894年的中日战争，1900年的八国联军对中国的战争，和1914年日本对于中国山东半岛的掠夺。外国侵略者经过这些战争和其他方法掠夺中国的领土，勒索中国的“赔款”，取得在中国的土地上驻兵和开设银行、商行、工厂的特权，控制中国的通商口岸、交通线和海关，并且划分“势力范围”，进而操纵中国的内政，使中国在经济上和政治上处于半殖民地的地位。帝国主义的侵略，威胁着中国人民的生存，使中国的经济不能发展，中国的政治不能进步。因此，反对帝国主义，推翻帝国主义在中国的统治，就成为中国革命的最根本的问题。

外国资本主义的侵入，曾对中国的封建经济起了解体的作用，对中国资本主义的发展起了刺激的作用。在十九世纪的六十年代，中国近代工业开始出现。但是在帝国主义和封建主义的双重压迫下，中国民族工业在几十年间的发展是极其微弱的。中国的封建末期的反动统治者，对于各阶层劳动人民实行着野蛮的统治。地主阶级占有农业土地的大部分和农民收入的大部分，对于农民享有种种超经济的特权。高利贷者、商人、买办和封建官僚，与地主在一起掠夺着农民和手工业者。工业的一部分属于帝国主义者，一部分属于中国的官僚，属于中国资本家的一部分受着前两部分的压迫和排挤。封建官僚政府早就依靠帝国主义的支持和帮助来压迫中国人民的革命运动，而在1900年的战争失败以后就完全投降了帝国主义。这种情况，在1912年成立的所谓“中华民国”的历届军阀政府之下，也没有发生任何基本变化。1912年以后所发生的变化，事实上就是中国由表面的统一变为公开的分裂；以不同的帝国主义为后台的军阀之间，进行着继续不断的战争。无论在1912年以前和以后，各派的封建统治者都拒绝作任何实质的社会改革。因此，反对封建主义，推翻封建主义在中国的统治，就成为中国革命的另一个最根本的问题。

在上述情形下，中国人民的根本要求，就是推翻帝国主义和封建主义的压迫，就是实现国家的独立和民主自由。

为着实现这个严重的要求，需要有一个正确的领导。从鸦片战争到五四运动的前夜，中国人民曾进行过多次反帝国主义反封建主义的斗争，其中最重要的是鸦片战争十年后爆发的创立了“太平天国”的农民革命战争（1851—1864年），和中国共产党成立前十年爆发的资产阶级的辛亥（1911年）革命。但是所有这些斗争和革命，都失败了。中国的资产阶级是软弱的。他们既害怕帝国主义和封建主义，又害怕工人和农民，他们不但不能解决反帝反封建的问题，甚至不敢提出这样的问题。农民虽然人数众多，并且有反对帝国主义封建主义的决心，但是因为受了旧的落后的生产方法的限制，看不到斗争的前途，所以也不能担负领导这个革命到胜利的任务。需要有新的阶级来担负领导责任，这个阶级要能够提出正确的和完全的斗争纲领，并且能够在国内和国外团结一切可以团结的力量，去和强大的敌人进行坚持不屈的斗争。这个阶级，就是工人阶级。中国工人阶级的人数虽然不多（约三百万左右），但是它和农民不同，它是新的生产力的代表；它又和资产阶级不同，它身受帝国主义封建主义资本主义三重压迫，具有坚决的斗争意志。

在1919年的五四运动中，中国工人阶级开始表现出自己的力量，并且开始接受马克思列宁主义的影响。上海、唐山、长辛店等地的工人，以中国历史上第一次的政治罢工参加了全国人民的反帝国主义斗争，帮助斗争迅速地得到了胜利。中国工人力量的兴起，推动了五四运动中的中国知识分子的左翼，使他们决心在工人中间进行革命工作。五四运动在文化方面的口号，是要求民主和科学，但是五四运动中的左翼，因受俄国十月革命的影响而具有初步的共产主义思想的革命知识分子，却同时传布了中国必须实现社会主义的观点，传布了必须用马克思列宁主义来指导中国革命的观点。他们抱着这样的观点在工人中间进行宣传工作和组织工作，使得中国工人运动和中国革命运动进入了一个新的时期。

在《新民主主义论》一书中，毛泽东同志把1919年当作中国民主革命由旧民主主义革命转变为新民主主义革命的转折点，因为从此以后，中国的民主革命就成为中国工人阶级所领导的革命，并且成为世界无产阶级社会主义革命的一部分。毛泽东同志在这部有历史意义的著作中，着重地发挥了列宁、斯大林关于民族问题在世界第一次大战和俄国十月革命以后已经成为全世界无产阶级社会主义革命的一部分的学说，并且着重地指出了中国的1919年的革命运动“是在当时世界革命号召之下，是在俄国革命号召之下，是在列宁号召之下发生的”事实。在这里，应当特别回忆的，就是列宁本人，早在1900年，特别是在1912年和1913年，就已经注意中国问题，并写了关于中国问题的重要论文；而在1918年到1920年间，在十月革命以后的最紧张的年代里，列宁和斯大林又都对东方的民族问题作了多次最深刻的指示，正是这些指示，构成了毛泽东同志的《新民主主义论》的主要出发点。在1920年7月召集的共产国际第二次代表大会上，列宁作了关于民族和殖民地问题的专门报告，提出了民族和殖民地问题提纲。列宁的这些经典的文件，规定了各被压迫民族和殖民地半殖民地人民革命的基本轨道，规定了共产主义者在民族革命运动中所应采取的基本方针，因而极大地援助了中国革命。

1921年7月1日，在五四运动以后发展起来的各地共产主义小组选举了12个代表，在中国工业中心和工人运动中心上海举行了第一次代表大会。代表中包括毛泽东、董必武、陈潭秋、何叔衡等，代表着五十多个党员。第一次代表大会通过了中国共产党的第一个党章，选举了党的中央机关，组成了中国共产党。从此，在中国出现了完全新式的、以共产主义为目的、以马克思列宁主义为行动指南的、统一的工人阶级的政党。共产国际曾派代表参加这次大会。

毛泽东同志是湖南的党的组织的代表。毛泽东同志在五四运动以前就在湖南组织了革命团体，在1920年又组织了研究马克思主义的团体，并于同年组织了社会主义青年团。在党的第一次代表大会以后，毛泽东同志回到湖南，任党的湖南区委员会书记。毛泽东同志在湖南的工作，使湖南在第一次国内革命战争时期成为工人运动和农民运动最发展的省份之一。

党的第一次代表大会选举陈独秀担任中央的领导工作。陈独秀并不是好的马克思主义者。陈独秀在五四运动以前和五四运动中间以中国急进的民主派著名；当马克思主义传入中国以后，他成了有很大影响的社会主义宣传者和党的发起者。

1922 年 7 月，党在上海召集了第二次代表大会。这次大会制订了党的宣言，在宣言中规定了党的最高纲领和最低纲领，批评了当时资产阶级的各种改良主义思想，指出了中国人民的当前的基本任务是“消除内乱，打倒军阀，建设国内和平；推翻国际帝国主义的压迫，达到中华民族完全独立；统一中国为真正民主共和国”，然后进一步创造条件，以实现社会主义和共产主义。这样，党就在中国人民面前破天荒地提出了真正革命的民主主义的口号。宣言的缺点，是没有指出民主革命必须由无产阶级领导，没有提出工人农民的政权要求和农民的土地要求，只是号召工人农民参加民主革命和争取自己的权利。而这个缺点，后来就在党对 1924 年到 1927 年革命的领导工作中，被陈独秀机会主义集团发展成为严重的路线错误。党的第二次代表大会通过了参加共产国际的决议。

党在成立以后的两年中间，集中力量领导了工人运动，成立了公开的领导全国工人运动的中国劳动组合书记部，并且在 1922 年 5 月在广州召集了第一次全国劳动大会。从 1922 年 1 月到 1923 年 2 月，由于党的有效的活动，全国工人斗争有很大的高涨。在全国各大城市和工业中心，有三十多万工人进行了一百多次的罢工。这些罢工都是在共产党员的领导之下进行的，并且绝大多数都得到了完全的胜利；在罢工胜利之后，工人们都组织了在共产党员领导之下的工会。工人运动和工人组织迅速地发展着，工人阶级在中国政治和经济生活中的重要作用迅速而明显地表现了出来。但到 1923 年 2 月，中国工人运动的第一个高潮受到了反动统治阶级的严重的打击。当时统治着河北、河南、湖北等省的军阀首领吴佩孚，用武力禁止京汉铁路总工会的成立大会。在京汉铁路以及其他许多铁路工人实行罢工反抗后，吴佩孚就在 2 月 7 日在汉口、长辛店等地对工人实行屠杀。工人死难者约四十人，伤数百人，这次屠杀被称为“二七惨案”。

中国铁路工人的英勇斗争，一方面，表示了工人阶级组织力量和革命积极性的迅速增长，因而大大提高了工人阶级和中国共产党在全国人民中的政治威信；另一方面，也证明了工人阶级如果没有强有力的同盟军，如果没有自己的武装力量，就无法在毫无民主权利的条件下战胜全副武装的反动派。在反动政府的高压之下，年轻的工人斗争暂时转入了低潮。事实教训了党和工人阶级，必须与占全国人口百分之八十的农民，与包括几千万人口的城市小资产阶级，与要求反对帝国主义封建主义的资产阶级民主派建立反帝反封建的同盟，并且必须用武装的革命来反对武装的反革命，才能取得中国革命的胜利。

在此以后，党采取了积极的步骤去联合孙中山所领导的国民党，希望经过国民党来实现工人阶级与其他民主力量的同盟。国民党的前身同盟会，是 1911 年推翻清朝政府的革命中的主要组织者，它在政治上是一个从资产阶级小资产阶级急进派、资产阶级自由派到地主阶级反满派的松懈的联盟。在 1911 年革命被出卖以后，这个联盟中的许多力量投降了帝国主义和反动派，以孙中山为首的一派则继续坚持资产阶级民主主义的斗争，并且继续遭受失败。孙中山曾经依靠广东的军阀作反对北京反动政府的活动，但是又被广东军阀陈炯明赶了出来，致使国民党的内部更加涣散。俄国十月社会主义革命的成功，苏联对中国和其他东方被压迫民族的正义政策，五四运动，以及五四运动后中国共产党和中国工人运动的兴起，这一切，逐渐地引起了孙中山及其他国民党人的注意，使他们倾向于联合苏联、联合共产党的革命政策。

在1923年6月召集的中国共产党第三次代表大会，正确地估计了孙中山反对帝国主义和封建军阀的民主主义的立场，以及使国民党改造为工人、农民、小资产阶级、民族资产阶级革命联盟的可能性。第三次代表大会批评了党内的两种主要错误倾向。一种倾向是以陈独秀为代表的投降主义倾向。他们认为资产阶级民主革命应该由资产阶级来领导，“一切工作归国民党”，“民主主义革命成功了，无产阶级不过得着一些自由与权利”。他们根本就没有企图由无产阶级和共产党来领导这个革命，使这个革命在胜利以后，首先就有利于无产阶级，并以无产阶级为中坚力量来掌握政权，用这个政权来保障国家在以后的发展中走上社会主义的前途。他们认为第一次革命应该让资产阶级建立资产阶级的共和国，无产阶级只能得着一些资产阶级共和国中的“自由与权利”，不能得着别的什么。所以他们认为在资产阶级的民主革命中，无产阶级只能站在消极的帮助地位，而不能站在领导地位。他们认为无产阶级只有等资产阶级共和国成立，资本主义经济有了进一步的发展以后，再来推翻资产阶级共和国，建立无产阶级专政，才能实现社会主义。这是第二次革命。所以他们的主张被称为“二次革命论”。另一种倾向是以张国焘为代表的关门主义倾向。他们认为共产党不应当与国民党合作，只有工人阶级才能革命，国民党是不能进行民主革命的，所以反对共产党员和工人农民加入国民党。大会批评了右倾的和“左”倾的错误意见，决定与国民党合作，共产党员加入国民党，改组国民党成为民主革命联盟，同时保持共产党在组织上和政治上的独立。但是第三次大会对于农民问题和革命军队问题，却没有加以应有的注意。

毛泽东同志出席了党的第三次代表大会，在大会上坚持了正确意见，反对了错误意见。在这次大会上，毛泽东同志当选为党的中央委员。

党的统一战线政策很快就加速了中国革命的步伐。由于中国共产党的努力，由于共产国际领导机关和苏联共产党的重要援助，国民党在1924年1月在广州召集了第一次全国代表大会，发表了宣言，规定了民主革命的纲领和改组国民党使之革命化的各项办法。由共产党人出席并参加领导的国民党的这次大会事实上成了革命高涨的起点。国共两党的合作，推动了孙中山、国民党左派和全国人民与帝国主义者封建主义者及其在国民党内的代理人右派分子之间的斗争。在中国共产党的倡议、领导和支持下，成立了广东的革命政府和革命军事学校，举行了讨伐广东反动派的作战，在全国发起了召集国民会议和废除不平等条约的人民运动，恢复了工人运动，并且开始了农民运动。1925年1月召集的中国共产党第四次全国代表大会，曾经为群众斗争的新高涨作了组织上的准备。同年三月，孙中山病故。全国人民对于这个伟大革命家的哀悼，形成了广泛的政治宣传。

全国范围的大革命风暴，因为1925年5月上海工人的反英反日大罢工而爆发了。5月15日，上海日本纱厂资本家枪杀了共产党员工人顾正红。5月30日，上海工人和学生在上海租界举行了援助纱厂工人的示威游行，在经过南京路时受到了英国巡捕的开枪射击，死伤多人。“五卅”惨案引起了全上海以至全国人民的极大愤激。在以后数日，上海工人、学生和市民，继续举行了反对帝国主义枪杀中国人的示威游行，并继续遭受了英、美和日本巡捕的枪杀。全上海的工人举行了总罢工，学生举行了总罢课，商人举行了总罢市。运动迅速扩展到全国各城市，在各城市的工人、学生和市民都举行了多次的反帝示威游行，并实行罢工、罢课、罢市，抵制英货日货。香港工人在总罢工之后，回到广州，并封锁香港使之变成死港。香港罢工工人、广州的工人、学生和军官学校的学生，在6月23日举行示威游行，又被英国水兵在广州沙面开枪射击，死伤很多，更加激起了全国人民的反抗。全国人民在反帝国主义的运动中一致地提出了惩凶、赔偿、谢罪和收回租界、撤退外国军队等要求，但北京的军阀政府和各地军阀政府却仍然投降帝国主义，压迫人民运动。只有当时在广东的革命政府支持了罢工工人和人民的反帝斗争，所以香港和广州的罢工，一直延长了16个月之久。

因5月30日流血的游行示威得名的“五卅”运动，大大推动了广东的革命化，并准备了全国的大革命。广东的“国民革命军”迅速地统一了广东全省，并且在1926年7月举行北伐战争，以推翻以北京为中心的全国的封建统治。由于共产党人和革命的国民党人的英勇奋斗，北伐军迅速击溃了反动军阀的军队，得到了伟大的胜利。1926年9月，北伐军占领汉口。1927年3月，上海工人起义配合北伐军占领上海。全国的工人运动和农民运动大大发展，加入工会的工人达到二百八十万，加入农民协会的农民达到九百五十万。中国共产党的党员，由“五卅”运动前的九百多人增加到五万七千九百多人。

革命是猛烈发展了，但是它的基础却不巩固。当时共产党的领导者陈独秀，对于无产阶级领导民主革命，共产党人领导国共合作、领导北伐战争的根本任务，一直抱着消极的软弱的态度。群众斗争特别是许多地方的农民的土地斗争已经起来了，但是陈独秀却没有采取坚决的积极的政策去支持和继续发展群众运动，满足群众的要求，也没有组织群众的力量去改造当时仍在反动分子手中的政权机关，建立群众的武装力量和扩大可靠的革命军队。革命在广大的北伐军中已经有了威信，但是党对北伐军的工作却没有正确的方针。共产党人虽然在北伐军的政治工作方面进行了积极的活动，但是因为党的领导机关忽视掌握军队，真正由共产党员掌握的军队只占极小的部分。北伐军的实权，大部仍在旧式的军官手中，特别是在国民党右派当时的“国民革命军”总司令蒋介石的手中。蒋介石在权力还不够大的时候，就已经在1926年3月20日组织了反共反苏的阴谋事变，利用他自己所制造的借口打击共产党在军队中和国民党领导机关中的地位；但陈独秀却向蒋介石的这种进攻作了机会主义的让步，满足了蒋介石的在军队中和国民党领导机关中限制共产党活动的反动要求。到1926年底，蒋介石就以南昌的总司令部为中心与汉口的国民党左派的中心相对抗。

在1927年初，陈独秀的错误倾向已经发展成为右倾机会主义路线。当时由于工农群众运动的广大发展及其所表现的革命坚决性，国民党中的地主分子和资产阶级分子极感恐惧。地主在乡村中受到农民运动的威胁，大批跑到城市，散布各种指责农民的谣言，使城市中到处充满了“工农运动过火”的议论，并借此而反对共产党。小资产阶级的革命分子表现了极大的动摇。在这种紧急关头，陈独秀被反动派的气焰吓倒了，他不但不敢依靠正在兴起的工农运动来团结革命派，争取中间派，击退反动派，而且跟在反动派后面指责工农运动“过火”，抑制群众运动，特别是抑制当时的农民运动。陈独秀幻想用让步和妥协的方法来稳定国民党中的地主分子和资产阶级分子，使他们不离开革命的阵线，以便“挽救革命”。其结果是共产党愈让步，反动力量愈上升，而群众力量则因为共产党领导机关的错误政策，受到了极大的阻碍和损失。在这种情况下，帝国主义者就迅速地与蒋介石勾结起来，封建地主和买办大资产阶级也以蒋介石为它们的新的政治代表，要他从内部来击破轰轰烈烈但是缺乏经验的中国革命。

中国共产党当时曾经有可能避免至少是减轻后来的失败，因为斯大林同志早在1926年11月就已经在《论中国革命的前途》的著名演说中提出切合时宜和切中要害的警告了。斯大林在这篇演说中完全正确地指出了中国民族资产阶级的软弱的特点，指出了帝国主义列强假手于中国反革命力量而干涉中国革命的严重危险，指出了在中国革命中真正革命军队的极端重要和共产党人研究军事掌握军队的极端重要，展开农村革命满足农民要求的极端重要，无产阶级起来掌握领导权的极端重要。以后斯大林同志和共产国际执行委员会又曾对中国共产党在中国革命中所应取的策略连续地给了许多详尽的指导。如果斯大林同志和共产国际的这些宝贵的意见唤起了中国共产党领导者的及时的警醒，那么，敌人就无论如何也不能一下子把革命打败。

在中国革命的第一个紧要关头，毛泽东同志表现了自己的伟大的革命天才。毛泽东同志首先用马克思列宁主义的方法分析了中国的阶级关系，认识了工人阶级能否实现对于农民的领导，乃是中国革命成败的关键，而这个问题，却是党的历次大会包括第三次大会所没有解决的。毛泽东同志在1924年底就着手研究湖南的农村状况和领导农民的革命斗争，并且在1925年和1926年主持广东的全国农民运动讲习所，努力于训练领导农民斗争的干部。在1926年的3月，毛泽东同志在他的马克思列宁主义著作《中国社会各阶级的分析》一文中，把他对于中国农民和中国其他各阶级的观察公式化了。毛泽东同志在这篇著作里指出：分辨真正的敌友，是革命的首要问题，只有如此，才能“团结我们的真正的朋友，以攻击我们的真正的敌人”。毛泽东同志深刻地分析了中国的地主阶级和买办阶级，资产阶级，中农和其他小资产阶级，贫农和其他半无产阶级，无产阶级等五类主要社会力量的经济地位和政治地位，并且得到结论说："一切勾结帝国主义的军阀、官僚、买办阶级、大地主阶级以及附属于他们的一部分反动知识界，是我们的敌人。工业无产阶级是我们革命的领导力量。一切半无产阶级、小资产阶级，是我们最接近的朋友。那动摇不定的中产阶级（按毛泽东同志在这里是指民族资产阶级），其右翼可能是我们的敌人，其左翼可能是我们的朋友——但我们要时常提防他们，不要让他们扰乱了我们的阵线。"这样，毛泽东同志就既反对了陈独秀的只看见资产阶级和国民党而看不见农民的右倾机会主义，也反对了张国焘的只看见工人而看不见农民的"左"倾机会主义。

为了支持在北伐战争中已经起来和正在起来的农民斗争，1927 年 1 月，毛泽东同志考察了湖南农民推翻地主统治的热烈斗争，写了党在整个第一次国内革命战争时期的最重要著作——《湖南农民运动考察报告》。毛泽东同志痛斥了党内外一切怀疑农民指责农民的论点，强调地指出：只要党采取放手发动群众的革命政策，那么，"很短的时间内，将有几万万农民从中国中部、南部和北部各省起来，其势如暴风骤雨，迅猛异常，无论什么大的力量都将压抑不住。他们将冲决一切束缚他们的罗网，朝着解放的路上迅跑。一切帝国主义、军阀、贪官污吏、土豪劣绅，都将被他们葬入坟墓。"毛泽东同志的这一著作的重要价值是：（一）充分地估计了农民在中国革命中的作用；（二）指出了在农村中建立农民政权和农民武装的必要；（三）分析了农民的各个阶层，指出了贫农是农民中最革命的力量，并占中国人口的大多数；（四）着重地宣传了放手发动群众、组织群众、依靠群众的革命思想。因为这样，这个著作就成了中国共产党人领导农民斗争的经典文件。但是在当时，毛泽东同志的正确意见虽然受到党内一部分同志的支持，却被党的主要领导者陈独秀的机会主义集团所拒绝和压制，因而没有能够挽救当时的革命。

正如斯大林同志所预料，帝国主义加紧了对于中国革命的干涉。1927 年 3 月 24 日，在北伐军占领南京以后，英、美、日、法、意等国舰队就向南京开炮轰击。4 月 12 日，蒋介石在帝国主义的指示之下，在上海举行了反革命政变，屠杀了大批的工人和共产党员，宣布了反共。汉口的国民党虽然宣布了讨伐蒋介石，其内部的反动倾向也迅速增长。4 月下旬，中国共产党在这个紧急关头在汉口召集了第五次代表大会。这次大会毛泽东同志虽然参加了，但完全被陈独秀排斥于大会的领导之外，并被剥夺了在大会上的表决权。瞿秋白、任弼时等同志批评了陈独秀的机会主义领导，但是缺乏积极的办法。第五次大会虽然接受了共产国际关于中国革命的正确指示，虽然通过了斥责机会主义的决议和实行土地改革的决议，但是仍然选举陈独秀为党中央的总书记，而陈独秀却在实际上坚持他一贯的机会主义观点。这样，第五次大会在事实上就没有解决任何问题。接着，在 5 月 21 日反动军官许克祥在长沙举行了反革命政变，屠杀了大批的革命分子。7 月 15 日，汉口的国民党正式决定与共产党决裂而叛变革命。就是这样，第一次国内革命战争就遭到了失败。

第一次国内革命战争虽然失败了，但是对于幼年的中国共产党和中国人民给了极大的和极重要的教育。第一次国内革命战争证明了以下的关于中国民主革命的基本原理：（一）现代中国的民主革命必须由工人阶级所领导的统一战线来担任；没有统一战线是不能取得革命胜利的，统一战线不由工人阶级来领导而由资产阶级来领导是要失败的。（二）在中国的民主革命中，工人阶级领导的中心问题是农民问题，只有取得了农民作为革命的同盟军，才能够取得革命的胜利。（三）中国革命的主要形式，只能是武装的革命反对武装的反革命，没有革命的军队就没有一切。这些教训，不但在第一次国内革命战争时期被证明是正确的，而且到后来也被证明是正确的。

第一次国内革命战争的失败表明：在中国的反革命力量，首先是帝国主义的力量，大大地超过革命的力量；为了战胜已经侵略中国数十年之久的强大的国际帝国主义及其走狗——中国的封建主义，必须经过严重的斗争；而为要胜利地领导这一严重的斗争，就不能仅仅依靠革命的积极性，而必须同时依靠马克思列宁主义的理论指导。中国共产党成立不久，就投入了巨大的全国革命斗争，很多共产党人在这个斗争中表现了对于工人阶级事业和人民事业的无限忠心和高度的组织能力，但是除了毛泽东同志等少数人以外，却没有能够认真地学习马克思列宁主义，没有能够领会马克思列宁主义的精神和实质。党的这个弱点，就使党的领导机关不能掌握列宁、斯大林和共产国际的革命指示，不能在复杂的紧急的变化迅速的革命斗争中克服机会主义的错误和资产阶级的叛变。党的马克思列宁主义理论知识的不足，表示当时的党整个说来还处在幼稚的阶段。

在第一次国内革命战争失败以后，中国共产党进入了一个困难的时期。但是，正是在这个困难时期中，党达到了政治上和军事上的成熟。

二　第二次国内革命战争

在 1927 年，年轻的中国共产党在革命的迅速发展中遭到了强大的敌人从革命内部和外部的袭击，又因为自己的领导机关的错误而不能正确地抵抗这些袭击，因而受了极严重的打击。党曾经企图挽救革命的失败。8 月 1 日，由周恩来、朱德、叶挺、贺龙等同志在江西的南昌率领在党的影响下的北伐军部队三万余人举行武装起义。但他们没有与江西的农民运动结合，而南下向广东进发；后来虽然保留了一小部分力量，大部分却因在广东东部与敌人作战不利而散失了。自此以后，革命失败的形势已经确定。从4月12日蒋介石的屠杀开始，到革命失败后，在全国范围内，党的很多的优秀领袖，很多的革命的工人农民和知识分子，遭到了极野蛮的屠杀。全国突然转入黑暗。不但民族资产阶级，而且很多小资产阶级的上层分子也脱离了革命。加入了党但是不坚定的小资产阶级出身的知识分子，也大批声明退党。但是英勇的中国共产党和中国革命人民，如毛泽东同志在《论联合政府》一书中所说，“并没有被吓倒，被征服，被杀绝。他们从地下爬起来，揩干净身上的血迹，掩埋好同伴的尸首，他们又继续战斗了”。

叛变了的蒋介石和国民党，没有也不可能解决引起中国革命的任何问题。相反，由于比以前的反动统治者更加彻底地依靠帝国主义和更加残酷地压迫革命人民，蒋介石和国民党是使中国的民族危机更加深重了。帝国主义者对蒋介石作了一些形式上的让步（例如放弃领事裁判权和协定关税），因为他们知道把这些放在蒋介石手中和留在自己手中并无分别，但是在实质上，他们对于中国的侵略更加深入。美帝国主义在中国的经济势力和政治势力的上升，尤其显著。在帝国主义和封建主义的支配下，国民党新军阀的内战和以前一样地循环不息。工人农民所受的剥削和压迫比以前更为严重，尤其在城市中，国民党的统治比旧军阀的统治凶恶得多。蒋介石在叛变革命以后，已经不再代表民族资产阶级的利益，而代表帝国主义、封建主义和买办资产阶级的利益了。蒋介石发展了买办的封建的军事的垄断资本主义，即后来人们所说的官僚资本主义。所以在蒋介石的统治之下，民族资产阶级也比以前受了更多的压迫。毛泽东同志在1928年总结当时的情势说："全国工农平民以至资产阶级，依然在反革命统治底下，没有得到丝毫政治上经济上的解放。"（《中国的红色政权为什么能够存在?》）这种情况，正是1931年和1937年日本帝国主义敢于以武力大规模进攻中国的根本原因。

蒋介石的统治虽然比以前的军阀统治更加凶恶，但也有它的弱点。蒋介石统治的根本弱点，就在它的脱离人民和它的内部冲突。为了压迫人民，蒋介石的反动国家机器是比以前加强了，但是它的主要力量只能放在城市中，因而使城市的人民斗争不容易有迅速的恢复和发展。但是蒋介石不可能在全国极为广大的农村中普遍建立强有力的反动统治。国民党各派军阀的不断混战，加重了蒋介石在这一方面的困难。尤其是在受过革命影响的农村中，农民有强烈的土地要求和组织起来反对地主阶级的斗争经验，这是有利于革命而不利于反革命的。如果第一次国内革命战争因为没有正确地领导农民解决土地问题而失败，那么，在新的条件下正确地领导农民的土地斗争，就是复兴革命运动的希望所在。

在革命已经失败，蒋介石已经建立了他的彻底反动的统治的情况下，党的任务，就是要向人民指出继续革命斗争的必要，并且领导人民走上恢复革命斗争的正确道路。而为了这样，党就需要总结第一次国内革命战争的经验，纠正党的领导的错误，并且迅速收集革命的力量，在敌人的进攻面前组织有秩序的退却和防御。这就是说，需要将党的组织一部分转入反革命比较薄弱而革命比较有基础的农村，领导农民进行土地改革和游击战争；一部分继续留在城市，转入地下，进行隐蔽的活动，以便保存干部和党的组织，保存和积蓄群众的革命力量；然后，配合这两支队伍的斗争，利用敌人内部的矛盾和弱点，争取革命运动的复兴。

党在1927年7月武汉国民党反共以后，紧接着就在8月7日召集紧急会议，在这个会议上彻底地纠正了陈独秀的投降主义，并撤换了陈独秀的领导职务。1928年7月召集的党的第六次代表大会，更详细地检讨了陈独秀的错误。陈独秀并没有承认自己的错误。陈独秀分子在此时宣称：中国的资产阶级民主革命已因资产阶级的胜利而终结，资产阶级已经建立了并将巩固它的统治，中国无产阶级应当放弃革命斗争，转入合法运动，以待将来举行社会主义革命。陈独秀分子由此走上了与托洛茨基分子结合进行反党活动的反革命道路，因此党就在1929年驱逐他们出党。

党在1927年8月7日的会议上，为了挽救革命，曾号召农民进行秋收起义。毛泽东同志在会议之后就到江西西部和湖南东部一带地区领导湖南江西的农民、工人和北伐军各一部举行了起义，在湖南江西边界成立了一支工农革命军，与敌人作战。此外，在1927年秋冬到1928年春，党还在湖北东部、湖南东部、湖南南部、广州市、广东东部、海南岛以及其他地方组织了起义。其中湖南南部的起义，是朱德、陈毅等同志领导的；他们率领南昌起义的部队在广东失败后保留的一部分转入湖南南部，在领导当地农民起义后不久，又率领部队和起义中组织的农军与毛泽东同志的部队会合。其他地方起义中组织起来的武装部队，也多少留下了一部分。凡是对于这一部分武装部队实行了正确领导的地方，那里的革命武装斗争就逐步发展了起来。从此，就开始了第二次国内革命战争。这些部队，就是后来的中国工农红军即现时的中国人民解放军的最初的来源。

但是在革命失败的形势下，整个党的组织需要的是正确的退却，而不是继续进攻；局部的武装斗争，暂时也只能成为一种特殊形式的防御。因为错误地估计当时的形势为革命仍在继续高涨，拒绝承认革命的失败，党在瞿秋白同志的领导下，在 1927 年冬到 1928 年春曾陷入“左”倾盲动主义，反对退却，要求继续进攻，因而使保留下来的革命力量继续受到了不少的损失。

1928 年 7 月党的第六次全国代表大会，与清算了陈独秀的投降主义同时，也批判了“左”倾盲动主义的错误。第六次大会确定了中国革命的性质仍然是民主革命，总的任务是建立反帝反封建的工农民主专政，并且规定了工农民主专政的各项纲领。大会提出了建立红军、建立农村革命根据地、实行分配土地的任务。大会指出：革命高潮是不可避免地要来到的，但当时的政治形势还是在两个革命高潮之间，因此党在当时的总任务不是进攻，不是普遍地组织起义，而是争取群众。这些都是第六次大会的功绩。第六次大会的缺点是对于民主革命的长期性，中间阶级的作用和反动势力的内部矛盾，缺少正确的估计；而对于党的策略上所需要的退却，特别是需要将党的工作的重点由敌人力量比较强大的城市转移到敌人力量比较薄弱的农村这个关键问题，也没有正确的认识。党的领导，仍然掌握在“左”倾分子手中。第六次大会的这些缺点，曾经妨碍了党内“左”倾错误的彻底纠正。

毛泽东同志没有出席党的第六次大会。在第六次大会上，毛泽东同志被选为党的中央委员。

第六次大会所没有正确解决的问题，随后就由毛泽东同志在实际上和理论上解决了。毛泽东同志在 1927 年 10 月率领新成立的一支工农革命军退到湖南江西两省交界的井冈山区域，在那里成立了湘赣边区工农政府，击退了敌人的多次进攻，并且着手领导农民分配土地。以井冈山为中心的革命根据地，在朱德同志所领导的部队和彭德怀同志所领导的部队先后与毛泽东同志所领导的部队会合以后，逐步扩大了起来。在这个期间，党所领导的江西、福建、湖南、湖北、广西等地农民游击战争和土地斗争，也有了发展，陆续成立了几支红军和几处革命根据地。1929年，毛泽东同志和朱德同志所领导的红军向江西南部和福建西部进发，并以江西瑞金为中心建立了中央革命根据地。

毛泽东同志在1927年冬天开始创建的革命根据地和他所领导进行的革命战争，以及其他同志在其他地区创建的革命根据地和他们所领导进行的革命战争，成了新时期中国革命斗争的主要内容，成了全国政治生活中的重要势力，成了蒋介石反革命统治的最大威胁和全国劳动人民的最大希望。

红军战争的发展和农村革命根据地的建立为什么是可能的呢？为什么是当时中国革命斗争的主要内容呢？毛泽东同志在1928年10月所写的《中国的红色政权为什么能够存在?》和1930年1月所写的《星星之火，可以燎原》两篇论文中，给了理论上的答复。在第一篇论文中，毛泽东同志指出：当时红色政权能够存在的主要条件是五个：第一，中国的地方性的农业经济，和帝国主义者对于中国所实行的划分势力范围的分裂剥削政策，造成了反动统治的缝隙，给革命力量以可乘之机；第二，第一次国内革命战争的影响，还遗留在中国的广大区域的人民中；第三，全国革命形势继续向前发展；第四，有支持红色政权的红军；第五，有领导红色政权的组织坚强、政策正确的共产党。在第二篇论文里，毛泽东同志详细地估计了中国红军战争的意义。毛泽东同志指出：红军和革命根据地的建立和发展，是“半殖民地中国在无产阶级领导之下的农民斗争的最高形式”，是“促进全国革命高潮的最重要因素”。毛泽东同志认定：必须放手发展红军战争、发展土地革命和建立革命政权，“必须这样，才能树立全国革命群众的信仰，如苏联之于全世界然。必须这样，才能给反动统治阶级以甚大的困难，动摇其基础而促进其内部的分解。也必须这样，才能真正地创造红军，成为将来大革命的主要工具。总而言之，必须这样，才能促进革命的高潮。”这样，毛泽东同志就找出了中国革命在城市中被强大的敌人击败，暂时无法在城市中取得胜利的条件下唯一正确的发展规律，即以武装革命的农村包围并且最后夺取反革命占据的城市。中国革命在后来二十年间的发展，完全证实了毛泽东同志的这个预见。

在这个期间，毛泽东同志不但制定了党在第二次国内革命战争时期革命发展的总路线，而且在各项具体政策方面，例如在土地革命的政策方面，在对待中间阶级的政策方面，在战胜优势敌人的军事战略战术和部队工作方面，在农村环境和军事环境下的党的建设工作方面，都作了重要的创造。鉴于贫农和雇农是农村中最革命的力量，中农是坚决拥护革命的重要力量，富农的经济在资产阶级民主革命阶段中仍然需要保存，中小工商业在资产阶级民主革命阶段中需要保护和发展，毛泽东同志正确地规定了和坚决地实行了依靠贫农雇农，联合中农，限制富农，保护中小工商业者，而仅仅消灭地主阶级的土地革命路线。鉴于战争和军队是中国革命的主要斗争形式和组织形式，又鉴于当时的革命战争的特点是敌强我弱，敌大我小，和敌之脱离群众我之联系群众，毛泽东同志正确地规定了红军必须是党、人民政权、土地改革和其他一切地方工作的宣传者和组织者，规定了红军必须在部队中建立强大的政治工作和严格的群众纪律，规定了红军必须实行依靠群众的人民战争，以游击战和带游击性的运动战作为当时的主要战争形式，规定了红军必须实行战略的持久战和战役的速决战，平时分兵以发动群众，战时集中优势兵力，以包围和歼灭敌人；而这些基本原则，和其他军事原则，就构成了中国革命战争的军事路线。由于这一切，可以说，毛泽东同志在这个中国革命困难时期的工作，已经奠定了领导中国革命走向胜利的主要基础。

到1930年，全国红军已发展到约六万人，江西中央区的红军已有三万几千人。在1930年和稍后的时期，革命根据地的范围已发展到福建、安徽、河南、陕西、甘肃等省和广东的海南岛。红军的迅速发展引起蒋介石的极大的震动。1930年底，蒋介石派了七个师共约十万人围攻中央区红军，结果被红军消灭一个整师又半个师，蒋军前敌总指挥被俘。1931年2月，蒋介石又派兵二十万人由何应钦为总司令向中央红军举行第二次围攻，结果又被粉碎，毙俘三万多人，缴枪二万多枝。同年7月，蒋介石又发起第三次围攻，自任总司令，随带英日德军事顾问，率兵三十万人，分三路深入中央红军根据地，但是结果仍然被粉碎。与此同时，在徐向前同志领导之下的先在鄂豫皖根据地后来转移到川北根据地的红军，和在贺龙同志领导之下的湘鄂西根据地的红军，也取得了许多重要的胜利。在红军胜利的影响下，1931年12月，进攻红军的国民党第二十六路军一万余人，在赵博生、董振堂等同志领导下，在江西宁都起义加入了红军。经过这些胜利，红军的力量就继续发展，而新的革命形势，也就逐渐地接近于成熟了。

正在这时，发生了1931年9月18日开始的日本帝国主义对于中国东北的大举进攻。从1894年中日战争起就决心侵略中国的日本帝国主义者，看到1929年底资本主义世界经济恐慌以来英美等国忙于内部事务，无暇与日本争夺中国，又看到蒋介石政府完全投降帝国主义，并依赖英美帝国主义的援助去进行反革命内部的内战和反对工农红军的内战，不敢抵抗日本对于中国的侵略，就决定首先侵略东北，然后逐步向中国本部扩张其侵略。由于蒋介石政府坚持对日本不抵抗、对内加紧"剿共"、加紧法西斯恐怖的政策，日本在1931年内迅速占领东北全境，并在1932

年1月进攻上海，1933年占领热河和察哈尔的北部，1935年占领河北的东部。

日本帝国主义的进攻根本改变了中国的政治状况。抵抗日本的进攻成为全国人民紧急的任务和普遍的要求。工人、农民、学生的抗日运动在全国各地高涨起来。在1927年退出革命的上层小资产阶级和民族资产阶级，这时也改变了他们的政治态度，开始在政治上活跃起来，要求蒋介石政府改变政策。甚至在国民党和国民党军队中间，也开始发生了政治上的分化。1932年1月，国民党的第十九路军在上海人民反日运动的影响下，向进攻上海的日本军进行了英勇的抵抗；1933年11月，这个军队的领导者及其他一些国民党人又在福建成立反蒋联共的人民政府。冯玉祥在1933年5月也与共产党人合作在察哈尔的张家口组织民众抗日同盟军。

在日本侵略者进攻中国以后，中国共产党首先主张武装抵抗，并且领导了或积极参加了全国人民的抗日运动和东北人民的抗日游击战争。1933年1月，中国工农红军宣言愿在停止进攻红军、保证人民民主权利和武装民众的三个条件下与全国各军队停战议和，以便共同抗日。虽然如此，党的领导在1931年至1934年间却因为陷入了新的严重的“左”倾错误，以致不但没有能够在红军胜利、人民抗日反蒋的有利形势下将革命推向前进，反而使革命受到了新的挫折。

虽有第一次国内革命战争失败及其以后种种事变的教训，在党的第六次大会以后，党的领导机关仍然设在反革命中心的上海，党的领导仍然没有以红军战争为中心，仍然没有以毛泽东同志为中心。抱着小资产阶级急躁情绪、不了解红军战争的意义和规律、幻想着在反革命白色恐怖下举行城市起义的“左”倾机会主义分子，继续占据着党中央的领导地位。在1930年6月至

9月间，党中央以李立三同志为首，曾经要求组织全国中心城市的总起义和全国红军向中心城市的总进攻。这个错误计划曾经造成国民党统治区党的秘密组织的严重损失，但是在红军中，却由于毛泽东同志坚持着正确的方针，没有发生大的影响。1930年9月，李立三同志的错误受到了党的六届三中全会的纠正。但在1931年1月，以王明（陈绍禹）、博古（秦邦宪）两同志为首的以教条主义为特征的一个新的"左"倾派别，又利用马克思列宁主义"理论"的外衣，从"左"面来攻击六届三中全会。他们认为李立三同志的主要错误和当时中国共产党内的主要危险，是右倾而不是"左"倾，并且责备党的六届三中全会"对立三路线的一贯右倾机会主义的理论与实际，未加以丝毫揭破和打击"。他们终于经过党的六届四中全会而取得了中央的领导地位。以王明、博古为首的新的"左"倾派别，完全否认由日本侵略所引起的国内政治的重大变化，而认为国民党各派和各中间派别都是一样的反革命，要求党向他们一律进行"决死斗争"。这个"左"倾派别在红军战争的问题上反对毛泽东同志关于游击战运动战的思想，继续要求红军夺取中心城市；又在国民党区秘密工作的问题上，反对刘少奇同志所坚持的关于利用合法形式和积蓄革命力量的思想，继续实行脱离多数群众的冒险政策。在这个错误的领导下，党在国民党统治区的组织虽然在严重环境下作过许多英勇的斗争，最后却差不多全部受到了破坏，而由"左"倾分子所组织的临时中央，在1933年也不得不迁入中央红军根据地。临时中央到达红军根据地后，虽然已与在红军和革命根据地工作的中央委员毛泽东同志等会合，组成了正式的中央机关，但是排挤了毛泽东同志的领导，特别是排挤了毛泽东同志对于红军的领导。这样，由红军胜利和国民党统治区群众运动高涨所表现出来的革命的复兴，就被破坏了。

在1932年6月到1933年2月，刚刚出卖了上海抗日战争的蒋介石，又以九十个师五十万兵力组织了对中国工农红军的第四次全面围攻。根据毛泽东同志的战略，红军在这次反围攻的战争中又得到了巨大的胜利。但在1933年10月，蒋介石又以一百万兵力，举行对红军的第五次围攻，并以五十万兵力进攻中央红军。在这次战役中，红军因为党的中央实行了完全错误的单纯防御的军事路线和其他错误政策，没有能击破敌人的围攻。1934年10月，中央红军退出江西根据地，进行了世界历史上前所未有的长征。在此期间，全国其他的革命根据地和红军，也遭受了"左"倾分子同样的损害。各地红军，除刘志丹等同志所领导的陕北红军外，都先后退出了原来的根据地，进行了长征。

在中央红军的长征中，党的中央在军事上继续发生错误，使在敌人前堵后追中的红军数次陷入危险境地并受到极大的损失。为了挽救在危险中的红军和中国革命事业，党在1935年1月，由于毛泽东同志及其他同志坚决的斗争，在贵州遵义举行了党的中央政治局扩大会议。在多数同志的觉悟和拥护之下，遵义会议撤换了"左"倾机会主义分子的领导职务，确立了毛泽东同志在全党的领导地位。从此以后，中国共产党和中国革命，就一直在这位杰出的伟大的完全可以信赖的领袖的马克思列宁主义的领导之下，而这就使革命的胜利得到最重要的保证。

1935年10月，即在长征开始的一年以后，中央红军终于以超乎寻常的毅力，战胜了军事上的、政治上的和自然界的无数艰险，经历了二万五千华里的征途，越过了人迹罕到的雪山草地，到达陕西北部，与陕北红军部队会合。任弼时、贺龙两同志所领导的红二方面军，和徐向前同志所领导的红四方面军，也在1936年10月与中央红军在陕甘地区会合。在红四方面军担任领导工作的张国焘，由于对革命前途丧失信心，曾经进行分裂和背叛党的活动，拒绝与中央红军一同由川西北北上，强迫部队向西康方面退缩，并非法地组织了另一个中央。由于毛泽东同志所采取的党内斗争的正确方针，由于朱德、任弼时、贺龙、关向应等同志的坚韧努力，叛徒张国焘的分裂阴谋很快地就完全失败了，但是红军却因此受到了另一次很大的损失。在国民党第五次围攻以前，红军曾发展到三十万人；由于党内的错误的领导，受到了许多的挫折，经过长征，到陕北会合之后，总共已不到三万人。但这是红军和党的极可宝贵的精华。

中国工农红军长征的胜利，是中国革命转危为安的关键。它使全国人民对于革命前途和抗日救国运动的前途有了希望。它使全中国全世界相信了中国共产党和中国红军是不可战胜的力量，相信了为着战胜当时在中国得寸进尺的日本帝国主义，非要依靠中国共产党不可，非停止反共的内战不可。

1935 年 11 月，中央红军、陕北红军和由鄂豫皖北上的一支红军，紧接在会合以后，就共同地粉碎了国民党军对陕北革命根据地的第三次围攻，大大地巩固了陕北革命根据地，扩大了红军的声势。随后，由于日本帝国主义进一步向华北的进攻，由北京学生在 12 月 9 日举行的抗日救国大示威而开始的“一二九”运动，在全国发展起来了，广大的人民在运动中一致地提出了党所拟定的“停止内战、一致抗日”的口号。革命从新走向高潮。在这个时候，迫切需要对日本进攻中国以来的国内形势作一次正确的分析，决定党的政策，纠正在党内浓厚存在着的“左”倾关门主义。这个工作，是 1931 年到 1934 年的党中央所不能完成，毛泽东同志在 1935 年的长征中也不可能完成的。直到这时，在共产国际关于反法西斯统一战线的正确政策的帮助之下，党在 8 月 1 日发表了号召统一战线的宣言，特别是党中央政治局在 12 月 25 日通过了《关于目前政治形势与党的任务的决议》，毛泽东同志在12月27日党的活动分子会议上作了《论反对日本帝国主义的策略》的报告，才满足了这个要求。

毛泽东同志的报告有系统地提出了建立抗日民族统一战线的问题。毛泽东同志在指出了民族资产阶级的左翼可能参加抗日斗争而其他部分可能由动摇而中立，指出了国民党营垒可能破裂和其中英美买办集团在一定条件下可能转而被迫参加抗日，指出了长征的伟大意义以后，总结党的任务说："党的任务就是把红军的活动和全国的工人、农民、学生、小资产阶级、民族资产阶级的一切活动汇合起来，成为一个统一的民族革命战线。"毛泽东同志痛驳了党内"左"倾分子提出来的反对统一战线的一切论据。毛泽东同志提出了人民共和国的口号以代替工农共和国的口号，并且规定了在政治上经济上对待民族资产阶级的正确政策。毛泽东同志指出：人民共和国在资产阶级民主革命时期，对于不赞助帝国主义及其走狗的民族资本家和他们所经营的工商业是保护的，它以工人农民为主体，但又代表着反帝反封建的各阶层人民的利益。毛泽东同志指出：这个统一战线与1924年到1927年的统一战线的区别，是在有无坚强的共产党和革命军队参加。毛泽东同志在比较两个时期的不同时说："在今天，这件事起了变化了，坚强的共产党和坚强的红军都已经有了，而且有了红军的根据地。共产党和红军不但在现在充当着抗日民族统一战线的发起人，而且在将来的抗日政府和抗日军队中必然要成为坚强的台柱子，使日本帝国主义者和蒋介石对于抗日民族统一战线所使用的拆台政策，不能达到最后的目的。"毛泽东同志的这个报告，不但规定了当时党的政策，预见了中国政治的后来的发展，而且总结了两次国内革命战争时期的根本经验，规定了党在民主革命时期的根本路线。

中共中央的正确的政治路线，迅速地收到了巨大的效果，并迅速地促成了抗日战争的实现。红军在1936年2月东征进入山西，在取得许多胜利以后，在5月间，向国民党发出停战议和一致抗日的通电，并与陕西的张学良杨虎城等首先实现了停战。国民党统治区的党的工作和各界人民的抗日救亡运动，在刘少奇同志正确指导下，也得到了恢复和发展。但是蒋介石仍然坚持着反对中国共产党和中国人民的反动政策，继续向红军进攻。1936年12月12日要求联共抗日的张学良杨虎城，在西安扣留了蒋介石，迫使他停止亡国的反共内战。中国共产党认为在当时的条件下，为了抵抗日本帝国主义的侵略，应使西安事变和平解决，因此蒋介石被释放了，国内和平乃得实现。为了便于保持国内和平，并为了争取地主阶级共同抗日，党在西安事变和平解决后决定暂时停止执行没收分配地主土地的政策。由于国内和平实现，在1937年7月7日日本帝国主义借口芦沟桥事变对中国实行新的进攻时，中国军队包括蒋介石的军队在内对于日本的进攻就实行了抵抗，全国规模的抗日战争就爆发了。中国共产党在西安事变中及其以后的各项正确的主张和有效的努力，促成了国内和平和抗日战争的实现，这个事实，极大地提高了党在全国人民群众中的威信。

1937年5月，党中央召集了党的全国代表会议，这个会议讨论和批准了党在1935年以来的政治路线，并为抗日战争作了政治上和组织上的准备工作。

在革命脱离了危险而走向新的高涨的年份，为了总结经验，训练干部，毛泽东同志曾以极大的努力从事理论工作。在1936年冬，毛泽东同志写了关于《中国革命战争的战略问题》一书，总结了1927年至1936年的革命战争的经验，阐明了中国革命战争的特点，有系统地批判了“左”倾分子和右倾分子的军事路线的错误。这是世界共产主义运动中最优秀的马克思主义的军事著作之一。实际上这部书不但是一部重要的军事著作，而且因为它深刻地分析了整个中国革命的规律，深刻地分析了战争的胜利和失败的根源，战争规律和战争规律的认识过程，它又是一部重要的政治著作和哲学著作。在 1937 年夏，毛泽东同志又写了他的著名的哲学的著作《实践论》和《矛盾论》。毛泽东同志在这两篇著作中全面地、深刻地而又通俗地解说了马克思列宁主义的认识论和辩证法。毛泽东同志这两篇著作在中国思想史和党的思想工作上有极重要的价值。它们是教育人们如何正确地思想、正确地行动和正确地学习的最好的教科书。它们分析了第二次国内革命战争时期党内争论的哲学性质，根据无可辩驳的唯物论原理，揭露了"左"倾分子和右倾分子在认识方法上的教条主义错误和经验主义错误。

第二次国内革命战争时期，是党在极端困难的条件下达到政治上的成熟和推动革命的新高涨的时期。在这个时期，主要地依靠毛泽东同志的努力，党深刻地认识了军事工作和农村工作的重要性，创造了革命军队和农村革命根据地，学会了领导革命战争、土地改革和各种政权工作。在这个时期，党认识了自己的真正的马克思列宁主义的领导者毛泽东同志，同时也认识了各种"左"倾的小资产阶级思想的危害，并在与各种错误的小资产阶级思想的斗争中，建立了以毛泽东同志为首的党的领导。与第一次国内革命战争时期在国共合作中的右倾是主要的危害相反，在这个时期党的领导机关所犯的主要错误是"左"倾；"左"倾的错误曾使党和红军遭遇了严重的挫折，因而延迟了革命的新的高涨。但是无论如何，经过了各种艰难曲折锻炼出来并取得了丰富经验的党和军队，却构成了后来领导抗日战争和人民解放战争的主干。由于上述一切，可以说，第二次国内革命战争对于中国革命的今天的胜利，是完成了最重要的政治准备和干部准备。

从1927年到1937年，党渡过了极端严重的反动时期。在这个时期内，一方面，敌人企图完全消灭我们党，我们党和敌人进行了极端艰苦、复杂和英勇的斗争；另一方面，党在克服了右倾的陈独秀机会主义之后，又受到“左”倾机会主义的几次侵袭，以致处于极端的危险之中。但是由于毛泽东同志的创造性的马克思列宁主义的正确领导，和他的异于寻常的忍耐性与遵守纪律的精神，党终于充分圆满地克服了机会主义的错误，脱离了危险的地位。这样，党在十年的反动时期，虽有内外敌人的侵袭和打击，却在全国范围内用革命精神教育了广大的人民群众，在人民群众中保存了党的革命旗帜，并保存了红军的基干和一部分革命根据地，保存了党的大批的优秀干部和数万党员，积蓄了大量的革命经验，特别是关于战争和革命根据地的经验，用以迎接新的革命高潮——全国规模的抗日爱国战争和新的国共合作。

三　抗日战争

1937年7月7日，日本侵略军向驻防北京西南的芦沟桥地方的中国守军发动攻击，中国守军奋起抵抗。8月13日，日本侵略军又攻击上海，上海守军也进行抗击。全国进入了抗日战争。经过与国民党政府的协议，中国红军及其在南方各省所留下的游击队，先后改编为八路军和新四军，开向华北和华东前线参加抗日战争。

在当时，围绕着抗日战争的基本政治情况如下：

在国际方面，存在着日本、苏联、英美三种不同的力量。第一种力量：日本。日本帝国主义是凶恶的侵略者。日本所实行的灭亡全中国的方针，引起了中国全体爱国人民的反抗。日本不但侵略中国，并且向苏联一再挑战，企图在苏联没有准备的条件下袭击苏联，同时用这种姿态来引诱执行反苏政策的英美帝国主义分子对它让步。日本对中国的侵略夺取了英美在中国的帝国主义利益，威胁了英美在整个东南亚和太平洋的帝国主义利益，因此日本与英美之间有矛盾，这个矛盾在 1941 年 12 月爆发为太平洋战争。至于日本人民的革命势力，在战争中是反对日本帝国主义而援助中国人民的，但是力量太小，还不能发生严重的影响。第二种力量：苏联。苏联坚决地执行着支援中国抗日战争的政策，所以在 1937 年 8 月与中国订立互不侵犯条约，并且给中国以财政上军事上的援助。苏联又坚决地执行着和平政策，警惕地避开了英美帝国主义坐山观虎斗的圈套。在 1945 年消灭了希特勒德国以后，苏联迅速向日本宣战。事实证明苏联的政策是完全正确的，既合于苏联的利益，也合于中国人民和世界人民的利益。第三种力量：英美。英美在此时既不同于日本，更不同于苏联。英美帝国主义不愿意日本夺取他们在东方的利益。但是他们一则希望把战争引向苏联以便自己坐山观虎斗；二则害怕中国人民力量的兴起，危害他们的利益；三则忙于应付西方由希特勒所引起的紧张局势，力求缓和日本在东方对于他们的矛盾，害怕日本在东方对于他们的攻击。所以在 1941 年太平洋战争爆发以前，他们总是竭力与日本寻求妥协，或则希望日本和中国两败俱伤。在太平洋战争爆发特别是美国在太平洋上转入优势以后，美国是要求中国积极反攻日本了，但是美帝国主义的计划，却是利用这种情势来独占中国，排挤中国人民的革命势力，以便变中国为美国的殖民地。英美帝国主义者的反革命的两面政策，需要中国人民对他们实行革命的两面政策，即一方面联合他们共同反对日本侵略，另一方面警惕和反对他们危害中国人民的阴谋。

在国内方面，存在着人民、国民党和汉奸三种不同的力量。人民是坚决反对日本的。工人阶级和农民阶级是抗日战争的领导者和主力。城市小资产阶级，民族资产阶级，以至地主阶级中的若干人，特别是由地主阶级分化出来的开明绅士，也站在抗日方面。因此，人民的抗日统一战线，极为广大。汉奸是坚决依附日本，帮助日本侵略中国，压迫中国人民的。日本曾经用很大的力量收买中国最反动的一部分大地主大资产阶级和其他败类充当汉奸，而国民党的长期反动政策也助长了汉奸的活动，国民党内的汪精卫一派就在抗日战争爆发后不久投到日本方面去了。但是汉奸究竟为数很少，全国人民对于汉奸也是一致反对，连国民党反动派也不能不在口头上加以反对。问题是在国民党方面。国民党的主体，代表大地主、大资产阶级的蒋介石集团，基本上是英美买办集团，曾经在多年的反动中坚决地反对人民，反对抗日，并且一心一意地要消灭共产党。蒋介石这时起来抗日，第一是由于人民对他的压迫，使他不能不起来抗日，否则全国人民和许多有组织的抗日力量都将自动起来抗日，他就不能维持自己的统治；第二是由于日本帝国主义对于全国的进攻直接地危害着他的政权和地主资产阶级的财产，他和日本帝国主义的矛盾此时已无法调和；第三是由于英美帝国主义与日本帝国主义的矛盾，英美当时虽不愿意直接得罪日本，却愿意中国和日本打着，拖住日本。由于这些原因，所以蒋介石集团在抗日战争中就表现他具有反革命的两面性：一方面，他要抗日，也要其他势力积极抗日，在战争初期也曾表现了他的某种程度的抗日积极性，并希望能够速胜；另一方面，他又反对人民，继续压迫人民，不愿人民起来抗日，特别不愿共产党和其他抗日势力动员人民起来抗日。他要包办抗日的领导，但他拒绝实行任何为抗日所需要的真正的民主改革。他极力限制人民力量的发展，特别限制共产党力量的发展。他曾阴谋地计算在抗日战争中假手日本军阀来消灭八路军、新四军及其他抗日势力，而保存他自己的力量；为了这种目的，他指挥八路军、新四军去担负最前线和敌人后方最严重的作战任务。他不相信依靠中国的力量能使抗日胜利，因而他不依靠而且不愿意依靠中国人民自己的力量，而把希望寄托在国外的援助上。他希望很快地引起英美对于日本的干涉，由英美特别是美国代他抗日。但是后来的事实是，英美迟迟不干涉日本，并和日本不断地妥协；八路军、新四军进入敌后不但没有被日军消灭，反而和敌后广大的人民结合，取得不断的胜利，有了极大的发展；全国人民抗日的力量大大地冲破了他所允许和限制的范围，有了很大的发展；而他自己的军队则在抗战中大部被击溃并受了很大的损失，他的威信迅速低落。这些都不能不引起他的失望和恐惧。从此以后，他就实行消极抗日，积极反共反人民，避战观战，保存和聚积自己的武力，以待旁人战胜日本后，他可以坐收渔人之利，以保存和聚积起来的武力消灭共产党和人民的力量。这就是蒋介石集团在抗日战争中的基本立场和政策。蒋介石这种立场和政策，在抗日战争末期虽曾引起美国舆论的不满，实际上是美帝国主义所完全赞成和努力支持的。这样，蒋介石就既不同于汉奸，又不同于抗日的人民。抗日的人民要求团结全国一切可以团结的力量首先是动员人民群众的力量来进行抗日战争，因此，既需要与蒋介石进行一定的联合，以便推动蒋介石部下的军队抗日，又需要与蒋介石的反动政策进行坚决的斗争，以便保卫人民力量，把人民群众的力量动员起来争取胜利，不为蒋介石及其主人美帝国主义的阴谋所削弱和压倒，而能压倒蒋介石及其主人美帝国主义的阴谋。因此，显而易见，代表抗日人民利益的中国共产党，在与国民党建立统一战线的时候，不能不坚持统一战线中的独立自主的原则。

毛泽东同志正确地估计了抗日战争中的复杂的政治情势。在抗日战争爆发以后，毛泽东同志就指出：共产党与国民党的争论，无产阶级与参加抗战的大地主大资产阶级（蒋介石集团）的争论，已经不是应否抗战的问题，而是如何争取胜利的问题了。毛泽东同志指出：抗日战争中存在着两条相反的路线，即以蒋介石为代表的大地主大资产阶级的路线，和以共产党为代表的无产阶级和全国人民的路线；实行蒋介石国民党的不要全国人民抗战只要国民党政府抗战的“片面抗战”的路线，战争必然失败；只有实行人民战争的路线或“全面抗战”的路线，战争才能胜利。1937 年 8 月，中国共产党中央在延安附近的洛川召集的会议中，根据毛泽东同志的提议，通过了著名的《抗日救国十大纲领》，作为党领导全国人民争取抗日战争胜利、反对蒋介石反动的两面政策的指针。洛川会议决定在敌人后方放手发动独立自主的游击战争，使游击战争担负配合正面战场、开辟敌后战场、建立敌后抗日根据地的战略任务，并决定在一切国民党统治区放手发动抗日的群众运动。洛川会议决定在有利于动员全国人民参加抗日战争的前提之下，争取全国人民所应有的政治经济权利，并决定以减租减息作为抗日战争时期解决农民问题的基本政策。

抗日战争中的两条路线的争论，在党内也有了严重的反映。第二次国内革命战争时期曾经犯过严重的“左”倾错误的一些同志，以王明（陈绍禹）同志为代表，这时站在右倾机会主义的立场上来批评和反对党的路线，并且违反党的纪律，在他们所负责的工作中擅自执行了他们自己的右倾机会主义路线。他们看到了共产党及其军事力量的暂时的弱小和国民党的表面上的强大，就错误地断定抗日战争的胜利必须依靠国民党，而且必然是国民党的胜利而不能是人民的胜利，断定国民党可以成为抗日战争的领导者，而否认共产党可以成为抗日战争的领导者。他们轻视共产党领导的游击战争在抗日战争中的作用，而幻想依靠国民党军队求得速胜。他们否认统一战线中的独立自主的革命方针，否认“有团结有斗争，以斗争求团结”的革命方针，因而抹煞共产党和国民党在抗日战争中的原则分歧，要求共产党人对国民党的反人民政策实行让步，把自己的行动限于在国民党蒋介石所允许的范围以内，要求八路军新四军完全统一于国民党军队，实行“统一指挥，统一编制，统一武装，统一纪律，统一作战计划，统一作战行动”。他们反对放手发动群众斗争，反对在日本占领地区放手扩大解放区和扩大人民武装，害怕这样就要从抗日阵线中“吓跑”了蒋介石国民党。他们不经中央同意擅自发表了很多表示错误意见的宣言、决议和文章，并且拒绝中央的正确的指示。他们的这种错误思想和行为，在 1938 年由王明同志在武汉负责的党的工作中，和 1941 年 1 月“皖南事变”以前项英同志在新四军的工作中，曾经发生影响，因而妨碍了当时长江流域人民抗日战争的发展，并造成了在“皖南事变”中新四军部队的失败。很明显，右倾分子的意见是适合于蒋介石的利益而危害无产阶级和抗日人民的利益的。这是第一次国内革命战争时期陈独秀右倾机会主义在新的情况下的复活。毛泽东同志和这种错误思想进行了坚决的斗争，因而使这种错误思想在没有发生更大危害的时候就在实际工作中得到了克服。

为了彻底澄清党内外关于抗日战争的错误思想，毛泽东同志在 1938 年 5 月写了《论持久战》一书。毛泽东同志在这部著作中详细地分析了中国和日本的政治军事情况，指出中国的抗日战争在最后必然胜利，但战争必然是持久战，而不能速胜，并且必须采取人民战争的方针才能取胜。

1938 年 10 月，中国共产党中央在延安举行了扩大的第六届中央委员会第六次全体会议。这次会议批准了以毛泽东同志为首的中央政治局对于抗日战争和抗日民族统一战线的路线。全会批判了统一战线问题上的迁就主义的错误，决定了全党独立自主地放手组织人民抗日武装斗争的方针，把党的主要工作放在战区和敌后，而批判了那种把抗日战争的胜利寄托于国民党军队、把人民的命运寄托于国民党反动派统治下的合法运动的错误思想。

抗日战争的实际发展，证明了毛泽东同志和中国共产党中央的正确。蒋介石的军队在抗日战争初期虽然抵抗过日军，但是因为蒋介石在政治上和军事上的错误而迅速溃败，到了 1938 年 10 月，就不能不退出广州和武汉。蒋介石从此把军队的主力集中在以重庆和西安为中心的中国西南部和西北部，避免和日军作战。而与此相反，中国共产党领导的八路军新四军在华北华东华中华南等地却相继武装了广大的人民，发展了强大的抗日游击战争，建立了许多抗日民主根据地。到了 1940 年抗日战争三周年时，中国共产党所领导的人民抗日军队已由三年前的四万多人发展到近五十万人，抗击了在华日军的半数，在三年作战中收复了县城一百五十座。解放区和游击区人口发展到近一万万。共产党员，也由三年前的四万人发展到八十万人。从辽宁、热河、察哈尔、绥远一线直到广东和海南岛，都有了共产党员所领导的人民抗日武装。抗日战争成为真正全国范围的大革命了。

敌后游击战争的巨大发展，使日本侵略者在占领武汉、广州以后，就陷入了战争的相持阶段，不能再向前进了，因为他们的后方暴露在强大游击队的攻击之下，他们不得不回头来攻击在他们后方的游击队。日本侵略者决定把主要的压力放在敌后战场，对正面停止战略性的进攻，而实行对蒋介石国民党的政治诱降。在这时，中国共产党提出了“坚持抗战，反对投降；坚持团结，反对分裂；坚持进步，反对倒退”的口号，领导全国人民与蒋介石国民党的反动趋势作斗争。蒋介石的投降危险，在 1939 年 9 月法西斯德国与英法间战争爆发时，达到了顶点。英美在这时更希望赶快牺牲中国来求得和日本妥协，使日本不和希特勒一起来反对英美，而为了使中国投降，就不能不加紧反对坚持抗日战争的共产党。在这种情况下，在1939年底到1940年初，蒋介石国民党就发动了第一次反共高潮。国民党反动军队进攻共产党所领导的陕甘宁边区，侵占五个县城，在山西西部进攻共产党员所领导的抗日决死队，在山西东南部进攻共产党所领导的八路军。受着日本和国民党夹击的八路军，坚决地击退了国民党的进攻。

严重的斗争放在中国共产党和中国人民的前面。很明显，在日本侵略下的中国，谁能够赢得抗日的胜利，谁就能够赢得全国的胜利。中国共产党既然证明了自己是抗日战争的真正的领导者，就必须同时向全国人民说明自己对于中国革命和新中国的建设的全部见解，以便彻底剥夺国民党反动派及其一切追随者的精神武装，而给与中国工人阶级和中国革命人民以充分的精神武装。这个任务，由毛泽东同志1940年1月发表的《新民主主义论》一书担负起来了。《新民主主义论》从中国的历史和世界的历史出发，说明了在俄国十月社会主义革命以后，中国革命的领导权必须属于中国工人阶级；说明了中国革命必须分为新民主主义和社会主义两个阶段，而在工人阶级领导下的新民主主义的前途必然是社会主义；说明了在新民主主义革命时期，党必须采取既区别于资本主义、又区别于社会主义的新民主主义的政治纲领、经济纲领和文化纲领。《新民主主义论》的发表，极大地帮助了全党和全国革命人民的思想的统一，极大地帮助了全国人民解放区的政策的统一，因而极大地加强了中国革命。

为了继续扩大和巩固抗日民族统一战线，党在克服了右倾的偏向以后，又采取了一系列的措施以纠正在反对国民党对共产党和人民的进攻中所开始发生的某些“左”倾。党认为：在抗日战争时期，由于民族敌人深入国土，民族矛盾仍然是主要的矛盾，在国民党不投降日军的条件下，保持与国民党不破裂是必要的和可能的，与国民党反动派的斗争必须以不破裂为限度。对于中等资产阶级和开明绅士，更需要注意团结。因此，党规定了“发展进步势力、争取中间势力、孤立顽固势力”的总方针，和在反对国民党反动派的斗争中“有理、有利、有节”的指导原则，并且在所有解放区政权中实行了“三三制”，即共产党员（代表工人阶级和贫农）、进步分子（代表小资产阶级）、中间分子（代表中等资产阶级和开明绅士）各占三分之一的制度。

蒋介石为了削弱共产党的力量，在1941年1月又发动了第二次反共高潮。蒋介石强令原在安徽南部的新四军军部及其所属的一支万余人部队北渡长江，在1月7日以八万余人在中途加以包围袭击。新四军的部队损失惨重，军长叶挺被俘，副军长项英牺牲。蒋介石在阴谋实现后，随即宣布取消新四军番号，并下令向新四军其他部队进攻。这个事变被称为“皖南事变”。中国共产党严厉地驳斥了蒋介石取消新四军的“命令”，有准备地粉碎了国民党的进攻，并且使新四军的主力比事变以前更为巩固，在华东地区获得了更大的发展。由于中国共产党在这次事变前后在统一战线工作方面的巨大努力，蒋介石的反共政策并没有达到孤立共产党的目的，反而惊醒了和教育了许多对蒋介石抱有幻想的人们，因而孤立了蒋介石自己。

但是皖南事变还是中国人民的困难的开始。从1941年初，日本就已经把在中国的侵略军的百分之六十以上集中到敌后解放区战场上来，对解放区加紧了大规模的“扫荡”并且在“扫荡”中实行烧光、杀光、抢光的“三光”政策。留在敌后的国民党军，大部分投降了敌人成为伪军，伪军的百分之九十以上在日寇指挥下向解放区进攻。蒋介石曾经密令他自己很多的军队投降日寇，然后在日寇指挥之下去进攻八路军和新四军。1941年6月，法西斯德国进攻苏联，同年冬日本在太平洋向英美进攻；法西斯阵线在战争初期的进展，更加扩大了国民党反动派投敌、通敌、包围解放区、反共、反人民的黑暗潮流。国民党反动派在此时用了一切的手段来削弱共产党和人民的力量。在此种情形下，解放区的面积、人口、军队，都缩小了，解放区的财政发生了很大的困难。党不得不用更艰苦的努力来战胜这些困难。党领导解放区的机关学校和部队一律实行生产自给，精兵简政，借以减轻人民负担，并且着重领导人民组织起来发展农业生产，救济灾害。与发展生产的运动同时，党又领导农民实行大规模的减租减息运动。为了在新条件下反对敌人，解放区大大地发展了民兵。解放区军民除了实行反“扫荡”的斗争以外，又派出武装工作队远出“敌后之敌后”，为恢复和扩大解放区而斗争。由于这些努力，一切困难都克服了，解放区得到了进一步的巩固，并且从1943年起又逐步地扩大了。

党抓紧了这个局势较少变化的时期进行了全党范围的马克思列宁主义教育，这种教育在战争和革命猛烈发展或迅速变化的时期是难于大规模进行的。党采取了整风运动的方法，领导全党的干部和党员来认识和克服广泛存在于党内的伪装马克思列宁主义的小资产阶级思想作风，特别是主观主义的倾向，宗派主义的倾向，和这两种倾向表现的形式——党八股。毛泽东同志的演说《改造我们的学习》、《整顿党的作风》、《反对党八股》、《在延安文艺座谈会上的讲话》和刘少奇同志的演说《论共产党员的修养》、《论党内斗争》，在这个学习运动中起了巨大的作用。这个学习运动，扫除了1931年以来教条主义在党内的恶劣影响，帮助了大量的由小资产阶级知识分子出身的新党员脱离小资产阶级的立场而转入无产阶级的立场，因而使党在思想上大大地提高了一步，并且使整个党空前地团结起来了。

与共产党在艰苦奋斗中前进的同时，国民党的统治一天一天地走到了腐败的极点。国民党的首脑人员利用政治地位，并且特别利用抗日战争、通货膨胀等，集中了大量的财富，控制着中国的金融、商业、工业和农业，进行肆无忌惮的掠夺，迅速地发展了以蒋介石、宋子文、孔祥熙、陈立夫四大家族为首脑的封建的、买办的、军事的垄断资本，即“官僚资本”。国民党的这种“官僚资本”，与国民党统治区的工人阶级、农民阶级、城市小资产阶级和民族资产阶级的利益都发生了尖锐的矛盾。人民的生活极端痛苦，没有抗日的政治自由，以致民怨沸腾，民变蜂起。蒋介石不顾自己的腐败和孤立，仍然在1943年大肆叫嚣共产党破坏“统一”，号召“讨伐”共产党，并且在1943年6月调动大批军队准备袭击陕甘宁边区。这是国民党的第三次反共高潮。但是在中国共产党的事前揭露、声讨和中国人民的反对之下，被迫停止。显然，这时蒋介石还以为他的留在战争后方的数百万军队是他的靠山，他还不知道他的反动政策早已腐化了他的军队；这个真相，在1944年日本的新进攻中就表现无余了。

1944年是世界反法西斯战争胜利发展的一年，是希特勒匪帮在英勇的苏联红军的进攻下迫近灭亡的一年，同时却是国民党军队在日本新进攻下再一次大溃败的一年。日本在太平洋的地位已经愈来愈困难了，它急需把从北京到广州和南宁的交通线打通，因此在1944年3月发动了对于正面战场的新进攻。因为国民党军队望风溃逃，日寇在八个月中，迅速占领了河南、湖南、广西、广东的大部和贵州的一部，人民损失惨重。在以苏联为中坚的世界反法西斯战争的伟大胜利和中国人民解放区战场的胜利发展的鼓舞之下，全国人民对于国民党的反动统治再不能忍受了，国民党统治区的人民民主斗争和民主党派的活动活跃起来了。要求改组国民党政府为民主联合政府，成为爱国人民的一致呼声。

但是中国人民的民主斗争遇到了新的外国干涉。为人民所痛恨的摇摇欲坠的国民党反动政府，却受到了已经在太平洋上得到优势的美帝国主义的支持。1944 年 9 月，中国共产党代表林伯渠同志在重庆国民党召集的国民参政会上，要求立即召开紧急国事会议，废止国民党专政，成立民主联合政府。国民党反动派在美国代表的暗中支持下，顽固地拒绝了共产党和各民主党派的要求。美帝国主义在 1941 年太平洋战争以前是力图牺牲中国而与日本妥协的，现在却利用抗日战争把自己的势力进一步伸入中国，企图在战争结束以后代替日本独占中国的市场，并使中国变为美国殖民地，因此它就积极努力于维持国民党的反动统治。美帝国主义一方面派了大批军官来训练和武装蒋介石的军队，派了大批专家渗入蒋介石的政府，另一方面，却装出公正的面孔来“调处”国民党和共产党的关系。但是美国政府很快就暴露出它与蒋介石立场的一致。美国代表和蒋介石都企图用“邀请”某些共产党人参加国民党政府的方法，来“完成”国民党反动政府的“统一”和“民主化”，来打消改组国民党政府为民主联合政府的要求，并企图用这个诡计来消灭八路军、新四军和解放区。在美国和蒋介石的这个恶毒的提议被中国共产党拒绝以后，蒋介石竟要求组织一个由美国人参加的三人委员会来“整编”解放区的军队；而美国代表赫尔利，则威胁地宣称美国只同蒋介石合作，不同中国共产党合作。

美帝国主义和蒋介石的威胁和欺骗，当然不能动摇中国人民要求独立民主的坚定的意志，当然不能阻止中国人民解放事业的前进。

1945 年 4 月 23 日，中国共产党在延安举行第七次全国代表大会。大会正式代表五百四十四人，候补代表二百零八人，代表着一百二十一万党员。大会听了并且一致地通过了毛泽东同志《论联合政府》的政治报告，和朱德同志《论解放区战场》的军事报告，听了刘少奇同志关于修改党章的报告，并通过了新的党章。大会选出了以毛泽东同志为首的新的中央委员会。

在第七次大会上，中国共产党表现了空前的团结一致。这个团结一致，根本上是1935年1月党的遵义会议以来中国革命在党中央正确领导下的胜利发展所形成的。1942年全党的整风运动，在第七次大会之前在党的干部中展开的关于党的历史经验的讨论，党的六届七中全会所通过的《关于若干历史问题的决议》，对于加强党内的团结，都发生了重要的积极的作用。

第七次大会一致地通过了党的总纲，党在新民主主义革命时期的一般纲领和具体纲领。第七次大会分析了当前的世界形势和国内形势，号召全党和全国人民为争取抗日战争的最后胜利和建立民主的联合政府而斗争。为着迎接全国的胜利，大会特别要求全党及时地注意加强在城市中首先是在工人阶级中的工作。大会指出：中国人民在共产党的直接领导下已经在战争中建立了十九个解放区，共有九千五百五十万人口，有九十一万人民解放军（包括八路军新四军和其他人民抗日军）和二百二十万不脱离生产的民兵，并且从1944年以来已经转入局部的反攻。从1937年9月至1945年3月，人民解放军对敌大小战斗十一万五千余次，击毙和杀伤日伪军九十六万余名，俘虏日伪军二十八万余名，迫使日伪军投诚和反正十万余名。全国大多数中心城市、交通线和海岸线，都处在人民解放军的包围或控制之下。依靠强大的人民解放军，依靠全国人民的团结，抗日战争和民主事业的胜利是有保证的。但是由于国内外反动势力的存在，大会同时要求全国人民严重警惕新的全国性内战的危险和帝国主义干涉的危险。

在中国共产党第七次代表大会以后，人民解放军对于日本侵略者的反攻得到了迅速的发展。8 月 8 日，苏联对日宣战，使中国抗日战争立即进入最后阶段。苏联的军队迅速歼灭了日寇的关东军，解放了东北。人民解放军配合苏联的进军，积极消灭日伪军，解放了日伪军所占领的大量的中小城市。8 月 14 日，日本宣布无条件投降。

在日本投降以后，美国和蒋介石却命令在中国的日军和伪军继续“维持地方秩序”，并且继续抵抗包围着日军的人民解放军，以待远在后方的国民党军队前往受降。美国的军队和空军、海军，这时用各种方法把国民党军运往日伪军所占领的大城市和主要交通线去“接收”。由于美军、日本侵略军、伪军的共同合作，蒋介石在抗日战争结束以后从新取得了在全国的“优势”。

中国人民抗日战争的经验，是一个落后的大国反对帝国主义强国侵略的经验，又是一个由共产党领导的无产阶级与农民、城市小资产阶级、民族资产阶级以至一部分地主和买办资产阶级相联合而共同反对侵略的经验。中国共产党正确地分析了这种复杂的形势，并且正确地利用了从 1924 年到 1936 年的两次国内革命战争的政治经验和军事经验，因而采取了正确的政治路线和军事路线，及时地纠正了党内的偏向，打退了国内的反动派，赢得了伟大的胜利，为后来人民民主革命在全国的胜利奠定了巩固的基础。中国的抗日战争证明：在无产阶级的正确领导下，依靠人民群众的团结奋斗，依靠人民统一战线和人民战争，帝国主义的侵略是可以打败的。这对于中国人民和全世界殖民地人民都是一个极端重要的真理。抗日战争又证明：英美帝国主义，对于殖民地半殖民地人民是始终抱着敌视态度的，只有苏联，才是世界被压迫人民的忠实援助者。苏联的援助，对于全世界人民的反帝国主义斗争的胜利，具有决定的意义。这对于中国人民和全世界殖民地人民，同样是一个极端重要的真理。

四　第三次国内革命战争和中华人民共和国的成立

抗日战争结束以后，中国的阶级关系发生了新的变化。

代表大地主大资产阶级的国民党反动派，在抗日时期就消极抗日，积极反共，企图削弱共产党的力量，保存和聚积自己的力量，以便在依靠苏联和英美和中国共产党所代表的中国人民的力量打败日本以后，坐收渔人之利，然后举行反共战争，消灭共产党，建立它在全国的黑暗的独裁统治。为了这个目的，国民党反动派把外国援助国民党抗日的武器都保存下来，作为反共之用。因此，在抗日战争结束后，内战危机就立即威胁着全国人民。美帝国主义在日本投降后，企图代替日本在中国的地位，控制中国广大的市场，使中国变为美国的殖民地。为了这个目的，美国就要援助国民党去消灭共产党，因为共产党是美国实现这个目的的最大障碍。国民党也要依赖美国的援助才能进行反共内战。美帝国主义者和国民党就在这样的基础上进一步地勾结起来，积极地准备对于人民解放区的全面进攻。他们认为：依靠国民党军队在数量上和装备上对于人民解放军所占的优势，依靠国民党统治区在人口和资源上对于解放区所占的优势，依靠美国政府在政治上经济上军事上对于国民党政府的支援，他们是可以达到这个凶恶的和可耻的目的的。

反人民的战争，对于大资产阶级即国民党官僚资产阶级是有利可图的事业。蒋介石、宋子文、孔祥熙、陈立夫四大家族，在日本投降以后，已经利用“接收”的名义实行了空前的吞并掠夺，而在新的战争中，他们又从通货膨胀、征税征粮和各项经济统制，大规模地搜刮人民的血汗，以至他们的财富迅速积累到二百万万美元之多。

国民党在抗日战争中的政策，已使自己与全国工人阶级、农民阶级、城市小资产阶级和民族资产阶级的矛盾变得极端尖锐了。经历了多年战争的全国各阶级人民，普遍地要求和平，借以恢复受了严重破坏的生产。人民要求在抗日战争胜利以后实现民族的独立和政治的民主。农民要求得到土地。但是国民党不但不给他们这一切，反而决定把他们再投入内战和破产的深渊。国民党为了得到美国援助而给予美国种种特权，使国民党统治区的民族工商业受到了美国资本和国民党官僚资本双重压迫，纷纷倒闭，工人大批失业。美国驻中国的军队和其他各种人员，给中国人民以各种侮辱损害。国民党的特务机关继续用恐怖的方法迫害人民和民主人士。国民党政府在国民党统治区给农民的是强暴的征兵、征粮，在解放区是组织地主夺取农民所已经得到的土地。

国民党反动派所决定发动的内战虽然不可避免，国民党反动派在人民中间虽然孤立，但是要求和平的人民在内战没有全面爆发以前，仍然希望用一切方法来取得和平，而不希望与国民党破裂。在民族资产阶级及其党派中间，还存在着对于国民党和美国的幻想，还存在着追求在国民党共产党以外的“第三条道路”的幻想。中国共产党对于国民党和美帝国主义的内战阴谋，是早已洞悉的，并在思想上组织上都作了充分的准备。但是为了最后挽救和平，并且为了充分地教育人民，中国共产党在抗日战争结束以后，仍然用了极大的努力和忍耐心来领导全国人民寻求避免战争、实现和平团结的道路。

在抗日战争结束以后，中共中央就在 1945 年 8 月 25 日发表《对于目前时局的宣言》，表示了中国共产党对于和平民主团结的愿望。为了实现这个愿望，毛泽东同志在 8 月 28 日亲到重庆与国民党蒋介石举行了一个多月的谈判，最后在 10 月 10 日公布了谈判的结果，其中包括许多关于保障国内和平办法的协议。中国共产党是准备忠实地实行自己所同意的协议的，并且已经着手付之实施了，但是在蒋介石方面，却只把这些协议看作是掩护发动战争的手腕。蒋介石以为在协议成立后，共产党的警戒必然松懈，乘机袭击，必然获得很大的胜利。所以在协议公布后，蒋介石立即发动了对解放区的进攻。但是由于中国共产党已经有了警惕，蒋介石的军事进攻被粉碎了。

蒋介石及其美国主人发现他们还没有准备好。蒋介石的躲避抗日的军队还在西南和西北的远后方，而一直在抗日最前线的人民解放军却在华北华东和东北，这种情况，对于蒋介石及其美国主人进行全面的内战是不利的。在当时，蒋介石还需要迅速地去接收敌占城市和交通线，还需要把数百万军队运到发动内战的前线上来，而这些事蒋介石单靠自己是办不到的。为了帮助蒋介石办好这些事，美军在中国沿海登陆，接受日本投降，阻止解放军去接受投降，并将日军的全部武器交给蒋介石，又用空军和海军运输了蒋介石上百万的军队到解放区的周围。为了争取办好这一切的时间，蒋介石就在表面上接受了中国共产党、中国各民主党派和全国人民的要求，在 1946 年 1 月 10 日宣布了停战令，召集了包括各党派的政治协商会议。美国政府，这时也在表面上主张停战，派了马歇尔代替赫尔利来继续“调处”中国的内战，以便利用“调处”的名义帮助蒋介石加速战争的准备。

蒋介石在宣布“停战”以后，随即大举进攻在日本投降前后进入东北的人民解放军，占领了东北解放区的长春吉林一线以南至安东、以西至承德的广大地区。然后，从 1946 年 7 月起，蒋介石就彻底撕毁了停战令和政治协商会议决议，指挥他的全部军队，发动了对于人民解放区的全面的进攻，并在进攻中连续占领了解放区的许多城市和广大乡村。

中国共产党在这个期间对于全国人民进行了极广大而有效的教育，使全国人民逐步从和平幻想中清醒过来，从对蒋介石和美国政府的幻想中清醒过来，而觉悟到为要实现和平、民主、独立，为要得到生存，就不能不打倒蒋介石，就不能不驱逐美帝国主义。中国共产党在一方面在政治上充分地孤立了美帝国主义和蒋介石，在另一方面领导了人民解放军以严重的努力来粉碎蒋介石的进攻。中国共产党认为：蒋介石的进攻不但是必须打败，而且是能够打败的。这是因为，敌人军事力量的优势，以及美国的援助，都只能起暂时的作用；而战争的正义性或反正义性，人民群众的向背，这才能起经常的作用；而在这方面，由于中国共产党对国内和平的坚定的努力，优势是确定地属于人民解放军的。

为着打败蒋介石的进攻，毛泽东同志在军事方面规定了正确的方针，即以歼灭敌人有生力量为主要目标，不以保守城市或地方为主要目标；而为了歼灭敌人，就必须每一战役都有准备，都有把握，都集中超过敌人数倍的绝对优势兵力去包围敌人，全部歼灭敌人，避免无准备无把握的作战。在这个方针之下，人民解放军虽然在战争初期退出了许多城市和地方，却歼灭了大量的国民党军，平均约每月歼灭国民党军八个旅（师）。人民解放军用缴获的国民党军的装备武装了自己，又把俘虏来的士兵加以改造，补充了自己。这样，人民解放军愈战愈强，国民党军却愈战愈弱了。蒋介石的全面进攻，在遭受了八个月的巨大兵力损失以后，即在 1947 年 3 月以后，就不得不把对解放区的全面进攻改变为所谓“重点进攻”，以山东和陕北两翼为其进攻的“重点”。但是人民解放军又以严重的作战，粉碎了蒋介石对山东和陕北的“重点进攻”，同时在东北、晋察冀、晋冀鲁豫各区陆续转入了反攻。因此，到了 1947 年 7 月，人民解放军便能够在晋冀鲁豫战场首先转入了进攻，进兵黄河以南直至长江北岸。接着，人民解放军在东北和其他战场上也发起了巨大的攻势作战，根本改变了各战场的形势。因此，蒋介石的进攻，只经过了一年多一点时间，就被完全打破了。

美帝国主义和蒋介石曾经被战争初期所得的表面的胜利冲昏头脑，拒绝中国共产党和全国人民的一切和平建议，结果使自己在军事上和政治上都走上了死路。在1946年10月11日，国民党军占领了当时华北解放区主要城市张家口。第二天，蒋介石就违背政治协商会议的决议，下令召开分裂的独裁的伪“国民大会”。11月15日，这个伪“国民大会”在美国特使马歇尔、美国大使司徒雷登的支持之下开幕了，通过了伪“宪法”。但是事实证明了毛泽东同志在《论联合政府》中的预言，蒋介石的这个步骤只是“把一条绳索套在自己的脖子上”，在人民中间没有得到任何支持。1947年3月，国民党反动派迫令中国共产党驻南京、上海、重庆三地人员撤返延安，随即派军队进攻，占领延安。从此，消灭了任何和平解决的希望。人民包括民族资产阶级在内，把同情和希望都集中到中国共产党方面来了。代表民族资产阶级右翼的“第三条道路”的宣传，也随之而破产。国民党的革命派、中国民主同盟、民主建国会等民主党派和广大的社会人士，都拒绝与国民党反动派合作，拒绝参加伪国民大会和反动政府。全国学生，在1946年底1947年初，举行了反对美军强奸中国女学生暴行的示威运动，在1947年5月，又举行了反饥饿、反内战、反压迫的示威运动。各地工人农民，也进行了许多斗争反对国民党。这些都说明了美帝国主义者和国民党反动派已经完全孤立，而以中国共产党为领导的新民主主义革命的统一战线，却比过去任何时候都更为扩大和巩固了。中国人民在全国的胜利，无论在军事上和政治上的条件，都已经成熟了。

1947年10月10日，中国人民解放军发表宣言号召全国人民打倒蒋介石，建设新中国。为了满足农民长久以来的土地要求，中国共产党在同一天公布了中国土地法大纲，宣布废除封建性剥削的土地制度，实行耕者有其田的土地制度。土地改革使解放区农民充分地发动起来了，解放区的地主阶级被消灭了，从而极大地巩固了解放区，援助了人民解放战争。同时，为着贯彻土地改革，加强人民解放军的战斗力，加强农村的民主化，中国共产党领导了全党的整党运动，以提高人民解放军的阶级觉悟，克服农村党内的成分不纯和作风不纯的现象。为了准备新的胜利，中共中央在 1947 年 12 月在陕北举行了会议，毛泽东同志在这次会议上作了《目前形势和我们的任务》的报告。毛泽东同志指出中国人民革命战争已经达到转折点，而这个转折点也就是“一百多年以来帝国主义在中国的统治由发展到消灭的转折点”。对于党在战争转入进攻的时候所需要解决的军事问题，土地问题，经济问题，统一战线问题，毛泽东同志都作了深刻的说明。鉴于在土地改革运动中曾经发生破坏工商业的偏向，毛泽东同志在报告中着重地从新解释了党在经济方面的纲领，即没收封建阶级的土地归农民所有，没收官僚资本归新民主主义的国家所有，保护民族工商业，并且严格地批判了党内一部分工作人员对中小资产阶级经济成分采取过左政策的错误。毛泽东同志指出：由没收官僚资本而形成的巨大的控制全国经济命脉的社会主义性质的国家经济，将在人民国家的经济生活中具有严重的决定意义和伟大的领导作用，因此，中小资产阶级经济成分的存在，不但是必要的，而且是并不可怕的。由于这次会议以及在这个期间党所进行的各项工作，党为了领导人民夺取全国的胜利，在主观上的准备也成熟了。

战争在 1948 年和 1949 年的进展极为迅速。在 1948 年，人民解放军已经充分学会了攻城战术，连续攻克了大批国民党

“重点设防”的城市。1948年9月12日至11月2日的辽沈战役胜利后，整个东北获得了解放。这一战役消灭了国民党军四十七万二千人，从而使人民解放军在数量上也超过了国民党军。接着，在南线，由11月7日至1949年1月10日在徐州附近进行的淮海战役，又消灭了国民党军五十五万五千余人，使国民党反动派丧失了主要的军事力量，并使南京暴露在人民解放军的进攻的面前。差不多在同一期间，在1948年12月5日至1949年1月31日，人民解放军又在北线举行了解放天津、北京的战役，攻克了张家口和天津，使北京得到了和平解放，并使国民党军损失了五十二万一千人。这样，长江中下游以北地区就在基本上完成了解放。

1949年3月，党召集了第七届中央委员会第二次全体会议，决定了党对取得全国胜利以及在全国胜利以后的基本政策。

七届二中全会指出：在全国胜利的前夜，党的工作重心必须由乡村移到城市。从1927年以来，党的基本工作是在乡村聚集力量，用乡村包围城市，以便最后取得城市；现在这个任务已经完成了，党的工作重心应当移到城市，由城市来领导乡村。这次会议又指出：党在城市中的工作，必须全心全意地依靠工人阶级，并将恢复和发展工业生产作为中心任务。这次会议曾经详细地讨论了中国经济各种成分的状况和党所应当采取的正确政策，这个讨论，后来构成了“共同纲领”中的经济政策的基础。

这时，在国民党反动派方面，由于美帝国主义的授意，蒋介石假装下野，由李宗仁代替蒋介石出来要求“和平”。中国共产党并没有拒绝这个和平的要求，而且经过与国民党代表谈判以后，起草好了一个和平协定的草案。但是国民党反动派政府却拒绝签订和平协定，因而揭穿了自己的假面具。

毛泽东同志和朱德同志在1949年4月21日命令中国人民解

放军向南方和西北进军，解放全中国一切尚未解放的地方。人民解放军在4月23日解放南京，接着在1949年内先后解放了太原、杭州、汉口、西安、上海、兰州、广州、贵阳、桂林、重庆、成都等各大城市和广大地区，并用和平办法解决了湖南、绥远、新疆、西康、云南等地。1950年4月和5月，人民解放军渡海解放了海南岛和舟山群岛。在南方和西南各省，在1950年剿灭了国民党所留下的一百六十万土匪。1950年11月，人民解放军开始向西藏进军。1951年5月，中央人民政府和西藏地方政府经过谈判，成立了关于和平解放西藏办法的协议。这样，除台湾还被国民党反动派残余和美国侵略者盘踞外，全国都解放了。

从1946年7月到1950年6月，中国人民解放军先后消灭了国民党反动军队共八百零七万多人，缴获了各种炮五万四千四百多门，各种机枪三十一万九千九百多挺，坦克和装甲车一千多辆，汽车二万多辆，以及其他大量的武器和装备。

1949年10月1日，中华人民共和国中央人民政府宣告成立。中央人民政府是由中国各民族代表、各民主党派代表、各人民团体代表、各区域代表、各部队代表和特别邀请的民主人士共六百六十二人所组成的中国人民政治协商会议的选举产生出来的。中国人民政治协商会议在1949年9月21日至9月30日举行第一届全体会议。在这个会议上通过了《中国人民政治协商会议共同纲领》、《中华人民共和国中央人民政府组织法》、《中国人民政治协商会议组织法》，选举了毛泽东为中央人民政府主席，决定了以北京为中华人民共和国的首都。中华人民共和国的成立，光荣地总结了中国人民一百多年来反帝国主义封建主义的奋斗，特别是中国人民28年来在中国共产党领导下的奋斗。

中华人民共和国成立了。中国革命从此进入了一个新时期。

全国的情况，与《新民主主义论》、《论联合政府》发表的时期已经完全不同。需要在人民民主革命已经胜利的条件下说明这些问题：中华人民共和国究竟是一种什么性质的国家呢？在这个国家中的各个阶级以及各种经济成分的地位和相互关系如何呢？这个国家的前途如何呢？对于这些问题，毛泽东同志 1949 年 7 月 1 日的论文《论人民民主专政》，和中国人民政治协商会议第一届全体会议所通过的“共同纲领”，作了完满的答复。

毛泽东同志在《论人民民主专政》一文中，规定中华人民共和国的性质是“工人阶级（经过共产党）领导的以工农联盟为基础的人民民主专政”。毛泽东同志解释这个公式的意义说：“人民是什么？在中国，在现阶段，是工人阶级，农民阶级，城市小资产阶级和民族资产阶级。这些阶级在工人阶级和共产党的领导之下，团结起来，组成自己的国家，选举自己的政府，向着帝国主义的走狗即地主阶级和官僚资产阶级以及代表这些阶级的国民党反动派及其帮凶们实行专政，实行独裁，压迫这些人，只许他们规规矩矩，不许他们乱说乱动。如要乱说乱动，立即取缔，予以制裁。对于人民内部，则实行民主制度，人民有言论集会结社等项的自由权。选举权，只给人民，不给反动派。这两方面，对人民内部的民主方面和对反动派的专政方面，互相结合起来，就是人民民主专政。”

毛泽东同志反复指明中华人民共和国必然要学习苏联的榜样，走向社会主义和共产主义，并且现在就必须坚决地站在苏联一边，站在社会主义一边。但是中华人民共和国在现在的历史时期中仍然允许民族资产阶级存在。这是中国的人民民主和东南欧国家的人民民主的区别，这个区别是由不同的历史条件产生的。毛泽东同志写道：“民族资产阶级在现阶段上，有其很大的重要性。我们还有帝国主义站在旁边，这个敌人是很凶恶的。中国的现代工业在整个国民经济上的比重还很小。……为了对付帝国主义的压迫，为了使落后的经济地位提高一步，中国必须利用一切于国计民生有利而不是有害的城乡资本主义因素，团结民族资产阶级，共同奋斗。我们现在的方针是节制资本主义，而不是消灭资本主义。”节制资本主义的过程，是一个与民族资产阶级有联合有斗争的过程，也就是一个改造民族资产阶级的过程。毛泽东同志说：其他的剥削阶级已经打倒了，“剩下一个民族资产阶级，在现阶段就可以向他们中间的许多人进行许多适当的教育工作。等到将来实行社会主义即实行私营企业国有化的时候，再进一步对他们进行教育和改造的工作。人民手里有强大的国家机器，不怕民族资产阶级造反。”

毛泽东同志关于中华人民共和国的基本观点，在《共同纲领》里面都以法律的形式确定下来了。《共同纲领》的总纲说：“中华人民共和国为新民主主义即人民民主主义的国家，实行工人阶级领导的、以工农联盟为基础的、团结各民主阶级和国内各民族的人民民主专政，反对帝国主义、封建主义和官僚资本主义，为中国的独立、民主、和平、统一和富强而奋斗。”《共同纲领》有系统地规定了中国人民民主统一战线和中华人民共和国在目前时期对于政治、军事、经济、文化、民族、外交各方面的基本政策。这些政策，就是中国共产党在目前时期的基本政策。《共同纲领》关于经济政策特别作了详细的解说。《共同纲领》规定：“中华人民共和国经济建设的根本方针，是以公私兼顾、劳资两利、城乡互助、内外交流的政策，达到发展生产、繁荣经济之目的。国家应在经营范围、原料供给、销售市场、劳动条件、技术设备、财政政策、金融政策等方面，调剂国营经济、合作社经济、农民和手工业者的个体经济、私人资本主义经济和国家资本主义经济，使各种社会经济成分在国营经济领导之下，分工合作，各得其所，以促进整个社会经济的发展。”这样，在《共同纲领》里，工人阶级在政治上的领导地位，工人阶级所掌握的社会主义性质的国家经济在经济上的领导地位，都得到了法律上的承认，而这种领导，正是中华人民共和国向社会主义发展的主要保证。

中华人民共和国的成立，引起了全世界人民的欢呼。中国人民最忠实的国际友人苏维埃社会主义共和国联盟，在 1949 年 10 月 2 日就宣布与中华人民共和国建立外交关系。保加利亚人民共和国、罗马尼亚人民共和国、匈牙利人民共和国、朝鲜民主主义人民共和国、捷克斯洛伐克共和国、波兰人民共和国、蒙古人民共和国、德意志民主共和国、阿尔巴尼亚人民共和国、越南民主共和国、印度共和国、瑞典王国、丹麦王国、缅甸联邦、印度尼西亚共和国、瑞士联邦、芬兰共和国、巴基斯坦等国都与中华人民共和国相继建立了外交关系。英国、锡兰、挪威、以色列、阿富汗、荷兰等国都承认了中华人民共和国。中华人民共和国坚决地站在以苏联为首的世界和平阵营方面，并且努力加强中苏两国的友好关系。1950 年 2 月 14 日，在毛泽东主席和斯大林大元帅的直接参加之下，中苏两国由周恩来总理兼外长和维辛斯基外长在莫斯科签订了有历史意义的中苏友好同盟互助条约，中苏两国关于中国长春铁路、旅顺口及大连的协定和中苏两国关于贷款给中华人民共和国的协定。这些条约和协定，大大地加强了世界和平民主阵营的力量和中国的国际地位，大大地帮助了新中国的建设事业。

中央人民政府成立以后，立即进行巨大的工作来恢复和改造被帝国主义、封建主义、官僚资本主义以及战争和灾荒所重重损害的经济。中央人民政府在没收了国民党的官僚资本以后所建立的社会主义性质的国营经济，在全国的经济生活中迅速发挥了伟大的力量。依靠国营经济的支持，中央人民政府迅速有效地统一了和平衡了国家的财政，终止十二年来的恶性通货膨胀，并且有系统地进行了恢复工业生产、农业生产、交通事业和贸易事业的巨大工作。由于国营经济控制了全国的经济命脉，并具有高度的集中性，私人资本主义的工业和商业正在逐步地被引向服从国家经济领导的轨道，为国营经济服务的国家资本主义经济正在逐步发展。而工商业的这种适合国家需要的改组或调整，乃是准备有计划的工业建设所必要的。

中央人民政府认定在全国施行土地改革，是改善全部经济状况、准备工业建设的主要条件之一。中央人民政府在 1950 年 6 月通过了中华人民共和国土地改革法，并且在 1950 年冬天到 1951 年春天，领导了新解放区的农民，完成了一亿三千万农业人口地区的土地改革工作。由于战争已经基本上结束，中华人民共和国土地改革法在对待富农土地的问题上改变了 1947 年的中国土地法大纲中的规定，由征收富农多余土地的政策，改变为保存富农经济的政策，即仅在特定条件下征收富农出租的土地，对富农其余土地一律不动。这个新的政策，对于中农的生产积极性是一项重要的保障。目前全国土地改革工作，连老解放区在内，已在二亿九千万农业人口的地区完成，其余的地区也将在一两年内完成。土地改革工作，和同时在全国进行的人民代表会议政权的建设工作，以及由广大人民群众参加的大规模的镇压反革命破坏活动的工作，极大地巩固了人民民主专政的基础；没有这个基础，有计划的经济建设是不可能进行的。

中国共产党注意到党的巩固在目前和将来的一切革命事业中的决定意义。党在人民解放战争胜利的年份有了迅速的扩大。中国共产党现在有党员五百八十万人。党决定在老区农村中一般地停止接收党员，而着重吸收产业工人入党。党决定在党员中认真地进行有系统的马克思列宁主义的教育，使每个党员彻底了解依靠工人阶级的必要和实现共产主义的必要，并且按照严格的标准对党的组织作一次认真的整理。

中国人民在着手重建自己的国家的时候，并没有忘记帝国主义新侵略的威胁。不甘心于在中国这块土地上失败的美帝国主义者，果然在1950年6月，在武装干涉朝鲜的同时，公然霸占了中国的领土台湾省。美国对于台湾的掠夺，事实上只是美国政府对于中国人民解放战争的长期武装干涉的继续，和对于中华人民共和国的武装干涉的开端。美国的掠夺台湾，证明了美国对我国友好邻邦朝鲜民主主义人民共和国的狂暴的武装干涉，乃是对我国的总的侵略计划的一部分。美国干涉者所以要支持“朝鲜的蒋介石”——李承晚傀儡集团向朝鲜民主主义人民共和国进攻，原来就是模仿日本侵略者的老办法，先占领朝鲜，同时夺取台湾，而后占领东北。1950年10月，美国侵略军占领平壤，随即以大量陆军向北汹涌前进，直至中朝边境的鸭绿江边和图们江附近，严重威胁我国东北国境的安全。美国空军连续轰炸扫射我国东北边境的城市农村，使我国同胞生命财产不断遭受损失。全国人民忍无可忍，纷纷要求以志愿行动抗美援朝，保家卫国。中国共产党和中国各民主党派发表宣言，支持人民群众的这种爱国要求。这样，中国人民就以无比的热情，进行了轰轰烈烈的抗美援朝的正义斗争。

中国人民志愿军1950年10月下旬在朝鲜前线开始与朝鲜人民军并肩作战的结果，迅速转变了朝鲜人民反侵略战争所曾一度遭遇的危险局势，从朝鲜北部打退了美国侵略军的疯狂进攻，并使美国侵略军和李承晚伪军受到严重损失。从那时到今年六月下旬，中国人民志愿军与朝鲜人民军在一起，已经进行过五次战役，在作战中造成敌人二十四万余人的损失（不包括非战斗的伤亡）。遭受痛击的侵略军已被驱逐到朝鲜中部北纬三十八度线附近，侵略军总司令著名美国战争贩子麦克阿瑟也因屡次战败在1951年4月被撤职。中国人民志愿军在朝鲜不顾侵略军的疯狂轰炸破坏所造成的种种困难，英勇地帮助朝鲜人民反对美国侵略，引起了全中国、全朝鲜和全世界人民的欢呼，引起了全中国人民空前未有的爱国主义的高涨。中国的爱国人民，深信援助朝鲜、收复台湾、巩固国防的事业，不但是我国经济恢复和经济建设事业的重要保障，而且是世界和平事业的重要组成部分。如同反对蒋介石的人民解放战争已经得到胜利一样，中国人民反对美帝国主义侵略的神圣斗争，也一定要得到胜利。

五　三十年的基本总结

如上所述，中国共产党所经历的三十年，乃是光荣的、伟大的三十年。这是中国共产党、中国工人阶级和中国人民在毛泽东同志领导下，向帝国主义侵略者及其走狗英勇奋斗，通过许多艰难曲折，克服自己队伍中的各种机会主义倾向和各种错误缺点，终于战胜敌人而取得胜利的三十年。

中国共产党的历史证明：中国工人阶级和中国人民要战胜强大的帝国主义及其走狗的统治，建立独立的人民民主国家，如毛泽东同志所说，没有中国共产党这样一个“有纪律的，有马克思列宁主义的理论武装的，采取自我批评方法的，联系人民群众的”布尔什维克式的党来担任领导，是不可能的。在中国共产党以前，中国曾经有过资产阶级的和小资产阶级的政党企图领导中国革命，并曾在历史上起过进步作用，但是他们都在敌人的不同方法的进攻下面失败了。中国共产党所遇到的帝国主义及其走狗的进攻，比中国人民在历史上所遇到的任何敌人的进攻更要凶恶严重得多，但是中国共产党能够领导人民达到胜利，这就是因为中国共产党是以苏联共产党为模范而建立起来的新式的无产阶级的革命政党。

在党的第七次全国代表大会上，毛泽东同志曾经指出中国共产党的主要作风，就是理论与实践相结合的作风，与人民群众紧密地联系在一起的作风，和自我批评的作风。由于理论与实践相结合，党才能有效地和创造性地应用马克思列宁主义的普遍真理，克服教条主义和经验主义两种偏向，找到并且确立战胜强大敌人和建设新国家的正确道路。由于与人民群众有紧密的联系，党才能领导人民的革命斗争和革命战争，创造人民的军队和人民的政权，依靠人民群众的无限力量来战胜曾经显然占优势的敌人。由于自我批评，党才能在历次的失败和错误中吸取教训，求得进步，并经常保持和改善与群众的联系。具有这种作风的党，乃是领导中国革命直至最后胜利的最重要的保证。

中国共产党的历史证明：党的正确的领导，首先决定于对于中国革命的正确的理论。要领导中国工人阶级和中国人民达到胜利，没有马克思列宁主义的指导，是不可能的。

在 1939 年 10 月，在回顾和总结第一次国内革命战争时期、第二次国内革命战争时期和抗日战争时期党的历史的时候，毛泽东同志写道：

“第一阶段是党的幼年时期。在这个阶段的初期和中期，党的路线是正确的，党员群众和党的干部的革命积极性是非常之高的，因此获得了第一次大革命的胜利。然而这时的党终究还是幼年的党，是在统一战线、武装斗争和党的建设三个基本问题上都没有经验的党，是对于中国的历史状况和社会状况、中国革命的特点、中国革命的规律都懂得不多的党，是对于马克思列宁主义的理论和中国革命的实践还没有完整的、统一的了解的党。因此，党的领导机关中占统治地位的成分，在这一阶段的末期，在这一阶段的紧要关头中，没有能够领导全党巩固革命的胜利，受了资产阶级的欺骗，而使革命遭到失败。在这一阶段中，党的组织是发展了，但是没有巩固，没有能够使党员、党的干部在思想上、政治上坚定起来。新党员非常之多，但是没有给予必要的马克思列宁主义的教育。工作经验也不少，但是不能够很好地总结起来。党内混入了大批的投机分子，但是没有清洗出去。党处于敌人和同盟者的阴谋诡计的包围中，但是没有警觉性。党内涌出了很多的活动分子，但是没有来得及造成党的中坚骨干。党的手里有了一批革命武装，但是不能掌握住。所有这些情形，都是由于没有经验，缺乏深刻的革命认识，还不善于将马克思列宁主义的理论和中国革命的实践相结合。这就是党的建设的第一阶段。第二阶段，即土地革命战争的阶段。由于有了第一阶段的经验，由于对于中国的历史状况和社会状况、中国革命的特点、中国革命的规律的进一步的了解，由于我们的干部更多地领会了马克思列宁主义的理论，更多地学会了将马克思列宁主义的理论和中国革命的实践相结合，我们党就能够进行了胜利的十年土地革命斗争。资产阶级虽然叛变了，但是党能够紧紧地依靠着农民。党的组织不但重新发展了，而且得到了巩固。敌人虽然天天在暗害我们的党，但是党驱逐了暗害分子。大批干部重新在党内涌出，而且变成了党的中心骨干。党开辟了人民政权的道路，因此也就学会了治国安民的艺术。党创造了坚强的武装部队，因此也就学会了战争的艺术。所有这些，都是党的重大进步和重大成功。然而，一部分同志曾在这个伟大斗争中跌下了或跌下过机会主义的泥坑，这仍然是因为他们不去虚心领会过去的经验，对于中国的历史状况和社会状况、中国革命的特点、中国革命的规律不了解，对于马克思列宁主义的理论和中国革命的实践没有统一的理解而来的。因此，党的领导机关的一部分人，没有能够在这一整个阶段中掌握住正确的政治路线和组织路线。党和革命在一个时期遭受过李立三同志‘左’倾机会主义的危害，而在另一个时期，又遭受过革命战争中的‘左’倾机会主义和白区工作中的‘左’倾机会主义的危害。只在到了遵义会议（1935 年 1 月在贵州遵义召开的中央政治局会议）以后，党才彻底地走上了布尔什维克化的道路，奠定了后来战胜张国焘右倾机会主义和建立抗日民族统一战线的基础。这就是党的发展过程的第二个阶段。党的发展过程的第三个阶段，就是抗日民族统一战线的阶段。这个阶段，已经过去了三年，这三年的斗争，是有非常伟大的意义的。党凭借着过去两个革命阶段中的经验，凭借着党的组织力量和武装力量，凭借着党在全国人民中间的很高的政治信仰，凭借着党对于马克思列宁主义的理论和中国革命的实践之更加深入的更加统一的理解，就不但建立了抗日民族统一战线，而且进行了伟大的抗日战争。党的组织已经从狭小的圈子中走了出来，变成了全国性的大党。党的武装力量，也在同日寇的斗争中重新壮大起来和进一步坚强起来了。党在全国人民中的影响，更加扩大了。”（《〈共产党人〉发刊词》）

毛泽东同志关于党的历史的生动的叙述，充分地说明了革命理论的严重意义。错误的理论，可以使轰轰烈烈的大革命迅速归于失败，而正确的理论，却在最困难的关头挽救党，使革命逐步地走向高潮。

中国共产党一开始就是在马克思列宁主义一般原则的指导下成立的，这是中国共产党的优点。但是为要领导中国革命达到胜利，仅仅依靠现成的一般原则的指示是不够的。毛泽东同志的贡献，就在于把马克思列宁主义的普遍真理，以及列宁斯大林关于中国革命的原则指示，与中国革命的具体实践相结合，而既然如此，就不能不给马克思列宁主义以新的发展。列宁在1919年11月在东方各族人民共产主义组织第二次全俄代表大会上的报告中，向东方各族人民的共产主义者发出号召说："在这里，在你们面前摆着一个任务，这个任务从前在全世界共产党员面前是没有提出过的，这个任务就是：依靠一般共产主义的理论与实践，你们在适应于欧洲各国所没有的独特条件时，须要善于把这个理论和实践应用于这样的条件，即农民是主要群众，所要解决的斗争任务不是反对资本，而是反对中世纪的残余。"应当说，毛泽东同志和其他中国共产党人是正确地解决了列宁所提出的这个历史任务，并因而把马克思列宁主义推向前进了的。

毛泽东同志在总结中国共产党的经验时，曾不止一次地指出：党所领导的人民民主统一战线，和作为革命主要形式的武装斗争，是中国共产党在中国人民民主革命过程中的两项基本经验。这两项经验的创造，就是马克思列宁主义的普遍真理与中国革命的具体实践之结合的重要例证。

中国共产党的三十年历史证明：党的发展，中国革命的发展，是和中国人民民主统一战线的发展分不开的。当党在正确地解决工人阶级在人民民主革命中的领导权问题，工农联盟问题，特别是对不同的资产阶级集团实行联合或斗争的问题时，党和革命就得到了迅速的发展，而在错误地对待这些问题时，党和革命就遭受挫折。

很明显，对于这样严重复杂的问题，中国共产党必须根据马克思列宁主义的普遍真理和中国革命的具体实践作独立的思考，而不能依靠于简单地抄袭某一外国的公式。例如党内的"左"倾机会主义者在第二次国内革命战争时期曾经用抄袭的方法要求党把"中间营垒"看作是"最危险的敌人"，因为他们没有看见过一种"中间营垒"可以接受工人阶级的领导。又例如党内的右倾机会主义者在抗日战争时期曾经用抄袭的方法要求中国共产党人的活动应当“一切经过”与蒋介石的统一战线，因为他们没有看见过一个反动的中央政权之下可以有一个革命政权，这个革命政权既不与反动政权破裂，又可以保持自己的独立自主。毛泽东同志拒绝了这些错误的观点，而在不同时期对不同的同盟者规定了不同的政策。毛泽东同志指出中国资产阶级在1927年以后仍然是分为两个不同的集团，当权的大资产阶级或官僚资产阶级集团，和被排挤被损害的中等资产阶级或民族资产阶级集团。前一个集团是中国革命的对象，其中的一部分人在抗日战争期间虽曾站在抗日方面，但是与中国共产党并未正式缔结统一战线的组织和纲领，而且仍然极端仇视共产党和人民，所以共产党人决不能“一切经过”他们，而必须实行统一战线中的高度的独立自主。后一个集团是一个软弱的动摇的力量，与工人阶级有矛盾，但与帝国主义封建主义和大资产阶级也都有矛盾，因此是可以在一定条件下争取的，只要工人阶级有坚决的革命政策和适当的组织步骤，对他们有联合有斗争，他们就可以或多或少地依附工人阶级而尽其尚未完结的历史作用，并不成为“最危险的敌人”。事实证明，毛泽东同志的政策已经推翻了大资产阶级即官僚买办资产阶级的统治，而团结了民族资产阶级成为人民民主统一战线的一分子；在这里，正确的显然是毛泽东同志，而不是“左”右倾机会主义者。

中国共产党的三十年历史证明：党的发展，中国革命的发展，又是和中国人民革命战争的发展分不开的。斯大林同志说：“从前，在十八世纪和十九世纪，革命是这样开始的，通常是大部分没有武装或武装很差的人民举行起义，他们和旧政权的军队发生冲突，他们竭力瓦解这种军队，或者至少把一部分军队拉到自己方面来。这是过去革命爆发的典型形式。1905年我们俄国的情形也是这样。中国的情形却不同。在中国，和旧政府的军队对抗的，不是没有武装的人民，而是以革命军队为代表的武装的人民。在中国，是武装的革命反对武装的反革命。这是中国革命的特点之一和优点之一。中国革命军队的特殊意义正在这里。”（《论中国革命的前途》）斯大林同志的这个观点，被毛泽东同志在理论上和实践上极端丰富地发展了。事实上，从 1927 年 8 月中国共产党人独立地领导革命战争和革命军队以来，中国共产党就一直没有离开过革命战争。革命战争成了中国革命的主要斗争形式，革命的武装组织也成了中国革命的主要组织形式，革命战争和革命军队的进退，代表着中国革命的进退。在多年的革命战争中，党的全部主要骨干都过着军事共产主义的生活，其革命纪律性和自我牺牲精神之高，是许多过着和平生活的人们所不易想象的。

在中国革命战争的战略问题上，毛泽东同志曾经对于马克思列宁主义的军事理论作了卓越的贡献，而这些贡献，和在其他方面的贡献一样，也是真正马克思列宁主义向教条主义作坚决斗争的结果。例如教条主义者曾经不顾斯大林同志的启示，在 1927 年以后四五年间坚持以准备城市起义为党的工作的重心。后来，在城市起义的思想造成了党的组织的严重破坏而为事实所粉碎以后，教条主义者又以阵地战的思想强加于 1934 年的中国工农红军，其结果是使红军被迫退出原有的根据地。与教条主义者相反，毛泽东同志在 1927 年以后的中国革命的实践中，首先创造了农村包围城市的方式来代替在通常条件下的城市领导农村的方式。毛泽东同志创造了游击战和带游击性的运动战的方式，来指导在数量上和装备上比较敌人居于绝对劣势的红军战争。事实证明，毛泽东同志的农村包围城市的方针已经完全胜利，而由游击战发展起来的红军，终于在胜利中生长为胜任阵地战的强大的人民解放军。在这里，正确的显然又是毛泽东同志，而不是教条主义者。

在总结党的历史经验时，毛泽东同志又曾不止一次地指出了在中国革命中的国际援助首先是苏联援助的伟大意义。毛泽东同志关于中国新民主主义革命理论的基本出发点，就是在1919年以后，中国革命成了俄国十月社会主义革命所开始的世界无产阶级社会主义革命的不可分的一部分，就是中国革命从俄国十月社会主义革命受到了决定的影响。中国革命从来不是孤立无援地进行的，而是在苏联和国际无产阶级的不断启发、鼓励和援助之下进行的。中国共产党的三十年历史证明，没有苏联和国际无产阶级的始终一贯的伟大援助，特别是没有列宁斯大林及其所领导的共产国际在第一次国内革命战争时期对于中国共产党和中国人民的援助，没有苏联红军在西方消灭希特勒，在东北歼灭日寇关东军的援助，没有中华人民共和国成立以后苏联政府给予中华人民共和国在外交上、经济上和其他多方面的援助，中国革命的今天的胜利，是不可能的。

中国革命的胜利，给全世界工人阶级一种确信，给全世界殖民地半殖民地人民一种确信，就是伟大的十月社会主义革命所展开的世界工人阶级解放事业和世界殖民地半殖民地人民解放事业，必然要达到胜利。斯大林同志在1918年所写的《十月革命与民族问题》一文中曾描写十月革命的世界意义说："十月革命的伟大世界意义，主要是在于：（一）它扩大了民族问题的范围，把民族问题从为反对民族压迫而斗争的欧洲方面的局部问题，变为各被压迫民族、各殖民地和半殖民地从帝国主义之下解放出来的总问题；（二）它给这一解放开辟了广大的可能性和现实的道路，这就大大地促进了西方和东方被压迫民族的解放事业，把它们吸引到反对帝国主义的胜利斗争的巨流中；（三）它从而在社会主义的西方和被奴役的东方之间架起了一道桥梁，建筑了一条从西方无产者经过俄国革命到东方被压迫民族的新的反对世界帝国主义的革命战线。”三十三年前斯大林的伟大的预言，已经变为伟大的现实。而且由于中国革命的胜利，世界的东方已经建立了一个强大的革命的堡垒，这个堡垒已经与苏联和东南欧各人民民主国家连成一片。毫无疑问，这将极大地鼓舞全世界劳动人民斗争的勇气和胜利的信心。

毛泽东思想是团结全党奋斗的旗帜*

毛主席的错误同功绩比是第二位的。毛主席的这些错误是非常令人痛心的。但毛主席对整个中国革命的贡献是这样伟大，决不能够动摇他在历史上的地位，在中国人民心目中的地位。他的错误是违犯了毛泽东思想的科学体系。因此，这些错误不但没有动摇毛泽东思想的科学性，而且从反面证明了毛泽东思想是不能违背的，违背了就犯这样那样的错误。

毛主席是最伟大的领袖，还有别的领袖，他是最伟大的党和国家的缔造者，为中国人民的解放事业奋斗了一生。他的革命历史可以分成几段讲，1927 年前一段，1927—1937 年一段，1937—1945 年一段，1945—1949 年一段，1949 至三大改造一段。遵义会议后长时间的活动，培养了整个党的领导骨干，培养了一代又一代的党的各条战线干部。这些干部、党员直到今天还是我们各个战线上的骨干。他的思想深入到我们的血肉里去了，他的大量教导永远是中国共产党、中国人民的精神财富。毛主席

---

* 此篇是 1980 年 7 月 24 日同《历史决议》起草小组成员的谈话。标题是收入《胡乔木谈中共党史》时编者加的。

对中国革命最伟大的贡献是创立了毛泽东思想。然后对毛泽东思想作一种解释，下一个定义，不要讲中国化的马克思主义，还是说毛泽东思想是马克思主义普遍原理同中国革命的具体实践相结合的产物，是中国革命经验的总结，是对马克思主义的新贡献。我们不把毛泽东思想说成是全面发展了马克思主义，是马克思主义发展的一个新时代，不这样认为，这要说明白，以区别“文化大革命”及其以前的一段宣传。研究马克思主义哲学还要看马恩列的书，不能光看“两论”，经济学更加是这样。但是我们在中国进行革命斗争，建设社会主义，就不能离开毛泽东思想。用毛泽东思想取代马克思主义，把毛泽东思想同马克思主义对立起来，毛主席本人不承认这种说法。

然后讲毛泽东思想是在什么历史条件下产生的。明确地讲共产国际在什么时期对别的国家实行一种集中领导，不把各国革命看成是必须由各国人民各国党决定的，而看成是由共产国际执委会决定的。他们不但把马克思主义歪曲了，变成教条，而且把他们的决定、命令变成一种神圣不可侵犯的东西，其结果，只能对各国革命、各国人民带来损失，造成失败。1927 年大革命失败，共产国际是有责任的。当时中国党的一切重大事件要由共产国际来指导，以至把共产国际的决定拿给汪精卫看。当时形势瞬息万变，从国外的国际组织来指导一个国家的革命，无论什么天兵天将都不能做到。六大的所有决议都是苏联人写的。其中十大纲领有一条废除苛捐杂税，实行统一累进税，这一条是什么意思，我就不懂。这种状况使中国革命陷于一种困难境地。共产国际不可能找到一条引导中国革命到胜利的道路。毛泽东思想是在这种情况下产生的。

第一是实事求是。《反对本本主义》是 1930 年写的，是实际斗争的产物。土改怎么搞，仗怎么打？当时的党中央都靠本本，就是马列的书本和共产国际的文件。拿本本来，是当时的话。但是毛主席当时不是靠共产国际的决议，甚至不是靠党中央的决议（因为党中央离得远），所以提出调查研究，深入实际。调查研究能产生正确方案，能验证中央决议对不对。各国革命的道路要由各国党和人民自己去找出来，这是毛泽东思想产生的条件、背景。革命要依靠各国革命人民在实际斗争中把马克思主义的普遍原理加以运用，同具体实际相结合，这在当时、现在以至将来，永远都是正确的，要坚持的。所以毛泽东思想强调调查研究，尊重群众的经验。智慧、办法要从群众中来。要用马克思主义的立场、观点和方法来总结实际经验，把各国实际经验提高成为理论，不然各国经验不会自然成为理论。这种理论还要拿到实践中去检验，无论什么好的办法都要通过试验。始终坚持实践是检验真理的唯一标准。

第二是群众路线。这也是从实际斗争中产生的。为什么提出依靠群众？因为当时什么也没有，什么也不能依靠。要么是失败，是投降；要么是从依靠群众找出路。固然马克思主义也讲工人自己解放自己，但马克思主义政党产生后，很容易丢掉这个观点。中国革命在失败后，在极端困难的条件下，相信群众能接受革命道理，能找到胜利的出路，能找到达到胜利的智慧和力量。红军一开始就在毛主席指导下建立一种新式的官兵关系、军民关系，这样就建立起完全新的军队。建立的新的政权也完全是依靠群众。党员、红军、党的干部、政府人员用自我牺牲的精神来维护群众的利益，把群众力量团结起来，并使群众相信党、红军是团结的中心。从红军战争到解放战争到全国解放后，还是用这种思想要求党、政、军干部。在和平建设时期毛主席提出了许多新办法，如三结合、三同等等，以后我们还要这样。只要一个党要革命，就要坚持这种观点。

第三是独立自主、自力更生。中国革命、建设要胜利，主要依靠自己的力量。任何革命斗争，不能仅仅依靠别人的援助来达到胜利，不依靠自己的力量找到自己的道路，是不能达到胜利的。要争取外援，学习外国先进的东西，但不能离开自力更生这个基本点。在这一点上不能有任何动摇。决不能屈服于任何外国的压力。如果那样，就丧失了革命的原则。同时也要反对自己有任何大国主义的表现。

毛泽东思想是在当时历史条件下，经过很长时期发展的。这几个基本原则一直是我们的出发点。从这些根本精神出发，毛主席在民主革命时期，提出一系列原理，领导革命胜利。单独写一段。然后又根据中国革命具体特点提出了新的办法，完成了中国社会主义改造这样的历史任务。所有这些，都是对马克思列宁主义的重要的新发展、新贡献。

在社会主义改造完成后，毛主席继续提出关于社会主义建设的方针，发展生产力。如不发展生产力，中国要挨打、打败。要发展生产力，要注意一些基本的比例关系，农轻重、国防民用，不同水平的生产力两条腿走路，经济建设与人民生活，消费与积累比例，等等。发展建设事业，要依靠什么人，知识分子、专家，学习掌握科学知识。要实行按劳分配，搞经济核算，等价交换。无产阶级专政的主要目的是保护人民进行和平劳动，区分两类矛盾，正确处理人民内部矛盾，建立民主的政治制度，保护人民的利益。达到一个“又有集中又有民主，又有纪律又有自由，又有统一意志，又有个人心情舒畅、生动活泼的政治局面”。引出一些话，是否可以分一些题目选一些话，虽然这是大家熟悉的，现在引出有两个作用，一是说明毛泽东思想没有过时，我们现在还要继承这些原则，其次，“文化大革命”所以错误是违背了这些原则。违反了它就要失败，这就是毛泽东思想科学体系。

毛泽东思想科学体系，最根本的就是用马克思主义同实际相结合这个原则来解决中国当前的问题，采取什么方法，坚持什么原则，依靠什么力量。所谓毛泽东思想科学体系没有另外的意思，并不是要取代马克思主义理论，是在实际斗争中要遵守的依据的原则，它是个科学，因此是要发展的，说它是个体系不是表示再不需要发展，再不能够发展。科学就要发展。一方面讲完整准确地掌握科学体系，只抓片言只字是错误的，但是否认毛泽东思想也是错误的。要求我们继续按照这样一些基本原则前进。不能丢掉共产主义最高理想，不能丢掉马克思主义理论。这些基本原则是我们永远不能离开的。这些基本原则可能还要作些补充。既不是搞句句是真理，也不是搞停滞不前。经历了三十年曲折道路，有挫折，就是由于违反了毛泽东思想的结果。我们总结这些经验，就要坚持毛泽东思想。这是我们使社会主义继续胜利发展的保证。我们党多年来是在毛泽东思想指导下奋斗的，因此，这也是团结全党的旗帜。

还要照顾到另一部分干部，在党内有相当的影响，他们认为我们现在只是嘴上讲毛泽东思想，实际搞的是资本主义。要说明我们做的是毛泽东思想所指示的。要建设社会主义，要采取一些新的经济政策，这会在党内引起相当一部分人的不满，有相当阻力，不能把这部分人撇开。

《历史决议》中对“文化大革命”的几个论断*

《历史决议》草案，经过很多同志的努力，小平同志，耀邦同志提了很多次意见，现在已经有了一个稿子。这个稿子，我也说不上是第几次的稿子了，一些主要的骨架，大概就像现在这个样子了，要作很大的变化，实在说我也变不出来了。① 经过大家交换意见，现在的写法跟原来的想法确实有了很多的变化。有许多问题，在党内也好，党外也好，争论是很尖锐的，我现在不想从头讲起了。我挑几个问题讲一下。

关于“文化大革命”的性质，这个决议草案中把它定下来了，这不是革命，而是内乱。老早就有人建议说，对“文化大革命”，以后就叫十年动乱好啦。这不行，动乱没有政治含义。这是我们国家的一场内乱。有同志说，这是反革命，我不同意。说内乱，比较能够站得住。不过，我也不赞成以后在报纸上就讲

---

* 此篇是1980年9月21日在中共省、市、自治区党委第一书记座谈会上的讲话。这个讲话曾作为这次座谈会的“文件十二”印发。标题是收入《胡乔木文集》第2卷时加的。

① 这里提到的《历史决议》草稿为1980年9月10日稿。经过这次座谈会及以后多次会议讨论，稿子作了多次修改，还是有很大的变化。

什么十年内乱。加引号的“文化大革命”，还可以提一个时候。将来写中华人民共和国的历史的时候，恐怕要说这是十年内乱时期，恐怕没有什么更好的说法。内乱不一定是反革命。内乱里面有反革命的因素，就是有叛乱的因素，但是，这个叛乱没有成功。虽然叛乱没有成功，它还是内乱，把我们整个的国家、整个的党的原来的秩序完全推翻了，而且推翻到没有法子稳定下来。推翻了以后，用个什么法子稳定下来也可以呀，稳定不下来。所以，这个内乱就一直延长十年。这个十年，整个就是内乱。这是一个很特殊的局面。

关于“文化大革命”的发动。八届十一中全会的召开，是“文化大革命”全面发动的标志。在这次会上突如其来地来个“炮打司令部”，所谓司令部，就是中央政治局。毛主席到杭州，委托刘少奇同志主持中央的工作，忽然刘少奇同志成了反革命了，成了打倒的对象了。这种状况，在党的生活上不但是极端不正常的，而且是绝对不允许的。在以后我们党的历史上，要永远不允许有任何这一类的现象重演。凭空地出来个司令部，什么刘邓司令部，后来又变成刘邓陶司令部。你看，党中央忽然就变成一个叫无产阶级司令部，一个叫资产阶级司令部，这是什么地方规定的？什么地方讨论过的？什么地方通过的？没有任何一个地方授权任何人提出这么两个司令部。如果要提出，那就应该开党的全国代表大会，并且应该像两案起诉书一样，提出理由。有什么物证，有什么人证。什么都没有，就是一句话，就出来了两个司令部。这个司令部很大，这不是小事，恐怕在座的很多人，除了极少数以外，全都在那个司令部里面，而我们自己谁也不知道有这么个司令部。这一次全会通过了违反党章的决定，没有根据地提出有个资产阶级司令部。其实，反过来，无产阶级司令部有什么根据？也没有根据。为什么江青、张春桥、陈伯达、康生这些人就叫无产阶级司令部？这些有什么根据？完全没有根据。这根本不是一种党的生活，党内根本不能允许这种生活。从那以后，党的生活完全陷于变态，国家的生活完全陷于变态。国家的主席失掉了行动的自由。总书记也失掉了行动的自由。国家的宪法、法律所规定的各种最基本的原则都没有用了。这是一个很重要的问题。这个稿子上说，从这次会起，“毛泽东同志的‘左’倾错误的个人领导实际上取代了党中央的集体领导”。将来这样写出来，当然对我们党的历史是很不好看，对毛主席也很不好看。可是，我觉得这没有办法，既然要写这个决议，这一笔就不写不行。当然，也要说，不但是十一中全会，而且十一中全会以后，一直到“文化大革命”结束、“四人帮”被推翻为止，所有的错误，党都要负责任，不能说党不负责任。因为什么呢？十一中全会那么多中央委员，没有人起来反对呀，我也是个中央委员，我也没有反对呀。

在另一方面，在说毛主席跟林彪、江青完全不同的时候，我认为，应该讲毛主席在“文化大革命”里面的一些功劳：第一，毛主席基本上维持了解放军。解放军尽管有林彪、“四人帮”的捣乱，也难免犯一些错误，但是，毛主席维持了中国人民解放军，这是非常大的功劳，这是非常显著的事实。如果不看到这个事实，那是太不公正了。第二，他基本上维持了国务院。林彪也好，“四人帮”也好，他们的手基本上没有插到国务院里。国务院是个小岛，不管它工作怎么困难，也犯了多少错误，可是，维持这么个小岛是很不容易的。维持了一个国务院，这对全国人民，对中国这整个十年，关系是很大的。有了国务院，经济工作毕竟还能够进行，还有领导，不管这个领导犯这个错误那个错误，这都是小事。第三，毛主席基本上还勉强维持了党的统一。这一点，也非常重要。虽然毛主席搞出两个司令部，但是，他也并没有把“资产阶级司令部”的人统统开除出去，或者搞死，实在说，他也没有这个想法。“文化大革命”开始没有多久，他就把“走资派”改成为犯走资派错误的干部（反正这些名词都是他创造出来的）。什么死不悔改的，不死不悔改的，还有什么三反分子，还有什么反革命修正主义分子，一般的修正主义分子，老实说，那些作用都不大，真正起作用的是犯走资派错误的干部这句话，这句话挽救了他，这就是毛主席自己下台阶，不然，毛主席也没法下台。毛主席也并不想把这个党分裂，他讲了很多，说我们的党分裂不了。在这方面，他跟林彪、江青这些人确实是非常不一样的。他在外交上还作了两大贡献。所以，我不同意说我们党变质，我不同意说我们党先变质了，以后又变回来了。总归是把这个党搞得非常混乱了。如果说党变质了，国变色了，中国人民解放军也变修了，也变色了，那在国务院工作的，在座还有好几位同志，还有军委叶帅，这些人统统都变质了，这个话不能讲，这样讲，我们党的历史就说不下去了。让林彪、江青横行十年之久，这个错误实在太严重了，所以，引起这样一种义愤。但是，在这个十年中间，毕竟中央还有许多人在为党工作，地方也有许多人在为党工作。在地方负责任的第一把手，我没有统计，我不敢说，我冒估一下，林彪、“四人帮”的死党是少数，过半数的，不管犯了什么错误，还是好人。我也没有列表统计，统计也很复杂，因为每年都不同，但是，为什么可以说这样的话呢？因为，“四人帮”那一批人差不多年年都要反右，年年都要在全党或者是反三右，或者是反两右，或者是反一右，反正他们是不住地要反右。这说明个什么事实呢？就是“四人帮”没有把我们党统治住，他们统治不住。这是个事实。不然，为什么他们老要反呢？他们已经统治了，为什么还老要反？对于地方上负责的许多同志（不能说所有的同志），他们也不相信，也很反对，不过，他们的力量还没有到把这些人统统都干掉那种程度。把这些现象合起来，如果不是毛主席在那里起作用，刚才说的这些事实是不可能的。我们的军队，我们的国务院，我们从中央到地方的一批同志，也可以说是一大批同志，尽管也要跟着犯好多错误，这是不可避免的，可是，他们还是要把党的事业维持住，把国家的命脉保护住。不然，我们怎么能解释周恩来同志在这个期间的工作？你能说他的工作是反革命？不能这样说吧？也不能解释1975年邓小平同志的工作。所以，我认为，说内乱是恰如其分的。它确实就是个内乱，这个内乱是非常复杂的，跟历史上的一些内乱不相同。这是一个问题。

这个稿子讲到进行“文化大革命”既没有经济基础、也没有政治基础的问题，现在解释一下。说经济上无革命，政治上无革命，文化上无革命，是说没有找出革命对象，没有提出一个纲领，没有找到一个可以依靠的社会力量，理论上不能自圆其说，实践上没有指出一点前途。所谓经济上、政治上、文化上无革命，这是按照科学意义的革命来说的。按照科学意义上的革命，“文化大革命”不能在任何意义上称为一个革命。它不是用一种先进的政治力量来取代一种反动的政治力量。至于文化上，严格地说起来，不能叫革命。没有什么文化上的革命，这个名称本身就是错误的。列宁讲过文化革命，是指扫除文盲。毛主席自己也讲过这个话，也是指提高全国人民的文化水平，由文化很低提高到比较高的程度。总之，这个所谓文化革命与后来的所谓“文化大革命”毫无一点关系。而且毛主席自己讲了，思想上、精神上的东西不能够用革命的方法，不能够用暴力的方法，只能够用和风细雨的教育的方法，才能奏效。如果用粗暴的方法，暴力的方法，不但无益，而且有害。这种观点，毛主席讲过多次，就在他的选集里面就有多次。所以，提出这么一个“无产阶级文化大革命”，在理论上就不能成立，这个名词就不能成立。开始，毛主席没有讲经济上的革命，后来也没有讲，只说“文化大革命”实际上是一个政治大革命。既然要搞一个革命，那就要把革命对象弄清楚，不能一个个搞清楚，至少要搞清楚几个，可是“文化大革命”直到最后，一个都没有搞清楚，一个都没有找出来。没有一个叛徒，没有一个特务，没有一个所谓走资派。走资派稍微复杂一点，也许有人写过承认犯了什么错误，这是有的，但是那个东西不能算数，反正是没有找出来。敌人究竟是谁？究竟有多少？在哪里？都没有弄清楚。后来，在九大讲话时，毛主席说，这个革命与过去革命战争不同，过去南征北战，敌人很明显，所以仗好打，现在谁是敌人，谁不是敌人，是敌我矛盾，还是人民内部矛盾，弄不清楚。毛主席自己都没有弄清楚，就来发动一个革命，这一点就说明荒唐到什么程度。这种没有法子自圆其说的地方很多。没有提出一个纲领，并不是说搞“文化大革命”的人，中央文革小组，或者加上毛主席，他们头脑里没有一定的纲领，但是，始终没有拿出过一个纲领，这是事实。从发动“文化大革命”一直到末了，没有说清楚，这个革命究竟要达到什么目的，究竟要解决什么问题，用什么方法。写得最长的文章，宣传得最厉害的口号，就是“无产阶级专政下的继续革命”（两报一刊纪念十月革命节五十周年的一篇社论），那里面曾经列了六条，也不能算纲领。因为无产阶级专政下继续革命，只不过说要革命，究竟是革什么命，究竟要达到什么目的，并没有说。革命不能成为革命的纲领。我要革命，我的纲领是什么？就是革命。这不行。在这篇算是纲领性的文章中，有一条说，“文化大革命”是无产阶级专政下继续革命的最好的形式。还有一条说，革命的中心问题是政权问题，因此，无产阶级文化大革命的中心问题是从走资派手里夺权。发动一场革命，结果就变成一个夺权。确实，这个夺权的口号，在“文化大革命”至少前半期是盛极一时，后来还是讲。不叫忆苦思甜，叫忆苦思权，什么有了权就有了一切。把革命搞得庸俗化到极点。这就给一些投机分子、社会渣滓一种可乘之机。要革命，究竟依靠什么力量来革命，毛主席也不知道。毛主席有个谈话，他说，我开始曾经把希望寄托在青年学生（红卫兵）身上，后来，感觉到这些人也不行。那么，依靠谁呢？他就没有答复，他就没有找到一个社会力量，能够来进行这么一个革命。这不是很奇怪吗？其实道理很简单，因为这个革命根本就不通，完全是一种无中生有的东西，所以，就不可能找出一个社会力量。工人也不拥护，农民也不拥护，真正的学生后来也不拥护，结果，就造成了一批职业的造反派，这些人就成了帮派体系，在社会上专门对无产阶级专政进行破坏活动。所以，发动“文化大革命”实在是毛主席的冲动。他受了很多的刺激，其中“海瑞罢官”引起来的问题的刺激大概比较大，还有一些别的刺激。林彪讲，毛主席最近就是考虑政变问题，那个话毛主席看过的，可见得是真的。所以，毛主席那个时候的思想可以说是不正常的，完全是一种冲动，根本没有、说不上是一种理性的思维，逻辑的思维。把毛主席“文化大革命”时期说的话同毛主席在解放战争时期或者抗日战争时期或者社会主义改造时期写的文章一比就比出来了。本来，像这样的事情，虽然后来毛主席自己要写长篇的东西不容易了，也可以指定几个人好好地把这个问题研究一下，也没有。所以，“文化大革命”本身，拥护“文化大革命”、发动“文化大革命”的人，并没有对“文化大革命”作任何理论上的解释。当然，表面上有一些解释，那些都是强词夺理的。把列宁在十月革命以后不久讲过的一些话，例如说小生产每日每时都产生资产阶级这一类话当做法宝，那完全是两码事。那时，俄国的土地私有制根本没有动，这种农民、这种小生产者，同我们经过了这么多年的集体化的农民怎么能拿来比呢？其他一些例子不必详细去说了，始终没有讲出一个理由来。可是又把这句话吹到这样一种程度，说整个社会主义时期始终存在着阶级、阶级矛盾、阶级斗争，而且“文化大革命”一次是不行的，一定要搞多少次。按照这么一种说法，或者是按照这么一种理论（假如叫做理论的话），这个社会主义简直是不如资本主义，这个社会主义根本不能安定，生产也不能发展，因为它不断地产生阶级、阶级斗争，而且这种阶级斗争只能够用打倒一切、全面内战来解决。这么一种社会主义是一种不可想象的社会主义。人类社会要发展到这样一个阶段，必然要经过这么一个阶段，这把马克思主义不知丢到什么地方去了，这怎么能说是科学的理论呢？人类社会怎么能发展到这么一个历史阶段呢？所以，“文化大革命”实际上不是一个革命，在理论上根本不能成立。

《历史决议》主要是在说明为什么产生“文化大革命”。关于“文化大革命”造成了什么破坏，并没有讲很多。“文化大革命”究竟为什么产生？这里讲了四条原因。“文化大革命”既然已经形成了一个巨大的历史现象，在八、九亿人口中间延长了十年之久，总有各种各样的原因。社会主义改造基本完成以后，还存在着某些阶级斗争，主要是毛主席对这一点没有精神准备，当然，当时党中央、大家也同意他的观点。我记得，毛主席曾经宣传说，从此以后，阶级斗争就过去了，再没有人跟人的斗争了，人跟人的斗争被人跟自然界的斗争所代替，要向地球开战，这就是我们现在的任务。当时的党中央，对于经过社会主义改造以后的社会是个什么样子，的确想得非常简单，认为就是生产，就是发展生产力，就是人跟自然界做斗争。当然，人跟自然界做斗争，也不是很简单的问题。确实脑子里没有考虑再有什么阶级斗争。在苏共二十大的时候，毛主席当然有很多的想法，其中有一个很重要的想法，他想到中国的社会主义社会要搞得比较民主，不要搞成斯大林时代那样，所以，就召集最高国务会议讲话了。以后，事情的发展就慢慢地不以哪一个人的意志为转移了。毛主席说，本来我讲的百家争鸣，百花齐放，是说的学术 文艺的问题，我根本就没有说政治问题，我也没有讲大鸣大放，他们又加了个“大”字。结果，就来了思想上的一场搏斗，搞得过分紧张，就是非要鸣放不可，不鸣放，就是思想不解放，就是不觉悟。等到后来，来了一个大转弯，这个大转弯也非转不可，从此，毛主席头脑里（不但头脑里，在他的文字里），就多出一个概念，叫做政治战线、思想战线上的社会主义革命。就是说，单有生产资料所有制方面的社会主义革命是不行的，是不够的，一定还要有政治战线、思想战线上面的社会主义革命。我刚才说了，这个提法是不对的。这个错误影响到后来，就越来越发展了。共产党已经掌握了全国的领导权，就谈不到政治战线还有什么社会主义革命。谁革谁的命？民主党派里面有几个右派，那是小事，不能说是政治战线的社会主义革命。思想战线的社会主义革命，刚才说了，毛主席多次讲过，思想战线就不能革命 ，从来历史上也没有什么思想战线上的革命。社会主义的思想教育是个长时期的过程，我们现在对我们的下一代，下两代还要进行艰苦的工作，没有那么便宜的事情。毛主席 1957 年《关于正确处理人民内部矛盾的问题》的讲话是在二月间讲的，到后来发表时，就修改了很多。开始是一种看法，后来是另外一种看法，这儿插一段，那儿插一段，这里改一改，那里改一改，所以，这篇文章中有一些自相矛盾的地方。一方面说，急风暴雨式的阶级斗争已经结束了，另外一方面又说无产阶级跟资产阶级之间的阶级斗争有时甚至是很激烈的，社会主义和资本主义之间谁胜谁负的问题还没有真正解决。一个地方讲，社会主义制度可以调节它的内部矛盾，没有对抗性的矛盾，这是社会主义制度的优点。可是，反右派不是对抗吗？所以，有些地方又用别的话来改掉。不管怎样，毛主席在二月间讲话时的思想，到了反右派以后就发生了非常大的变化，以前的有些想法差不多再也不提了。到了1958年，毛主席就提出两个剥削阶级，两个劳动阶级。两个剥削阶级，一个是被打倒了的地主买办阶级和其他反动派、加上右派分子，一个是正在接受改造的民族资产阶级和它的知识分子。经过反右派斗争以后，在毛主席头脑里面，知识分子就是资产阶级知识分子，没有什么不是资产阶级的知识分子，一直到最后都没有改变过。到“文化大革命”，后来学生不是也不听话吗？就作这么个解释，说这些学生由于受了十七年修正主义的教育，所以，也变成了资产阶级的。毛主席对知识分子有很大的敌对的心理。他本来跟资产阶级的一些代表人物，民主党派的一些代表人物，知识分子的一些代表人物，经常有个人的接触，经过1957年，他感觉到这些人不大靠得住了。这主要的还在党外，到了1959年，就引到了党内，然后到了1962年就公式化了，社会主义时期是很长的历史时期，这个时期内始终存在着阶级、阶级矛盾、阶级斗争。再往后，就说这是我们党的十几年来的一条基本理论和基本实践。所以，毛主席对社会主义改造以后阶级斗争的看法，不是愈来愈缩小，而是愈来愈扩大。对“二十三条”开头估计我们国内的形势的时候，有这样一段话：在我们现在全国的城市和农村，普遍地存在着被打倒的资产阶级用各种方法想要夺回他们的阵地，或者把无产阶级软化、收买，国家面临资本主义复辟的危险。当然，底下也说，只要我们采取正确的方法也可以怎么样怎么样。再有，就是我们这次运动主要任务是整走资本主义道路的当权派，等等。经过这样的几个发展，到了“五·

一六通知”，也就不能算是很奇怪的事情了。因为前面已经有了那么多的估计了，照那么些估计，吴晗写《海瑞罢官》，把他认为是资产阶级攻击无产阶级司令部，这种话也就很能有人相信了。所以，一个思想的方向、思想的潮流如果搞错了，在社会主义社会里面，确实可以发生严重的影响、损失、灾难。

产生“文化大革命”，还有其他几方面的原因，一层一层地说到最后，毛主席个人的权威达到了极点。另外，就是本国的和国际的社会历史背景。我觉得，我们确实需要指出封建专制主义的影响，这是非常重要的，而且的确我们大家也容易了解。国际共产主义运动里面，也有它不健康的成分，这一点，我们要有清醒的头脑。南斯拉夫人首先提出来，还有罗马尼亚人，他们认为，共产国际一成立就是错误的。欧洲的共产主义思潮，对于共产国际的评价，基本上是消极的。确实，共产国际在世界共产主义运动中也帮了正忙，但是，恐怕帮的倒忙比帮的正忙要大得多。这也是毫不奇怪的。在马克思的时代，产生一个国际组织，那多少还有一点理想主义的性质，不过是大家都要搞社会主义，它没有严格的纪律。第二国际遇到战争，它就经受不了考验。第三国际一成立，就强调民主集中制，就是国际范围里面的民主集中制。实际上是国际范围的集权制加上党内的集权制。列宁是在沙皇专制制度下要建立秘密党跟沙皇专制主义做斗争，所以，列宁的建党思想确实是一个伟大的创举。这在《怎么办》这本书里面讲得非常清楚。可是，在共产党夺取政权以后，列宁还没有能够把在恐怖统治下面党做秘密斗争的时候的活动原则改变成为公开地跟群众在一起建设社会主义的原则，这应该是有非常大的原则的不同。虽然列宁讲了许多话，但这些话不足以成为支持苏联党后来所实行的那些制度的一种根据。而苏联党的那种模式，确实对于中国党影响是非常大的。毛主席有很长的时间认为，他就是中国的斯大林（不说中国的列宁了）。“二十大”批判了斯大林，这对于毛主席的刺激是非常深的。所以，国际共产主义运动中一些消极的东西，对于中国党历史上的发展的影响绝不能小看。我们并不要把我们的错误推给人家，把我们的责任推给人家，但是，客观的历史的影响是不能否认的，我想，这一点是应该指出的。

关于“文化大革命”，本来还可以说一些其他的原因，也许不只这四条，但是，我们在起草的时候，开始就下决心不提个人的问题，个人的品质，个人的性格等等。并不是说这些不是问题，而是说讲这些东西不能教育人民，不能教育群众。每个人都有他的品格，他的品格里面都有好的方面，不好的方面，假如强调了这个方面，就如同赫鲁晓夫批评斯大林一样，苏联人也认为没有讲出个道理来。几十年的历史，光有性格就解释了吗？所以，在这个方面不是说没有影响，有影响，但是，我们认为，不写在里面比较好，所以没有写。当然，毛主席的思想里面也还有一些其他的不完全正确的方面。毛主席特别在后半期，有把马克思主义愈来愈简单化的一种倾向，把一些复杂的问题搞得极端简单，他觉得很得意。这种影响，一直到现在，在我们党里面还是相当严重的，喜欢把复杂的问题简单化。不过，说得过多，大家扯不清楚，所以，有许多问题我们没有讲。

接下来，最大的争论问题，就是毛泽东思想。我们认为，一定要讲毛泽东思想，而且毛泽东思想不包括毛主席的错误。毛泽东思想，我们认为，不能说得太远了，眼睛看得见的将来，还是对我们有作用。当然，毛主席在“文化大革命”中间给大家造成了很大的恶感，可是，我们还是不要把洗小孩的水和小孩一块倒掉。毛泽东思想是多年在中国革命斗争中形成的。我们不把毛泽东思想鼓吹到它应有的程度以外，毛泽东思想不是马克思主义的全面发展，毛泽东思想当然也不是马克思主义的新阶段，但是，在中国革命的历史上，至少从1927年到1957年这三十年胜利的历史，跟毛泽东思想是不可分的。我们现在没有理由丢掉把我们带到胜利的道路上的这样一个精神武器。有的同志说，就讲马克思主义就行了。应当说，如果就讲马克思主义，中国革命就胜利不了。我们可以看这一段时期毛主席的著作（当然不只他的著作，学一些与他同时代的革命前辈的著作），我们可以看到，这些东西能不能用马克思的著作来代替，用列宁的著作来代替，用斯大林的著作来代替，用什么共产国际的文件来代替？不可能的。毛主席这三十年的著作，确实是灌溉了我们的党，确实是培育了我们的党，确实把我们党广大的干部带上了马克思列宁主义的道路上去。所以，这些著作是决不能丢掉的，这种财富是决不能丢的。马克思这个人无论怎么好，他没有到过中国，列宁也是一样，尽管他们关于中国说过许多好话。我们党在很困难的条件下达到社会主义的胜利，虽然也有其他许多同志的贡献，但是，我们把他们的著作摆在一起一比，比方说，把少奇同志的著作，恩来同志的著作，跟毛主席的著作摆在一起一比，就可以看出来，在少奇同志的著作中，在恩来同志的著作中，就缺乏很多东西，这是很难相提并论的。将来周恩来同志的选集出版以后，大家一看就可以看清楚。我们所要的毛泽东思想，就是这个毛泽东思想。当然，1957年以后，毛主席还发表了一些著作，不多，在“文化大革命”期间，那就恐怕没有什么可以收集在毛主席著作里面。有的同志说，现在要赶快出毛泽东全集，应该把毛泽东同志的所有作品都照原样编出来，以便于大家来批判（当然，话没有我说得这样难听，说研究吧）。我想，这个工作是要做的，这不是什么着急的事情。我们现在写若干历史问题决议，对毛主席的批判是够严厉的了。以为今天把毛泽东搞得愈臭愈好，这究竟会达到一种什么样的结果？究竟能够适合于什么人的利益？的确要认真思考一下。我们当然要实事求是，同时也不能不顾全大局。所以，我们还是认为，要坚持毛泽东思想，也用毛泽东思想的科学体系这个提法（关于这个名词将来怎么样解释得更妥当些，我们还有时间来研究）。毛泽东思想里面不包括他的错误，我觉得，这不算什么奇怪的事情。这个“思想”不是个动词。毛泽东思想，并不是说毛泽东同志在那里思想，他想什么东西，就把它记录下来。不是这样，这是个名词。所谓毛泽东思想，就是毛泽东的学说。他既然成为一种学说，那么，当然它是有逻辑性的，不然怎么能成为学说呢？不合逻辑的东西，当然不能放到这个学说里面。历史上无论哪一个大学者，都不会把不能成为学说，也不能把不成为学说因素的东西，放在他的选集里面，也不会把那些成分当做是他的学说的一部分。所以，我想，这个问题，在我看，可以不必进行那么样严重的、长期的争论，这会涣散我们党的团结。当然，毛主席犯了错误，后来犯了严重的错误，这是很大的不幸，但事实已经是这样了，有什么办法呢？如果他不犯错误，那当然好了。事实既然是这样，我们只好照现在这样来研究。

《历史决议》里讲到党要成为一个什么样的党，有一部分讲到党和国家的关系。我认为，我们应该确定，中国共产党在中华人民共和国的国家生活中究竟占什么地位，应该给它明确的规定，不能给它笼统的规定。所谓笼统的规定，就是说工人阶级经过中国共产党领导什么什么，或者说中国共产党是中国什么什么的领导核心。这个话是不错的，但是是不够的。因为要领导，就发生几个方面的问题：究竟是怎么领导法？究竟领导到多大的范围？有一些范围党确实是有必要去领导的。纯粹学术性的问题，党怎么去领导呢？何必去找这个麻烦呢？这类的问题，还可以举出别的来。另外一个方面，党的一切活动，都是在国家的宪法和法律所规定的范围之内，不能够超出这个范围之外。苏联也有这样一个规定，苏联共产党在苏联宪法的范围内活动，但是，它只有这一句。我想，我们过去已经在这个问题上犯了严重的错误，所以需要说得更加具体。就是说，宪法是由我们自己领导制定的，法律也是我们自己领导制定的，如果我们自己可以不遵守，那人民怎么遵守呢？遵守了又有什么用呢？那不是人民都变成傻瓜了？当然，法律很多，有的无意中犯了哪一条，那是另外的问题，法律的一些基本的条文，最重要的规定，党没有权力违反它。如果党认为哪个条文不合适，党可以通过立法的程序修改。这样，全国人民心里才放心，觉得可以同共产党相处，好处，日子好过，不然，晓得哪一天把宪法跟法律统统都踢到哪里去了，那人民依靠什么东西来保护呢？所以，关于党与国家的关系，应该有一个明确的说明。

打倒“四人帮”以后，我们的历史发展，我们所取得的胜利，我从来都是这样说，我现在还是这样讲，是不可逆转的。没有力量能够推翻我们现在所取得的胜利。不可能再有“四人帮”再有林彪，或任何其他的人，能够把我们现在所定的这些制度法律统统推翻。这并不是为着安慰大家，这是一种历史的必然。整个的民族经历了十年的教育，这不是件小事，男女老少哪一个人都知道。在“文化大革命”期间入党的党员中，可能有很少数人还有一些思想不通，甚至于还有野心，我们要同他们斗争。但是，他们要想复辟，是办不到的，因为我们并没有睡觉，我们不是死人，除非我们是死人。全国整个的党，有三千八百万党员，加上整个的中国人民解放军。要想跟这个力量来作对？当然，他可以用许多秘密的形式，把自己装扮成什么样子。可是，一方面全国人民、全党、全军有了深刻的觉悟，另外一个方面，我们定出了各种各样的制度，各种各样的法律，这些东西都在生效，它一步步地、慢慢地在社会上就成了一种不可推翻的力量，再加上我们还要不断地做工作，在这么一种情况下，我觉得，我们应该宣传，我们的胜利是不可逆转的，我们的历史不会再开倒车。我们党一定要有这个信心，而且要到处宣传这个信心。如果我们自己都不鼓起这种信心，怎么能希望全体党员鼓起这种信心呢？党员没有信心，群众怎么能有信心？关于历史问题的决议，要说这么一点。

党史研究中的两个重要理论问题*

谢谢同志们对党史送审本提了很好的意见。我代表中央党史领导小组向大家表示诚挚的感谢。

写历史是件不容易的事情。有人经常说起我那本《中国共产党的三十年》。我很惭愧。这本小册子无论从逻辑、史实等方面都有很多错误。人民出版社、党史界的同志们曾多次建议让我修改，写中国共产党的四十年、五十年、六十年。为什么不修改？因为那要下很大的工夫，读许多书，我就是把一辈子的时间赔进去也不见得写得好。现在好了，党史研究室搞了个本子，有个基础了。那个小册子过时，要等新书出来。

写一本党史涉及许多理论问题，不是系统地讲理论，而是通过党史表述这些理论。也不是有了这样一本书就能完全答复这些理论问题。写这本书实际上涉及到当前争论的一些问题。关于正本、标准本的问题，胡绳同志说得好，这不是正本。我想借用他的一句话：我们需要权威，但它不是权威。下面我就几个问题谈

---

* 此篇是在1985年11月4日举行的《中国共产党历史》上卷送审本讨论会上的讲话。标题是收入《胡乔木谈中共党史》时编者加的。

点意见。

一、马克思主义与中国的关系。马克思主义是否适用于中国？苏联的刊物批评“中国化的马克思主义”，把“中国化的马克思主义”翻译成“中国式的标新立异的马克思主义”。这句话对有中国特点的马克思主义有点歪曲。有特点与标新立异的含义起码是不尽相同。他们就从这里做文章。实际上马克思主义不管运用在哪个国家，都会发生变化的。有一本书叫《马克思主义与修正主义》。在这本反马克思主义的书中说，马克思主义一出生就会有不同的讲法，就会有修正主义。它列举了伯恩斯坦、考茨基……自称为马克思主义者也不能说是真正的马克思主义者。还列举了普列汉诺夫、布哈林、托洛茨基，连列宁也是修正主义。欧洲人写的书，没有把中国人放进去，如果放进去的话，当然毛泽东也成了修正主义了。马克思主义要发展，在不同的时期、地点，当然会有变化。在什么地方、有什么变化是很复杂的。现在有的党不讲马克思列宁主义了，只讲科学社会主义。罗马尼亚、日本共产党在党章上就取消了马克思列宁主义的提法。欧洲有的党说列宁主义不应与马克思主义摆在同等地位，马克思主义是个完整的学说，解决了许多根本问题，列宁并没有把马克思主义的根本问题都重新提出过并加以发展，没有必要联在一起讲。欧洲有人说，列宁主义是俄国的产物，讲马克思主义一定要挂上列宁主义是俄罗斯中心主义。

中国是东方大国，有自己本民族的悠久的文化。要不要把马克思主义中国化，怎样在中国实践马克思主义，发展马克思主义，怎样在发展中把中国的历史文化与马克思主义有机地结合起来，增加新的内容，使之发展，作出贡献，确实是个问题。这就涉及到对中国文化怎样分析。不能把中国传统文化一概说成封建主义的。有些文化是有阶级背景，有些则不受或不直接受阶级利益支配。中国文化在中国革命中发挥了很大作用。中国为什么能接受马克思主义？我们很需要认真研究，答复这个问题。中国离德国很远，马克思没有研究过中国的历史。马克思著作中有一些地方提到中国，提到中国的历史人物，但把提到中国的地方统统加起来，也只占很少的分量。中国的历史文化资料浩如烟海，太丰富了，要充分研究它取得重大的科学成果是件很困难的事情。我们党一成立，就宣传马克思主义，实践马克思主义，这是很对的。延安时期毛泽东同志提出要有计划地研究中国的历史文化，但没有完成。我们不能责备前人，因为那时没有这样的条件。全国解放后，虽然有了条件，但很可惜，应该做的努力做得很差。没有集中很大的力量来做深入的探讨工作，这有待于今后，还有很长的路要走。

中国共产党成立初期，就带有一定的民族特点。说“马克思主义放之四海而皆准”，也是中国人的话，是极而言之。自然科学可以这样说，社会科学做到这样，是难以想象的，不像物理学、数学。中国十亿多人口，占世界人口五分之一多。中国历史的发展有很长的时间。中国历史文化与马克思主义结合，有哪些特色？究竟在哪些问题上结合了？还要研究。把一种时代性的共同性的东西，划出明显的界限来，不是很容易的事。中国史学界有人提出，中国是不是经历过马克思讲的五种生产方式？中国社会是不是要划分为奴隶社会、封建社会和资本主义社会？中国的奴隶社会和欧洲的奴隶社会有很大区别。希腊的奴隶主共和制，中国就没有产生过那种现象。中国的奴隶制与欧洲的奴隶制有共同的地方，也有区别。中国的封建主义与欧洲的封建主义也不同，谁也不能说自己是正统。究竟谁是正统，谁是变种，很难讲。中国的资本主义是怎样发展起来的？鸦片战争前的中国资本主义萌芽，哪些算，哪些不算？中国萌芽式的资本主义，与欧洲早期资本主义也有很多是不一样的。中国的农民与欧洲的农民不一样。现在中国农民分贫农、中农、雇农（严格说不是农民）等。把欧洲的标本放到中国来是不行的。中国富农的历史比资本主义要早得多。这种富农是中国历史上所特有的。中国富农的问题很复杂，有自己的特点。这要涉及到党史、土地革命怎样对待富农等问题。各国农民的分化都不一样。欧洲农民的分化与美国不一样，俄国农民的分化与西欧的也不一样。有的时候，一个名词用来用去会发生很大的危险，好像既然叫富农，中国的与欧洲的就都一样，那就不对了。如果弄不清楚，对中国共产党领导下的农民运动，就不容易说准确。这个问题比较复杂，不但托派对中国农民战争始终不理解，就是共产国际对中国农民战争是否理解，也很难说。当然也不能说中国农民运动与欧洲的就一点相同的地方都没有。但必须看到，中国农民战争与中国共产党结合之后产生了新的形态，既不同于欧洲或别的国家的农民战争，也不同于中国历史上的农民战争。

讲起马克思主义应用于中国革命的历史，不是一个简单的问题。研究党的历史就会遇到这些复杂的问题。我能提出的问题，并不是我能答复的问题。我还没有确定的意见。不是这部书里要答复这些问题，但今后在我们的写作、研究中会碰到这些问题，如果没有一定的见解，就很难写好党史。

二、革命与历史。《共产党宣言》第一句话讲，以往的历史都是阶级斗争史，有的同志对此提出疑问。从一个方面、一个观点来看，是这样的。但历史太复杂了，太丰富了，对于社会历史要研究，就得全面掌握、多方面研究，不能仅仅从一个方面去研究。是不是可以说有阶级的历史都是阶级斗争的历史？这话也难说。我们是革命家，干的是革命，有革命的世界观，当然认为革命在历史上是重要的。有人说历史有和平发展的时期，那时阶级斗争不是主要方面，不占主导地位。但是反过来说，把革命当成历史发展的不重要部分，那也不对。如果简单地答复这个问题，就不能完整地说明历史。要看到在整个人类历史上有和平发展的时期，那时虽然阶级矛盾也存在着，但不成为中心。在不同的历史时期，革命斗争在历史发展中的作用不一样，在革命不是高潮时期没有形成大规模的斗争，不能说历史就消失了，停止了，历史还是在前进。中国历史上曾有过和平发展时期，但只在有些时候是如此。近代中国的历史更不能采取这样一种说法。从我们亲身的经历，以及父辈们留下的记录，可以看得很清楚，很明显的是阶级斗争史。从中国共产党成为中国的政治力量以来，这段历史如果说不是阶级斗争的历史，那就违背了历史的真实，不是实事求是了。应当说在中国共产党成立后存在着激烈的阶级斗争。但是也不能说没有其他情况，不能说在激烈的阶级斗争以外，就没有历史了。过去批判根据柔石《二月》改编的电影《早春二月》，就是说在中国革命轰轰烈烈发展的时期，怎么还有一个世外桃源？说这就是歪曲历史。这种逻辑是很危险的。柔石是一个革命家，把年轻的生命贡献给革命，不能设想他会写一部反动的小说。胡绳同志说，写党史要用整个社会历史作背景，这就是说在革命以外还有一种历史，是有联系的，当然也不是相等的。写革命历史的同时如果不写出其他的历史，也难写得准确。柔石写《二月》，据我推测带有某种自传的性质，不是完全凭空想象、向壁虚构出来的。改编成电影时，因为怕挨批判，特地加上了有《新青年》传进镇子的情节，结果还是受到批判。这样来写党史、革命史是不会写好的。

革命是个曲折、复杂和困难的过程，不是一开始就得到多数人拥护，如果这样容易，革命早就成功了。革命者在很长时间内是人民中间的少数。柔石写《二月》，鲁迅写《阿 Q 正传》，写

《呐喊》、《彷徨》的时代，虽然有共产党，但他们没有写共产党，不能因此说鲁迅就是反革命。1928 年批判鲁迅的时候，就有人写了这样的意见，成了一个很大的罪名。鲁迅的杂文写了革命的内容，比方说在纪念“三一八”一类的杂文里有非常重要的篇章。鲁迅受了革命的影响，介绍苏联的书和作品，对共产党人有相当深的同情，但他还是没有加入共产党。在广州的时候，他非常同情革命，但没有入党。后来到上海，与已经是马克思主义者的人论战，逼着他看了许多马克思主义的书，使他成为马克思主义者，但他还不是共产党员。正如鲁迅在给许广平的一封信中所说的，我还不完全是共产党员，还有距离，但不大。我扯这些闲话，意思是说历史发展是很复杂的，写一部历史不容易，写革命历史对革命及其周围事件作恰当的描写，要看很多材料，要有相当广泛的视野，各方面的情况都要看到。

胡绳同志讲话中讲到，要分析一些人怎样走到马克思主义道路上来的。有人说中国不应走马克思主义道路，不应成立共产党，当然也就不应革命。党史要答复这样的问题，要答复中国为什么要革命，为什么要成立党。如果不把这样的问题讲清楚，讲得没有说服力，青年人的思想就会糊里糊涂，甚至陷入混乱。历史写得好，就能答复革命史与整个历史的关系，就能说清楚整个历史为什么发展到以革命为中心。群众中许多人开始不了解、害怕革命，甚至反对革命，但是随着革命的发展许多人又不断向革命靠拢，以致投身革命。这是为近代中国历史研究所充分证明了的。

历史究竟是谁创造的？是少数先进分子创造的，还是人民群众创造的？人民群众并不是永远先进的、正确的，并不是永远站在历史的前头。有人说党会犯错误，人民群众不会犯错误，这不对。不能接受这种观点。我过去这样说，现在也这样说。人民群众在不同的历史时期扮演着不同的角色。他们的觉悟是随着历史条件的变化而提高的。过去在共产党直接活动的地方，经过一段时间有很多人拥护共产党，但并不是所有人都拥护共产党。我在上海做革命工作的时候，周围的人就反对我，学校也反对我，住亭子间邻居也不接受我的意见。西安事变时，张学良放了蒋介石，蒋回到南京，上海满街放鞭炮，夏衍同志晚上到我住的地方来，我们感到很不是滋味。过去党史的重要缺点是对历史环境描述得不真实，好像周围都是共产党，都是进步人士。

历史是谁创造的？这个问题复杂了。有人说历史是人民创造的。我读了一些马克思的书，“文化大革命”期间读得多一些，读得最多的是《马恩选集》四卷本。马克思恩格斯并没说过这句话。马克思说过，历史越到近代人民起的作用越大。这是在《路易·波拿巴的雾月十八日》里讲的，讲得很谨慎。马克思说过历史首先是生产的历史，生产靠群众，因此历史就是群众创造的，英雄不生产，是不是创造历史？历史唯物主义承认历史首先是生产的历史，但没有推论下去，说历史就是生产者决定的。怎样把这两个命题联系起来，建一个桥，不但人能走过去，汽车也能走过去。很多历史的发展不是生产者起作用，不能简单地说生产者就是推动历史发展的。这个问题很复杂，我没有企图对这个问题作完整的回答。普列汉诺夫在《论个人在历史上的作用问题》一书里讲这个问题讲得很好，很值得读。他说，历史上有相当长的时间个人起很大的作用，那时生产力发展不足，人民群众没有力量表现他们的意志。但是，归根结底，历史是生产发展的条件决定的。这个问题应该答复，但很复杂。在我们的书里面，对这个问题要有正确的表述。对少数人，革命的少数人和反革命的少数人的作用要写。不能因为是少数人就不说他们的作用，也不能说就是多数人决定历史发展的进程。我们追求的目标是多数人决定历史，现在在某种程度上达到了，但在某种程度上还没有达到。党史、革命史上，有革命的积极分子，也有反革命的积极分子。在革命内部，有积极的，也有消极的。这样说，一点不降低党的作用，一点不降低革命人民在历史上的作用。问题在于我们怎样正确的叙述。我们的革命开始是少数人（这与毛泽东同志在“文化大革命”中说的少数人是两回事），后来逐步得到多数人的理解、拥护甚至积极参加，最后取得胜利。这是一个很困难的过程，这样才有那么多共产党人艰苦奋斗，英勇牺牲。为什么要牺牲？因为敌人力量强大，革命力量不能积极保护他们，但也有许多群众掩护党员，这些群众与党员一样也作了牺牲。

历史唯物主义还有其他许多问题，中国的政治、经济、文化，这些问题答复好了，就是真正的马克思主义著作。

最后谈一点关于党史写作的问题。空想社会主义不讲生产力的发展，马克思主义讲革命与发展生产力的关系，使马克思主义成为科学。群众不满意社会上的剥削、压迫、奴役，反对社会上的不公正，要反抗，于是产生革命。马克思对革命作了科学的分析，指出这种革命表现了生产力发展的要求。生产力不是个人，不会讲话，不会说我要发展，你们快来革命吧。就是历史学家、经济学家讲，也不是直接讲人们为发展生产力参加革命、参加党。在座的许多同志是解放前参加革命的，想想为什么参加革命，参加党？是不是读了经济学、《资本论》？恐怕大多数人不是吧，是因为不满意社会的压迫剥削，社会的黑暗，反对反动统治，特别是反对日本帝国主义的侵略、压迫。许多有正义感的青年为了反对国民党政府的腐败，就要革命，就冒着生命危险参加革命。对革命的科学解释是一回事，革命实际上怎样发生又是另一回事。革命并不是要每个人都成为科学家，靠科学的解释才发展起来，那样革命就革不成了。革命就是要把封建主义、帝国主义产生的消极现象消除，如果没有完全消除，革命的任务就没有完。我们扫掉了许多垃圾，但还有，还要扫。我们党为什么得到人民的拥护，为什么得到发展？在写党史的时候，不能用生产关系必须适合生产力这样抽象的原理来解释，否则就是把历史理想化、抽象化、理论化了。我们是要写经济发展遇到国民党腐败政府的阻碍。如果仅此而已，也还是不能说明革命发展的活生生的事实。事实比理论丰富得多，复杂得多。对于革命家走上革命道路要多一些生动、具体的描写，不然历史就变得枯燥、单调，读起来没有味道。历史本来是充满革命斗争的激情、动人的画面的，而我们写的本子常常变成了灰色的、苍白的。用道德观念说，我们就对不起过去的革命家和革命群众！

党史、革命史不仅要写大人物，也要写小人物。革命不是只有个别大人物、而是有无数小人物参加的。不可能写很多小人物，但一个也不写就会成为英雄创造历史了。党史应该有相当生动的情景，不但能说服人，而且能感动人，不但用正确道理教育人，而且用高尚情操陶冶人。我那本小册子（指《中国共产党的三十年》）枯燥无味，非常惭愧。因此，对你们这本党史，寄予厚望。

党史要有许多名言轶事，有人物描写。像司马迁的《史记》，将刘邦、项羽的形象描写得栩栩如生，使之流传下来。这样的历史才能充分发挥作用。历史不仅是简单的记事，而是要像司马迁的《项羽本纪》那样写得脍炙人口。读《项羽本纪》，虽不能至，心向往之。这有些苛求了，不能要求大家都成为司马迁。一个当年清华大学毕业、留学美国的历史学家张荫麟，他说1932 年中国最好的一篇历史文章是鲁迅的《为了忘却的记念》。这是很有见解的。我们搞党史、革命史，我们要记住，不要连张荫麟这样的见解都没有。

对于党史人物的评价，不能要求那些革命人物是完人，像悼词上说的那样。金无足赤，人无完人。毛泽东同志不是完人，是否被毛泽东同志整过的人就都是完人？也不能这样说。我与他们一起生活很长时间，了解一些情况。要尊重历史。不久前《人民日报》刊登的张树德同志的一篇文章，说1945年那篇《关于若干历史问题的决议》是由任弼时同志口授，由他记录的。几个人（包括我）整理一下就成了那个历史决议。这里要申明一下，不是因为牵涉到我，我就讲这件事。我认为，这篇文章写的基本上不是事实，不实事求是。现在写回忆文章，好像回忆谁，谁就都是正确的，形象非常高大。任弼时同志对革命贡献很大，但是他没有起到的作用不要硬加给他。回忆录有些不是本人写的，难免有些内容与客观事实不符，但要尽量做到科学，实事求是。历史上有些事情是不大容易弄清楚的，出现回忆文章不实事求是，让人更加弄不清楚。那个历史决议不是我的作品，也不是弼时同志的作品，是集体创作。讨论时大家提意见，弼时同志也不是提意见最多的。这只是一个例子。写党史时遇到周恩来、刘少奇、彭德怀、贺龙等同志，免不了感情上的问题，但不能说他们没有任何缺点，对这些人物都要采取公正、客观的态度来评价，否则许多问题不可理解。对毛泽东同志，开始是上帝，后来变成魔鬼，不成为历史，成了神话故事，成为不可理解的了。

为了写好党史，要多收集资料，收集国民党和外国人写的共产党的历史，看看他们怎样写红军、八路军、新四军。我看了托派王凡西写的《双山回忆录》，觉得对我们有用处。他说："我们犯了一个错误，把共产党说成小资产阶级的党。"他说他早就不同意，在解放战争时期就改变这种说法了。《张治中回忆录》对我们写党史很有用处，他写到解放后，写了周恩来，写了对共产党的看法。不是都可取，但有许多可取的地方，也可以使我们认识国民党，了解国民党的人物。要用科学的态度去认识，去叙述，不是像《水浒传》开头写的，洪太尉误走妖魔，三十六天罡，七十二地煞。这是对写好党史的基本要求。

中国在五十年代怎样选择了社会主义*

中国经济在五十年代的最重要事件就是选择了社会主义。三十多年的时间已经过去，人们对于这个问题仍然抱有兴趣。这个过程是怎样和为什么发生的？我想就这个问题的实际方面作一些客观的解说。

中国共产党从来把实现社会主义作为自己的政纲。它认为，中国要确保国家的独立和统一，发展国民经济，实现繁荣富强，使劳动人民免遭剥削和贫困，只有社会主义才是唯一的出路。但它并没有在取得政权的时候打算马上这样做，而是到 1952 至 1953 年间才根据毛泽东的建议决定作出这个选择的，随后在 1954 年被确定在由第一次全国人民代表大会所通过的宪法里。这时中国经济已经从长期的战争破坏中恢复过来，正在着手制定和实行后来被超额完成的第一个五年计划。按照这个计划，工业总产值年增长率将达百分之十四点七，农业总产值年增长率将达百分之四点三，职工平均工资将增长约三分之一。将建设约一万个项目，包括六百九十四个大中型工业项目，而以苏联援助建设

---

* 此篇是 1989 年 3 月 29 日、30 日在美国洛杉矶加州理工大学所作的学术讲演。

的一百五十六项为中心。

1949 年，解放战争结束和人民共和国成立的一年，中国经济破敝不堪。与过去中国经济发展的最高年份相比，工业总产值减少了百分之五十左右，粮食减少百分之二十五，棉花减少百分之四十八。从 1937 年 6 月到 1949 年 5 月，国民党政府所发行的通货，膨胀了成千亿倍，物价上涨了成千亿倍。人民政府必须首先稳定物价，稳定金融，稳定财政。当时在中国的资本家中间流传着一种说法，共产党军事内行，经济外行。或者说，军事上一百分，政治上八分，经济上零分。人们的这种不信任感是可以理解的，他们没有经验。所有的人都没有经验。人们怀疑，共产党在解放区的经验和本领够不够解决这样的全国性的大灾难？

但是中国创造了奇迹。人民共和国成立八个月，即 1950 年 5 月以后，中国物价开始稳定。1950 年财政收支基本平衡，1951 年和 1952 年财政还略有节余。1952 年与 1949 年相比，工业总产值增长百分之一百四十五，比战前最高年份增长百分之二十二点三；农业总产值增长百分之五十三点四，比战前最高年份增长百分之十八点五。粮食、棉花、电力、煤、钢、机床、纱、布、纸等主要产品产量都有明显增加或大幅度增加。

这个奇迹是怎样出现的？我们了解了这个过程，也就能大致了解中国怎样选择社会主义的过程。

中国经济的恢复过程中有四个起作用的基本因素。

第一个基本因素是中国政府实行了全国财政经济的统一。这里包括统一财政收支，统一货币和现金管理，统一国营贸易和重要物资的调度。所以要实行这种统一，首先当然是为了把凡能集中使用的力量都集中起来，以便战胜当时所面临的严重困难。同时，也是为了使中国这样一个地大人多、贫穷落后的国家，能够把仅有的一点物质力量管好用好，足以维持全国的统一安定，有能力调剂各地区的余缺和应付各种意外，并且有计划有步骤地恢复和发展经济，保障和逐步改善人民生活。这种统一在中国历史上没有过。这种办法既不是出于事前预定，也不是出于国外的成规或建议，而只是在特定情况下的唯一选择。这当然是说的共产党所能作出的选择，共产党以外的任何力量即使想这样做也做不到。

人民政府在 1949 年 5 月采取坚决的行政法律措施宣布禁止黄金、白银和美元的流通，支持人民币作为唯一合法的货币。这是打击投机商的第一个重大步骤。但是为了稳定物价，还必须依靠经济方法。当时人民政府手里所能够掌握的主要经济武器只有粮食、棉花、纱布，运输它们的火车、轮船，以及支持工厂开工的煤炭。中国最大城市上海刚解放时（1949 年 5 月底），政府只有二千万斤粮食；到 1950 年 7 月，由于全国火车轮船有组织的调运，已经多达十七亿斤，够上海市一年半的周转。政府在上海、附近省份和远距离省份布置了三道防线，从而在 7 至 10 月战胜了囤粮抬价的投机商。1950 年 2 至 3 月即春节前后，同样的斗争又在棉纱和棉布上更复杂地展开，使投机商遭到毁灭性打击。为了适应十月援助朝鲜战争以后的形势，政府除了掌握更多的纱布外，还实行了对纱布统一收购和一系列紧缩财政稳定金融开支的政策。这样，到 1950 年底各大城市的批发物价指数就比同年 3 月的水平还下降了百分之十四点六。这被称为经济上的“淮海战役”。

财政经济工作上的这种高度统一，加上后面说到的国营经济的迅速发展，以后被很自然地逐步引向计划经济的轨道。这里应该指出，建立在这种高度统一的基础上的计划经济体制（实行高度统一是物资短缺而需求紧迫的反映），后来作过几次重要的改变，主要是扩大了地方的财政经济权力。八十年代改革的一个主题是大大减少中央的指令性计划，扩大国营企业的权力，取消或减少对大宗物资流通的控制。但是1950年所以能够那样迅速地稳定物价金融和财政，以后直至1957年全国经济所以能够保持稳定的增长，不能不归功于当时对财政经济工作的高度统一。后来的经验也表明，一定程度的统一或计划性，以及拥有相应的物质手段或宏观调控能力，对于国民经济的稳定发展始终是必要的（在遇到经济严重困难的六十年代前期，曾经再一次实行高度统一的体制）。这是中国选择社会主义的重要关键。

决定中国选择社会主义的第二个基本因素是中国国营经济的日益强大。

国营经济是没收国民党官僚资本的结果。解放前夕，国民党官僚资本约占全国工矿业、交通运输业固定资产的百分之八十。人民政府接管了属于官僚资本的工业企业，使国营工业的产值在1949年占全国工业产值的百分之三十四点七，到1952年，这一比重增加到百分之五十六。国营批发商业占全国批发商业营业总额的份额，1949年到1952年由百分之二十三增加到百分之六十。银行基本上由国家经营。

新中国的国营经济一开始就被认为是社会主义经济。它决不能与三四十年代的国民党时期或历史上更早的官营经济同日而语。在1950年稳定经济所依靠的手段中，除粮食和棉花来自拥护共产党的农民，纱布、火车、轮船和煤炭都来自国营企业。派到各大企业的负责工作人员一般都是富有群众运动和革命战争经验的、有献身精神的青年，善于和职工打成一片，能够动员群众的力量在战争的废墟上克服种种困难，重建、扩建或新建企业。国营企业忠实于政府规定的各项制度、纪律和计划，不但使各种重要工业产品产量迅速超过战前的最高水平，而且开发了一大批新产品、新工艺、新技术、新产业和新的工业地区。国营企业职工生活稳定而充满热情，有各种权利、保障和福利，被社会尊称为老大哥，在他们中间出现了一大批技术能手和劳动模范。

中国的财政经济工作的统一得力于国营经济的支持，同时又为国营经济不断增添新的血液。第一个五年计划的主要任务要由国营经济承担，这当然需要大大扩大国营经济。这是中国选择社会主义的第二个基本因素。

第三个基本因素是资本主义经济的弱小和发展困难。

中国资本主义经济，在官僚资本被人民政府没收以后，已经很弱小。为了在长期战争结束以后求得生存，不能不依靠政府和国营经济的支持。政府也采取有力的措施来帮助工厂商店开业，既为了恢复经济，也为了防止失业。但是两者之间又存在着许多难以解决的矛盾。

人民政府为控制物价而进行的严重斗争反映了这种尖锐矛盾。物价稳定以后，资本主义工商业面临新的严重困难。消费者不再像通货膨胀时期那样抢购消费品，一大批工厂商店不能适应人民消费结构的变化和国家订货的需要。它们特别缺乏原材料和流动资金。在这种情况下，它们不得不接受政府所实行的一系列调整或改组的政策。大部分工业企业承办加工业务、接受国家的订货和收购包销产品，而商业企业开始为国营商业代销。改组的结果产生了1951年的中国资本主义经济史上前所未有的“黄金时代”，工厂和商店的户数都增加了十分之一以上。

资本主义工商业的迅速发展，加剧了它们与政府、国营经济乃至社会的矛盾。大部分工商业主偷税漏税，在生产和经营中偷工减料或采取其他诈骗行为，并为此而大量行贿，从而导致1952年上半年的“五反”运动：反行贿、反偷税漏税、反盗窃国家资财、反偷工减料、反盗窃国家经济情报。人们开始认识到，资本主义工商业不仅需要进一步改组，而且需要通过国家资本主义的过渡形式逐步改造为社会主义。

尽管有了“五反”运动，随着国民经济的恢复和大规模经济建设的展开，社会主义经济和资本主义经济的冲突仍然日趋紧张。1953 年粮食市场上出现了极其严重的形势。大规模的经济建设大大增加了需要供应粮食的人口，粮食的销量急剧上升，私商的抬价抢购却使国家的购粮计划难以实现，一些地方收购量甚至不到计划数的三分之一。这个情况不但威胁着所有工业企业的职工，而且威胁着全体城市居民。1953 年冬中国被迫实行粮食、食油统购统销。随后，由于同样的原因，实行棉花的统购统销和棉布的统购统销，并使批发商业国有化。同时，加工订货和公私合营逐步由大企业扩大到中小企业。资本主义工商业的这种进退两难的情况，是中国选择社会主义的第三个基本因素。

第四个基本因素是新中国的国际环境。

新中国是在推翻为西方国家所支持的国民党统治的激烈斗争中产生出来的。1950 年的朝鲜战争，使中国与西方已经很紧张的关系更加紧张。中国受到了长期的外交上、经济上和军事上的严密封锁。中国不但不可能从资本主义大国得到什么援助，而且连普通的贸易和交往都很困难。中国人因此只能从自己受侵略受歧视的记忆中和受敌视受威胁的感受中认识资本主义。当时只有社会主义国家和战后为独立而斗争的国家同情中国，只有苏联能够援助中国，这种援助在中国的第一个五年计划中占有十分重要的地位。尽管中国在制定具体的经济政策和工作方法时坚持从中国的具体情况出发，苏联的社会主义制度仍然对中国具有重大的榜样作用。当然，如果国际环境是另一个样子，中国选择的条件、时机和形式将会有某些不同，但是叙述历史不是写小说，不能由我们自由想象。

中国对资本主义工商业实行全行业公私合营，对私方付年息五厘作为“赎买”的代价，使资本主义经济和平地转变为社会主义经济。这种方法确实是一个有历史意义的巨大的成功，虽然现在看来不免有些简单粗糙。八十年代的经验表明，在社会主义经济获得全面的统治地位以后，可以允许少量资本主义经济成分在国家的有效控制下继续存在（这与实行社会主义改造以前的状况当然完全不同），这对社会主义经济可以成为一个有益的补充。1956年中国资本主义工商业实行全行业公私合营，出现了一些戏剧性的场景。这显然受到了农业合作化高潮的影响。在压力下匆忙完成的过渡使一系列复杂问题没有得到仔细的处理。

中国领导人在1956年晚些时候已经指出，在资本主义工商业、农业、手工业社会主义改造过程中所采取的许多办法，主要是过分地统一生产、统一经营、统一收购、统一销售、统一计划的办法，并不适合于国民经济长期发展的需要，应该及时纠正，并且应该在一定范围内，使个体经营成为国家经营、集体经营的补充，使自由生产成为计划生产的补充，使自由市场成为国家市场的补充。[①] 在1956年底，中国领导人曾经宣告，允许某些处在非法状态的“地下工厂”、“地下商场”合法化，只要不违法，十年二十年不没收。[②] 中国有百分之九十几的社会主义，不怕有百分之几的资本主义作为补充和比较者。[③] 但是，这个大有希望的进程，被1957年以后的“左”倾错误政策打断了。

至于农业，那是一个需要专门讨论的问题。中国农业合作化有很多不同于苏联农业集体化的特点。这个过程本身没有使农业受到破坏，并且带来了许多现在仍在起作用的成功，特别是在农

---

① 陈云：《在党的八大的发言》，1956年9月20日。

② 毛泽东：《与民主建国会、工商联负责人的谈话》，1956年12月7日。

③ 刘少奇：《在人大常委第52次会议上的讲话》，1956年12月29日。

田水利的基本建设方面和农业机械的应用方面。合作化的农业对于国家的工业化贡献了大量的低廉的粮食、农产品和劳务。但是过快的变化和以后的长时期滥用行政手段，以及工农产品比价的不合理，挫伤了农民对于农业劳动和农业经营的积极性。此外，合作化对农村多余的劳动力也没有提供出路。因此，八十年代的改革不能不首先从农业开始。众所周知，人民公社目前已被家庭联产承包责任制所取代。需要指出，中国农民的生产和经营至今仍不同程度地受到乡、村两级各种经济组织的协助、服务和调节，形成所谓“双层经营”以至“双向承包”。在经济发达地区，集体经济仍是主体。据统计，在1988年的农村经济总收入中，乡、村两级企业和集体统一经营收入占百分之四十点八；新经济联合体所占比重百分之二点五；家庭经营收入占百分之五十六点七。

就五十年代中国经济和中国历史的全局而论，重要的是，无论早几年或迟几年，保留多少私有成分，经营管理上和计划方法上具有多大程度应有的灵活多样性，总之，对社会主义的选择是不可避免的。

纪念中国共产主义运动的伟大先驱李大钊*

今天是李大钊同志一百周年诞辰。中共中央党史研究室、中国社会科学院、中共北京市委、中共河北省委、北京大学等单位在这里联合举办李大钊学术讨论会，以纪念这位党的主要创建者之一，伟大的马克思主义者和无产阶级革命家，探讨历史对他和他对历史的影响，学习他作为爱国者、革命家、教育家、学者、作家和知识分子的坚定立场、热烈心肠、谨严态度和高风亮节，是很有意义的。我代表中共中央党史领导小组热烈祝贺这次学术讨论会的召开，并向到会的中外专家、学者表示亲切的问候。

李大钊是中国共产主义运动的先驱。他最早在中国举起马克思主义的旗帜，积极参加和指导五四新文化运动和五四爱国运动，教育团结了包括毛泽东、周恩来等一大批革命青年，引导他们走上了共产主义的道路，随后与陈独秀、毛泽东等一起发起和创建了中国共产党。他是党的早期的主要领导人之一。当时，中国共产主义运动的队伍还很弱小，斗争环境非常艰苦。为了共产

* 此篇是 1989 年 10 月 29 日在李大钊研究学术讨论会上的讲话。

主义的崇高事业，李大钊在工人、农民、知识分子、军队官兵、少数民族等各条战线上奋力开拓，卓著成效；并积极协助孙中山改组国民党，实行国共合作，在北方十五个省市发展了国民党和共产党的组织和工作。他也继续在教育和学术的岗位上耕耘不辍，而以所得的收入来支持革命运动，资助穷苦学生。1927 年 4 月 6 日，李大钊被军阀张作霖逮捕。北方的反动派对李恨入骨髓，主张处以极刑，背叛后的蒋介石也密电张“将所捕党人即行处决，以免后患”。这样，我们的伟大先驱李大钊终于在 4 月 28 日被处绞刑，牺牲时年距 38 周岁还少 6 个月。

从那时以来，六十多年过去了，我们的国家已经发生了巨大而深刻的变化。李大钊等先驱播下的共产主义真理的种子，已经在中国的大地上生长、开花和结果了。当然我们还是处于社会主义初级阶段；毕竟毫无疑问，这是共产主义的起点，这对于我们和我们的敌人都是明白的。今天，我们虽然远离了他生活的时代，但依然感到他短促的生命的伟大，依然感到他的历史眼光的深远、思想价值的珍贵和革命道德的崇高。

自古以来，中国的优秀知识分子就有关心国家命运的传统。他们以天下为己任，提倡“先天下之忧而忧，后天下之乐而乐”，“天下兴亡，匹夫有责”。李大钊是继承和发展了这个传统的。他在十六七岁时，痛感日俄战争以中国领土为争夺对象和战场，国势危急，生民涂炭，发愤献身救国事业。他决定改名耆年为大钊，改字寿昌为守常，就是自己对自己永恒鞭策，不求长寿，而求终身为奋斗不懈、坚持原则的志士仁人的表现。他在《狱中自述》中说：“钊自束发受书，即矢志努力于民族解放之事业，实践其所信，励行其所知，为功为罪，所不暇计。”① 他

① 《李大钊文集》（下），第 893 页，人民出版社 1984 年版。

的爱国思想的一个显著特点在于，他对祖国的炽烈的爱是同他对中国广大人民群众命运的真切关怀结合在一起的。前期新文化运动的参加者中，不少人以个性解放的思想来否定三纲五常这类伦理原则，他们在反对旧道德、旧文化的斗争中起过积极作用，但他们并没有对广大人民的深广而久远的痛苦表示深切的同情，没有对群众的革命发动表示应有的期待。他们攻击旧制度的立足点和出发点是相当狭隘的。李大钊则不同。他对“农失其田，工失其业，商失其源”[①] 的黑暗现实感到哀痛和忧虑。他是以人民大众代言人的身份来揭发旧制度的祸害并投身于争取变革的斗争。他认定：“光明缉熙之运，惟待吾民之意志造之，惟赖吾民之实力辟之。”[②] 他对于人民群众的直接行动抱有强烈的希望和坚定的信念。

在中国共产党出世以前，中国的先进分子曾经努力向西方资本主义国家寻求救国救民的真理。李大钊也曾经是一个真诚的民主主义者，希望通过资产阶级共和国，使中国走向独立和富强。从爱国的立场出发，经过民主主义而走向共产主义，这是当时许多先进分子所走过的共同的道路。问题在于，为什么不是别人，正是李大钊最早抛弃资本主义的建国方案并为中国选择社会主义新方向的呢？我想，这与他早期思想中的如下两个特点有直接的联系。其一，他在为中国选择道路时，是以它能否导致人民的幸福和解放为弃取标准的。他感到，辛亥以后所建立的民国，名实极不相符，“共和自共和，幸福何有于吾民也！”[③] 第一次世界大战爆发后，他更从世界历史的角度来考察西方资本主义制度，指

① 《李大钊文集》（上），第 6 页。

② 同上书，第 140 页。

③ 同上书，，第 4 页。

出“此次战争，使欧洲文明之权威大生疑念。欧人自己亦对于其文明之真价不得不加以反省”[①]。这样，即使在作为民主主义者的时候，他已经对资产阶级共和国的方案采取某种怀疑和保留的态度了。他在1916年6月曾说过：“代议政治虽今犹在试验之中，其良其否，难以确知，其存其易，亦未可测。”[②] 这种怀疑论，正如列宁在评论赫尔岑时所指出的，乃是“从‘超阶级的’资产阶级民主主义幻想到无产阶级严峻的、不屈不挠的、不可战胜的阶级斗争的转化形式”[③]。其二，他的思想中较早地具有了唯物论和辩证法的因素。他强调，人们的认识必须“据乎事实”，论事析理，“求其真实之境”[④]；他认为，宇宙间充满着矛盾，正是这种矛盾的斗争推动着事物的变化。从这种观点出发，他从不固执成见。他相信社会是前进的，新事物肯定会比旧事物优胜。他在对西方代议政治表示怀疑的同时，就确信起而代之者必定是更为优胜的制度。正因为如此，他才能在十月革命胜利后独具慧眼，比同时代人更早地看到这个革命的胜利乃是庶民的胜利，布尔什维主义的胜利，看到社会主义的兴起乃是时代的潮流，认定它将带来中国民族解放的新希望。尽管他接触马克思主义在中国并不是最早的，但他最早同资产阶级民主主义划清界限，成了中国的第一个马克思主义者。

作为马克思主义在中国的最早传播者，李大钊一开始就以科学的态度来对待马克思主义。

首先，他重视马克思主义基础理论的研究，力求全面地把握马克思主义的理论体系，把握它的革命的实质和核心。《我的马

① 《李大钊文集》（上），第565页。
② 同上书，第168页。
③ 《列宁选集》，第2卷，第418页，人民出版社1972年版。
④ 《李大钊文集》（上），第446页。

克思主义观》一文就介绍了马克思的唯物史观、阶级斗争说和经济论，可以说是中国第一篇比较系统地介绍和宣传马克思主义的作品。文章指出，“阶级竞争说恰如一条金线”，把马克思的上述三大原理“从根本上联络起来”。[①] 由于当时的中国，首要的任务是进行革命，他特别重视马克思主义的唯物史观和阶级斗争学说，是很自然的。

其次，他初步揭示了马克思主义必须同中国实际相结合的思想。当他还是个民主主义者的时候，他就讲过正确认识中国国情的重要，认为考虑中国的问题，是不能“置吾国情于不顾”[②]的。这里的国情，既是指“近今之国情”，也是指“往昔之国情”，即历史。[③] 他认为，这个国情问题，不可求于外人，“不可与客卿谋”[④]。在前期新文化运动中，他在揭露孔子之道与现代生活相矛盾的同时，并没有对中国的传统文化取全盘否定的态度。相反地，他正是中国传统的优秀文化的继承者。他认为东方文明与西方文明各有短长，建设世界的新文明，并不是要全盘西化，并不是要全盘否定中国传统，而应是东西文明各“以异派之所长补本身之所短”[⑤]。他曾著文反对民族虚无主义和民族悲观主义，表示“深信吾民族可以复活，可以于世界文明为第二次之大贡献”[⑥]。他从世界文化发展中的角度考察俄罗斯文明，认为它“实兼欧亚之特质而并有之”，“世界中将来能创造一兼东西文明特质，欧亚民族天才之世界的新文明者，盖舍俄罗斯人

① 《李大钊文集》（下），第50页。
② 《李大钊文集》（上），第55页。
③ 同上书，第113页。
④ 同上书，第110页。
⑤ 同上书，第571页。
⑥ 同上书，第562页。

莫属。”这也正是他主张对于俄国十月革命应“翘首以迎其世界的新文明之曙光”[①]，主张中国革命要走俄国人的路的一个重要原因。在他成为马克思主义者以后，重视马克思主义在中国具体情况下的实际运用，这不仅说明他对马克思主义这个科学世界观的正确理解，而且是他上述思想的合乎逻辑的发展。他指出，马克思主义“是一个时代的产物”[②]。我们接受某一学者的学说时，“不要忘了他的时代环境和我们的时代环境”[③]。作为一个马克思主义者，应当研究马克思主义理论“怎样应用于中国今日的政治经济情形”[④]。他指导的北京大学马克思学说研究会，当时就组织过“社会主义是否适合于中国”的辩论，并由他担任评判员；还开展过“世界资本主义国家在世界各弱小民族掠夺之实况——特别注意于中国”这类实际性的专题研究。他认为，社会主义“原有适应实际的可能性”，当人们“用以为实际的运动”时，它会“因时、因所、因事的性质情形生一种适应环境的变化”[⑤]，即在运用中得到发展。应当说，这些思想，是相当精彩的。在中国早期马克思主义思想运动中，他就提出这些思想，更属难能可贵。把这种宝贵的思想说成实用主义，是完全没有道理的。

再次，他认为马克思主义的绝大功绩，就是指明“社会主义的实现，离开人民本身，是万万作不到的”[⑥]。他不仅重视工人阶级在革命中的先锋作用，直接从事工人运动；而且重视农民

① 《李大钊文集》（上），第574—575页。
② 《李大钊文集》（下），第68页。
③ 同上书，第69页。
④ 同上书，第711页。
⑤ 同上书，第34页。
⑥ 同上书，第64页。

在革命中的主力军作用，积极发动和组织农民斗争。在他开始向马克思主义方向发展时，他就写过《青年与农村》一文，认为只有把黑暗的农村变成光明的农村，中国的民主主义才算有了根柢和泉源，因而号召革命的青年到民间去、到农村去。后来，他在《土地与农民》等文中，更对农民在革命中的地位与革命者深入农村的必要性等作过相当深入的论述。他说过，革命者要关心水深火热中“倒卧着几千百万倒悬待解的农民”，要“去导引他们走出这个陷溺，转入光明的道路”①。国外很有些学者据此认为李大钊和后来的毛泽东的思想具有民粹主义色彩，国内也有人响应这种观点。事实上，李大钊尽管曾经赞赏俄国民粹派“到民间去”的口号，但与俄国的民粹派不同，他并没有认为农民是天然的社会主义者。如果考虑到中国革命首先是反帝反封建的民主革命，而民主革命的根本问题正是农民问题，那么，我们就应当承认，李大钊重视农民，号召革命者到农村去，这正是他为把马克思主义正确地运用于中国的实际所作的努力的一部分。毛泽东的情况也是如此。

李大钊原本是一个学者。他是通过探索救国救民的真理走上革命道路的。当他成为一个革命者以后，他把自己的主要精力投入了革命斗争。他不仅运用马克思主义对中国革命的重大问题进行了富有成效的探索，而且，在党的组织工作和宣传工作、工人运动、农民运动、统一战线工作、军事工作、少数民族工作等几乎所有的战线上，都活跃着他的不知疲倦的身影，都留下了他的辉耀史册的业绩。从开始进行建党活动到最后牺牲，仅只七八年的时间。在这样短暂的时间里，他竟然为中国人民、为党的事业作出了那么巨大的、多方面的贡献，这不能不令人惊叹和感佩。

① 《李大钊文集》（下），第877页。

但是，作为革命家的李大钊，仍然不失学者的本色。建党以后，他还一直担任北京大学的教授，在哲学、社会科学的许多领域里进行着辛勤的劳作。他是中国第一个运用辩证唯物主义和历史唯物主义观察社会、认识社会和改造社会的马克思主义哲学家，又是中国马克思主义史学的奠基人，写过《史学要论》等一系列历史理论著作。在其它学科领域，他也作了不少开创性的工作。他还是一个文学家，写了很多脍炙人口的诗文。他的文章风格挺拔，笔力雄健，议论纵横，充满激情。王森然在三十年代写的《近代二十家评传》一书便说，他编辑《新青年》杂志时，"以矫激之笔致，犀利之文词，中国新文坛气势为之大昂"[①]。他去世后，一部分遗文被李乐光等冒着生命危险收集并保存下来，周建人等也在极端困难的情况下进行着他的遗文的收集工作。作为一个拓荒者，他在思想文化领域中所进行的一些草创性工作自然不免粗糙，然而他在中国第一个用马克思主义指导革命和占领哲学、社会科学阵地的历史功绩，是不可磨灭的。1933 年，鲁迅在《〈守常全集〉题记》中就说过，一切死的和活的骗子的一迭迭集子，已在倒塌下来，连商人也"不顾血本"的只收二三折了，然而"他的遗文却将永住，因为这是先驱者的遗产，革命史上的丰碑"[②]。

李大钊的气节和操守是非常崇高的。在他的身上，凝结着中华民族的许多美德，体现着中国知识分子的优秀传统。在他成为马克思主义者以后，这一切更得到了升华，达到了新的高度，他为人忠厚、谦和、质朴，为士林所公认。同时，他又有很强的原则性。在危急关头，从不退避，总是挺身而出。在遭敌人通缉

① 《李大钊研究论文集》，上册，第 45 页，河北人民出版社 1984 年版。
② 《鲁迅全集》，第 4 卷，第 525 页，人民文学出版社 1981 年版。

时，亲友们曾劝他离开北京，他为了工作，坚持留下。被捕以后，面对敌人的酷刑，他不仅严守党的秘密，而且独力承担全部责任，竭力掩护和解救同时被捕的青年。在狱二十余日，绝口不提家事。他的牺牲是很壮烈的，真正是从容就义，视死如归。他一生自奉俭约，生活刻苦。他把大部分收入用于党的事业，用于接济他人，以至北京大学发薪水时不得不预先扣下一部分直接交于他的夫人，以免他的家庭断炊。他“生时仅可供家食，殁后则一贫若洗，棺椁衣衾，皆为友助”[①]。他确实处处可以为人之楷模。正因为如此，不管是同志、朋友还是敌人，对他的人品，没有不佩服的。凡是与他接触过的人，都给予他极高的评价。在五四时期，即有人写诗赞扬他与陈独秀是“双悬照古今”的“日月”[②]，毛泽东也说他们两人都是“当时中国知识界最出色的领导人”[③]。他与孙中山接触后，孙中山说他“是他的真正的革命同志”，是他“特别钦佩和尊敬”[④]的人。一些同时代人也说他是“宅心长厚之良友”[⑤]，是“现代中国的一个完人”，“不论他的思想，他的行动，他的为人，他的待友处家，都是无可訾议的”[⑥]。

李大钊曾亲笔书写过一幅对联送给友人，就是“铁肩担道义，妙手著文章”。这幅对联的原作者是明朝的杨继盛，原文是“铁肩担道义，辣手著文章”[⑦]。杨继盛也是河北人，嘉靖进士，曾任兵部员外郎，因弹劾奸相严嵩下狱，受尽酷刑后被杀，是明

---

① 《李大钊研究论文集》，上册，第46页，河北人民出版社1984年版。

② 《回忆李大钊》，第35页，人民出版社1980年版。

③ 《毛泽东一九三六年同斯诺的谈话》，第40页，人民出版社1979年版。

④ 《宋庆龄选集》，第465页，人民出版社1966版。

⑤ 《回忆李大钊》，第146页，人民出版社1980年版。

⑥ 同上书，第61页。

⑦ 贾芝：《铁肩担道义》，1957年4月28日《人民日报》。

朝的著名志士。李大钊特地选择这幅对联，说明了他对杨继盛等古代仁人志士的景仰。他将原联中的“辣”字改为“妙”字，也使这幅对联别具韵味。这幅对联，可以说是李大钊一生的生动概括和真实写照。有人借这幅对联把李大钊称为“道德文章之楷模”，他确是当之无愧。1933年，即在李大钊就义六年后，他的生前好友，北京大学教授王烈、何基鸿、沈尹默、沈兼士、周作人、胡适、马裕藻、马衡、傅斯年、蒋梦麟、樊际昌、刘复、钱玄同等，为公葬这位英烈募资立碑。刘复撰写的碑文称李大钊“理致谨严，思度宏远，见者称道”；“温良长厚，处己以约，接物以诚，为学不疲，诲人不倦，是以从游日众，名满域中”。这说明在学者当中，无论对马克思主义的态度如何，都不能不承认李大钊的思想和人格的伟大。

我们今天纪念李大钊，要学习他的革命气概和高尚品质，学习他的一身正气，两袖清风，大公无私，自强不息，继承和发展他的思想遗产，从中汲取强大的精神力量。在建设社会主义的新时期，在改革开放的历史条件下，为了同时发展物质文明和精神文明，为了与资本主义列强对我颠覆演变的野心坚决周旋到底，这是尤其重要的。

这里我想指出，共产主义先驱李大钊的名字是与北京大学分不开的。他的革命活动是从北大的“红楼”、北大图书馆开始的。他在北大指导的马克思学说研究会一开始就得到了校长蔡元培的支持。被李大钊和他的学生们定名的“亢慕义斋”（即共产主义斋），就是蔡元培为研究会专门提供作为活动场所的两间房子。当时国内后来成为共产主义者的革命青年，很多都是这个研究会的会员或通讯会员。北京共产主义小组的最初成员，大多数也是北大学生和教师。可见，北京大学不仅有伟大的爱国民主主义者和教育家蔡元培的传统，而且有伟大的马克思主义者和革命家李大钊的传统，有研究和宣传马克思主义、形成共产主义主要发祥地之一的传统。这个传统在抗日救亡运动中，在抗美反蒋斗争中，都曾发出过夺目的光辉。新中国成立以后，北京大学得到空前的发展，在自然科学、社会科学、人文学科的教学和科研方面都达到新的规模和水平。这之间也经历了一些令人痛心的曲折，无论如何，北京大学的光荣革命传统是不可动摇的。今天，北京大学成为举办这次学术讨论会的发起单位之一，讨论会本身就在北京大学举行，是理所当然的。无论就历史地位和现实责任说，我相信，北京大学的师生今后一定会在党和政府的领导和关怀下，把蔡元培、李大钊等创立的革命传统坚守不渝，发扬光大。

像李大钊这样重要的历史人物，他们的历史本身，就是党的历史的一部分。我们应当联系当时的历史环境对他们进行实事求是的分析，作出客观的评价。我们越是实事求是地评价党史上的人物，越是如实地写出他们的思想、活动及其特点，我们的党史就越是真实、生动，越是具有说服力和感染力。近年来，史学界对李大钊的研究呈现出一派蓬勃兴旺的景象。我希望，这次学术讨论会将会把对李大钊的研究进一步引向深入。

中国共产党怎样发展了马克思主义*

——为纪念建党七十周年作

中国共产党的七十年是马克思主义在中国有组织地传播和实践的七十年。人们今天谈论马克思主义的命运，就不能不注意它在中国的发展。确实，这个发展不但远远超出过去一般人的预料，也是马克思主义创始人所预料不到的。在纪念中国共产党诞生七十周年的今天，回顾一下这段历史是很有意义的。

中国共产党初创时期的中国，已经有了一定程度发展的资本主义，因而有了一定程度发展的资产阶级和无产阶级，同时又有相互勾结的强大的帝国主义势力和封建势力，是世界上阶级矛盾和民族矛盾最激烈的国家之一。这是马克思主义被广泛接受的重要条件。在俄国十月革命胜利以后，有些国家也曾经历过很激烈的阶级斗争或民族斗争，马克思主义也曾经得到了比较广泛的传播，但是没有取得中国这样的成功。中国共产党夺取政权的斗争不是没有遇到过严重的困难和危险，它所以取得成功，除了由于党和在它领导下的革命人民善于根据马克思主义的观点分析斗争形势，总结斗争经验，把经验提高到理论高度，并在斗争中立场

* 此篇发表于1991年6月25日《人民日报》。

坚定，组织严密，团结一致，勇敢顽强之外，在客观条件方面，我想还应该指出：第一，竞相争夺中国的帝国主义列强长时期陷于自身相互间的尖锐的利益冲突，不可能对于中国革命的潜力和发展速度及时地作出恰当判断并采取统一政策和一贯步骤；第二，中国统治阶级的内部斗争表现为长期的军阀混战，加上中国疆域广阔，政治经济发展很不平衡，使革命力量有可能取得局部胜利并逐步壮大；第三，民族资本主义缺乏充分发展的条件，资产阶级思想的发展也受到限制，资产阶级革命不可避免地归于失败，因而深受压迫和贫穷折磨的中国人民比较容易接受社会主义的选择。

中国共产党的七十年，是党领导全国各族人民在革命和建设事业中曲折前进和取得伟大胜利的七十年。

党从创立后登上中国政治舞台到国民党大规模反共，不到六年时间。1927 年反革命势力的血腥恐怖似乎把共产党人斩尽杀绝了，但是百折不挠的共产党人经过几年艰苦卓绝的斗争，又作为一支重要力量出现了。蒋介石对于这支力量的打击从未放松，但他所发动的“围剿”却连连失败。可是党内的“左”倾错误在客观上帮助了蒋介石，并且在 1934 年的长征初期几乎使党陷于绝境。遵义会议挽救了党和红军，到达陕北的几万人重新成为中国革命的希望。党由于努力和平解决西安事变，再次实现与国民党的合作，为全民族的抗日战争奠定了政治基础。

日本侵略者和蒋介石虽然没有放过一切可以重新扼杀共产党的机会，但是他们却没有力量改变历史前进的方向。在苏德战争、太平洋战争先后爆发的世界反法西斯战争的新形势下，英美不得不与苏联同样反对蒋介石消极抗日、积极反共的方针，日本侵略者和蒋介石也终于不可能携手合作。一部分美国有远见的人士曾经企图改变美国政府的片面援蒋政策，他们的努力失败了。

抗日战争结束以后，美国政府竭力援助蒋介石重新发动内战，但是中国共产党在政治上和军事上已经成为巨人。它领导全国人民打败了和从大陆上赶走了美国政府装备和资助的蒋介石军队，建立了独立的、统一的、人民民主的新中国。

中华人民共和国的四十多年的历史远不是轻松的。西方列强长期封锁并以武力威胁中国，妄图把中国困死，直至七十年代这个政策才彻底崩溃。即使在与中国建交以后，它们对中国的关系也充满了复杂性。西方始终有一股势力想通过种种方式干涉中国内政，企图使中国向资本主义和平演变。但是，一个强大的社会主义中国已经屹立在世界的东方，任何力量也推翻不了。

中国共产党在领导人民建设自己国家的工作中，尽管发生过严重的失误，但总的说来是取得了巨大的胜利。中国在五十年代确立了社会主义制度，在八十年代实行了改革开放政策。中国的一切成就都应归功于这两座里程碑。现在的中国和以前已有很大不同，它已经实现了空前的国家统一和民族团结，已有相当强大的经济基础和国防实力，在国际事务中已成为一支不可忽视的力量。由于实行改革开放政策，中国经济的发展和人民生活改善的速度都大大加快了。尽管中国与西方发达国家相比还有很大差距，人均国民生产总值在世界上名次还很低，但是它的综合国力已达到世界前十名之列。无疑，在中国实现了它的发展的第二步战略目标以后，情况将有更明显的变化。中国人民建设有中国特色的社会主义的道路越走越宽广，对前途充满信心。

中国共产党的七十年历史说明，马克思主义是有强大生命力的。中国革命的胜利和中国社会主义事业的胜利，都是马克思主义和它在二十世纪的发展——列宁主义基本原理的胜利。很明显，没有马克思主义的历史唯物主义和阶级斗争理论，没有马克思主义关于无产阶级通过阶级斗争夺取政权以实现社会主义的理论，没有马克思主义关于无产阶级的先进分子必须组成新式政党以领导劳动人民实现本阶级的历史使命的理论以及无产阶级政党的建设理论（这方面列宁的贡献特别丰富），没有俄国十月革命成功的巨大鼓舞和直接声援，就不可能有中国共产党的成立，不可能有党所领导的中国革命和党所领导的工人、农民、知识分子群众的长期斗争。没有马克思主义关于无产阶级要在斗争中同其他有革命要求的阶级和其他可能联合的政治力量组成统一战线并且要在统一战线中保持自己独立性的理论，就不可能有中国共产党与国民党的充满风险的两次合作，不可能有共产党与其他爱国民主力量的长期合作。没有马克思主义关于无产阶级必须发展自己的暴力来反对统治阶级的暴力，建立自己的专政（按照本国的情况，中国人把无产阶级专政先后改变成为工农民主专政和人民民主专政）以摧毁统治阶级的专政的理论，中国共产党就不可能建立自己的军队和政权并最终建立人民共和国。没有马克思主义关于革命是为了发展生产力、社会主义要实现生产资料公有制、按劳分配、有计划发展经济的理论，人民共和国就不可能实现社会主义改造和改革开放政策，并在国家计划的指导下使中国经济得到巨大的发展，使中国人民的生活得到普遍的改善。

中国共产党的七十年历史是成功地运用马克思主义的历史，同时也是成功地发展马克思主义的历史。马克思主义的创始人明确地宣布，他们的学说不是教条，而是行动的指南。马克思主义认为世界是发展的，它本身也必然随着世界的发展而发展。世界千差万别，马克思主义在各国的成功的运用，也必然由于各国具体情况的不同而形成各自的特色，也必然形成对于马克思主义原理的各自的发展。中国是个大国，是个东方大国，而中国革命的成功又是主要依靠中国共产党独立自主、自力更生地领导中国人民长期艰苦奋斗的结果，因此，中国共产党成功地运用马克思主义的过程，不可能不是中国共产党使马克思主义获得重大发展的过程。事实上，中国共产党的历史在长时期内充满了关于是否把和怎样把马克思主义的普遍原理与中国革命的具体实践相结合的斗争和探索，而为了把两者成功地相结合，就必然要在许多重要方面把马克思主义加以创造性的发展。毛泽东思想正是两者相结合的最高成果。毛泽东最早提出并一贯坚持“中国革命斗争的胜利要靠中国同志了解中国情况”，一贯要求中国同志认真研究中国的历史和现状，要从客观实践中探索中国革命的规律，“以马克思主义之矢，射中国革命之的”，因而对马克思主义普遍原理与中国革命的具体实践相结合的努力作出了最大的贡献，并且长期教育全党，使全党接受了他的这一思想。这是中国共产党一贯坚持并一贯发展马克思主义的思想基础。

现在，我们就中国共产党在哪些重要方面对马克思主义作了哪些发展简要地观察一下。

（一）提出了无产阶级领导的农民土地革命战争思想和以农村包围城市的革命发展道路。在领导中国革命的长期过程中，党逐渐认识到，占中国人口百分之八十以上的农民是无产阶级领导的半殖民地半封建国家资产阶级民主革命（即新民主主义革命）中的主力军。要领导革命取得胜利，就必须首先领导农民在农村中发动土地革命，建立人民武装，发展游击战争，进而联合其他革命力量，建立革命根据地和革命政权，以此为基础，逐步扩大，实行以农村包围城市的战略，最终取得全国的胜利。无产阶级领导的这种农民土地革命战争，在马克思、恩格斯的时代还是不可设想的。虽然马克思、恩格斯都注意到要争取农民作为无产阶级的同盟军，但西欧的农民（他们的情况跟中国的农民很不同）却缺乏革命的要求，而当时革命无产阶级的力量又还没有发展到东方。列宁提出了东方国家的无产阶级要注重领导农民革命斗争，但是列宁的党并没有领导农民斗争的足够的经验，十月革命的土地归农民的口号是由夺取了政权的无产阶级宣布和实现的，而不是由农民通过自己的革命斗争实现的。真正解决领导农民革命斗争的任务，不能不历史地落在中国这个东方大国的共产党人身上。在 1927 年的革命失败以后，中国的城市无产阶级在严重的白色恐怖之下，既不能通过民主制度合法地争取自己的生存权利和实现自己的政治要求，又不能通过组织城市武装起义夺取政权。这种形势要求党非把主要的力量转向反革命势力相对薄弱的农村不可。中国的广大农民，特别是贫农，生活极端贫苦，有革命的迫切要求。因而无产阶级领导的农民革命斗争，不但是中国农民的唯一出路，也是中国革命的唯一出路。首先指出这一点的是毛泽东。他在领导秋收起义未能达到党所预定的夺取城市的目的之后，毅然决然地把失败了的队伍领上了湖南江西边界中段的井冈山，创立了农村革命根据地。他在理论上论证了在全国的反革命形势下为什么小块红色政权能够存在。以后，他又在江西南部、福建西部领导建立了大片的革命根据地（中央苏区），并且在理论上进一步指出这种革命根据地的发展将可能促进全国革命高潮的实现。在红军长征到达陕北，经过八年抗日战争和三年解放战争以后，众多的农村革命根据地终于胜利地发展成为伟大的人民共和国。党究竟是依靠什么力量造成了这样的翻天覆地的变化呢？当然我们决不能忽视城市各阶层人民（以工人和青年学生为先锋）在开辟革命战争的“第二战场”中的作用，但是革命的主力，无疑是接受了无产阶级（通过共产党）领导的农民，亦即贫农和它的同盟军中农。中国共产党在一个农民占人口绝大多数的东方大国里成功地解决了革命基本动力问题，成功地解决了坚定地依靠农民并给农民以革命政治教育和严格组织训练的问题。党把如此众多的出身小生产者的农民在斗争中教育改造成为共产主义战士，成为人民军队的优秀指战员和坚定的党的干部，这在共产主义运动的历史上是没有先例的。中国的迫切要求土地和其它生活权利、贫苦而缺少文化的农民，在中国共产党的领导和教育下，竟可以激发出如此伟大的革命潜力，可以组织成如此有高度觉悟和严格纪律的队伍，可以经受穷凶极恶的阶级敌人和民族敌人所施加的如此长时期、大规模的围攻和迫害，可以创造出一个又一个如此令人难以置信的人间奇迹：这不仅是马克思主义历史上的一个伟大的新发现，也是中国历史和人类历史上的一个伟大的新发现。

（二）提出了关于人民军队和人民战争的一系列创造性思想。农民的土地革命之所以能够发展，农村革命根据地之所以能够建立，是同有一支由党所独立领导的人民武装力量分不开的。当毛泽东在 1927 年“八七会议”上提出枪杆子里面出政权的口号时，他并不是第一个发现这个真理的人，因为历史上很多统治者或统治地位的追逐者都懂得它，历代农民起义的领导者和组织者都懂得它，欧洲有工人武装起义传统的党也曾经懂得它，而且中国共产党自己也曾领导过上海工人的三次武装起义。他只是在当时不与国民党争军权的中国共产党领导机关内第一个说出了这个真理。蒋介石的反面教员的作用教育越来越多的共产党员拿起了枪杆子，同反革命作斗争。中国成立了工农红军。红军的名字是从俄国学来的，但是中国红军是在农民革命斗争中由下而上发展起来的，这与俄国红军是在革命胜利以后由上而下成立起来的情况很不相同，由此也就产生了中国人民军队独立形成的一系列至今在世界上少有的特点。毛泽东把红军的性质规定为“执行革命的政治任务的武装集团”。他说：“红军决不是单纯地打仗的，它除了打仗消灭敌人军事力量之外，还要负担宣传群众、组织群众、武装群众、帮助群众建立革命政权以至于建立共产党的组织等项重大任务”，否则“就是失去了打仗的意义，也就是失去了红军存在的意义”。红军既是这样的组织，就必须接受党的绝对领导，就必须进行革命的政治思想工作，就必须实行官兵一致、军民一致和争取敌军的原则，就必须实行“政治民主”、“经济民主”、“军事民主”，就必须遵守最严格的群众纪律，不但不拿群众一针一线，时时处处为群众服务，而且要在党的领导下组织群众进行各种革命斗争。党在创建武装力量和领导武装斗争中，实行并坚持了诸如党委统一领导下的首长分工负责制、党支部建在连上、设立政治委员和政治工作机关等一系列重要制度，以确保党对军队的绝对领导，使红军完全地、无条件地置于党的领导之下，成为实现党的纲领、路线的忠实工具，从而科学地规定和处理了无产阶级政党和无产阶级军队的关系。这样，红军就成为名副其实的人民武装力量。红军后来改名八路军、新四军，后来又改名人民解放军，军队的环境尤其在建国以后发生了很大的变化，但是，这些建军的根本原则却没有也不容许有任何变化。建国以来，人民解放军始终是人民共和国的坚强柱石，是人民利益的忠诚保卫者。人民解放军的许多部队长期驻守在自然条件极其恶劣的边防地带，帮助驻地（多数是少数民族地区或者海岛）的建设，发展和维护广大高寒地区的交通运输，他们默默地克服着常人所难以想象和忍受的危险、痛苦和困难，包括必要时击退侵略者的挑衅和入侵，不屈不挠地为祖国和人民的安宁奉献着一切。人民解放军经常担负着繁重的训练、建设和生产的任务，经常出现在一切发生巨大的自然灾害或人民迫切要求紧急援救的地方，而且经常地在地方党委和地方政府的统一组织领导下，同各族人民一起积极开展拥军优属、拥政爱民和军民共建精神文明的活动。解放军中大量涌现雷锋式直至苏宁式的既尽忠职守又忘我地为群众为战友服务的英雄模范人物不是偶然的。由于具有同人民群众的这种密不可分的血肉联系，我军在军事上就形成了一整套人民战争的战略战术，这套战略战术使我军在十年内战时期和八年抗战时期得以战胜比自己强大许多倍的敌人，而在三年人民解放战争时期得以迅速地最终地消灭国民党反动派的八百多万军队，比预计的时间更早地完成了解放中国大陆的任务。这种人民战争的战略战术的内容，随着战争形式的不同而有所不同。十年内战时期的战略，毛泽东曾在《中国革命战争的战略问题》中加以总结；抗日战争时期的战略，毛泽东曾在《抗日游击战争的战略问题》、《论持久战》中作出规定；而人民解放战争时期的战略问题，毛泽东曾提出著名的“十大军事原则”。当然，将来可能发生的强加于我国的战争，由于战争条件和军事技术的不同，一定会使人民战争的战略战术产生更多的新的变化。我军在现阶段所紧张进行的革命化、现代化、正规化建设，正是瞄准着风云变幻的未来世界的。但是如同我军是人民军队这个根本特征不会变一样，我军所进行的战争是人民战争这个根本特征也不会变。人民军队这个关于武装力量的新概念，它在国家生活、社会生活中的新作用以及随之而来的人民战争所形成的战略战术的新特点，不但在革命史、军事史和军事学上有其伟大的意义，而且在国家发展史上和马克思主义国家理论上写下了崭新的篇章。

（三）在与其他政治力量建立革命统一战线的问题上创造了独特的经验，提出了一系列新的理论和策略原则。革命需要建立广泛的统一战线，在革命发展的特定的阶段还需要同资产阶级政党建立统一战线，这都不是中国共产党的创见。早在《共产党宣言》里就写着：在德国，只要资产阶级采取革命的行动，共产党就同它一起去反对专制君主制、封建土地所有制等等。但是历史地回顾一下，国际共产主义运动在建立统一战线方面的成功经验确实是不多。在中国共产党怎样与国民党建立或保持统一战线的问题上，共产国际的指导就往往（不是全部）是不中肯的甚至是错误的。这种指导使第一次国共合作归于失败（当然，中国共产党内陈独秀主义的领导仍然要负主要责任），在第二次国共合作（抗日战争）中也曾造成一个时期的混乱，只是由于以毛泽东为首的中国共产党进行抵制，才避免了这种混乱的发展。抗日战争的八年是国共两党既合作而又尖锐冲突的八年。这次国共合作不同于西欧国家共产党与社会党所曾形成过的合作（当然国民党也不同于社会党），一则这种合作没有正式的书面的协定，没有一定的规章可循；二则这种合作是两个拥有各自的武装力量和政权的政党之间的合作，而且一方居于中央政府的地位，还采取限共、溶共、反共的方针，另一方既不被承认为合法的地方政府，又不能把自己的活动局限于地方政府的范围。后者的力量远弱于前者，而在政治上远强于前者，它必须在斗争中求生存，而又确能在斗争中求发展。中国共产党能够在这种又联合又斗争的形势中求发展，这首先是因为国共两者的团结是为了共同抗日，在它们两者之外有一个共同的敌人日本侵略者，在日本占领区（敌后）共产党大有发展的余地；其次还因为在国民党统治区，国共两者之外还有一个中间派，而中间派正是共产党所必须争取和可以争取的同盟军。毛泽东领导下的中国共产党正确地认识了和巧妙地利用了这种十分错综复杂的形势，提出了“发展进步势力，争取中间势力，孤立顽固势力”，“以斗争求团结”，在斗争中“有理、有利、有节”等一系列方针政策，使得党所领导的人民军队和其他人民力量渡过了一次又一次的惊涛骇浪，最终由对国民党的劣势变为对国民党实质上的优势。诚然，这样的变化之所以发生，根本上是由于党站在坚持抗战坚持进步的立场，站在坚持人民利益的立场，但是如果不是坚持实行以斗争求团结的统一战线方针，得到这样的结果是不可能的。统一战线原则的具体运用，要根据不同的对象，不同的情况，这里没有简单的公式可以套用。要在统一战线中实行以斗争求团结，不要说做起来很困难，就是想起来也会使不深通马克思主义辩证法的人感到大惑不解。中国共产党不但由此证明自己在统一战线问题上远胜于共产国际的策略家，而且由此对马克思主义统一战线理论和世界政治斗争理论作出了重大的贡献。中国共产党的统一战线理论自然不限于对待国民党，也包括对待一切其他同盟者。毛泽东曾多次着重指出，共产党员在社会上总是少数，党外的人总是多数，所以党员总是要和党外的人合作。中国共产党所取得的一切成就，是与党外人士的共同努力分不开的。关于共产党和民主党派、民主人士的合作，可以总结的宝贵经验很多，可惜这里限于篇幅，不能加以论述了。中华人民共和国建立以后，统一战线成为国家政治生活的重要方面，而在党的十一届三中全会以后到现在的十多年中，中国共产党和各民主党派的联合已经日益制度化，中国共产党领导的多党合作已经成为我国的一项基本政治制度。党在这种多党合作制度中的领导地位一定不能动摇，这已经是实践所证明的了。

（四）创造了党的群众路线的工作方法。中国共产党从最初成立时的五十多个党员发展到现在的五千零三十二万党员，成为中国的领导党和世界最大的共产党，在党的建设理论和实际工作中当然有丰富的成就。我们在本文前面所说的领导农民土地革命斗争、创建人民军队和领导人民战争、领导革命统一战线，这些都是党的建设的重要内容。而党的群众路线的工作方法，无疑是中国共产党在党的建设方面的突出贡献之一。这是中国党的长期革命斗争必须坚决依靠群众支持和集中群众智慧的表现。毛泽东关于共产党要全心全意为人民服务的观点，关于人民群众必须自己解放自己的观点，可能来源于马克思和恩格斯的“无产阶级的运动，是绝大多数人的运动，为绝大多数人谋利益的独立的运动”和“工人阶级的解放应当是工人阶级自己的事情”的思想。而毛泽东提出的“从群众中来，到群众中去”的观点，则出自他的首创。关于党的群众路线的工作方法，毛泽东有过许多的精辟的论述。邓小平同志在党的第八次全国代表大会上曾经这样解释毛泽东所倡导的党的工作中的群众路线：“简单地说来，它包含两方面的意义：在一方面，它认为人民群众必须自己解放自己；党的全部任务就是全心全意地为人民群众服务；党对于人民群众的领导作用，就是正确地给人民群众指出斗争的方向，帮助人民群众自己动手，争取和创造自己的幸福生活。因此，党必须密切联系群众和依靠群众，而不能脱离群众，不能站在群众之上；每一个党员必须养成为人民服务、向群众负责、遇事同群众商量和同群众共甘苦的工作作风。在另一方面，它认为党的领导工作能否保持正确，决定于它能否采取‘从群众中来，到群众中去’的方法。按照毛泽东同志所起草的党中央《关于领导方法的决定》的话来说，就是‘将群众的意见（分散的无系统的意见）集中起来（经过研究，化为集中的系统的意见），又到群众中去作宣传解释，化为群众的意见，使群众坚持下去，见之于行动，并在群众行动中去考验这些意见是否正确。然后再从群众中集中起来，再到群众中坚持下去。如此无限循环，一次比一次地更正确、更生动、更丰富。’”这样，党的群众路线的工作方法，就由党是工人阶级的一部分、党除了阶级和人民的利益以外没有特殊的利益的观点，上升到只有革命的阶级、革命的群众作为先进的生产力和先进的生产关系的代表，才是历史的真正创造者这个历史唯物主义理论的水平，上升到人的认识的正确与否，只有客观的社会实践的检验才是唯一标准的辩证唯物主义理论的水平了。

党的群众路线的工作方法，一直是党对待劳动群众、革命群众的指针，是使党与广大群众保持密切联系的思想基础和组织基础。党在居于执政地位以后，特别是党在执行改革开放政策以后，党与群众的密切联系出现了某些松弛的现象。一部分群众对党内的某些腐败现象的不满，为少数反党反社会主义分子所利用，成了1989年春夏之交政治动乱和北京反革命暴乱的诱因之一。以江泽民同志为核心的党中央对于这个事实极为重视。为了坚决改变这种状况，在1990年3月，党的十三届六中全会专门作出了《中共中央关于加强党同人民群众联系的决定》，决定指出："力争今明两年在密切党群关系方面取得明显进步，实实在在地解决群众最关心而又有条件解决的问题。从今年起，每年年终总结工作，都要结合检查党群关系、干群关系中存在的问题，研究解决办法，开展批评与自我批评，考评干部，以利于不断改进领导作风和工作作风。"

（五）提出了正确处理党内矛盾和正确区别、正确处理人民内部矛盾和敌我矛盾的原理。正确处理党内矛盾，是党的建设的另一个重大课题。国际共产主义运动史上关于党内斗争的讨论很多，却很少提出过正确处理党内矛盾的原则问题。中国共产党是工人阶级的先锋队，党要求用马克思列宁主义、毛泽东思想统一全党的思想，并且要求用党的最高领导机关所作的决定统一全党的行动。但是在实际生活中，党内的思想不一致、行动不一致是难以避免地常常发生的，像中国共产党这样的大党尤其难以避免。为了保持党的纪律、团结和战斗力，正确处理党内矛盾就成为党的生活中的一个重大问题。中国党的历史上曾经发生过几次重大的党内斗争，其中有不少是错误的，所用的方法和所得的效果都是很不好的。1942年，毛泽东总结历史上的经验教训，为了教育团结在第三次“左”倾路线中犯了错误的绝大部分同志，提出了“惩前毖后，治病救人”的方针，也叫做“团结——批评——团结”的方针，思想教育从严，组织处理从宽，从而达到了团结全党的目的。1945 年 4 月，党的六届七中全会通过了《关于若干历史问题的决议》，空前地统一了全党的认识，为党的第七次全国代表大会的胜利举行准备了充分的条件，而七大的圆满成功又为后来的人民解放战争的巨大胜利奠定了思想、政治、组织的基础。随后，党又扩大了应用这个方针的范围，在处理领导与群众的关系，处理军民关系、官兵关系，几部分军队、几部分干部之间的关系方面，都得到了很大的成功。全国解放以后，毛泽东又把这个方针应用到对民主党派和工商界方面来，并在 1957 年 2 月根据这个方针作了《关于正确处理人民内部矛盾的问题》的报告，对正确区分和处理两类不同性质的矛盾（人民内部矛盾和敌我矛盾）的原则和方法加以系统的说明。尽管从 1957 年夏季反右派扩大化直到“文化大革命”结束这段期间，这个方针并没有得到很好的执行，但是它毕竟已经在全党形成了长时期的历史传统，留下了不可磨灭的深远的影响。正是根据这个方针，党在邓小平同志领导下成功地处理了“文化大革命”十年所遗留的异常繁重复杂的问题。接着，在 1981 年 6 月十一届六中全会上通过了《关于建国以来党的若干历史问题的决议》，又一次空前地统一了全党的认识，从思想上、政治上、组织上保证了十年来的建设和改革开放事业的顺利发展。对于 1989 年春夏之交的政治风波的处理，党同样是按照正确处理党内矛盾、正确区别和处理人民内部矛盾和敌我矛盾的方针进行的，因而迅速恢复了国内局势的稳定。实践证明，这是中国共产党对马克思主义的党的建设理论和政治理论的重要贡献之一。

关于正确区别和处理两类不同性质的矛盾的原理，还有另一方面的重大意义。在《关于正确处理人民内部矛盾的问题》的讲话中，毛泽东指出，在基本完成了经济战线的社会主义革命以后，“无产阶级和资产阶级之间的阶级斗争，各派政治力量之间的阶级斗争，无产阶级和资产阶级之间在意识形态方面的阶级斗争，还是长时期的，曲折的，有时甚至是很激烈的。无产阶级要按照自己的世界观改造世界，资产阶级也要按照自己的世界观改造世界。在这一方面，社会主义和资本主义之间谁胜谁负的问题还没有真正解决。”随后不久，毛泽东又针对美帝国主义对社会主义国家实行“和平演变”的方针，指出中国国内这种阶级斗争将要长期存在的国际背景，要求全党和全国人民严重注意防止帝国主义“和平演变”的危险。这是社会主义条件下敌我矛盾的新形态。毛泽东的这个英明的预见，已经为多年来特别是近年来的国内国际政治生活所证实。这是中国共产党对马克思主义理论的又一重要贡献。

（六）创立了完整的新民主主义理论。列宁在 1920 年提出过“落后国家可以不经过资本主义发展阶段而过渡到苏维埃制度，然后经过一定发展阶段过渡到共产主义阶段”的设想。[①] 但是由于缺乏实际经验，不可能形成成熟的见解。在这个问题上，中国革命创造了新经验，毛泽东据以对马克思主义作了新的贡献。毛泽东在 1940 年 1 月写成的《新民主主义论》一书，对于受十月革命影响、无产阶级及其同盟者的政治力量比较强大而资产阶级的反帝国主义反封建主义的民主革命积极性比较薄弱的国家，革命人民应该建立一个怎样的国家，在这个国家里的政治制度、经济制度、文化制度应该是怎样的，这个国家的前途是什么

① 列宁：《民族和殖民地问题委员会的报告》（1920 年 7 月 26 日，共产国际第二次代表大会），《列宁全集》第 39 卷，第 233 页，人民出版社 1986 年版。

等问题，作了系统的回答。中国共产党人能够创立完整的新民主主义理论，因为他们这时已经拥有大面积的抗日民主根据地和大量的人民抗日武装力量，已经在抗日战争的发展中证明他们的军事主张和政治主张是正确的和有效的，而且已经拥有多方面的丰富的政治经验，在人民中间享有崇高的政治威信，足以对未来中国的前途拥有有决定影响的发言权。诚然，《新民主主义论》书中所引据的斯大林所说的在世界无产阶级革命时代中，任何民族问题，任何反对帝国主义斗争都是世界无产阶级革命的一部分的论断（这个论断是从对世界革命形势的过高估计作出的），后来并没有为世界历史所证明；毛泽东后来也对这个观点作了公开的修正（见《毛泽东选集》第二版第二卷第 710 页注［17］）。中国后来的历史发展完全证明了《新民主主义论》的预见。

（七）为和平实现社会主义改造创造了人类历史上的新经验。这实际上是新民主主义理论和政策的必然的进一步发展。毛泽东在 1953 年指出："从中华人民共和国成立，到社会主义改造基本完成，这是一个过渡时期。党在这个过渡时期的总路线和总任务，是要在一个相当长的时期内，基本上实现国家工业化和对农业、手工业、资本主义工商业的社会主义改造。"后来的实践证明，实现国家工业化需要更长得多的时间。在实现国家工业化的过程中，实现社会主义改造却是必然的、不可避免的，而后一个任务是比预期的时间更早地完成了。这里不讨论在完成这个任务中有些什么简单化或其它可以避免的失误，而只讨论对资本主义经济实现和平改造的这一历史的创举。马克思、恩格斯和列宁都曾设想过取得国家政权的无产阶级可以对资产阶级采取赎买的方法。马克思、恩格斯没有机会实现他们的设想；列宁在 1918 年和 1921 年两次提出赎买的主张，但都因得不到俄国资本家的合作而失败。中国共产党则处在很不相同的历史条件之下：中国民族资产阶级曾经参加抗日民族统一战线，在解放战争中政治上大部分中立，一部分有影响的人士表现进步，拥护新民主主义，故而中国民族资产阶级（工商业者）作为一个集体参加了中国人民政治协商会议，并有代表人物参加政府机构；在建国初期经营发生困难的一部分民族工商业者大都要依靠政府的支持，后来他们对于人民政府和国营经济的依赖程度愈来愈深愈广（尽管中间又经常发生冲突甚至严重冲突）；他们表示拥护政府的国家资本主义政策和它的分配政策，即他们只从企业盈余中领取四分之一左右作为股息红利，而其余则分别归为国家所得税、企业公积金和职工福利奖金；最后，他们拥护实行全行业公私合营，在全行业公私合营以后，他们同意只接受一定时期内按核定的私股股额每年领取百分之五的股息。这样，中国就得以在一个世界人口最多的大国中，完全以和平方式有秩序地实现了社会主义思想有史以来先进的思想家们所提出的以赎买方法解决资产阶级问题的伟大设想。今后人类在遇到类似情况时也许还会比中国共产党人做得更完善，但是中国的这个经验无疑表现了中国共产党人的巨大的智慧和创造性。

中国共产党在农业社会主义改造方面也积累了大量的宝贵经验，这些宝贵经验决不因为后来变得极端刻板化的、挫伤了农民生产积极性的人民公社体制按广大农民的要求改变为家庭联产承包责任制为主而失去意义。家庭联产承包责任制是适合我国目前农业生产力水平的经营形式，它在土地公有，大型农田基本设施和大型农机具公有，乡镇企业基本公有，乡、村两级经济组织对个体农户的生产和经营进行协助、服务和调节（所谓“双层经营”）等方面，都继承和巩固了农业社会主义改造的积极成果。

（八）成功地开创了社会主义的改革开放事业。改革开放事业是五十年代社会主义改造事业的真正的续篇。邓小平同志在八十年代多次提出，要“建设有中国特色的社会主义”。我们已经看到，在中国革命的发展过程中，能否正确地把马克思主义的普遍原理同中国革命的具体实践相结合，是革命能否胜利发展的关键；在中国的社会主义建设的发展过程中，情况也是如此。中国建设社会主义到八十年代已经有约三十年的历史，这段历史中既有出色的成功（主要在第一个五年计划时期），也有在后来的探索过程中的严重的挫折。为了实现党提出多年的“实现四个现代化”，为了在新时期走出新路子，面临的关键问题就是要摆脱长期流行的一些传统影响的束缚（这在建设初期是难以避免的），按照中国当时的具体情况进行改革开放。恩格斯在1890年8月写给奥托·伯尼克的信中说：“所谓‘社会主义社会’不是一种一成不变的东西，而应当和任何其他社会制度一样，把它看成是经常变化和改革的社会。”话虽如此，要对社会主义社会的传统体制进行改革实际上却是很不容易的，哪怕它只有几十年的历史。马克思主义的创始者们多次重复说，他们不能预言社会主义社会将是或应该是一个什么样子，这只能由将来的人们按照将来的情况在自己的实践中去决定。但是马克思、恩格斯、列宁提出过的一些论点和设想仍然在长时期内被教条式地对待了。例如认为社会主义是共产主义的比较短暂的初级阶段（这曾使得中国和苏联都曾积极准备过渡到共产主义）；又例如认为社会主义社会必须实行全部生产资料公有制，认为社会主义社会的生产必须是由计划直接调控，它的经济不再具有商品经济的性质；企业的兴建、组构，它们的一切生产经营计划、重要收入支出连同它们的产品的流通和价格都得由国家直接管理。此外，社会主义国家在早期的发展过程中还陆续实行了一系列看来很合乎社会主义理想、因而也难以改变的制度，例如国家负责公民的就业、养老、公费医疗和极其低廉的基本生活费用。长期实行以上这些原则和办法的总的结果，就造成中央的经济权力过度集中，经济体制缺乏活力，国家财政负担过重，严重妨碍生产力的继续发展。这些原则和办法的难以改变，除了思想上的原因以外，还由于第一，这些办法在一个相当长的时期内是大体上适合于当时的条件和需要的，所以曾经行之有效，确实取得了在旧制度下不能取得的巨大成就；第二，社会主义国家长期遭受西方列强的包围封锁，不但难于发展国际间的经济交往，也难于了解资本主义发达国家所积累的发展经济的丰富经验，这些经验中很多对于社会主义国家也是很值得借鉴的（这是列宁早就指出了的），而由于缺乏这种借鉴，社会主义国家不容易看到对原有体制实行改革的有效途径。以邓小平同志为代表的中国共产党人在七十年代末期决定实行改革，首先是搞活经济，因为当时正值“文化大革命”结束，旧的体制已不能再继续下去了，而这时中国又已与资本主义发达国家发展了关系，有条件在国际范围内进行经济上的交往和合作，有条件认真吸取他们的先进的科学技术、先进的经营管理方法和其它有益的经验，吸收他们的资金和人才。中国的改革首先从农村开始（这里却没有任何外来的因素，表明中国改革的主要动力来自内部）。按照广大农民的愿望，把人民公社的生产管理制改为家庭联产承包为主的责任制。这一改革的巨大成功推动了整个改革的进程。城市经济体制的改革，以搞活企业为中心，相应地进行了计划、财政、税收、金融、物资、商业、外贸、价格、劳动工资等方面的改革。同时，所有制结构的改革（由单一的生产资料公有制变为以公有制为主的多种经济成分并存）、分配关系的改革（实行了以按劳分配为主的多种分配形式），以及中央和地方经济权力的重新划分也陆续展开。随着经济体制改革的发展，政治、教育、科技以及社会生活的其它领域也都进行了改革。中国的改革事业以后还将继续深入发展。在实行改革政策的同时实行了开放政策。中国已经同世界经济技术的发展隔绝了二十年，而这二十年正是世界科学技术革命突飞猛进的二十年。中国仍然坚持独立自主、自力更生的方针，却再不能关起门来建设了。中国努力扩大了对外经济技术文化交流和合作的范围。为了吸引外资，中国鼓励合资企业、独资企业和中外合作企业的经营，并且设立了一系列的经济特区、开放城市和开发区、沿海经济开放区。中国的改革开放政策在八十年代的经济发展中很快显示了举世瞩目的成功。国民生产总值在 1980 年至 1990 年年平均增长率达到百分之九（在珠江三角洲、苏南等地区的增长速度更高得多），人民生活得到了明显的改善，国家经济实力大为增强。中国共产党在中国成功地发展了改革开放事业，不但使社会主义中国的地位获得了强大的基础，而且成功地使社会主义事业获得了新的生命力，走上了一个新的发展阶段。

（九）提出了社会主义商品经济的原则和社会主义初级阶段的理论。指导中国经济体制改革的原则是发展社会主义商品经济。这是 1984 年中共十二届三中全会《关于经济体制改革的决定》中提出来的。决定说："改革计划体制，首先要突破把计划经济同商品经济对立起来的传统观念，明确认识社会主义计划经济必须自觉依据和运用价值规律，是在公有制基础上的有计划的商品经济。"这是对社会主义经济传统思想的一个突破，也是对西方资产阶级和社会民主党经济学家的市场社会主义学说的一个反击。社会主义商品经济的原则，亦即计划经济与市场调节相结合的原则，尽管现在还没有形成完整的成熟的理论，却为中国经济体制改革指明了前进的方向，并在若干年的实践中证明是可行的（并不是像西方资产阶级经济学家所说的是不可思议的），而且积累了一定的经验。这些经验表明，随着经济体制改革的深化，计划经济中的指令性计划的适用范围将逐步缩小，而指导性计划的适用范围将逐步扩大；国家直接调控的范围是国民经济发展目标、基本政策、总量控制、重大经济结构和布局调整、关系全局的重大经济活动、关系国计民生的少数重要产品的必要调拨分配、少数重要产品和劳务的价格，而一般工农业产品生产和流通，企业的大量生产经营活动，一般性技术改造和小型建设项目，大量的商品价格和劳务价格，则实行指导性计划或由市场调节。不论是计划调节，还是市场调节，在交换过程中都必须按照价值规律的要求，实行等价交换。社会主义有计划的商品经济是中国经济发展的总趋势，它的形态将随着时间的推移而日趋完备。

在目前，中国的市场机制还不成熟，因而中国的计划机制和市场机制结合的形态还不成熟，这在事物的发展过程中是很自然的。进一步说，从许多方面看，中国的社会主义关系还没有发展成熟，是同中国还处在社会主义初级阶段分不开的。我们已经有了社会主义制度，这使得我们取得了在资本主义制度下不能取得的迅速发展，是我们一切光明的前途的基础，这是第一；第二，社会主义社会是一个漫长的历史发展阶段，它的发展程度是由种种历史条件决定的，企图人为地强行提前它是不可能的，有害无益的。早在 1981 年 6 月中国共产党第十一届六中全会通过的《关于建国以来若干历史问题的决议》中，就已经指出我国还处在社会主义的初级阶段。1987 年中国共产党第十三次全国代表大会政治报告提出了比较完备的社会主义初级阶段的理论，指出，社会主义初级阶段作为中国在生产力落后、商品经济不发达条件下建设社会主义必然要经历的特定阶段，从五十年代社会主义改造基本完成开始，到社会主义现代化基本实现为止，至少需要上百年时间。这就总结了新中国建国以来关于社会主义发展阶段问题的基本经验，彻底否定了一切很快将要进入共产主义的空想，实事求是地规定了当前经济社会发展的现实任务。很明显，这个总结对于科学社会主义理论的意义，并不限于中国一国。

（十）提出和实行了保卫改革开放中的中国社会主义制度不受腐蚀和颠覆的方针。在这个方针下，中国共产党在政治和组织上采取了一系列的措施，包括反对腐败现象、反对资产阶级自由化、坚持四项基本原则、防止“和平演变”、建设社会主义精神文明必须与建设社会主义物质文明并重，等等。中国共产党在改革开放一开始，就明确地继承毛泽东防止“和平演变”的遗教，认定改革是社会主义的自我完善，认定对外开放的同时要防止西方资产阶级腐朽的、不健康的、反社会主义思想的渗透，要防止党内、国内种种腐败丑恶现象的死灰复燃。邓小平同志曾经多次强调在新的形势下坚持四项基本原则的必要性。他早在 1979 年 3 月就旗帜鲜明地宣布：

中央认为，我们要在中国实现四个现代化，必须在思想政治上坚持四项基本原则。这是实现四个现代化的前提。这四项是：

第一，必须坚持社会主义道路；

第二，必须坚持无产阶级专政（人民民主专政）；

第三，必须坚持共产党的领导；

第四，必须坚持马列主义、毛泽东思想。

在这以后，邓小平同志长期一贯地反复强调坚持四项基本原则和反对它的对立面即资产阶级自由化。在 1983 年 4 月，邓小平同志在谈到建设社会主义的物质文明的同时必须建设社会主义精神文明的方针时说：“在社会主义国家，一个真正的马克思主义政党在执政以后，一定要致力于发展生产力，并在这个基础上提高人民的生活水平。这就是建设物质文明。过去很长一段时间，我们忽视了发展生产力，所以我们现在要特别注意建设物质文明。与此同时，还要建设社会主义精神文明，最根本是要使广大人民有共产主义的思想，有道德，有文化，守纪律。国际主义、爱国主义都属于精神文明的范畴。”在 1985 年 3 月，他又说：“有一点要提醒大家，就是我们在建设具有中国特色的社会主义社会时，一定要坚持发展物质文明和精神文明，坚持五讲四美三热爱，教育全国人民做到有理想、有道德、有文化、有纪律。这四条里面，理想和纪律特别重要。……现在我们搞四个现代化，是搞社会主义四个现代化，不是搞别的现代化。我们采取的所有开放、搞活、改革等方面的政策，目的都是为了发展社会主义经济。我们允许个体经济发展，还允许中外合资经营和外资独营的企业发展，但是始终以社会主义公有制为主体。社会主义的目的就是要全国人民共同富裕，不是两极分化。”由此可见，中国共产党在改革开放的条件下反对腐败现象，反对资产阶级自由化，坚持四项基本原则，防止和平演变，坚持对建设社会主义精神文明与建设社会主义物质文明并重，目的都是一个，就是防止改革开放的消极作用，不让中国的社会主义事业变质。应当承认，在过去的十多年中，党中央的一些领导人对于执行这个方针并不是始终一贯的。一手硬，一手软，就给西方一部分敌对势力的“和平演变”图谋和国内一部分资产阶级自由化分子以可乘之机，终于爆发成为 1989 年春夏之交的政治动乱和北京发生的反革命暴乱。邓小平同志说，“过去十年的最大失误是教育”，就是指这一点说的。党的十三届四中全会以来，情况已经发生了很大的变化。全党和全国革命人民都牢记了这个沉痛的教训。在后来的国际上更为严重的风云变幻中，社会主义的中国却显得更为稳定。但是国际和国内的阶级斗争都是长期的，我们在任何时候都不能麻痹。我们要建设有中国特色的社会主义，就永远不能忘记这一点。有中国特色的社会主义建设道路，就是既要坚持改革开放政策，又要坚持四项基本原则、防止“和平演变”。也只有这样，中国共产党才能以自己的理论和实践贡献于在困难条件下仍然坚持社会主义理想的各国革命人民之前。

（十一）在国际关系上提出了并一贯执行了和平共处五项原则。对不同社会制度国家实行和平共处的外交政策，这是列宁在十月革命后提出的。中国政府在 1954 年 4 月在与印度政府订立的关于中国西藏地方和印度之间的通商和交通协定中首次提出了和平共处五项原则，即互相尊重主权和领土完整，互不侵犯，互不干涉内政，平等互利，和平共处。同年 6 月，中印总理、中缅总理先后在联合声明中重申并确认这五项原则作为国际关系的指导原则。和平共处五项原则比列宁提出的和平共处的外交政策有了更为具体和丰富的内容。在以后的三十多年中，中国政府一贯在对外关系中奉行和平共处五项原则，这五项原则也为愈来愈多的国家所赞同。中国政府后来还把和平共处五项原则扩大应用到对社会主义国家的外交关系中，因为长期的实际生活证明，在社会主义国家的相互关系中，遵守和平共处五项原则不但是非常必要的，而且往往也是很不容易的。和平共处五项原则完全符合联合国宪章的宗旨和规定。与和平共处五项原则相违背的国际政策，是以强凌弱、以大压小、以种种名义干涉别国内政的强权政治即霸权主义，而这种国际政策在当代世界政治、经济生活中却屡见不鲜，成为威胁世界的和平、稳定和发展的主要因素。因此，中国和其他许多爱好和平的国家一样认为，迫切需要以和平共处五项原则为基础来建立国际政治、经济新秩序。

与和平共处五项原则相适应，中国共产党在处理与外国党（包括资产阶级政党）的关系中执行独立自主、完全平等、互相尊重、互不干涉内部事务的原则。

（十二）把辩证唯物主义和历史唯物主义的观点贯彻到党的全部工作中。中国共产党一贯重视一切工作从实际出发（调查研究、实事求是），社会实践是认识的基础、事物发展的根本原因在于事物内部的矛盾、阶级斗争是阶级社会历史的动力、对社会现象要进行阶级分析等观点，用以指导党的全部工作。我们在前面所列举的中国共产党对马克思主义的发展，无一不是党在实际工作中切实应用辩证唯物主义和历史唯物主义观点观察和解决问题的结果。中国共产党对马克思主义哲学不但在理论上坚持，而且坚持把它运用到党的一切实际工作中，这在国际共产主义运动中是非常突出的。毛泽东的《反对本本主义》、《实践论》、《矛盾论》、《改造我们的学习》、《人的正确思想是从哪里来的?》以及并非专门讨论哲学问题的著作如《中国革命战争的战略问题》、《论持久战》、《关于正确处理人民内部矛盾的问题》等著作，都是对马克思主义哲学的重要贡献。党的历史上在毛泽东领导下进行的著名的延安“整风运动”，就是以马克思主义哲学观点克服非马克思主义哲学观点的一次深入而广泛的思想斗争和思想教育。七十年代后期，在邓小平同志支持下进行的“实践是检验真理的唯一标准”的思想讨论，是为改革开放在思想上开辟道路的又一次重要的马克思主义思想教育。党的十一届三中全会以来，邓小平同志、陈云同志和以江泽民同志为核心的十三届四中全会以来的党中央，再三强调全党特别是党的高级干部学习马克思主义哲学和整个马克思主义理论的重要性。党中央在全党和全国城乡人民中有系统地普及和深入进行社会主义思想教育。党在多年实践和多年教育中所形成的以马克思主义哲学为基础的思想方法和工作方法的传统，是党的巨大的精神财富。马克思说：“哲学把无产阶级当做自己的物质武器，同样地，无产阶级也把哲学当做自己的精神武器。”“理论一经掌握群众，也会变成物质力量。”在中国，正进行着一场用马克思主义哲学以及整个马克思主义理论掌握群众（这里首先是指党的干部和党员）

的空前伟大的实践。

为了简单起见，我们在这里姑且不计算在各国革命人民中对马克思主义的信念。试问，世界上有什么力量能够战胜掌握了十一亿人口的马克思主义呢？

中国共产党怎样发展了马克思主义，对马克思主义作了哪些方面的贡献，这是一个很大的题目，是一个人的能力所难于完满解答的，在一篇提纲式的论文中更难于讲好。作者在这里只是作了一个初步的尝试。文中一定有不少应说而未说或说了而未说好的地方，希望读者多予指正，同时希望全国的理论工作者能够就这个题目进行深入的、系统的研究和讨论，以及通俗的宣传。

关于新闻工作的党性和“人民性”问题*

××同志：

你的文章，我读过已经好久了，也考虑过好久。我能够理解，你写这篇文章，是为了把党报办得更好。文中的很多意见，或者说大部分意见，我觉得是很好的，有益于改进我们的报纸工作。但是你用党性来源于人民性，又高于人民性作为全文的基本命题，而又未对人民和人民性两词作历史的和阶级的考察（只在个别地方提到党是无产阶级先锋队）。人民这个概念，在各个历史时期有各种不同的含义。列宁在《社会民主党在民主革命中的两种策略》一书中曾经指出：“马克思一向都是无情地反对那些认为‘人民’是一致的、认为人民内部没有阶级斗争的小资产阶级幻想。马克思在使用‘人民’一语时，并没有用它来抹煞各个阶级之间的差别，而是用它来把那些能够把革命进行到底的确定的成分联为一体。”① 这个情况在无产阶级取得革命胜

---

* 此篇是1982年3月11日给一位同志的信。标题是收入《胡乔木文集》第2卷时加的。

① 《列宁全集》，第9卷，第118页。

利以后虽有一定的变化，但仍然不能在使用人民这个概念时离开阶级分析的方法。你的文章对人民的概念未进行分析，对人民性的概念更未进行分析，这就导致理论上的严重混乱。文中虽一面说党性和人民性根本上是一致的，同时在论述中又认为当党报出现某些错误倾向的时候，是由于过于强调党性，或是相反。诸如此类的一些缺陷，使全文缺乏逻辑上和理论上的一贯性。这样，这篇文章的主要骨干就难以在马克思主义的基础上站住脚。

关于党性和人民性问题，我想还应作更多的研究，但有几点是比较清楚的：

（一）马克思 1842 年在《第六届莱茵省议会的辩论（第一篇论文)》中，曾使用过“人民性”一词。他说：“自由出版物的人民性（大家知道，画家也不是用水彩来画巨大的历史画的)，它的历史个性以及那种赋予它以独特性质并使它表现一定的人民精神的东西——这一切对诸侯等级的辩论人说来都是不合心意的。他甚至要求各民族的出版物成为表现他的观点的出版物，成为 haute volée〔上流社会〕的出版物，还要求它们围绕个别人物旋转，而不要围绕精神上的天体——民族旋转。”① 顺便说一下，上述“自由出版物”一词，在社会科学院新闻研究所编印的《关于党报的党性和人民性的资料》中译作“自由报刊”。当时马克思说的这些话，是针对当时德国的诸侯代表要求所有出版物成为反映他们的观点的上流社会出版物这一情况而说的。而他所说的“自由出版物”是指民主主义的出版物而言。这里的“人民性”，在德文里是由两个词组成的：volkstümilch（这个词可译为：1. 民间的，民族的，有民族风格的；2. 大众的，通俗的，为群众所喜闻乐见的）与 Charakter（这个词可译

①　《马克思恩格斯全集》，第 1 卷，第 49 页。

为：1. 性格，品性；2. 特性，性质；3. 书写的笔法，字体）。在德文中“人民性”作为名词是 Volkstümlichkeit，这个词除了“人民性”外，还可译为“民族性”、“大众化”、“通俗”。但在马恩著作中，没有用过这个词，也再未用过上述“人民性”的概念。

（二）据查，英语中没有“人民性”这个词。俄语中有 народность 一词，是多义词，有“人民性”、“民族性”等含义。这个词的使用，有一个发展过程。据高尔基的《俄国文学史》第二章叙述，十九世纪初叶，俄国十二月党人起义被镇压后，沙皇政府曾把“人民性”连同东正教和专制制度一起，作为官方思想体系的三个原则。[1]《俄国文学史》译者注中称官方的“人民性”为“反动的‘人民性’”，是“十八世纪末十九世纪初……反动的统治阶级和反动的浪漫主义者，从他们自己的阶级观点来看人民，诬蔑人民，歪曲人民的品质，故意抹煞人民的进步因素，而以保守、迷信、服从、乐天安命、忍受压迫等等落后的因素硬加在人民身上，说这些就是‘人民性’……这种歪曲的反动的‘人民性’曾做了反动的沙皇专政的支柱”。[2]

马克思主义以前的俄国民主主义思想家别林斯基、车尔尼雪夫斯基、杜勃罗留波夫等人，对官方的“人民性”作了批判，并且研究了文学艺术中的“人民性”问题，给“人民性”以新的解释。开始的时候，他们（还有果戈理）对“人民性”的解释，大体相当于“民族性”和“人民的精神”。四十年代后，文学艺术中的“人民性”一词的含义逐步明确起来。杜勃罗留波夫 1858 年在《俄国文学发展中人民性渗透的程度》一文中指

① 见该书中译本 1979 年版，第 62 页。
② 同上书，第 63 页。

出："要真正成为人民的诗人，还需要更多的东西：必须渗透着人民的精神，体验他们的生活，跟他们站在同一的水平，丢弃阶级的一切偏见，丢弃脱离实际的学识等等，去感受人民所拥有的一切质朴的感情……"至此，"人民性"一词有了新的和比较明确的含义。后来，苏联大百科全书对别林斯基等人关于文学艺术中"人民性"问题的研究作了这样的评价：在马克思主义美学之前，他们"特别深刻而充分地制定了艺术的人民性的学说。他们力言艺术应该为人民的利益而斗争，捍卫自己时代最先进的思想"。①

据现有材料，苏联迄今仍使用"人民性"这个概念，但一般限于文学艺术范围之内（有时扩大到社会科学领域）。苏联大百科全书在"人民性"一词的条目中说："艺术上的人民性是艺术和人民的联系，人民大众的生活在艺术上的反映，劳动者的思想、感情、愿望和利益在艺术上的表现。""当艺术家不仅同情被压迫群众，反映人民生活并敏锐地了解民间艺术创作的丰富性，而且在自己作品中成为劳动阶级思想体系的直接表现者——在这种情况下，人民性便表现得最为明显。"这个大百科全书也讲到人民性与党性的关系，但是仍然没有超出文学艺术的范围。它说："苏维埃艺术的人民性和它的党性是不可分的"，苏联共产党"最充分最深刻地表现了苏维埃人民的利益，无微不至地关怀着苏联的艺术，使它能够自由地为最广大劳动群众服务"。"同艺术中各种反人民的有害倾向进行斗争，引导苏维埃作家去创造无愧于伟大人民的艺术作品。"②

（三）1947年1月11日《新华日报》编辑部文章《检讨与

① 译文见1956年4月8日《光明日报》，《文学遗产》第99期。

② 同上。

勉励》在政治意义上使用了“人民性”一词。这篇文章写道：“新华日报的立场，就是全民族全人民的立场。用一句话来说，就是‘为人民服务’。……今天，中国人民主要的要求和希望，是争取实现独立和平民主，坚决反对卖国内战独裁。我们认为，团结全民族全人民进行这种反对卖国内战独裁、争取独立和平民主的斗争，就是对全民族全人民最大至高的服务。正是因为这样，新华日报的党性和它的人民性是一致的。固然，新华日报是中国共产党的机关报，它的言论主张和新闻报道，是不能违反中共的整个路线、纲领和政策的。但是，由于中国共产党是一个人民的政党，它代表的是中国最广大人民的利益，它的一切政策是完全从人民的利益出发的，因此，新华日报也是完全站在人民的立场，从人民的利益出发。这就是说，新华日报是一张党报，也就是一张人民的报，新华日报的党性，也就是它的人民性。新华日报的最高度的党性，就是它应该最大限度地反映人民的生活和斗争，最大限度地反映人民的呼吸和感情、思想和行动。有的读者说：新华日报的‘党报色彩太浓厚’，这其实正是党性发挥得不够，也就是人民性发挥得不够的表现。简单说来，就是为人民服务做得还不够。”

这一段话并没有从科学上和历史上严格阐明“人民性”的意义，因而决不能作为今天提出这一问题的理论根据。但在这里还是说得很清楚，新华日报的“人民性”，就是为人民服务，为最广大的人民谋利益，就是它的党性。在这里，编辑部文章作者并没有企图认为，“人民性”除了“党性”之外，究竟还有什么独特的内容。

据我所知，我们党的一些领导同志，偶尔也在讲话中沿用了“人民性”这个词，也涉及党性和人民性的关系，但它的含义，大体上同上述《新华日报》这段话相同。

建国以后，主要是五十年代，我国学术界和文学艺术界，曾比较广泛地使用“人民性”一词，它的含义，大抵相当于“民主性”或“民主性的精华”。1964 年作家出版社出版的叶以群主编的《文学的基本原理》（上）中说：古典作家“同情人民、接近人民乃至代表部分人民群众的思想感情在作品中得到了反映，我们就承认它们具有某种程度的民主性或人民性。文学上的人民性，主要的是指过去时代并非来自人民的作家在作品中反映了被统治的人民大众的某些要求或愿望。”这个时期学术界使用“人民性”一词，其含义大致也是如此。但无论如何，从来没有人把“人民性”作为马克思主义理论体系中的一个基本概念。

人民是一个历史的范畴。远的不说，仅就十年内战时期，抗日战争时期，解放初期，社会主义改造完成以后这几个时期来说，人民包括哪些阶级和阶层都是不相同的。现在我国人民主要包括工人、农民和知识分子三部分（但在各个场合用法不一，范围也有广狭之分，不可也不必一概而论）。如果我们一定要使用“人民性”这个提法，那比起历史上的各个时期都比较简单一些了。但是就在今天，人民仍然是分为阶级的，并且实际上仍然存在着阶级斗争（这个问题暂不论证，好在事实已经很明显了）。如果离开了阶级斗争来讨论人民性，就会使我们迷失方向。

但是党性（这里不说党性的另一含义即文学、哲学、经济学等的社会倾向性）就不同了。共产党是阶级斗争高度发展并与科学社会主义相结合的历史产物。人类在很长的历史时期中都有人民，但在过去的历史上，却没有在人民中产生近代式的政党，尤其没有共产党。共产党将来可以不存在，人民将仍然继续存在，并不因此而继续产生党和党性。列宁说：“严格的党性是高度发展的阶级斗争的随行者和结果。反过来说，为了公开地和广泛地进行阶级斗争，必需发展严格的党性。因此，觉悟的无产阶级政党——社会民主党，完全应该随时同非党性作斗争，坚持不懈地为建立一个坚持原则的、紧密团结的社会主义工人政党而努力。”① 很明显，这里所说的党性和前面所说的历史上的人民性概念是完全不同的两回事。虽然有时（在普通的政治鼓动中）可以放在一起谈，在严格的科学意义上硬把这两个概念牵合在一起就不能不造成混乱。

从以上这些有限的材料来看，我认为，党性来源于人民性又高于人民性的说法难以成立。共产党的党性，只能来源于无产阶级的阶级性，来源于科学社会主义思想。无产阶级是现代先进生产力和生产关系的代表，科学社会主义是无产阶级进行革命斗争的理论依据和指路明灯，这就产生了它们的先进性。党性概括和集中表现了这种先进性。因为共产党具有这种先进性，所以它在每一个不同的历史时期，都能够代表最广大人民的利益。如同不能把近代无产阶级和科学社会主义的先进性说成是来源于“人民性”一样，也不能把党性说成是来源于“人民性”。如你在文章中曾说到的，党是无产阶级的先锋队，如果承认党性来源于人民性，那么，共产党的党性是无产阶级阶级性的集中表现，共产党是马克思主义和工人运动相结合的产物等论点，也就不能成立了。而党性似乎只能从工人、农民、知识分子（在特定历史时期中甚至还包括民族资产阶级和开明绅士）这三部分人的共性中产生出来。这样一来，党的思想工作和思想斗争，在历史上并且直至今天仍然需要在各条战线上进行的阶级斗争，也就难以得到完满的解释了。总之，我的意见是这个问题需要继续作认真深

---

① 《列宁选集》，第1卷，第656页。

入的研究。党报必须加强与群众的联系，既代表党也代表人民的利益，遇有某些复杂的情况需要分别采取适当措施，而不要笼统引用“人民性”这个含混不清的概念来作为包治百病的药方。因此，我建议，目前最好不要再用这个提法。如何请酌。

敬礼。

胡乔木

1982 年 3 月 11 日

谈新闻工作的改革*

新闻事业的性质和新闻工作的党性原则

我们的新闻事业既是党的新闻事业，也是人民的新闻事业，这个问题还是分开来说。如党报就是党的新闻事业，但新闻事业并不就是党报。新民晚报就不能说是党的新闻事业。从“反右”以后，光明日报也成了党报，与民主党派没有正式的、法定的关系了。政府的报纸也并非与党性毫无关系，但与人民日报相比，就不能相提并论。新闻工作的党性原则是有范围、有限度的。对非党的新闻工作就提不到党性原则。列宁提出党性原则，是说党派共产党员到报纸工作，不能允许发表反党的非党的言论。党本身是阶级斗争的产物，是为共产主义而奋斗的，共产主义事业是一个政治运动。推翻一个经济制度，既是政治运动，又是经济斗争。共产党执政后，很多问题成了政治问题。过去有过这种情况，一个字怎么写，一句话怎么说，英语怎么教，把一些与政治

---

* 此篇是 1985 年 1 月 23 日与中宣部新闻局同志的谈话。

无关的问题都说成政治问题，教育部为这些事争论很大，要让党来统一。但这些问题不能作为政治问题，如果搞成政治问题，就成了苏联搞的生物学上李森科那样的问题了。

1956年中央对人民日报改版报告的批语，反映的是当时中央、主要是毛主席的想法，但他并没有坚持下去。所以把那个当成根本原则，究竟怎么样？中央过去作的决定，现在是否适用，不一定，因为很多东西都在发展，要解答这个问题，需要把原件送给中央，由中央重新批准。

新闻体制和新闻宣传的多样化

新闻体制可以多层次，实际也是多层次。各大部都有相应的报纸。有些专业报如健康报、人民铁道报等由来已久。政治生活本身就有多层次，从中央到省市委到支部，还有国务院，人民代表大会，政协，解放军，这就是多层次。社会结构本身就不那么单一。新闻工具宣传教育的含义也是多层次的，传播信息也可算作宣传教育。报纸对经济工作、技术发展的宣传，是可以考虑提出多层次的问题。要有个一以贯之的想法，从经济理论、经济体制、经济工作知识到工农业和各个经济部门的生产、发展情况，互相之间的关系，面临的技术改造、体制改造问题，要有一个系统的宣传计划。报纸对技术革命的重视不够，对技术知识宣传很少。有人提出热水瓶三十年一贯制，不但热水瓶，很多问题，很多东西都是三十年一贯制。日本人看我们的日光灯开关，不能一拉就亮，太落后，他们当场解决，只在小地方改一下，马上就好了。日本人觉得这都算不上专利，没有保密的需要。可我们到现在还没有解决，也不觉得有解决的必要。划船的办法有几千年了，到现在还是那样，没有任何人提出改的要求，也没有任何人去设计。说明我们革旧求新的精神太差，保持的旧的东西很多，新东西推广的阻力很大。报纸对这方面的宣传就没有紧迫感。

关于新闻自由、出版法、新闻法

新闻自由的问题，不是一个简单的问题，难以一两句话说清楚。个人是否可以办报的问题，也要提到中央讨论、决定。这些问题现在不成熟，搞不好会出乱子。比如计划生育问题，如果几个同人办报，觉得它不对，公开说不应实行，那不就出问题了？对带有根本性的重要问题，要十分慎重。对没决定的问题的讨论或已经决定的问题在执行中的细节的讨论，是一回事；对决定本身进行讨论，就是另一回事了。

中央的同志在三年前就提出搞出版法，现在看还得搞。由出版行政机关去管，当然需要加强人力。不合条件的东西就不能出。现在莫名其妙的小报很多，不是文化小报，是低级趣味的。广州不知有多少小报，净是耸人听闻的东西。当然有的不一定涉及法律，行政上管就可以了。中央的同志非常赞成管一管，说哪来的这么多纸，对纸张是极大的浪费。许多报纸用的是事业费。请你们回去时建议，由出版局去抓。一下子搞不出出版法，可以先搞个条例。法是不大容易起草好的，先搞个简单条例，也比较容易。出版自由是一个方面，但要有挂口单位，如果没有挂口单位，是私人出的，必须是那种确有必要，很有价值的，事先也要对主办的人进行调查。出了问题有个地方好找，不然找不到人。世界上有新闻法的国家不多，主要是出版法。因新闻法本身很难写出多少条，执行起来问题更大，如关于新闻自由问题。中央原来没有考虑的问题，不能非要中央解决。这里有个时机是否成熟的问题，还有是否有必要的问题。关于舆论一律的问题，有一种意见认为，对一种社会现象，文艺界和新闻界都要有统一意见的时代已经过去了。这个话要分析，有些事情是可以有两种意见的。但在某些问题上，如果两种意见同时宣传，工作就做不下去了，这就要十分慎重。如对深圳特区，报上一篇文章说它好，一篇文章说它坏，这就不是深圳的问题，也不是广东的问题，成了中央的问题了。许多方面都可以找到这类问题，这就要十分慎重，分量也要适当。

关于报纸宣传的内容

新闻工作要改革，新闻工作还要宣传改革，以经济改革为中心，还有教育、卫生等许多方面的改革。报纸处理这些问题要很慎重，尤其掌舵的人，接触的面要宽一点，也要与意见不同的人接触。有些报纸的内容有不少重复，有的报纸名实不相符。工人日报想在社会上发生影响，它的内容也要丰富一些，各方面都有，这是对的，工人也不愿意报纸专讲工运。但有好几段时间，根本不谈工人生活和工会工作，本来工会工作就不活跃，如果报纸再不支持、反映，不提出问题，进行讨论，那怎么行。对工人创造的成绩，优秀先进分子的事迹，工人中的倾向，生活中的问题，都需要反映，工人也愿意看。报纸内容与它的名义不能相去太远。地方报纸登载国内国际消息，每天都有相当比例。但有些纯粹专业性报纸，不起日报作用，也搞那些东南西北的新闻，就不一定合适，可能编辑力量不够，稿源不丰富，因此报纸上互相转载，抄袭的也不少。文汇报每周搞一次全国报纸摘要，搞得挺不错，可有的报纸又从它那里转载，报纸太多，也产生了一个问题，新华社发稿就要分一分，哪篇给哪个报。新华社的稿子上天落不了地，也是他们的苦恼。各地报纸有的对新华社重要新闻太不重视，舍不得花人花力气去缩编、摘登。各省报都要规定相当的比例，指定一些人担任这项工作，对新华社新闻选择的好坏、登载的多少，要有个责任制。人民日报的胡绩伟同志有个功劳，他提出无论如何所有重要的新闻都要登在第一版，重要的国际新闻也要登在第一版。我听他说过几次，印象较深。

报纸有一些商业性是可以的，但有的有点过分。新华社参考消息登一个新闻，然后说欲知其详请来购买资料。这样的事有好几次，就像钓鱼一样，是生意经的倾向。有的是因为版面问题或资料的专业性太强，那可以理解。这样做对新华社的政治信誉也不好。我说的全是好意，没有上纲上线的问题，只是一种劝告。对群众真正要知道的，还是要满足，对读者负责好。这些值得提醒一下。

对改革和改革中涌现出来的人的宣传，中央的同志说过几次，一定要实事求是。对天津大邱庄的宣传，新闻单位介入得过分，有点宣传大寨的味道。对先进单位的报道一定要实事求是，卷入太深了不好。大邱庄的支部书记也确实说了些过头的、不适当的话，不能把人一下子捧得十全十美，那样使他骄傲得不得了，还怎么领导他呢？他又怎么进步呢？这实际上是害了他。

记者想出名，就想采访别人不知道的、或者有争论的、或者记者本人想提出争论的独家新闻。不但是独家新闻，连记者也成了名人。这当然是记者的职责，只要在正当范围内，也不能反对。另外，还是得提倡有闻必录，短消息还是需要的。通讯、人物也要写，如过去报道焦裕禄等，起了很大的作用。通讯里边有不少可歌可泣的内容。但这不能成为新闻的主体。对新闻的要求要全面，对记者的要求也要全面，记者如果连写新闻都不过关，只写人物和长篇通讯，读者和报纸都负担不起。这里也有个社会效益问题。因为群众需要各种信息嘛。新闻记者都没有信息观念，那怎么行。我们的短新闻少了，群众应该知道的信息也就少了。新华社要赶时间，提高时效，奥运会报道的战役不错。我们中央全会、人代会的消息都发得很快，抢到外国记者的前边，这是很大的成绩。

广播电视要办得丰富活泼

我们的广播电视如何搞得更丰富、活泼，进一步引起人们的兴趣。现在电视新闻的节目比较好，比一年前丰富多了，广播也有进步。有的大学生原来听外国的广播，后来不听了，因为我们的广播的内容也丰富了。这种现象应该鼓励。但是丰富性还不够，特别是国际新闻。广播有时中断插评论。这一来就减少了播新闻的时间。同时我们广播的权威性还不强。应该学习有些外国电台的办法，培养权威评论员，加重他们说话的分量。人民日报、新华社没讲的他也可以讲嘛。当然不是乱来，而是有所分工，由各人发挥自己的特长。各方面工作都有个限制，报纸不能代替广播，广播也不能代替报纸。电视也可以搞评论，但不能在那里照稿子念，而应该讲得十分吸引人，中肯、扼要、生动，说服力强。这个问题是电视台本身不易解决的。电视台自己可以有经济评论员、政治评论员，也要向各部门物色一些会说话、口齿清楚的同志，要很熟悉情况，讲起来头头是道才成。外国人关心的，我们国内的事，中国人也照样关心。电视技术越来越发展，我们也要做好准备。如每周答复观众，观众用电视电话提出问题，然后当场答复，这样效果就会好得多。在没有能力做到这一步时，起码也要说话干净，有兴趣。最怕啰啰嗦嗦讲一通空道理，又不解渴，又不解决问题，那等于把报纸评论再念一遍。要建立专门的评论员，广泛联系读者、观众，解决社会上的各种问题，电台、电视台的作用就大得多了。否则老也没有交流。这是提一个希望，慢慢向那个方向去做。

电视新闻节目是昙花一现，看过就找不到了，很可惜。我曾写信给新华社说，那里边有许多好内容，有许多非常有价值的东西，其重要性比新华社的报纸登的东西有过之无不及。如果新华社、人民日报不想法利用，就太可惜了。

祝贺《列宁全集》中文第二版出版发行，努力学习列宁著作*

《列宁全集》中文第二版六十卷已经全部出版发行。这对于我们全体有阅读能力的共产党员和一切有志于学习、研究、宣传马克思主义理论的同志们，都是一件值得热烈庆祝的大事。与此同时，全国读者盼望已久的毛泽东选集一至四卷第二版，也将于今年“七一”出版发行。这两件大事表明，马克思列宁主义毛泽东思想的学习和宣传，在目前的中国即将进入一个高潮。这对于我们坚持建设有中国特色的社会主义，提高发展社会主义建设的自觉性和信心，努力实现发展国民经济的第二步战略目标，都将是一个强有力的促进和保证。

《列宁全集》中文第二版是1982年5月中共中央书记处决定出版的。这是我国自行编辑的当今世界上内容最丰富完备的《列宁全集》，全书收载列宁文献近万件，同中文第一版三十九卷本相比，卷数增加二十一卷，多收文献六千余件，总字数增加一倍以上。第一版原有的译文，在第二版中都作了认真的修订和

---

* 此篇是1991年4月26日在《列宁全集》中文第二版（六十卷）出版座谈会上的讲话。

校补。全集各卷都增加了新编的各项参考资料。全集第二版的编译出版工作连准备工作在内，前后历时十五年。中央编译局近百人参加了编译工作，十二个高等院校和科研机构的近五十名教授专家参加了译校工作。出版和印刷工作者为全集第二版的按时出齐做了大量的紧张的努力。从 1984 年开始出版，每年平均出版八至九卷，到 1990 年全部出齐，每卷印数两万册，六十卷共一百二十万册，已经或正在陆续送到征订者和读者的手中。大家看到，新版全集纸张的质量、印刷的质量和装帧的质量，都是第一流的。可以毫不夸大地说，这是完成了一项足以与国家重点基建工程相媲美的宏大工程。很明显，所有参加这项工程的同志们都抱着庄严的责任感和巨大的热情始终如一地工作的。在这里，我们不能不向参与这项伟大工程的全体编辑工作者、译校工作者、出版印刷发行工作者表示由衷的谢意和崇高的敬意。

我们热烈祝贺《列宁全集》中文第二版的出版，这是因为我们由此获得了一项武装我们头脑的更为完善的武器。列宁著作的单行本曾经武装了我国老一辈革命家；五十——六十年代出版的《列宁全集》中文第一版和以它为基础编选的《列宁选集》，曾经武装了当时的一代到两代的共产党员和马克思主义理论工作者；现在出版的全集第二版，以及不久以后将会出版的新编的《列宁选集》，将武装新的几代共产党员和马克思主义理论工作者。

我们要从新版的《列宁全集》主要学习些什么呢？

首先，我们要从列宁的著作中学习他怎样坚持、捍卫和发展马克思主义。列宁是马克思、恩格斯逝世以后最伟大的马克思主义者，他顶住第二国际修正和背叛马克思主义的世界性的狂流，坚持在哲学、政治经济学、科学社会主义等各个领域捍卫和发展了马克思主义的基本原理，建立了人类历史上第一个社会主义国家，并且在世界范围内复兴了共产主义运动。列宁的名字已经不可分离地同马克思结合在一起，他把马克思主义发展成为马克思列宁主义。当马克思主义面临新的严重挑战的今天，我们学习列宁的著作，一定会使我们从中获得无限的信心和勇气。

其次，我们要从列宁的著作中学习他关于帝国主义的理论。列宁主义是帝国主义时代的马克思主义。列宁是对帝国主义作出马克思主义科学分析的第一人。列宁在他的《帝国主义是资本主义的最高阶段》一书中对帝国主义五个特征和帝国主义的寄生性腐朽性的基本论断，至今仍然适用。列宁一生对帝国主义势力及其辩护士们始终进行了坚决而又灵活的斗争，对我们也充满教益和启示。尽管帝国主义组织了对俄国革命的大规模武装干涉，但是当战争结束以后，列宁及时地推行了和平外交政策。我们今天特别需要向列宁学习关于帝国主义的理论和对付帝国主义斗争的策略，因为帝国主义今天还十分猖狂，它不容许我们有一天忘记或忽略它和它对社会主义国家的和平演变政策的存在。

第三，我们要从列宁的著作中学习中国革命的指导思想。中国共产党的产生和中国革命的发展，是同列宁和十月革命的影响分不开的。列宁早在欧洲大战以前就把目光注视到东方，指出在亚洲，“数万万人民正在觉醒起来，追求生活，追求光明和自由”，而在欧洲的工人运动当时正处在低落状态，因而提出了“落后的欧洲和先进的亚洲”的著名警句。在十月革命和共产国际成立以后，列宁更以无限的热情为东方被压迫的殖民地半殖民地人民反帝国主义运动和早期工人运动指示斗争的方向。直到列宁的最后一篇著作中，他仍然认为，“俄国、印度、中国等等构成了世界人口的绝大多数，正是这个人口的大多数最近几年来非常迅速地卷入了争取自身解放的斗争，所以在这个意义上说，世界斗争的最终解决将会如何，是不可能有丝毫怀疑的。”大家知道，列宁的《两个策略》和《共产主义运动中的“左”派幼稚病》两部著作，对于中国共产党人开展党内反右倾和反“左”倾的斗争起过多么重大的作用。毫无疑问，学习列宁的这一系列著作，不但会帮助我们深入理解中国新民主主义革命时期的历史，而且会大大提高我们在争取社会主义事业斗争中的觉悟性。

第四，我们要从列宁的著作中学习建立和巩固社会主义国家的理论。列宁对马克思主义的最重要贡献之一是他捍卫和发展了马克思主义的无产阶级专政学说。列宁透彻地阐述了马克思、恩格斯关于国家是阶级矛盾不可调和的产物、国家是阶级统治的工具以及无产阶级在革命中必须摧毁旧的国家机器而建立起自己的专政的原理，明确地宣布：只有承认阶级斗争、同时也承认无产阶级专政的人，才是马克思主义者。列宁创建和保卫了世界上第一个无产阶级专政的国家，建立了民主集中制的政权，并为使新的国家机器能够确实代表最广大人民群众的利益和意志而奋斗到最后一息。我们在 1949 年已经根据马克思列宁主义的基本原理和中国革命的具体实践，建立了人民民主专政的国家，我们现在的任务就是要坚持不懈地保卫它、巩固它和完善它，完善我们的人民代表大会制度，完善社会主义民主和社会主义法制。在这一过程中，学习列宁的有关国家问题的著作，将使我们得到很多教益。

第五，我们要从列宁的著作中学习建设社会主义经济的理论。列宁在俄国转入经济建设和实行新经济政策以后工作的时间不长，但是留下的文献却不少，而列宁全集第二版所增收的文献大部分正是属于这个时期的。当然，当时俄国的情况跟我国现时的情况有很多不同，但是在一个原本是小农经济的国家中建设社会主义，这一点却是相同的，因此俄国的许多经验就很值得我们研究、参考、回顾和反思。列宁在粮食税、商品流通和商业工作、劳动竞赛和工会工作、电气化计划和计划工作、新经济政策、国家资本主义、租让制、对外贸易垄断、合作制以及革命和改良、文化建设、掌握人类积累起来的全部知识等方面提出的见解，对我们执行改革开放的方针仍然有重要的理论意义，需要我们进行深入的研究。

第六，我们要从列宁的著作中学习党的建设的理论。建立和建设无产阶级先进分子的党的论题，始终在列宁的著作中居于重要地位。列宁对于党的领导机构和领导工作的关心，在他重病期间仍然没有停止，这在全集第二版所增收的文献中表现得很清楚。列宁关于建立一个民主集中制的、有严密组织和纪律、密切联系群众、有自我批评精神的党的学说，无疑是列宁对于马克思主义理论的重大贡献，因为没有这样一个党，就不可能有革命的胜利，不可能有革命的政权和武装力量，不可能有社会主义经济文化的建设。那么，马克思主义至今就还不过是一种学说而已。也正因为这样，马克思列宁主义的一切敌人，首先集中力量来反对列宁关于党的理论。我们从中国革命和建设的实践中深知，党的领导是我们一切胜利的源泉和保障。我们要不断努力加强我们的党，也就要努力学习列宁关于党的建设的理论。

最后，我们要从列宁的著作中学习辩证唯物主义和历史唯物主义的方法。列宁不仅写了许多关于历史唯物主义、唯物主义和辩证法的专著和笔记，而且在他的全部著作中都贯穿着辩证唯物主义和历史唯物主义的精神。列宁讨论问题总是从客观实际出发，特别注意从经济事实的分析和阶级力量对比的分析出发。列宁认为真理都是具体的，所以提出的问题都考虑到一定的历史条件，着重分析具体事物的内部矛盾和相互联系。列宁的论辩性著作中不但充满辩证法，还多次正式提出辩证法的论点来反驳形而上学观点。我们学习哲学的目的是要运用哲学，在这方面列宁的著作向我们提供了一个极好的榜样。

列宁的思想非常丰富，在这里很难作出完整的概括，以上只是说一些我想是最需要注意的几点罢了。

我们学习列宁的著作，当然必须掌握列宁思想的精神实质，而不是拘守他的这样那样的个别论断；当然必须同学习马克思、恩格斯的著作，学习毛泽东、邓小平的著作相结合；当然必须同研究当代的世界和中国的实际情况相结合，为解决现实问题服务。

马克思主义发展的历史命运，同人类社会发展本身的历史命运一样，从来不是平坦的。列宁在说到欧洲可能后退几十年的时候这样说过："这是难以令人相信的，但这并不是不可能的，因为把世界历史设想成一帆风顺的向前发展，不会有时间向后作巨大的跳跃，那是不辩证的、不科学的，在理论上也是不正确的。"马克思主义在十月革命以前曾经经历过巨大的困难时期，现在又面临新的巨大困难时期。资产阶级政客正在大声叫嚷：马克思主义已经死亡了，社会主义已经死亡了。让他们叫嚷去吧！让他们在梦想中去吹嘘胜利和寻求安慰吧！在我们这个十一亿人口的大国，正在努力坚持马克思主义，正在更加高举列宁主义的旗帜，正在胜利地发展社会主义事业，并且为此目的，我们正在努力普及马克思主义理论的宣传和学习，出版《列宁全集》中文第二版就是这一努力中的最新成就之一。我们将使马克思主义理论和社会主义事业一天比一天繁荣昌盛。我们的行动就是我们对于资产阶级政客们的响亮回答。

汉字简化和改革的问题*

主席、各位先生、各位同志：

刚才吴玉章同志已经把文字改革委员会发表的《汉字简化方案草案》① 作了一个说明。在座有很多是对文字方面有研究的专家和老前辈，我对于文字的知识很少，我只是把方案草案公布前后，各方面对这个方案草案提出的一些问题，作个解释，有什么不对的地方希望各位指教。

今天我要谈的一共有四个问题：第一，是汉字简化有什么好处；第二，汉字简化有什么坏处；第三，汉字的前途怎样；第四，我们现在应该做些什么工作。

---

* 此篇是1955年3月15日在政协全国委员会举行的汉字简化和改革问题的报告会上所作的专题报告。

① 1954年底，中国文字改革委员会制定了《汉字简化方案草案》，共收简化字798个。1955年1月，文改会、教育部、中国人民解放军总政治部、中华全国总工会发出联合通知，印发《汉字简化方案草案》三十万份，要求各省市教育局、部队和工会组织有关方面人士进行讨论。同年2月，中央各主要报刊又发表了《汉字简化方案草案》。1956年国务院公布的《汉字简化方案》正是在这个方案草案的基础上，经过广泛征求意见，深入研究后修改制定的，然后再经全国文字改革会议通过，并由国务院汉字简化方案审订委员会审订。

一　汉字简化有什么好处?

简化汉字，首先是对已经存在的事实的承认。

今天在座各位一定有许多人赞成简化汉字，也有许多人是不赞成的。但是不管赞成不赞成，我们应该承认简体字存在这个事实，就是除了印刷体以外，还有很多俗字和简体字的存在；无论你喜欢不喜欢，这些字是存在的，无论你想用不想用，这些字也是存在的。现在的问题，就是对这些存在着的简体字加以承认，给它合法地位，使其合法化、合理化。

究竟是什么人造的简体字呢？这个问题无法答复。研究起来只能说，自从中国有文字那天，就有简体字的存在了。中国最早的文字是甲骨文，但甲骨文的字就有好几种体的，它们有简的有繁的，繁体和简体之间的差别，比现在还大。后来隶书和楷书也都有简体字。我们找不出哪一个朝代和文字发展到哪一个阶段的时候没有简体字存在的事实。我们祖先从文字创始起，就写简体字，所以简体字的存在实在已经有几千年的历史了。

简体字既然已经存在，那又为什么还要来个《汉字简化方案》呢？这是因为过去虽然存在着简体字，但汉字并没有简化。首先在产生简体字的同时，也不断地产生着繁体字。例如："栋樑"的"樑"字，原来并无"木"字旁，这是后来加上去的；"菓子"的"菓"字，原来并无草头，也是后来加上去的。要把字造得简单些，这件事情历来造字的人，没有认真想过。其次，汉字的简化也是有限度的，由于汉字本身结构的关系，直到今天还不能给每个汉字提出一个简单的写法，《汉字简化方案草案》也只想出了七百九十八个简体字，将来是否全部汉字都能简化，是个问题。而且几千年来，中国的文字并无人管理，即使有人管理，也往往是站在封建特权阶级的立场上，不是站在人民大众的立场去繁存简，往往把繁体字当做正体，把简体字当做俗字，没有给简体字以合法的地位。今天我们有可能着手汉字简化的工作了。虽然简体字的历史已经很久，但过去被压制着，得不到发展，现在对于简化汉字，我们还要做很多工作。

第二，繁体字是很难学、很难记、很难写的。很多汉字的笔画平均是十笔至二十笔，就最常用的字统计，平均也有十一笔至十二笔，这对于儿童，对于初学文化的人学起来都是很困难的。在座诸位是已经学会了，已经不再感觉困难了，但是我们也要为他们想想，为孩子们想想。孩子们做作文，用的是有格子的簿子，要在格子里面把字写端正，不准出格，是很困难的。就拿“繁體字”三个字来说，“繁”与“體”都是很难写的，要孩子们写起来不超出格子，很难做到。因此仅仅从人道主义一点出发，也应该赞成简化汉字。

小学生学语文，第一册第一课是“開學了”三个字。这课课文的意义没有人反对。但是这三个字的笔画实在难学、难写，并不是课本编得不好。就拿过去作为课本的《百家姓》来说，开头“趙錢孫李”四个字也很不好写；《三字经》中的“人之初，性本善”的“善”字也很不好写。中国就有这许多难字，要编一篇笔画简单些的课文也很困难。

为什么要提倡简体字，就因为繁体字难学难写。难写，不但是初学文化的，即使在座各位也会遇到。在座就有不少人都写简体字的，没有人愿意写二十多笔的字，除非是为写字而写字的人，他的心理与大家是不一样的。普通人写字是为了办事情，写个便条什么的，决不会严格地用繁体字。写简体字可以少化一些时间，无论对于文盲还是学者，老百姓还是大干部，都是欢迎的。

至于提倡简体字会不会产生两种字，因而增加了负担呢？我们可以这样来设想：中国原来就有两种字，原来就是不统一的，并不是提倡了简体字才有两重负担。两种字选哪一种好呢？选繁的吗？不好。我们如果规定只能按繁体字来写，写起来一定还是要犯规，没有办法消灭简体字，因为一个人写字，无须别人批准。要统一中国的字，把两重负担变为一重负担，只有取消繁体字，保存简体字。繁体字写的人很少，只有印刷厂铅字现在一律用繁体，如果我们规定简体字为标准体，又把印刷厂里的繁体字铅字全部拿掉，基本上就不会有繁体字了。

第三，现在我们的字体很乱，印刷体与手写体就不一样，例如“辶”字，印刷体写作“辶”，是两点，手写体写作“辶”，只有一点。又如“总路线”的“线”字，有时写作“綫”，有时写作“綫”，究竟哪一个是对的呢？总之，汉字的印刷体与印刷体、手写体与手写体、印刷体与手写体都不一致。如此混乱，给各方面带来很大困难，每个人不但要学两种写法，就是都学会了还是有种种麻烦。譬如教员教学生，一定要教好几种写法。像鲁迅的小说《孔乙己》里面写到孔乙己教小孩子，说“回”字有四种写法，我就只知道三种写法，不知道这第四种写法是怎样的。我们写一篇文章，前面这个字这样写，后面同样一个字，仍然是同样的写法是很难保证的。为了保证前后一致，每写一个字就要回到前面去查，这是很麻烦的事情；但是不查，又会前后不一致，会被人家说“你这个人太不检点”。原稿上如果马虎些，拿到印刷厂去排字，给校对就增加了很多麻烦。所以，如果要省去麻烦，避免混乱，就应该使汉字简单化，就要按照国务院中国文字改革委员会提出的简化原则来整理汉字。

汉字发源于中国，曾经流传到其他一些国家，如日本、朝鲜、越南。但是现在，这些国家都把汉字废除了，只有日本还用一部分。日本在使用汉字方面也发生了变化，使用的汉字越来越少了。1946年，日本政府公布了一批简体字，一共是一百六十个，办法比我们简单，就是一道命令把原有繁体字一律废除，所有发生法律效力的文件、印刷品只准使用简体字。同时，还把汉字的数目规定了一个范围，这个措施规定只准使用一千九百四十二个汉字。日本最初规定的是一千八百五十个汉字，叫做当用汉字，因为不够应用，又增加了九十二个字。日本的小学教科书，规定只有八百八十个汉字，而我们的小学课本，却用了二千多个字。至于我们常用的汉字就有六七千，全部汉字有一两万。

现在采用汉字的国家都在设法缩小汉字的使用范围或者不用。我们不采取一些办法，把汉字简化，我们就会落在曾经是学习我们文化的国家的后面了。

汉字简化是历史的趋势，为了减轻学习汉字的人的负担，必须简化汉字。

二　汉字简化有什么坏处？

以上说的是汉字简化的好处，然而汉字简化后有没有坏处呢？如果说没有一点毛病，那汉字早就简化了，这里面一定有些毛病。我想把反对汉字简化的意见也来研究一下：

第一种意见说，简化汉字是破坏了汉字的传统。例如“身體”的“體”字，现在改为“体”字，这“体”字在古时念作“笨”，就是“笨”字，这在《康熙字典》里有详细的说明。《康熙字典》并且说有人把“體”字写成“体”，是错的，这不是把古雅的传统给打乱了吗？汉字本来有很多规律，即所谓六书，现在把汉字简化，就把原来面貌改变了，原来的象形不象形了，谐声的也不谐声了。

这话说来是有道理的。可是我们的方针，应该是保存古代的规律好呢？还是从使用上的方便来考虑好呢？有许多汉字最初确是象形的，可是后来早就把规律打破了，象形的早就不象形了。如果为了保存规律，最好大家都写甲骨文。我们的汉字早已离开了原来的面貌，走上了新的道路。保存汉字的旧面貌是必要的，这我们可以编一本字典，把字的原形、发展过程加以注明。不过这是学者的工作，不是人民大众的事。

《镜花缘》里面有个故事，说是人们把“射”字与“矮”字颠倒了，因为“射”字从“身”从“寸”，只有一寸长的身体，当然是矮的意思；而“矮”字，从“矢”从“委”，“矢”是箭，“委”是“委弃”，这是射的意思。这故事说明汉字的规律早已变成了一种笑话。

简化的确会使汉字的传统规律破坏，但这并不是现在才破坏的，而在很早就破坏了的，问题是维持规律好呢，还是为求方便好？

第二种意见认为，简化的汉字不美观，不庄严。例如“中華人民共和國憲法”几个字，如果把“華”字改了，“國”字改了，“憲”字也改了，就很不庄严。就说“莊嚴”的“嚴”字，“廣場”的“廣”字，把“敢”与“黄”取消了，剩下“罒”与“广”好像没有支撑要倒下来一样，这就不“庄严”了。[①]如果一个字一个字来挑剔，会有很多“道理”可讲。可是什么是好看，什么是不好看呢？我想原来就通行的繁体字，大家并没有感觉什么不好看吧。例如“亂”字，在我看就很不好看，一边笔画很多，而另一边空空洞洞，可是谁也不说那个繁体的“亂”字不美观，也没有建议要在右边增加一些什么。“嚴”字

① 现在规范的简化字根据习惯写法已把“罒”简化为“严”。

写作“严”似乎不好看，可是许多人取“厂”字作别号倒觉得很古雅。可见字的好看不好看，完全是心理上的错觉，看熟了就好看，没有看熟就不好看。假如有两桶水，一桶是热水，一桶是冷水，把一只手放在热水里，另一只手放在冷水里，然后把两只手拿出来放在一桶温水里，这时候两只手的感觉是不一样的；一只手觉得这是冷水，另一只手觉得这是热水。我们感觉字的美观不美观，道理也一样。如果造字的人一开始就用“口”作为“國”字，我们决不会说这“口”字不好看；现在如果再有人建议放个“或”字进去，一定大家都要反对，说是不好看了。

第三种意见认为现在公布的字都不认识，本来识字的人都要变成不识字了。他们说：“说是减轻负担，在我却是增加负担。”这理由不能说完全不对，“儒家”的“儒”字，南方一般写成“仠”，而北方一般写成“仈”。这两个字都是俗字，南北互相不认识，现在无论规定用哪一个简体，都会有一部分人不习惯。但是这完全只是个别情形，如果认为增加很多负担，这是夸张。

有的人说已经识字的人，还要再学一次，譬如小学生已经学了两千字，现在再叫他们学七百九十八个简体字，这是否增加了负担呢？其实现在一个小学生，他在小学如果没有学会简体字，到中学一定要学；中学学得不多，到社会上还是要学。因为社会上有人写简体字，你不认识简体字，人家写信给你，你就看不懂。推行简化汉字，并不是中国文字改革委员会存心不良，故意给大家找麻烦，事实是社会上原来就存在着不合理的现象。所以要说简体字增加了负担，也只是给极少数人增加极小的负担，如果说简体字对已经识字的人的负担很大，那就不是客观的说法。

另外有一些意见是从另一种角度上来批评简字。第一类意思是说汉字简化方案还简得少了些，有些偏旁却没有变，今天公布一批，明天又要公布一批，哪一年才算完呢？如果说这次公布的就算完了，可是还有很多社会上已经流行的简体字都没有收入，例如：“赵、钱、孙、李”的“钱”字虽然简化了些，还是不够，现在通行的写法“𫟞”就只有四笔。

这理由也不能否认，很多字还没有简化，可是如果希望一下子要把所有的字都简化，是有困难的：一是物质上的困难，一是精神上的困难。物质上的困难就是铜模一下子做不出来。中国的铜模大部分是从日本买来的。铜模是由刻字家刻的，做铜模先要刻模坯，这工作很不简单。据说全中国只有十几人可以刻模坯，每人一天也只能刻十几个字。如果这十几个人都集合起来，每个字按大号、小号、楷体、宋体……来刻，至少得刻十几付，就是说需要二十倍的时间。当然这个困难不能像现在说的这样悲观，应该设法使铜模制造过程机械化，可是这种机器中国没有，要到外国去买，总之今天还不能解决，或许是明年的事。而且不仅是刻字的问题解决了就没有问题了，各个印刷厂所用的铅字的规格也各个不同，这项工程是极不简单的。其次是精神上的困难。一下子全部简化，第二天人们拿到的报纸，恐怕在座绝大多数都会觉得不习惯，看起来一定比看繁体字吃力，反对的人就更多了，困难就更大了。先让大家看惯一部分简体字，慢慢地让大家再看惯一部分，逐步改革，这就不会遇到很大的困难。这种精神上的准备是完全必要的。一个偏旁的改动，往往牵动很多字，会发生好多困难。要求彻底，这是一类意见。

第二类的意见是，简化汉字本身不成体例，这个字这样简，那个字那样简。例如：“時”写成“时”，“詩”、“侍”却不能写成“讨”、“付”；“鷄”写成“鸡”，却不能把所有的“奚”都变成“又”，因为这样“溪”就要写成“汉”字了；同样“權”，“勸”，可不能把“灌”字也简成“汉”。这些意见也是无法抵抗的，理由听起来很动听，但是因为汉字本来就没有系统，所以简化时实在无法使它系统化。除非原字全部废除，重新造字，但这也没有人能够造出完全有系统的字来。是否可以使所有的字一边从形，一边从声呢？这是不可能的。曹伯韩同志在一篇文章里举出一个好例子："骄傲"的"骄"从"马"，好像马跳起来，很骄傲的样子。如果这是说一个人骄傲，按理应该用人旁，但这样华侨就会有意见。同时，也不是所有的人都是骄傲的。如果一切坏的事情都加人旁，人也不能同意。在简化中，使之合理化，这种想法是好的，但脱离实际，不能实现。要想使汉字完全合理化，势必超出汉字的范围，走拼音化的道路。

第三类的意见是现在的简体字并不简单，手写的与印刷的还是不一致，这种批评也是有道理的，可是要解决这个问题也很困难。要想使所有的字都很简单，写起来一挥而就，只有简成草书，但草书更难认、难写了，只有草书专家才能写草书。采用行书吗？行书很难说一个字有几笔，没有笔画，就不能规范化，也就不好编字典，不好编电码。

简化汉字的确不可能解决根本问题，只能解决一部分问题。不能说解决所有的问题，但它究竟也解决了一些问题。我们不能因为不能解决根本问题，因此连一些可能解决的问题也不解决。

三 汉字的前途怎样？

既然对汉字有很多批评，那么汉字的前途是什么呢？汉字前途是不会灭亡的，大概到世界共产主义的时候也不会灭亡，也会有学者来研究，但是汉字在中国绝大部分人民中长期使用下去，就会造成很大的不便，所以经过一定的时间，汉字最后还是要走拼音方向的。原因很简单，即世界上几乎所有国家都用拼音文字，因为拼音文字比较科学合理。中国也不会例外。

由汉字走到拼音文字需要有相当长的过渡时期，如果说中国从新民主义社会过渡到社会主义社会要十五年，那么从汉字过渡到拼音文字恐怕不止十五年，因此现在热心维持汉字的人也可以不必担忧。至于汉字究竟怎样过渡到拼音文字，无论国务院还是中共中央现在都没有确定，这还需要研究。

拼音文字为什么好？因为拼音文字容易学，苏联小孩子用三个月的时间就可以学会阅读了，给他一本书，他虽然不懂内容，可以读下去，可是中国的学生却不行。就说小学课本，苏联的小学课本第一课写着满满的字，内容很丰富，而中国小学课本第一课只有“开学了”三个字。我们不采用拼音文字，至少要使学文化的时间延长两年或者更多的时间。中国文字真是学到老学不了，除了少数专家以外，大部分人如果没有字典的帮助，是不能够念得正确和写得正确的。学了几十年还有不认识的字，或者认错了，或者写错了，或者写不出。如果采用了拼音文字，就不至于像我们现在这样；只要能说出来，就可以写出来。

其次，因为汉字是这样的情况，就无法利用科学上的最新成果，现在所有采用拼音文字的国家，无论印刷、打字都可以采用最新式的机械化。可是中国文字复杂，印刷厂排字的字架子要占很大的地位；中国的打字不能很快地学会，打字机不能用手提起来；据日内瓦会议的经验，因为中国文字复杂，同样的发言稿，其他国家当时可以用电报机直接发出去，中国要经过一道翻译，必须几个小时以后才能发出去，我们不能享受现代的最新技术，很多地方浪费了时间和精力。

汉字因为不是拼音文字，不能读出标准的语音，而拼音文字是可以读出准确的语音来的。现在的汉字使得语音和文字分离，无法统一。

中国文字也妨碍了汉族和少数民族间以及国际间的文化交

流，因为中国文字很难学习。所有这些汉字的缺点，只有改成拼音文字时才能解决。

但是汉字要改为拼音文字，是有不少困难的。由于中国方言复杂，在采用拼音文字方面有某些困难；同时单字的同音字很多，同音的词也不少。这使拼音文字不能很快实现。必须在具备了一定的条件以后才能实现。

总之，汉字的前途，一、不会永远延续下去，一定要过渡到拼音文字；二、不会很快地过渡到拼音文字。

四　我们现在应该做些什么工作?

为了使文字改革工作进行得更好，目前应做哪些工作呢?

第一，希望大家对《汉字简化方案草案》很好地研究讨论，得到完满的结果，然后由国务院加以公布。为了研究讨论，在能够试用简体字的地方可以先行试用，在试用中可以发现问题，可以使大家逐渐熟悉。

第二，关于技术上的问题应该加以研究。首先要设法把全部铜模操作过程现代化。除了印刷以外，电码本也要重编（当然这问题不大）。其次要研究试验用拼音文字打电报的问题。现在东北铁路局和其他某些部门已经在用拼音文字打电报了，效果一般很好，应当研究它们的经验。

第三，继续研究汉字的精简问题。因为汉字的字数太多，应当研究简化。

第四，尽可能在小学教育里研究怎样应用注音教学汉字，过去受祁建华速成识字法的影响，这工作有很大的开展，但是还没有在全国的小学校中普遍推行，还需要继续研究，取得经验。

第五，应该研究汉语的标准语和方言。汉语应有统一的语音，而过去在这方面的工作做得还很少，还没有采取步骤。不仅是语音，还有语汇和语法，都需要进行一系列的研究。

中国方言的复杂，不仅对于文字的推行上有困难，对于其他社会经济文化活动也是一个障碍，北方人到南方，听不懂南方话，甚至有人怀疑汉民族是不是一个民族。所以首先要把标准语确定下来，然后加以推广。过去曾经有人热心于这项工作，现在应该在新的基础上切实解决这个问题。要确定标准语，就要研究地方方言。也只有研究了方言，才能够推广标准语，使教师知道标准语与方言有何不同。这就需要在全国实行大规模的有系统的方言调查。这不是少数人所能做到的，这需要大家通力合作，特别是科学、教育机关的合作，才能解决的。

第六，要研究汉语的语词。要使中国文字拼音化，就不能不对中国的语词进行研究。中国至今还没有一部词典。我们还不容易知道，怎样才是一个词，怎样就不是一个词。我们应该用"和缓"呢，还是用"缓和"这个词？应该用"介绍"呢，还是用"绍介"这个词。"开学了"，这是一个词，两个词，还是三个词？要使文字改革进一步发展，就必须研究词汇，不然，同一句话也可以写成三个四个词，也可以写成五六个词，这就不能实行拼音化。

最后，还要研究拼音文字的方案，和如何过渡到拼音文字的方案。

以上的工作对于科学、教育、文化部门都是迫切需要进行的，不进行这些工作，就不可能找到进一步改革文字的方法。但是这些工作对于一般中国人并不是当前的问题。当前的问题首先是把汉字简化，比较有系统地、充分地简化，这还需要做许多工作。有很多的问题希望在座各位，多多提出意见，使简化汉字比较顺利地进行。

关于现代汉语的规范问题*

这次会议本身的收获和缺点，会议已经作了决议，无需我再说什么。这次会议的召开，一方面表明了汉语语言中许多问题还需要深入研究、广泛讨论。另方面也表明了许多语言科学家对汉语规范问题越来越发生了兴趣，表明了汉语规范问题还需要做许多科学研究工作，进行许多讨论。

这次会议仅仅是一个开端，今后我们对会议讨论的问题还需要做很多工作。由于过去这方面的工作很薄弱，以致这次会上某些问题讨论得不透彻。我对现代汉语规范问题的研究工作抱有极大的希望，因此愿意对参加会议的代表们说一点个人的意见。

现代汉语规范化是这次会议讨论的全部问题，这个问题，相信大家都会同意，它是今天需要迫切解决的问题。为什么这样说呢？首先，我们拿世界上跟汉语有同等重要地位的语言来比较一下，就会觉得汉语规范工作是十分迫切的。汉语尽管有可以规范的基础，但是已经完全明确的、有系统的、可以使每个人都能很

---

* 此篇是1955年10月31日同出席现代汉语规范问题学术会议代表们的一次谈话。

容易掌握的规范条件，还不能说已经完全具备。我们还不能说现代汉语在口头上或书面上的规范问题已经完全解决了；这方面，口头语言特别显得突出。

现代汉语方言分歧的情况，我们大家都有共同的感觉。但是，我们能认为这种现象对我们民族文化是有利的吗？对现代汉语的发展是有利的吗？我想，任何一个能作客观判断的人绝不会认为这是对汉语发展有利的，也不会说这对民族文化的发展有利。相反的，这对民族文化和民族语言的发展非常不利。这种不利的情况，拿来跟世界上同汉语同等重要的语言相比，我们会感到问题显得非常尖锐。

我们国家已经建立了人民民主专政的制度，现在正进行社会主义建设。在社会主义建设事业迅速发展的形势下，我们能够把汉语方言分歧的状况看做是平常的事情吗？能够不要求赶快做许多工作来改进这种状况吗？如果我们没有这样的感情，那是不可想像的。我相信，我们的语言科学工作者、科学家以及所有的爱国知识分子都会感到这是一项非常迫切的任务。

这里只从方言分歧的情况看，就说明这是我们多么沉重的负担，说明汉语规范工作何等重要。

从现代汉语表现在书面上的情况看，也并不是完全令人满意的。这样说并不等于说汉语是没有发展的语言，也并不是说因此而否定了许多伟大的、优秀的著作。问题是，尽管我们不断地有许多伟大的、优秀的著作产生，而另方面，却有大量的出版物在语言方面存在着非常明显、非常严重的混乱现象；同规范化的要求完全相反，而且距离很远。许多出版物使用的语言写得很不好，有违反语法习惯的、违反修辞习惯的，也有违反逻辑的。特别值得注意的是，写出这些不健康的语言的人并不是半文盲，或者并不仅仅是小学生，有些是高等学校毕业的，有些是正在高等学校学习的。他们虽然在学校里学习了十几年，受了十几年的语言教育，可是他们都还不能很好地使用汉语这样一项工具来表达自己的思想，这种情况就不能说它是正常的，是普普通通的，是不值得我们大声疾呼、用很大力量来求得改进的。应该说，这是一种非常不好的现象，这种现象的存在，只能说明我们的语言科学研究工作以及语言教育和其他文化方面的工作做得不很好，说明我们的语言科学工作者对汉语规范化的任务没有认真地担负起来。

汉语虽然是世界上的一个重要语言，也产生过许多伟大的、优秀的著作，可是基本工作还是做得很少。首先，我们到今天还没有一部词典。我们这样重要的语言，没有词典，我们能安心于这种现状吗？能觉得这是一件没有什么关系的事情吗？如果一般的人不了解词典在一种语言里的重要性，可以不管他。可是我们的语文工作者，语言科学家却不能把这件事情当做简单的事情看待，认为再等一年两年甚至五年十年也没有什么关系。

再从另方面来看，由于口头语言和书面语言都还存在很大的分歧和混乱，使得我们的文字改革工作受到了很大的阻碍。因为拼音文字不能不要求汉语的语音有一定的标准，为全国人民所熟悉；同时，也不能不要求汉语的词是清楚的，是有可查考的，而且是容易了解、容易判断的。可是，正是这两方面，我们都还没有系统的准备。因此，使文字改革工作遇到了难于超越的障碍。

所以，汉语规范化的研究正是语言科学家以及同语言科学有关的各方面的教育文化工作者非常迫切的任务。这个任务的迫切，使得我们不能把它看成是早做一些可以，晚做一些也可以，多做一些可以，少做一些也可以，愿意做就做，不愿意做就不做的那样，也不能袖手旁观或者对正在工作的人说说风凉话，做做简单的批评，现代汉语规范工作是一项非常严重的问题，也可以说，如果不解决这个问题，对我们整个民族的政治、经济、文化各方面的生活都要发生重大影响。凡是对我们民族目前的文化状况关心的，对社会主义建设事业有责任心的语言科学工作者，都应该认识到这个问题的迫切性。不能采取袖手旁观的态度，认为可有可无，可做可不做。

关于汉语规范化的重要性，会议上已经讨论得很多，大家已经有一致的认识了，现在是需要赶快集中主要力量来迅速解决问题。我们要用各种方法来减少汉语方言之间的分歧，要使得汉民族的共同语能够用尽可能快的方法，扩大他的影响和使用范围。我们应该对现代汉语的词汇、语法有系统的研究，在最短的期间完成汉语基本词汇的整理工作；用最有效的方法提高汉语语法的教学工作，使他首先在出版界同时也在其他方面，把书面语言使用的各种混乱情况大大消除。

在这次会议上有同志提出这样一个问题：究竟什么是规范呢？

现在大家都承认汉语是需要努力进行规范工作的，可是，究竟语言的规范化是什么意思呢？我们的规范工作能做到什么程度呢？有的同志曾经对汉语规范化的一种解释表示忧虑。以为所谓汉语规范化是要强迫所有的人按照一种语言格式说话；在语音方面词汇方面都有一定的格式，强迫大家接受。担心在汉民族人口里面说话的时候或者写什么东西的时候，出现一种警察式的统治。就是说，假如某句话说得不对就有人来干涉，就像走路走得不对会有交通警干涉那样。可是汉语规范化工作是不是这样一种情况呢？当然不是。如果在这里发生了误解，那么这种误解应当消除。因为存在这种误解就会妨碍我们的工作。不仅在科学界是这样，而且在社会上也会引起阻力。

语言是没有办法用强迫的方法去统治的，我想参加这次会议的代表们也不会有这种幻想，用强迫的方法去干涉语言的发展。我们现在还不能发明一种什么样的机械，可以绑在人的声带或者大脑上，使人说话能自然而然受那种机械的调剂。如果有一天能有这种情况，到那个时候我们就可以讨论应该不应该生产那种机器。现在可不必担心，因为那是不可能的。

如果说有人干涉说话，那么从哪里产生这种力量呢？比如一个农民没有说普通话，警察就会干涉他，哪里有这么多的警察呢？如果说警察就是指的教师，教师也没有这么多。所以语言的发展不能用暴力和强制的力量去推行，这不是很明显的吗？因此我们大家不需要在这方面担心。如果有人这样想，我们应该纠正这种想法。

另一方面，也有这样一种意见：认为语言不但不能采取强制的力量，而且规范是不可能的。认为规范是一种法则。如果是法则，难道是人能够创造的吗？如果不能创造或改造语言的法则，那么语言规范工作就完全不能进行。当然，斯大林说过法则不能制造，但是他也认为人对客观法则也不是无能为力的。我想问题不在这里，有的同志对斯大林的话没有看清楚，斯大林批评那些人的时候，是因为有人把两种东西混淆起来：一种是科学法则，一种是政府的法令。如果把法则看成是政府的法令，看成是以人的意志为转移的东西，那就错了。可是，把以人的意志为转移的东西看成不以人的意志为转移的东西，那也是错误的。规范化的意义当然不能用几个简单的字去描写。规范化一方面它表示承认一种法则，但是它并不仅仅表示这一点，它还表示既是承认一种法则，还得依据法则这样一种标志，并且采取各种方法乃至行政的方法来扩大标志的影响。只有这样的看法才是对规范化的正确认识。

汉语规范化并不是汉语规范，如果把这两个概念混淆起来，就会使得许多同志对规范化的作用和可能性估计得过低。语言里面有法则是毫无疑问的，语言学家的任务之一就是要发现语言里面的法则，这样的法则不是语言学家所能创造和改造的。比方语音学、语法、词法乃至修辞这些方面的东西，它都是客观的法则，如果把范围扩大一点还有逻辑。可是在语言研究活动里面，特别是在语言工作里面，不仅要研究法则，而且还要有其他的活动。还要建立一种标准，宣传一种标准，用这种标准来影响语言发展。比方说，语音为什么有这样的发展和那样的发展，它本身的规律是客观存在的。可是我们考虑到什么样的语音可以成为民族语言的标准音，我们就得研究这种标准，进一步推广这种标准。这种推广工作就已经接近政府的法令范围。这种活动是不是可能呢？完全可能。不但如此而且历史上常有这种例子，一个国家决定采用首都的语音作标准，要全国学校的儿童通通学这种语音，这种活动就是政府的法令，就是规范化。

采取一种标准来推广，采取这种或者那种，这是以人的意志为转移的。当然推广什么标准会得到什么结果，它的效果是要受民族语言发展的客观状况、演变规律所影响的。可是要推广一种标准，它完全可以并且应该采取行政的方法。这里不是自然法则的问题，而是以人的意志为转移的问题。不能把客观存在的东西、不以人的意志为转移的东西错误地认为可以以人的意志为转移。同样，语法现象是客观法则，可是对语法现象怎样运用推广，这就有教育和法律的活动，这些活动就是规范化的任务。

我们不能对现代汉语的语法要求跟某种语言的语法一样，要去创造它的法则，改造它的法则，这不是随便想怎样就怎样的。可是我们承认法则，承认一种标准，采取许多措施去推广标准，这就是行政的方法，是政府的活动，特别是教育活动的领域。在这样的领域里面，就是以人的意志为转移的。这就是规范化的活动范围。愿意承认或不愿承认法则，法则总归是存在的。采取许多措施，使得我们在应用语言工具的时候符合这种法则，使得这些法则能为所有的儿童易于掌握，所有阅读出版物的人所认识、了解，并且采取许多办法来保证不让不合乎法则的东西写出来，使它在出版的时候受到加工修改。我们要求规范化，正是要在这上面做工作。

再举个简单的例子来说，比方标点符号在语言里是没有的，但是在文字里采用不采用，采取这种或者采取那种，就得受一定法则的支配。至于是否全国统一，或者应该怎样在出版物上使用，这是完全可以以人们的意志为转移的。在这个问题上如果有什么困难，那只可能是纸张或印刷条件的问题，跟客观法则毫不相干。

另一种看法是，虽然对规范化不是认为无能为力的，但是，实际上是觉得无事可做。

关于词典的问题，这就不是什么法则的问题，因为没有任何力量束缚住我们的双手，不让我们提笔。有一部词典和没有一部词典之间的差别是原则性的差别。没有词典对汉语的基本单位就没有统一的标准；等于说汉语是摆不出来的，是不可知的，是不能查考的。

当然进行规范工作是要遇到许多困难的，比如各个人都会说话，但是并不是各个人都能把该用、能用的词说得出来，用得出来，甚至就是允许查参考书也不一定能查出来。这就需要做许多科学研究工作。这样的工作是可以以人们意志为转移的。

我们做了这许多工作，就可以对现代汉语发挥作用。就可能知道现代汉语的词究竟有多少？比方词典究竟能不能编，什么时候可以编出来，这没有什么可以琢磨的。

我们要求所有的出版部门，都实行一种制度。就是说他发表任何东西，都必须经过文字加工这样一项过程。这也是规范工作中很重要的一个环节。这样的工作，并不是不以人们的意志为转移的。如果我们训练一批合格的人分配到出版社去，让他们担负一些工作，就是所有的原稿都要拿来进行必须的加工，这里所谓的“必须”，应该是科学上不能否认的“必须”。这样加工以后，出版物里语言应用混乱的现象就可以逐步消除了。这是不是我们意志范围内的呢？完全是。只要我们有这样的积极性，有组织能力，如果今天还不能做到，那么可以做到的日子也不会太久的。可是我们不能对这样的问题讨论不休。只纠缠在这样问题的讨论上，就会把我们必须做的工作摆在不确定的、不能完全明了的地位上。所以，我们一方面要反对有人把规范工作认为是用强制力量去干涉别人说话或写话的空想，同样，也必须反对认为方言是可以用人工的方法迅速消灭的。另外，也必须反对认为规范就是法则，而法则是不以人们意志为转移，因而规范工作不能做的错误看法。

我们要使得汉语的语音达到统一，对汉语书面语的法则做必须的整理工作，使关于现代汉语的各种法则的知识能迅速地、有系统地传播，首先是传播到学校的学生当中去，然后进一步传播到社会的人民群众中去，使他们能运用这些法则，等等。做这样的工作是不会犯唯心主义的错误的，相反的，如果不做这样的工作，就会造成许多错误的情况。

我们再拿游泳作例子来谈谈。人在水里游泳，需要受水的物理的客观法则的支配；可是，一个人怎样学游泳，我们怎样推广游泳知识，怎样组织人们掌握游泳技术，怎样通过对物理法则的理解不断改进游泳技术，使得学游泳的人一天天多起来，等等，这些事情同人在水里受物理法则的支配完全是两回事。语言的法则，同样是这个道理，它是客观存在的，规范工作并不是要把法则拿来解释一下，拿来印刷一下，而是要通过教育的方法，通过一些必须的行政、法令的方法，使得人们对语言的应用达到最有效、最合乎法则的地步。要做到这样的程度，有很多工作需要我们去做。我们这次会议的任务就在这里。

我们今天的问题并不在于没做工作或少做工作就给它一个犯什么错误的名目，而是要使我们的工作迅速发展，不要陷在没有结果、没有意义的辩论中。只要我们大家努力，我们的目的就能很快达到。认为我们的目的不能达到的想法是完全没有根据的。如果有这样的想法，那无非是说汉语没有什么规律可循，那就是说汉语是没有什么法则的语言，汉语就是这么一回事。事实上有人就是这么说，说“你怎么搞，汉语还是这么一回事”。这种说法实际上就是说我们要在语音上语法上做规范工作是浪费。当然，我们对这样的论调是不能同意的。我们不能承认汉语是没有规律的，不能承认汉语语音不能通过教学方式来迅速推广，也不能承认使用汉语的人不经过教育的方法很快达到掌握或使用汉语的能力。我们认为我们的语言规范工作是有前途的，而且也是非常迫切的，也是完全能达到目的的。我们对汉语规范工作必须有正确的认识，才可能在工作上有正确的出发点，才能认识到我们的工作有意义。

第二，谈谈语音的规范问题，这个问题我曾经在中国文字改革会议上说过一些，就是说如果我们承认规范同法则是两件事情，那么语音演变的法则就是一个方面，我们利用语音发展法则的知识来寻求民族共同语的标准音，来推广规范的标准语音，就是完全可能的。语音的发展法则是什么呢？那就是，它告诉我们在什么条件下方言就会发展得快，在什么情况下就会逐渐趋于衰亡，或者发展得慢一些。这些方面，语音的法则会给我们许多知识，我们就可以根据这些知识，按照我们的需要使我们的工作得到帮助。

我们今天方言情况是怎样的呢？显然不是向越来越分歧的方向发展，而是在向共同点越来越多的方向发展，虽然是缓慢的。方言词的分化，就说明了这一点。方言也是一种语言，它既然要存在，就不能不对经常发生的新事物给它适当的名称，如果代表新事物的名称增加了，而反映在各地方言词汇的共同的却多起来，这就表明方言发展的方向改变了。方言的词汇虽然在增加，但不能说明方言越来越分歧，如果各地方言词汇都在不断地丰富，而增加的有许多是共同的，也就是所谓普通话的词汇，这正表示方言在逐渐衰亡，方言向普通话接近。我们的语言事实正是这样，普通话的成分越来越增加，方言差别的部分逐渐减少。方言语音的发展同样有这种现象，各地方言语音现在正向普通话语音集中。我们从汉语的演变，从历史情况的发展，同时根据今天我们整个民族的政治、经济、文化生活的发展情况，得到这样的判断，就是说：普通话已经形成了。既然是这样，我们今天的任务就是要用各种方法来推广普通话。使得各个方言区的人便于交际。方言区的人民群众要求相互接触，这是一个客观事实，是历史发展的必然结果，无论我们愿意不愿意，方言区的人在交际中就需要有共同了解的语言做工具。正是这样，人们在需要中承认了北京语音为标准音。人们的承认，也可以用这样一个简单的例子来说明。就是说，无论是谁，如果不愿意承认北京语音作为汉民族共同语的标准音，只要能提出更有条件能作为标准音的语音，那么，我们也是欢迎的。只要这种语音无论从历史情况看，从群众了解的情况看都能作为全民接受的标准音，那么并不是不可以考虑的。事实上，我们还找不到像北京语音这样一个有全民性的语音。不但是这样，甚至除了北京语音以外我们还很难找出可以作为一个方言区所公认的方言区的标准音。比方吴语区，究竟以什么地方的语音能为吴语的标准音呢？我想这个问题是很难答复的。当然，吴语区没有一个地方在历史上形成这一地区的政治、经济、文化中心，也是妨碍当地人民选择标准语音的因素。所以，我们认为对以北京语音作为标准音是否合理，是否合乎理想，这不是以我们意志为转移的。因为北京语音已经被整个汉民族接受了。固然，北京语音过去曾经为明朝、清朝服务过，也为国民党服务过，可是，按照斯大林同志的话来说，它也可以为共产党服务。国民党和共产党的根据地都不是北京，两个党都采用北京语音为标准音，这并不是什么人冥冥中在那里主使，而是历史形成的，汉民族在历史上没有做到像今天这样的空前统一，而我们今天为什么不用最大的努力来推广标准音，来促进语言的统一呢？这是我们的历史责任，我们很难逃避这个责任。当然，北京语音还需从许多方面去研究，但是语音学家的首要任务是，应当破除对北京语音作标准音的怀疑。对语音的批评是可以的，可以从语言学、心理学、美学等等观点来批评北京语音，指责它好听或不好听，说它在某方面是简单或复杂，等等。可是，我们今天的任务不在这里，因为任何一个地区的语音都可以受这样的批评。我们今天对北京语音作这样的批评，不会有什么结果。我们今天需要谈的是怎样把北京语音更有效、更合理地推广到全中国的范围去。讨论这个问题，就必然要接触到推广什么样的北京语音的问题。是把整个北京语音一古脑儿的推广出去呢，还是要作一些选择和整理？

我认为讨论以北京语音为标准音，还应该同另外一个要求联系起来，就是要联系到普通话以北京话为基础方言来讨论。我们既是要推广普通话，那就不是推广北京方言。因此，可以说推广北京语音应该是指北京语音的系统，并不是每一个音都算。就词汇来说，也不是北方话的每一个词都可以接受到普通话里来的。

有些题目现在确定还有困难，还需要做些科学研究工作，比方这次会议讨论到的“儿化”和“轻声”的问题，就不能作简单的答复。因为虽然以北京语音为标准音，但是应该同普通话的各个方面联系来考虑。讨论普通话的内容，书面语言有特殊的地位，考虑北京语音的时候，也需要同书面语联系起来，因为有些方言的词和语音通过文学艺术作品如小说、电影、戏剧等形式，带到普通话里来了。民族共同语并不绝对排斥方言，但是，也不能无原则的吸收。因此对上面提出的问题，应该从普通话和书面语吸收北京话音和北京话词汇的程度，从方言词加入到民族共同语达到了什么样的程度来研究。如果说，书面语和口头语里面在很广阔的范围内都有像“儿化”、“轻声”的共同现象，当然，普通话并不排斥。如果不是大量的，只是个别的、特殊的现象，乃至只是北京城圈里的现象。我想，这不会也不应该在推广普通话这样一个历史任务面前成为我们不可逾越的鸿沟，我们不应该让次要的问题来妨碍主要的任务。我们主要的任务是推广正在成长起来的、全民需要的普通话。其他的问题只能服从这个主要任务。

推广普通话的时候，其他各地的方言怎么办，是不是要消灭？这是一些同志的想法。这个问题可以这样看，每个人的方言，毫无疑问是可以保存下去的。方言跟年龄联系在一起，年龄大一些，要很快掌握北京语音也有困难。但是，可以放心，不能说普通话除在交际上会遇到困难以外，并不会受到什么法律上的麻烦或有什么不自由的地方。不过，我们同时也应该看到，当一件事情开始以后，有的人行动起来，所产生的结果往往不是人的意志所能抹煞的。比方全国各地的小学校都教普通话，所有的学生都学会了北京音，到那个时候方言的使用范围必然会缩小。民族共同语的使用范围必然扩大；这样的情况，我们就应当正确对待。我们应当欢迎对我们民族语言发展有利的现象。这种现象，对个人来说并不会遭到财产以及其他物质利益的损失。如果有“损失”的话，最多只是感情上的“损失”。

当然，如果我们对方言采取粗暴的态度，那是错误的，相反，如果过于“温柔”，也是不对的。据说有个资本家在全行业公私合营的时候，一方面跟着大家庆祝，一方面回到家里却痛哭起来。我想，我们的语言学家对待推广普通话和方言是不应该有这样的态度的。推广普通话是几十年来许多爱国知识分子梦寐以求的，试想，有的人说北京语音难学、不合理、丧失了历史特点，等等，如果这样的语音能为所有的儿童学会了，这又有什么不好呢？全国儿童都能用一种语音来说话，这不是很好的吗？无论如何也不会产生使我们觉得像一些资本家对公私合营那样痛心的事情。

把普通话推广到全国去是会遇到一些困难的，现在这些困难中的一部分就已经反映到我们的语言学家身上来了。因此，我们认为语言学家对推广普通话，对采用北京语音为标准音应该做开路先锋。如果语言学家不是采取这样先进的态度，那么，我们对这样的语言学家是不能表示敬意的，因为我们不知道他们会把我们的民族语言带到什么方向去。我们不能渺渺茫茫地采用没有经过千百万群众实践得到的东西，不能用少数人在书斋里的想法去代替历史演进的自然结果。我们支持推广北京语音并不会使得所有投票的人得到什么私人利益，而是因为这对我们的民族有利。我们民族迫切需要一种共同语，但是不能人为地创造出一种什么共同语言。社会上的人民群众是清楚的，我们希望语言学家对这一点也应该同样清楚。同时，我们也希望语言学家在这方面积极工作，因为推广普通话必然会受到一些误解和阻碍，而这种误解和阻碍，正如上面所说的，已经反映到语言学家里来了，自然也会反映在语言学家以外的人民群众身上。这种阻碍的产生是有种种基础和根源的，它说明了我们的文化还不发展，还相当落后，说明方言在居民的心理上和生活上还有很大作用。因此，我们在这方面的任务，就得向群众说明，说明普通话的推广并不会给他们造成什么损失。

农村里面农民要说方言是可以的，可是，农民的下一代必然慢慢地会说两种话。其中一种话所起的作用开始可能很小。但是，历史是前进的，我们民族历史是在逐渐发展，特别是人民民主制度，社会主义建设事业的种种活动，在影响着每个农村居民，学会普通话的人会一天天增加起来，许多人逐渐会说两种话。不管怎样，只有这样语音的统一，汉字改革才有好的基础。否则，我就是请了最高明的设计师来设计拼音文字，也都会碰到不可克服的困难。

我们的孩子是将来社会的主人，我们不能有任何轻视的想法。从前有个物理学家，有人曾对他的创造嘲笑过，说他的创造没有什么了不得。他说，是的，正如一个孩子那样，当他还不会走路，或者只刚会走的时候，是没有什么了不得的，但是他们总要长大成人的。我们对普通话推广的认识也需要这样看。

我们目前约有五千万小学生在学校里，他们今天虽然只有八九岁，十来岁，但是再过十年、二十年，他们就成了社会的工人、农民或者知识分子。到了那个时候，这些人都会说一种共同的语言，也懂得共同的拼音方法。如果我们不看到这些，还想出种种理由来责难，那么，对我们的民族文化发展究竟有什么好处呢？

因此，我认为我们必须采取坚决的方针，毫不迟疑地，并且要满腔热情地来支持这个斗争。这确是一个斗争，因为推广标准音需要打破许多偏见，打破许多情面，割去许多留恋，这是很不容易的。从前我们许多中国人对割去头发都非常伤心。割头发并不痛，尚且如此，要改变说惯了的话自然也并不是那么容易的。有两句诗说："少小离家老大回，乡音无改鬓毛衰。"这是全中国的知识分子都很熟悉，也很欣赏的诗。因为有"乡音"就会联想到"故乡"，由"故乡"又会想到黄金似的童年。这样的感情的确和割掉头发那样的难受心情是相同的。但是，为了汉民族语言的发展，就需要向这种不健康的感情作斗争。为了民族文化的利益，要求某些人牺牲掉一点烦恼是完全必要的。我们不应该在这样的问题上有什么牵挂，事实上，像这样的工作实在没有一个可以使大家都满意的办法。不要说使大家，就是使二分之一的人满意，也不一定能找到。应该看到对这样的工作表示怀疑甚而要阻止它的开展，这只能反映它是过去的思想意识，并不能代表我们国家的未来。

联系到整个语言规范工作来说，我们还可以提出这样的问题，方言不是在发展？它的前途怎么样？有人也曾这样说，今天我们既然要提倡发展少数民族语言，支持它发展，为什么就不支持方言的发展呢？这个问题，我觉得应该这样看：少数民族解放前一直是被压迫的，语言是民族特征之一，可是解放前民族语言并没有能充分发挥作用。那么，我们能不能设想方言是被压迫的语言，是没有发挥到应有的作用呢？显然不能。当然，今后方言在一定范围内还要继续发挥它应有的作用，但是，从全民共同语的范围来说，它毕竟是次要的，而不是主要的。方言跟少数民族语言的差别是，方言是一个民族语言内部的支流，一个方言并不能构成一个民族。如果认为一个方言能代表一个民族，那就是说汉民族不是一个民族。我想认为汉民族是几个民族的说法，至少到今天为止还没有听到有人提出来。

少数民族过去受汉族少数统治阶级的压迫，说方言的人却不能说是受说北京话的人的压迫的。我不能让别人挑拨我们的民族感情。事实上，我们过去也并不是说北京话的人压迫说福建话、说上海话的人，而是说北京话的人也有被压迫的，说福建话、上海话的人中也有反动统治者。这其间的错综复杂情况是没有什么规律可循的。那么为什么历史上的方言有的发展了有的却没有得到发展？原因很多，其中也包括某个方言区的某一地点是首都这样一个因素在内。但是某一个地点的作为首都，并不因为它曾经是某一阶段统治者的首都而就永远都是不名誉的，甚而这个地区的语言也一无是处。正如北京一样，我们并不以为它作过历史上一些朝代的首都，便会认为它对作为今天中华人民共和国的首都有什么损失。

北京话成为今天民族共同语的基础，更重要的原因还在文化方面。这样说并不是说其他方言地区的文化比北方话地区来得低。而是因为，近几百年来用白话写的文学作品主要是用的北方话。虽然也有用其他方言写的，但是，由于种种原因，它的广泛性没有达到北方话同样的程度。这是一个显著的历史事实，历史是不能改变的。

另外，对普通话还应该这样看，今天的普通话和书面语也并不完全就是以白话为基础的北方话，如果这样看那也是不真实的。今天的普通话已经融合了许多方言，并且吸收了许多外来语成分，所以它也是带有全民性的，不能说它是一个方言。至于普通话同各地方言在血缘上究竟关系怎样？这还可以研究。

总的说，我们不能对已经存在的汉民族共同语采取虚无主义的态度，我们没有任何理由不承认民族共同语已经存在这一历史事实。我们今天大量的出版物上使用的语言，都是从汉民族口语的基础上产生的，这些出版物上的语言既然在全国流行，而且并不是文言，那么，我们还有什么理由怀疑民族共同语的已经存在呢？因此，在这样的情况下，如果我们过于强调方言的价值、强调方言的发展前途，又有什么积极意义呢？我们是不是还打算回过头去或者想让方言跟民族共同语分庭抗礼？当然不能。从前在国民党统治地区我们党在许多地方建立了革命根据地，那时候国民党说这些革命根据地是封建割据。毛主席在一篇文章中说："好吧，就算是割据，但是这是人民革命的'割据'，那有什么不好呢？"当时那种所谓的"割据"，我们今天已经没有什么怀疑了。可是，我们今天难道还想在方言上来保存"割据"吗？

我们要求在政治、经济、文化各方面的统一程度越高越好，对语言统一的要求自然也是这样。因为达到了这样的要求，不仅对我们民族有利，对社会主义建设事业有利，也可说对保卫世界和平事业也更有利。因为，我们全国人民是在一个统一的革命组织领导下，要把革命的统一意志能够有效的传达到全国每一个角落，就得有高度统一的语言工具。因此，今天在方言价值上作过高的估计是不适宜的，在某种程度上说，也无疑是脱离我们的时代背景的。

那么，方言是不是会消灭呢？我们认为，方言不能用人为的方法消灭它，但是方言是会消灭的。因为任何事物都是在发生、发展和消灭的过程中，就是民族共同语将来也要消灭，难道能说方言还会例外吗！我们说民族共同语将来会消灭，但是，我们今天还不能从现实条件去考虑它的消灭问题。方言则尽管无须我们去研究、辩论，甚而作计算它究竟还能存在多久，但是，它毕竟是在衰亡的过程中，它不是在向上发展而是在向下发展。如果认为方言不是向下发展，那么，我们今天会场外面的大字就不应该是"现代汉语规范问题学术会议"，而应该是"现代汉语方言发展会议"了。

虽然，方言是在衰亡的过程中，在一定程度上，一定范围内它还是要起作用的。正如某些人对北京语音那样，我们无须去诅咒它、歧视它。在没有更好的东西代替它以前，它能为当地居民服务，这没有什么不好。对待方言的看法，今天的问题是我们是否需要用什么方法来扩大方言的影响。有的同志以为地方戏是扩大方言影响的一个因素。我想，在历史上地方戏可能有此关系，可是，今天地方戏的发展跟历史上地方戏的发展并不一样。今天地方戏之所以表现了地方色彩，方言并不占主要地位，如果地方戏能够保持原有的音乐、唱腔以及全部的表演形式，即使将来听众要求用普通话来唱和说，也不会失去地方戏的色彩，更不致于宣布地方戏的“死刑”（全国人都能说普通话，要说得比较流利，也许是下一代或下两代的事情）。

语言是一种工具，它是要为社会主义建设服务的。方言只能在一定的范围内使用，离开了本地区就会成为交际的一种障碍。方言的作用仅仅是这样。可是，今天的确存在着扩大方言影响的想像。这里所说的并不是指用地方语言的广播和电影，最值得注意的是我们的许多作家。在这些作家里，有的非常爱好使用大量的方言来写作（我想，语言学家和语言教育工作者应该向这些作家提出“抗议”），尽管他们有种种理由这样做，但是，这样做不能说是符合于为全民族文化发展所应该采取的态度。他们这样做，在民族文化发展过程里无意中起着阻碍作用。可是，非常可惜，这种现象的存在，在语言学界几乎没有什么反应。

在文学作品中使用方言这个问题，本来是早已解决了的。二十多年前，高尔基就曾经对潘菲洛夫在《我们的一代》序言里滥用方言作了严厉批评，[①] 认为在文学作品里滥用方言是对苏联

---

① 《我们的一代》，是首任《十月》杂志主编潘菲洛夫主编并作序的一部《十月》杂志的青年作家文集，莫斯科国家文学出版社 1933 年出版。高尔基的批评见于他发表在 1934 年 3 月 18 日《真理报》上的《论语言》一文。中译文见《高尔基选集·文学论文选》，人民文学出版社 1958 年 11 月版。

文学的一种破坏。而我们今天这种现象却大量存在。某一个作家写东北的事物，就要用东北方言，写陕西的事物就用陕西方言，结果，我们就有了各省方言的文学作品，如河北话、北京话、辽宁话的作品，等等。而没有现代汉语的文学。老舍先生已经几次表示决心，不再用北京土词写作，这是非常值得欢迎的。

语言规范化并不仅仅是防止滥用方言的问题，实在说，这还只是比较小的问题。更重要的是，我们需要把我们的基本词汇做一番有系统的整理；而我们现在并没有做。语法方面虽然有些讨论，但是，这些讨论也需要得出相当的结论。语法方面最重要的问题是，怎样使得我们说话和写作能合乎现代汉语的规律。这方面我们有很多工作可做。我们要做到如古人所说的“出口成章”这样的程度。我们今天谁也不能出口成章，比方拿我来说，我在这儿讲语言规范化问题，好像我对语言就能运用自如似的。其实，如果把我讲的话，逐字记下来的话，不合规范的情况，我自己也会大吃一惊。虽然如此，我认为，我们的汉语规范工作完全可能做到上述那样的程度，就是要使所有受过长期训练的人，不但在写作方面，就是在说话的时候，都能合乎规范。这个规范的标准不是外来的而是汉语的。

汉语发展到今天应该有这样的规范标准了。如果说，我们今天的语言还有毛病，那么我们可以说这种毛病是过去的规律。但是，事实上，我们许多人就是这样的规律也还不能掌握，这是什么原因呢？这是因历史上几千年来没有重视过这个问题。

这次会着重讨论了标准音，这当然是好的。但是，必须说明，这不是规范化的全部。规范化的要求是，要使任何一个普通的人随便说话，写东西都要合乎汉语的规律。我们要达到这样的地步，就得要我们从今天起作长时期的努力。在这里，同样有人要发出疑问：汉语能达到这样的地步吗？这种怀疑可能比对以北京语音做标准音还更多。要真是这样，那就无异说“汉民族就是低人一等”，无异说“尽管我们说话的人最多，历史最久，典籍最丰富，说话就是不能合乎规范”。我想，我们民族还不是这样一种没有出息的民族。如果我们须要抱着上述那种自暴自弃、不求振作的态度，并不合乎今天中华人民共和国的公民的精神面貌。我们绝不相信，汉语就不能由于我们大家坚持不懈的努力，在多少年以后做到这一步。其实，这样的程度是许多先进民族差不多早已做到了的。我们今天没有做到不是旁的，这不过是表示我们的落后，是我们的羞耻。我们要去掉这个羞耻，我们不能容忍这种落后的标志长期存在。下决心是比较容易的，但是究竟如何去实现我们的决心，就需要我们做许多艰苦的工作。

汉语的口语和书面语在今天和今天以前存在大量的混乱现象，根本原因是我们民族有大量的文盲，我们的书面语言没有能在全民普及。要达到书面语在全民中普及，还需要在相当长的时期内做很大的努力。就是在文盲消除以后，也还需要我们从事语言教育的老师们，把汉语规范工作当做一项非常重要的政治任务，了解它的重要意义。过去尽管我们也有相当多的学校和学生，课程中也包括了语文课。尽管学习了一年、两年、十年、十五年，但是并没有解决这个问题。可以说，即使不是所有的，至少也是大多数的老师并没有企图解决这个问题。我们也没有在教育系统中加强训练使用语言到熟练的地步。对口语没有重视，对书面语言同样没有重视。没有重视到让学生把规范语言的使用深深印到头脑中去，使其永远也不能忘记的地步。我们要求将来一定要做到，让学生达到即使想说一句不合规范的话也不可能的程度。我们既然可以使我们的肌肉给以种种训练，使它达到不是一般人所能想像的美妙境地，可以获得高度的技巧，语言不是就更容易训练吗？问题是我们是否把语言规范当做了严重的政治任务，是否企图使占世界人口约四分之一的汉民族能充分掌握说话技巧！过去我们是没有这种理想的。

过去，一方面我们的文化教育不普及，另方面我们的语言科学家、语言教育家对语言规范化还表现了一些错误的看法，认为这是不可能的，是徒劳无功，是荒谬的。因而在语言工作中采取了不负责任的、敷衍了事的态度。这就是我们今天为什么这样迫切要求语言科学家要急起直追，要紧张工作，要在这个问题上抛弃任何动摇，任何怀疑的道理。我们希望大家要坚决相信，我们的民族语言是完全可以规范的。

有人顾虑，怕语言规范化是要求说出来或写出来的东西只能有一种说法，好像打字机每个键子只有一个字母那样。这是误解。使用语言当然应该有充分自由，越充分越好，我们仅仅是不允许有一种自由，就是不允许有犯错误的自由，如果犯了错误，虽然不能用法律制裁，但是科学家是可以干涉的。除了科学家以外，出版机关也是可以干涉的。如果出版机关不负责任，科学家应该干涉。只有大家负起责任来，错误就会逐渐减少甚而消灭的。做到这一点，离我们并不远，只是时间的远近而已。我们要在实践里得到答复。

我刚才多说了一些缺点，但是请相信，我对大家的工作并没有任何怀疑，我坚决相信，经过这次会议讨论，大家对汉语规范问题一定有了进一步的认识。虽然这仅仅是一个开端，重要的是大家决心进行大规模的科学研究，这是值得欢迎的，当然在科学研究工作中还有许多困难。比如如何攻克科学堡垒，如何把知识传播到全民族成员中去，等等，都还需要做许多努力。但是，也必须认识到这是一个伟大的任务，我们一定要下这样的决心：团结一致、坚决为完成上述任务而努力。我们的目的是，要使汉民族在全国范围内做到使用书面语合乎规范，说出话来没有错误；让汉民族语言达到充分高度发展的地步。这是我们全国语言工作者的共同任务，非常热望大家努力完成。

关于当前文字改革工作的讲话*

今天参加会议的有文改会的主任、副主任，以及文改会的其他同志（董纯才、张友渔、王力、吕叔湘、倪海曙、唐守愚、周有光等），中国社会科学院语言研究所两位副所长（李荣、刘涌泉）、中央宣传部新闻局局长王揖，还有新华社、《人民日报》、《光明日报》三个新闻单位的同志。因此，这次会议也带有记者招待会的性质。我是文字改革委员会的委员，但不是主任、副主任。这次是以中国社会科学院院长（文改会归社会科学院代管）和中共中央书记处书记的身份来讲话的。我不是语言学家和文字学家，讲话中难免会有外行话和说错话的地方，请大家批评指正。

文改会的三项任务：推广普通话，整理和简化汉字，制订和推行《汉语拼音方案》，是经毛主席提出，周总理在一次政协扩大会上宣布的。现在文改会仍是这三项任务，只是推广普通话的任务，根据国务院的决定，已经交给教育部负责，文改会对此仍

---

* 此篇是 1982 年 1 月 23 日在中国文字改革委员会主任会议上的讲话。标题是收入《胡乔木谈语言文字》时编者加的。

负有督促、协助的责任。为了担负起这三项任务，文改会机构的性质既有设计研究的任务，也有在一定范围内贯彻执行的任务，具有执行的权力和行政的职能。文改会是具有设计研究和贯彻执行的双重任务的机构，而且做了大量工作，取得了很大成绩。文改会有些重要工作，如《汉字简化方案》和《汉语拼音方案》，必须报请国务院审议批准；有些事情如制订《印刷通用汉字字形表》和《第一批异体字整理表》，只需与有关部门商定就可以下达推行了，不必要事事都报国务院审批。汉字简化和拼音方案的制定和批准的过程，那是非常慎重、非常隆重的，是经过广泛征求意见，经过反复修改，并且经过中央和国务院郑重考虑研究后才确定的；《汉语拼音方案》最后还是经过全国人民代表大会通过的，绝不是潦草从事的。

一

首先谈推广普通话问题。推广普通话工作的重要性和必要性应该是用不着多加说明了。可是现在许多地区和中央各部门对这项工作却不大重视。因此，推广普通话工作全国必须继续坚持进行并进一步加强。特别是主管这项工作的中央教育部，更应该认真抓好这项工作。推广普通话工作，根据国务院的决定是由教育部负责。这是因为这项工作主要是一个执行的任务，而教育部是一个全国性的行政部门，有条件管好这件事。在“文化大革命”以前，教育部对这项工作还是搞得比较好的，至少比现在好，是有很大成绩的。“文化大革命”以后，这项工作长期没能很好开展。推广普通话这件事，在旧中国也是由教育部门管的，现在在台湾也还是归教育部门管。现在国务院决定由教育部负责推普工作，不但教育系统应由教育部门管，就是社会上的推普工作，如商业、交通、广播、旅游，以及人民解放军等部门的推普工作，也都应由教育部门管。教育部门要负责推动这些部门开展推普工作。当然文改会对于这项工作也不是就没有责任了。前面说过了，它对推普工作仍应负有督促、协助的责任。

二

其次谈谈关于汉语拼音方案问题。全国解放以后不久，毛主席就提出了制订《汉语拼音方案》的问题。当时他曾亲自写信给郭沫若、马叙伦、沈雁冰三位商谈这个问题，他们当时都是中央文教部门的负责人。中央领导经过了很长时间的考虑，并在全国范围内进行了大规模的讨论，提出了各种各样的方案，包括汉字形式的拼音方案。其中有代表性的方案都送给了毛主席和周总理，他们也研究了各种各样的方案。最初毛主席曾经主张过要采用民族形式即汉字形式的方案，吴玉章和丁西林先生都曾拟订过汉字形式的方案。可是经过反复的、详细的考虑，一方面是文字改革委员会的多数委员不同意汉字形式的方案，另一方面，社会上很多人士也都倾向于采用罗马字母，毛主席和周总理这才下定决心，决定采用罗马字母即拉丁字母的汉语拼音方案，放弃汉字形式的方案。这里有一个非常明显、非常有力的理由，就是这样的字母在世界上通行比较方便。采用其他形式的字母，很难取得各方面都能满意的，使用起来比较合理、比较可行的结果。现在的《汉语拼音方案》，是由国务院全体会议讨论通过并提请全国人民代表大会正式批准的。但是，即使是国家这样郑重决定的方案，作为学术问题，从理论上进行有益的探讨，也是完全可以的；当然也可以对于其他的各种方案进行争鸣。至于汉语拼音文字方案，国家还没有明确规定，那就更是可以百家争鸣的了。有人主张将来的拼音文字，应该而且只能以《汉语拼音方案》为基础，并认为这是推行《汉语拼音方案》的必然的趋势和合乎逻辑的结果。我们认为这样的意见不是没有道理的，应该得到人们的支持。但是这并不排斥另外提出别的拼音文字方案。各种意见，各种方案，都可以各抒己见，百家争鸣。但是如果有人想要修改《汉语拼音方案》或改行其他方案，那就不是学术讨论的问题，而是要推翻国家曾经郑重决定的方案的实践问题了，那只能经由国务院提请全国人民代表大会批准才行。而且，现在推行《汉语拼音方案》已经不只是中国一国的问题。新加坡共和国也已经采用了这个方案；1977 年，联合国地名标准化会议已经通过决议，在全世界用罗马字母拼写中国地名时应该用《汉语拼音方案》来拼写；1981 年 8 月，国际标准化组织的文献工作技术委员会，经过全体会员国通信投票，绝大多数票赞成（只美国一票反对），通过了《汉语拼音方案》为拼写中文的国际标准。只要再经过国际标准化组织全体会员国通信投票通过以后，《汉语拼音方案》就将成为全世界文献工作中有关中国的需要拼写的所有专门名称和语词的拼写标准。① 文献工作的范围非常广，包括所有的图书馆、档案馆、资料馆、国际情报网络等等，凡是中国的人名地名以及一切需要采取中国语文的语词，都要用《汉语拼音方案》来拼写。这里有一项非常紧迫的工作，就是需要拟定一个汉语拼音正词法规则。② 陆志韦先生在世时就曾经花

① 1982 年 8 月 1 日国际标准化组织发出 ISO—7098 号文件，宣布经国际标准化组织全体会员国通信投票通过，《汉语拼音方案》已成为世界文献工作中拼写有关中国的专门名词和词语的国际标准。

② 中华人民共和国国家标准《汉语拼音正词法基本规则》已由国家技术监督局于 1996 年 1 月 22 日发布，1996 年 7 月 1 日实施。

了很大力气搞这项工作，[①] 可是到现在也还没有个定案。正词法定了以后，还有一个非常繁重的工作，就是怎样区别各种同音词，包括单音词和多音节词。对于多音节词中的同音词，在有些同志中间流行着一种非常简单化的说法，也可以说是“左”倾思想的影响。他们认为这没有什么问题，实行词儿连写，这个问题就不存在了。这是一种很幼稚的、根本经不起实践检验的说法。声音完全相同、声调也完全相同的双音节词，是客观存在的，怎么能采取不承认主义，说根本没有这回事呢？至于同音的单音节词，存在的问题就更多了，尤其在拼音电报里面遇到的机会更多。这个问题不解决，就大大限制了汉语拼音的应用，而且还要引起许多混乱。

《汉语拼音方案》在国内也已经有了相当广泛的用途。新出版的字典、词书都用汉语拼音注音；方言区的人们、少数民族同胞和外国朋友也用汉语拼音帮助学习汉语普通话；它已经成为少数民族创制或改革文字的基础；工业产品代号、商标、商店招牌、街道名称、铁路站名等等都使用了汉语拼音（虽然这些工作中还存在一些有待改进的缺点）。铁道部、邮电部、新华社都曾经采用过汉语拼音打电报，这当然比那个一直沿用的四码电报要方便得多。可是由于文改会工作有头无尾，没有坚持到底，没有把解决正词法和区别同音词的问题当做重要的事情来抓，使得原来搞拼音电报的单位，遇到了难以解决的困难而不得不放弃了。正是这种有头无尾的不好作风，使得《汉语拼音方案》的应用丧失了很多很好的机会。这不仅是《汉语拼音方案》的损失，也是国家的损失。因为全国各地每天都在打电报，沿用旧的

---

① 陆志韦曾专门研究汉语构词法，出版了《北京话单音词词汇》修订本（科学出版社 1964 年）、《汉语的构词法》（合著）（科学出版社 1957 年）等专著。

四码本子，费时费钱，耽误时效，影响工作。希望文改会能够在短期内解决拼音电报遇到的问题。当然，要解决这个问题，也确实不容易。我想，是不是可以把电报里区别同音词的问题和将来作为拼音文字方案的设想，当做两件事来对待。因为电报是电报，文字是文字，不应混为一谈。电报上可以作一些比较简易的规定，比如说，我们可以编成一个电码本，把所有同音词都编成一个序列：1、2、3、4、5……在拼音电报中，遇到同音词，你可以在这个词上加个“1”，直接表示是汉字的哪个字，这就不会发生错误，只要编出这个电码本子，同音词的问题就能够解决，多音节词当然更容易解决了。不过在拼音文字中，这个问题要比拼音电报复杂得多。

《汉语拼音方案》除了使用上有许多问题需要解决以外，作为拼音方案本身，它并没有发生什么问题。在教学里面究竟采用什么教学法还有些不同的意见。在小学里教汉语拼音，应该怎么教法使学生容易接受，而在学会拼音以后如何使学生不容易忘记，的确存在一些问题。这可能不是语言学家，甚至不是稍有语言学常识的人的问题，但是对于小学生和小学教师，却会成为困难的问题。这些问题，也需要由教育部和文改会认真去解决。

《汉语拼音方案》经国务院和全国人民代表大会批准公布以后，国内外都还有一些热心文字改革的人士提出自己的方案。根据初步整理，到1980年底，送到文改会的各种方案共一千六百多件。在这些方案中，主张采用罗马字母，实行音素化的占多数。但也有不少人搞了汉字形式的拼音方案。他们不赞成现在的《汉语拼音方案》，自己搞了方案，有的还要求文改会支持并帮助推广。个别方案的制作者，经过自己的努力宣传，并作过一些试验，争取到部分知名人士的赞助，甚至报刊上一度也作了宣传报道，在社会上产生了一定的影响。这样就提出了文改会能不能支持这些方案、帮助推广的问题，甚至提出了《汉语拼音方案》是不是继续推行的问题。我们认为，中国文字改革委员会作为国家的一个行政机关，对于个人自拟的与国家法定方案相抵触的方案，无论在舆论上、行政上、财力上、人力上都不能给以支持。而且，全国提出了一两千个方案，文改会怎能支持得了那么多？文改会只能执行国家郑重制定的方案，而不能支持一个同国家用那么隆重的程序通过的合法方案相矛盾的东西，不能帮助推行这样的方案。至于作为个人的研究成果或纯属民间组织的学术讨论，那是应该允许的，也是有益的。《汉语拼音方案》的推行，事关全国人民日常生活和全国教育、出版事业，不能不统一。这已经是国家行政问题而不是百家争鸣的学术问题。在舆论界，我们也不应该随便散布推翻否定或怀疑《汉语拼音方案》的言论。相反，舆论界倒是应该多作一些推广普通话、简化汉字和推行国家法定的《汉语拼音方案》的宣传。我们的文字改革专家学者和文改工作者，也应该多做一些这方面的宣传工作。在进行宣传工作时，千万不要以为我们已懂得的道理，别人也会懂得；也不要以为自己认为正确的事情，别人也会认为正确。这里需要开展广泛的讨论和争鸣。但是无论如何，对于国家法定的《汉语拼音方案》，决不能动摇。如果动摇了，那将是我们很大的失职。我们认为，开展争鸣正是为了更好地贯彻执行国家既定的文改方针政策；而只有坚持贯彻执行这些方针政策，才能更好地有领导地开展百家争鸣。至于汉语拼音文字的问题，则是从原则到方案都是可以讨论的。我认为，文改会应该把《文字改革》月刊恢复起来，并在这个刊物上开展这方面的争鸣。这是只有好处，没有坏处的。有比较才能有鉴别，真理总是愈辩愈明的。所以《文字改革》月刊必须用相当大的篇幅来讨论国家已定的文改方针政策贯彻执行中的问题，其中包括执行中的一些不同意见

（这当然也是一种争鸣）。但是这必须有一部分文章讨论汉字是不是可以拼音化和怎样拼音化，以及汉字改革中的其他一些不同意见。只有在积极开展对这些问题的争鸣的情况下，才能使文改的火焰继续燃烧下去，并能越烧越旺起来。否则，像过去一段时间那样，就会使得我们的队伍越来越小，关心我们事业的人越来越少，文改的火焰也越来越弱，以至于濒于熄灭。应该认识到，现在确实是有这样的危险。

可见，推行《汉语拼音方案》，还是有许多工作需要进行的，除了前面所说的急需制定正词法规则、研究区别同音词的问题、恢复拼音电报的问题和解决小学教学中如何避免高年级学生拼音回生等问题以外，还可选择一些小学应用《汉语拼音方案》进行拼音文字的教学实验。不要怕人攻击我们推行汉语拼音文字，因为实验就是实验，它是为了使拼音方案更加完善，这与推行拼音文字是两回事。还有汉语拼音在商品、招牌和广告上的应用，也存在许多混乱和错误，这是有损国家尊严的重要问题，不能容忍这种情况继续存在下去。文改会机关和有关单位应该帮助商业、外贸、交通等部门开办训练班，培养和训练能够正确使用汉语拼音的人员。

三

最后，我要多花一点时间来谈谈汉字简化问题。最近几个月我曾多次考虑这个问题。首先应该肯定，建国以来的汉字简化工作基本上是成功的，正确的，取得了很大成绩。汉字简化，不是少数人凭空想出来的，它是汉字演变历史中的一种必然现象。可以说，从开始有汉字，就同时有简化字，汉字一直是繁简并存的。汉字简化，确实是历史的趋势，也是广大群众的需要。不管你赞成不赞成，它总是在那里简化。你想要结束也结束不了。与其让有些人乱七八糟地随意简化，不如有秩序、有领导地进行简化。因为群众出于自发需要的简化，常常是不科学的，只想到怎样写起来方便，不考虑其他方面，不考虑前因后果，不考虑合不合科学，所以必须由政府部门组织有关的专家学者，在群众简化的基础上进行通盘考虑。再就是从语文教学的角度来看，汉字简化也是一个非常迫切的问题。要小学生在一个个方格里写进笔画繁难的字，很难写得好。这是我们老一辈的人都深有体会的。汉字的结构单位和笔形，有的难以分解，有的能够分解的字也不便称说。这就有了把繁难的汉字进行简化的要求。在扫盲工作中也提出了这样的要求。可是任何事物，你要改变它，都会同时产生积极的和消极的两种影响。这是辩证法。汉字简化适应了大多数人的需要，可能对仍需要学习和使用繁体字的人并没有减轻负担。有人说，这不但没有减轻负担，而且是增加负担。这个批评有点过分了；实际并非如此，那些需要使用繁体字的人，本来就需要认识那些在社会上早已存在的既多且乱的简化字，这种“负担”本来就存在的。而经过整理，有了规范的简化字，对任何人都是减少了负担。

毫无疑问，汉字简化工作的成绩必须肯定，但也应当承认，它也存在一些不尽妥善的地方。这并不是要去指责或批评什么人。人总是会有缺点的，也总是会不断进步的。我们的汉字简化工作也应该在已经取得的成绩的基础上，在过去的经验的基础上更前进一步。首先应该指出的，就是我们过去在汉字简化工作中所根据的原则和所采用的方法不够完善。我们过去的简化要求是汉字的笔画要少，字数要少。简化的原则叫做约定俗成。简化的目的要笔画少和字数少，这大体上是可以接受的，至少是可以考虑的。但是，它是不完全的。“约定俗成”的原则是有它的必要性和正确的一面；同时不可避免地有它的缺陷，也是不完全的，也可以说是很不完全。另外还有一种简化方法，就是“同音代替”。这个同音代替，有一部分是约定俗成，有一部分不是约定俗成，而是人为的同音代替。上面提到的简化汉字的原则和方法，都是可以批评的。不过批评并不等于完全否定。我们不能再像过去那样单纯考虑如何减少汉字的笔画和汉字的字数，零零碎碎地去搞这个字怎么简化，那个字怎么简化；而是要研究和提出一些重要的原则，全盘解决汉字的整理和简化，以适应汉字信息化的要求。汉字的信息化，包括汉字的教学、打字、排印和检索，特别是要使汉字便于在电子计算机上应用。这个问题不解决，对我国的工业化、现代化就不利。

现在，汉字的整理和简化工作，为了适应新的形势的需要，特别是为了汉字信息处理和机械化的需要，应该在过去简化汉字工作的基础上和在总结过去经验的基础上，根据下面这些原则和方法来进行：

第一，应该减少汉字的结构单位，也就是减少汉字的部件，并尽可能使汉字的部件独立成字；不能独立成字的部件，也要能够通用，并便于称说。这同减少笔画和减少字数比较起来，可能更为重要，至少应该是同样重要。我们没有一开始就提出和确定这个原则，只是有一些简化形式符合了这个要求。如将图书馆的“圖”字不是简化为“图”而是简化为“图”，将“盗”、“羡”改为“盗”、“羡”。这样就减少了部件，教学上也便于称说了。但是，我们没有把这一点作为明确的原则，放在重要的地位上。结果使一些简化字增加了汉字的新的部件。例如“书”“农”“长”等字，这些都是草书楷化字，它们都是汉字结构中从来没有过的，说不出是怎样的结构，甚至说不出是怎样的笔画。譬如“长”字，它就是一个新造的部件，而且很容易把那一笔直通上下的竖画分成上下两笔来写。本来人们习惯把汉字说成：弓长“张”，木子“李”，耳（阝）东“陈”，走肖“趙”；你是姓“立早章”还是“弓长张”，大家一听就清楚了。这是识别汉字的公认的一种准则。可是汉字并不都是符合这个准则的，有很多的字就说不出来。例如，成功的“成”，就很难说出它的结构。繁体的“農”字虽然笔画多，但称说起来很清楚：“曲辰農”。现在简化成“农”，不仅增加了新的结构单位，而且很难用两三句话把它说清楚。还有斗争的“争”字，它的下半截“⺻”也不是通用部件，并且无法称说。我们简化汉字时要避免出现新的无法称说又不通用的部件。

根据上述减少汉字的结构或部件的原则，凡是繁体字的一个部件或整个字已经简化了的，这个部分或这个字的原来的样子，就不应该再在另外一个字里出现，否则就是多出来一个字或一种结构，因为原来的那个字或那个结构并没有简化掉，比如“並”字简化成“并”，可是“普”字、“碰”字还用原来的“並”，当教师教小学生这两个字的时候，就会带来新的麻烦。应该承认，这样的简化，同时也是一种繁化。

第二，要减少汉字的结构方式。汉字的结构方式是非常繁多，非常复杂的。过去我们没有注意、更没人研究过这个问题。像“武”字，结构就比较复杂，这样的结构方式很难说清楚。过去总是说：止戈为“武”，但实际上那并不是“戈”字。“年”字也是个结构形式很特殊的字，它又不能作偏旁用。有的书法家把它写成上面一个“禾”字，下面一个“干”字，这就能够分解并便于称说了，但恐怕很多人不会接受。像这一类的字，如果进行信息处理，就得为每一个字规定一种结构，那就会搞得很困难。为了汉字的机械化应用，必须尽可能减少它的结构方式。在规定出汉字有多少结构之后，在考虑有些结构怎样拼合成不同的汉字时，为了便于机械化应用，还要考虑尽量减少用包围式，增加序列式，包括上下序列和左右序列。

第三，要减少汉字的笔形。汉字的笔形也很复杂，非常不利于汉字的机械化应用。旧《辞海》的部首表，把有一部分无法分类的字，归为“余类”，这除了结构特殊的以外，也有的是笔形特殊。这种笔形很难用上面的部首来代表。现在的简化字有的字也有这个缺点，不仅没有减少反而增加了汉字的笔形，例如“书”字和作偏旁用的“㔾”字。我们应该尽可能减少汉字的笔形，特别是不要在简化过程中造出新的笔形。还要使汉字笔形的摆法、位置、形状，以及笔形变化的方法、方式，都只能减少，不要增加。对于已经增加的笔形也要进行处理。过去由于这个原则没有想清楚，所以，简化就带来了繁化。

第四，要尽量使得汉字可以分解和容易分解。我们应该合并可以合并的形状相近的字或结构单位。有的字增加一笔既易于分解又便于称说，还是增加一笔更符合简化的原则。比如走步的“步”的上面是个“止”字，下面是个“少”字缺一点，如果增加一个点，成为“少”字，就便于分解了。这虽然增多了一笔，实际是真正简化了，而不是繁化。汉字里面有些字的结构本身就很特别，很难分解，比如，卑鄙的“卑”字，下面的“十”可以分解出来，上面的“㐆”就很难称说。再如“夷为平地”的“夷”字。本来是“大”字中间加个“弓”字，但这很难使人理解为是个“夷”。最好在“大”字下面加个“弓”字成为“弯”，就很容易分解了，但这样改恐怕习惯上不容易通得过。还有一种笔画非常繁多的字如“同居合爨”的“爨”字，写起来实在太繁难了，应该简化。可是据说过去曾有过一条不成文的规定，说是凡罕用字就不要去简化。这恐怕不大合理。这个“爨”可以说是一个罕用字，可是在有的地方它是人的姓，姓这个姓的人相当多。这个字在这个地区出现的频率就会高，就很难把它说成是罕用字。这个字的笔画很多。结构非常复杂，有的部分很难说清楚。它在一定的地方又不能说是罕用字。这就需要使它变得能够分解，便于称说。登山的“登”字，虽然可以分解，但“癶”字头，很难称说。还有一些字如“禹”、“舜”、“沔”、“鼎”等也都是很麻烦的字。“冒”字、“冕”字上半截的“冃”，既不是“日”又不是“子曰”（孔子说）的“曰”，它中间一笔和下边一笔跟两边的竖笔都不相连，字形非常特别，在汉字里出现的机会也非常少。如果把“冃”改成“曰”就方便得多。互助的“互”字，增加一笔就可以分解成为“歹一”，这样既容易分解又便于称说。还有，“罒”字和“罗”的字头“罒”合并，“覀”字和“要”的字头“覀”合并，既可减少部件，也便于称说。

第五，要减少难认难写的字，尤其是那些最容易读错、写错的字。最近报纸上出现的陈梦虓的“虓”（xiāo）字，许多人误读为“虎”；“骁将”、“骁勇善战”的“骁”（xiāo）字，常常被误读为“娆”（ráo）；“赝币”的“赝”（yàn）一般都误读为“膺”（yīng）。还有“濒危”的“濒”（bīn），不仅被念成“频”（pín），而且在有的报纸上公然印成“频危”。这个“濒”字早就可以改为“滨”（bīn），因为这两个字的意思有一部分是相通的，另一部分也是非常接近的。把“濒危”写成“滨危”，大家也很容易懂。

第六，简化汉字时应该优先考虑采用形声字的方法。汉字大多数是形声字，这是汉字发展的基本趋势，也是汉字结构的基本特点。过去简化的一些字，比如惊（驚）、态（態）、递（遞）、钟（鐘、锺）、迁（遷）、窃（竊）、肤（膚）等形声字，受到普遍欢迎，大家便于记认、乐于使用。今后在简化一个没有简化的字的时候，应该首先考虑用形声的方法，这比那个“约定俗成”的原则要重要得多。我们也不赞成随便把偏旁取消。而实际情况，却是有些没有偏旁的字，现在在那里加偏旁。如“安装”的“安”字，本来没有提手旁，又容易写，可是现在许多人都给它加上提手旁，变成“按装”，这当然不值得去提倡。但是也不要随便把偏旁取消，以致造成新的混乱。

第七，要尽量减少多音字和歧义字。一个汉字有两种读音或两种以上读音的情况，由来已久，现在要改变它是不大容易的。但是应该尽可能作些改变。“那”字有两读，现在已写为“那”和“哪”，把两个字分开了。长短的“长”和成长的“长”，也应该加以区分。我们在进行汉字简化时，至少是不应该把原来不同音的字变成一个字，不应该增加一字多音的字。过去简化汉字时，把“干”“乾”“幹”三个字合并成为“干”，就不合理，在使用中有时就无法分清意思，容易造成歧义。“不干”，究竟是不干燥呢，还是不愿干活呢？香港有的报纸把内地常用的“包干到户”写成“包幹到户”，就不容易懂了。还有把“斗”“鬥”合并成“斗”，“斗牛”就包含两种意思，既可能是星名“斗牛”，又可能是指“鬥牛”，像这样的字不分开是不应该的。“纖”(xiān)、“縴”(qiàn)都简化为“纤”，“懺”（chàn）简化为“忏”，“殲”（jiān）又简化成“歼”。于是有人就把“讖”(chèn）字写成“讦”并印在书上，也有人把“谦”（qiān）写成“讦”。这都是由于把原来不同音的字或其部件用同一个字来表示所造成的混乱。这已经不是一个理论问题，而是一个实际的问题，应该加以解决。

另外还有一字多义即歧义字的问题。这类的字本来就很多，我们在简化汉字时至少是不应造成新的歧义字。比如“来囉、去囉”的“囉”，现在的简化字去掉了“口”旁，变成姓罗的

“罗”，和“好囉”的“囉”都成为“罗”字。它们本来一个是虚字，一个是实字，如今合二为一，一身二任，就容易造成混乱。因此，用作语气词的“罗”应该恢复加“口”字旁，以示区别。①

第八，简化字要尽量减少记号字。记号字的字形，按造字的原则来说，它是没有道理、没有原则的。它不过就是作个记号，并不代表任何意思。现在的简化字中最通行的就是“×”“又”两个记号，《二简（草案）》中又增加了一个“一”的记号，如“亠”、“尸”等。② 这些记号，不能说它代表什么，解释不出来，实际情况是遇到笔画多、难写的结构就打个“×”，或者写个“又”，作为记号。在我们的简化字里面，这种滥用“×”“又”的情况相当多，这不能说是汉字发展中的一个进步，只能说是一种退步。这些都是由群众自由创造的简化方法，问题是如果要把用各种方法简化的字收进文改会制订的简化方案里，就必须慎重考虑。我们的简化字是国家规定的文字，应该是十分严肃的，不能像一、二年级小学生那样随便乱写、乱画。这也是把“约定俗成”当成主要原则所造成的恶果。对于这些采用记号结构的简化字，我们要设法加以分化，应该是大体上按照原来的字形，或者采用接近于现在的简化形体，进行修订。比如，“走肖趙”，现在将“肖”改用记号“×”，如果改成“走小赵”，就比现在的字形好得多，笔画只增加了一笔，这就可以减少一个记号字。

① 1986年10月，根据国务院批示精神重新发表的《简化字总表》，对原《简化字总表》中的个别字作了调整。规定“囉”不再作为“罗”的繁体字，删去，并依简化偏旁“罗”类推简化为“啰”。

② 根据国务院1986年6月24日指示，决定废止《二简（草案）》，规定“1977年12月20日发表的《第二次汉字简化方案（草案）》，自本通知下达之日起停止使用”。

至于改变其它的记号字，确实是不大容易，比如把“难”字、“欢”字、“汉”字、“邓”字改成原来的字，大家就不大容易接受。但是我们还是应该努力去做，尽可能改得好一些，合理一些。

第九，简化字的部件和结构单位应尽可能成为一个字。这个要求可能有些字可以做到，有些字难以做到。如果不能成为一个字，也要能够读出来，这个比较不太难。我们可以规定，哪些形状怎么读法。新版的《辞海》就列了一个部首表，包括增添的新部首，并规定了每个部首的读法。比方“夂”字头，就标明为“冬字头”。我们不要搞出一个根本读不出来也说不出来的部件。要作到都能读出来可能困难大一些；要使它能说出来，就不是很困难，比较容易作到。

其次是最好使部件能够通用。汉字的结构单位常常不是在一个字里面，而是在好些里面，最好能够多几个字通用。但是有的部件就有困难。比如说斗争的“争”字，下半截就不能算是通用的部件。这个“尹”除了用“争”字作偏旁的字用以外，它就没有别的用处。事情的“事”字下半截，也跟这个结构不相同，所以也不能通用。在简化汉字的过程中应该使得汉字的结构尽可能作到标准化、通用化。机械工业需要标准化、通用化的道理同样适用于汉字的改革。当然，这里面是有一些难题。比如“老”的上半截，结构也比较复杂，又有好多字用它，例如“考”、“孝”、“者”等。因此，不能说它是一个不通用的结构单位。可是这个结构实在难以称说。你要想把这个“老”字改得可以分解，可以称说，就得很花些力气才行。另外还有一些比较麻烦的例子，这里只是举例，就不多说了。

第十，凡是繁体字的一个部分或整个字已经简化了，这个部分或这个字，就应尽可能不再在另外一个字里出现。如果还在另外一个字里出现，那么这种简化同时也是繁化，因为多出来一个字，原来的那个字并没有简化掉。例如原来的“並”字，我们把它简化成“并”字，“开”字上面加两点。可是原来的“並”字并没有取消，碰撞的“碰”字，普通的“普”字，都还是用原来的“並”字，这个繁体的“並”字还依然存在。那么“並”字简化的意义就不大了，而且还惹出新的麻烦。当教师教孩子识字讲到“普”字或“碰”字的时候，就又会提及那个老的“並”字，可是它又简化成了“并”字，这就很难给孩子说清楚。可见我们简化了一个字，就要考虑是不是真的简化了。是不是各方面都简化了。如果缺乏这种考虑，那就会出现这种情况：一方面好像是简化了，另一方面却又是繁化了。这种简化就没有实际意义。像这样的字另外还有一些，值得很好研究。

第十一，关于人名地名用字，应该规定一个用字的范围。我们可以向国务院建议，规定人名地名只限于用常用字，常用字以外的字，一概不许在人名地名中出现。这也可以说是一种简化，使许多难认的字在日常生活里不再出现。现在很多省的生僻地名字都改了，改了以后并没有发生什么问题。过去改地名征求各省的意见，我看有许多字只要我们定出来由国务院下命令，把所有的生僻地名都改成容易认的字，这不会有什么问题。这样就减少了很多人的识字负担，而且减少了经常要读错字的苦恼。比如安徽的亳县，就是“毫”字少一笔，为什么一定要保留这样一个别无用处的字呢？把它换成另外一个 bó 字，不是一样嘛。这对于当地的人也没有什么不方便。这件事陕西省带了个好头，那里减去了那么多的古字，简化了那么多地名，并没有发生什么问题，反而用起来很方便。[1]现在既然已经有了陕西省这个先例，我看就可以征求各地的意见，再改一些。这可以减少国家工作里的许多负担。不仅是人名地名，也包括少数民族的名称用的字，有一些字也是很难认的。比如以前夷族的“夷”字，由于带有侮蔑的意思，根据毛主席的提议，改成了现在的“彝”字，但这个字很难写，也不是常用字，认识了也没有别的用处。可是已经用了好多年，又要改，会引起一些议论。我想这个问题是可以解决的。壮族的“僮”字改了以后大家都很欢迎，壮族也不反对。因为原来那个“僮”字就是娃娃的意思。

第十二，国家要规定新字的“造字法”，以防止人们乱造新字。当然，新的字还是会要出现的，比如新的化学元素、药物名称，也包括新的简化字，还是会陆续出现的。但是可以规定出一个新字的造字法，做到创造新字时有法可循。这个“法”有两种意义：一个法律的法，二是方法的法。它既是造字的方法和规则，又是必须共同遵守的法律。比如化学家造的字也是很用了一番苦心，不能随便讥笑他们。可是有些字确实造得不大高明，很难认，而且很容易读错。比如瓩、兛，很多人都读成瓦千、克千，假如原来就把“千”字写在左面，就不会成为问题了。[2] 还

---

① 1964年，经国务院批准，陕西省更改的一批县以上生僻地名用字是：

商雒（专区）→商洛（专区）。盩厔（县）→周至（县）。 县（县）→眉县（县）。 阳（县）→合阳（县）。醴泉（县）→礼泉（县）。 县（县）→户县（县）。雒南（县）→洛南（县）。 县（县）→彬县（县）。 县（县）→富县（县）。葭县（县）→佳县（县）。沔县（县）→勉县（县）。 邑（县）→旬邑（县）。洵阳（县）→旬阳（县）。 阳（县）→千阳（县）。

另外，在此之前，广西、黑龙江、江西、四川、贵州、青海、新疆等省、自治区也经国务院批准更改了一部分县以上的生僻地名用字。

② 根据国务院关于《统一我国计量制度的命令》（1959年）和中国文字改革委员会、国家标准计量局《关干部分计量单位名称统一用字的通知》（1977年）的规定，瓩、兛的规范写法是千瓦、千克。

有一个“甙”字,[①] 更是一个怪字，字典里也很难查，不知道它所在的部首。后来才弄清楚它是读（dài），就是因为它用了“代”字的右半边；另外在下面加上一个“甘”字，就是因为这个东西是甜的。这种字很难认，也很难解说。所以，必须规定一个新字的造字法，使大家有所遵循。新的造字法定出来之后，既约束别人，也约束自己。凡是不合乎这个造字法规定的新汉字，就不予承认，字典里不收。

第十三，要合并可以合并的形状太相近的字。像我刚才提到的“冒”字上半截那个“冃”字就可以合并到“曰”字。再如一、二、三、四的“四”字也很难解说。在那扁扁的口里的两笔很难说它是什么，它既不是“八”字，也不是两竖，而是一撇加一个弯钩。如果把这个“四”字同四维“羅”的罗字头合并起来，除了有点违反文字学，我看没有什么不可以。本来“四”字的字源不是罗字头，它们各有自己的来源。可是在过去没有简化的汉字里，也有不少的字是把不同来源的字写成同样的字，古人可以做的事情为什么现代人就不能做呢？所以我觉得，可以合并的字就把它们合并起来。依此类推，东西的“西”字，也可以同覀字头合并，实际上大家平常也就是这样写的，大家也都没有认错嘛。所以我认为，应该把那些可以合并的、字形过于相近的、没有必要分开的字，虽然他们的字源不同，我们还是可以把它们合并为一个字。

第十四，在简化汉字时，要尽量使得简化字便于检索。汉字的检字方法，现在虽然有各种各样的方案，可是按照现在汉字的字形，很难找出一个合理的使人满意的方案。各种方案都会有一些字使人难于判断它们归到哪一个部首。例如“为”字，究竟

① 根据全国名词委员会的规定，甙（dài）已统一改用为苷（gān）。

归入哪个部首，很难决定。现在的新《辞海》大概把它归入“、”部了，这也是牵强附会。最好是在设计一种新的检字法的同时，就把难于检索的字加以改变。这样做好像有点“削足适履”，可是确有好处。人们可能暂时有点儿不习惯，感到不方便，可是从长远来看，却是好处多。检字容易了，汉字的信息化也就容易了。

第十五，我们要尽可能使汉字成为一种“拼形”的文字。现在的汉字既不是拼音的文字，也不是拼形的文字。它现在只是一种比较接近拼形的文字，但毕竟还不是拼形的文字。因为它有很多的字，结构非常复杂，不能分解成为独立的字或部件，因此它就不能拼形。如果我们首先把现在汉字的字形改造成为许多可以独立的结构组合成功的字，也就是先把汉字改造成为拼形的文字，这对于尽快实现汉字的信息化，将是一个十分重要的进步。为此，我们应该研究和提出一些重要的原则，全面考虑汉字的整理和简化。我们当然不是要造出一套面目全非的新汉字，这样的东西没有用，群众不会接受，没有可行性。在汉字简化工作中，我们还是要承认习惯，接受传统，对现在的汉字，我们只能做相当的、社会可以接受并且认为必须接受的改变。

四

前面说的许多原则，要实行起来会有很多困难，也会有许多不同的议论来反对。但是必须使得汉字信息化，必须使汉字容易信息化，这是一条最强有力的、能够说服一切反对者的理由。所有的人都能接受这么一个原则，就是汉字要信息化，汉字是要用到电子计算机里去的。这个问题不解决，对于中国的工业化和现代化就不利。为了达到这一目的，我们首先把现代汉字的字形改造成为许多可以独立的字形组合成功的字，也就是先要把汉字改造成拼形的文字。这就是一个伟大的进步。

文改工作者中间，有两种思想值得注意：一种是急于实现拼音文字的思想。持有这种思想的人认为用不了多少年就要实行拼音文字了，何必再对汉字简化工作花大力气；拼音文字一实现，什么机械化、信息化就都不成问题了，也不必花力气去研究汉字的机械化、信息化问题。另一种思想是不愿对推行《汉语拼音方案》做一些踏踏实实的工作，许多工作一碰到困难就后退了，许多都是有头无尾。实际上汉字持续了几千年，根本不可能完全废除；但是拼音文字也是一定会实行的，在很长时间内，很可能是拼音文字与汉字长期共存、各用其长的局面，我们如果能够在一个相当长的时间内（譬如说，在几十年甚至上百年内），争取达到这样一种局面，那就是很大的胜利。而要争取实现这个局面，在推行《汉语拼音方案》的工作中，还必须进行前面所说的一系列的艰苦的踏实的工作。另一方面，汉字既然要长期使用下去，为了便于人们的学习和使用，为我们的子孙后代造福，也为了适应四个现代化的需要，对于汉字的整理和简化工作也就必须做通盘考虑，尽可能做到既便于汉字的教学，又便于汉字的信息处理和机械化。

诗歌的形式问题*

不久以前，我跟何其芳同志谈了一些有关最近诗歌问题的论争的意见。① 我建议大家座谈一下，再进一步交换交换意见。后来，《诗刊》决定召集这个会。

在这个会上，我以一个诗歌读者的身份来谈一谈我的一些感想，希望它对这次论争有所帮助。

刚才克家同志说到格律诗和新格律诗等名目，说到其芳同志是一个新格律派。我想，应该先把名目弄清楚。新格律诗不能和民歌体分开，并对立起来。民歌体就是一种格律。民歌的格律，可能比何其芳同志所说的新格律诗更为严密，更为明显。现在不叫它旧格律体，叫它新民歌，因为它的内容是新的。但是论争似乎不在这点上。

---

* 此篇是1959年5月20日在《诗刊》社召集的诗歌座谈会上的发言。

① 在毛泽东倡导下，1958年大跃进运动中掀起了一个新民歌运动。在一段时间里，新民歌被奉为至尊，其他诗体受到不同程度的排斥。在1958—1959年进行的“新诗发展讨论”中，主张新格律诗体的卞之琳，现代格律诗的倡导者何其芳，都受到许多批评，以致形成围攻的局面。在这种情况下，胡乔木找何其芳就诗歌问题争论交换了意见，同时建议《诗刊》编辑部召开诗歌座谈会。

据我看，这一次的许多论争文章，措辞尽管不同，差不多都是主张格律的。这就是说，没有人代表自由诗出来讲话。讨论不在有格律没有格律这个问题上。

这次论争的两个方面是有分别的。我现在还没有想到一种很好的说法来概括它们。我想最好不说新的，旧的。因为推陈出新，也是两方面都赞成的。一说新的旧的，分别就很大了，就会给人一种想法，认为新的对于中国的传统有很大的改变。

如果我们说，这论争的两方面是五七言一方，非五七言一方呢？这种说法也不一定准确。我们平常说的五七言是有一定的音节的。旧体诗的七言和民歌体的七言又有所不同。我们现在笼统的说七言，也不好。我随便举些例子，比方说："帝高阳之苗裔兮"是七个字，"浩浩乎平沙无垠"，"不知东方之既白"，"悲哉秋之为气也，草木摇落而变衰"，都是七个字，但都不是七言诗，和我们所说的七言诗都不同。差别不在字数上。在中国的旧体诗里，如果把诗的范围说得稍微广一些，上面举的那些例子，都可以算作诗，但我们不能把它们算作七言诗。它们都是七言，却和这个茶座的墙上挂的这副对联"姓名天上碧纱笼"，念起来音节是不同的。

照何其芳同志的说法：有一种诗句是单字尾，另一种诗句是双字尾。林庚同志又说有三字尾或者四字尾的诗句。这些说法把好些情况的差别显出来了。但是三字尾，与其说是三字尾，还不如说是单字尾或双字尾。林庚同志举的例子"剑外忽传收蓟北"，全诗都是双字收尾。这是一首好诗，可是这不能完全说明问题，因为何其芳同志已经说过：读起来不是"收——蓟北"，而是读作"剑外——忽传——收蓟——北"，这是读作单字尾的。所以结果还是单字尾和双字尾的区别。不过这种说法过于着重字尾了。如果一个字尾是读得比较轻一些的，那就不完全适用了。

我想，关于它们，也许可以从中国几千年来长时期的诗歌作品中找出一些线索来。诗歌的演变过程尽管很复杂，但是找出这种由单字尾到双字尾的演变来会是很有意义的一件事。这种变化的规律，对我们将是很重要的。从某种意义上来讲，现在的新诗也还是面对着这样一个问题，要我们来解决它。

我今天谈的题目很小，即诗的形式问题。诗歌的形式是有许许多多方面，我谈的只是诗的形式的一个方面，即现在争论中的焦点——它在中国的诗歌中也的确有重要的地位。现在，我们有两种字句，它们可以产生两种格式的诗。它们的音节不同，甚至句法、章法、句与句之间的关系也各不相同。

五四以后，我们有了白话诗和新诗。从一个方面，而不是从所有方面来说，这是一个相当重要的变化。五七言诗，是有过那样长远的历史的。而五四以后，我们却多多少少是离开了这个传统，走到另一个方面去了。

去年新民歌的问题提出以后，使得我们有机会能够在事实面前回顾一下，并把这两种诗歌的形式拿来作一些比较。在我们讨论诗歌问题的时候，这两种诗体的比较，是很重要的。我们要有历史上的比较，也要有今天的比较。

我想，我们这样做，为的是要弄清楚，新诗是中国诗的历史的合理的发展，而不是外来形式的影响的结果，尽管外来影响起了很大作用，这也是不能否认的。

我想，所谓双字尾的诗句的这种诗体，也应该说是中国历史上几千年来诗体的一个正常的、合理的、自然的发展；它并不是不自然的。新诗也可以说是它的一种继承。因为中国的诗本来有两条路，两个轨道——一个轨道是三、五、七言，另一个轨道是四、六、八言。这两个轨道中间，还有许多小站。经过很长时间，五七言的诗逐步变成了正统，四六八言的诗慢慢的被人忘记了，可是到了“五四”新诗出现以后，在一个相当的范围来说，好像又倒过头来了。

四六八言的这种诗体本来并不比三五七言的诗体晚。究竟谁早谁晚是很难说的，我们很难把它们的年代查考清楚。但不论如何，诗经里边的诗，基本上是四言的，这大家都承认的。楚辞的格式比较复杂些，但可以说是六言诗，如“帝高阳之苗裔兮”，兮字不算，就是六言；下面一句“朕皇考曰伯庸”，也是六言。这就说明四言六言的历史并不比五七言诗来得晚，而正式的五七言诗显然是比较晚的。周朝也有三七言诗，有人说它们是假的，我们也弄不清楚。但三七言的关系是很密切的。比如：“百里奚，五羊皮，忆别时，烹伏雌，吹扊扅，今日富贵忘我为?”又如：“君不见，东海头，古来白骨无人收”，也是这样。我们不去比较它们哪个历史更长远一些，更光荣一些。这两种体裁都有比较长的历史。

后来，四言六言好像衰微下去了，也可以说成了地下水，跑到了一个看不见的地方。

赋体大体上是四六言发展的。现在人们对赋的观感不太好，因为楚辞以后接着来了一个汉赋，但在文学史里不能将它一笔抹煞。当然它有它的长处，它是那样的富丽堂皇。欧洲诗体中也可以找到类似的格式。有些赋比较短小，可以算是抒情诗。

赋的生命比较长，但到后来也不太兴旺，不太发展，这里边有许多原因。楚辞里边用了很多“兮”这一虚字，你把“兮”念做“啊”当然也可以，但是后来的赋体中用“兮”字完全是人为的模仿，它不能在人类的语言里成为有生命的语言。也没有人那样勇敢，干脆写“啊”、“呀”，如果几千年前有人敢把“兮”字写成“啊”字，“兮”字也就没有了。这一条路走得很窄，好像要写赋体就得模仿前人。当然也有些不同的样式，大体上是四六言方向的发展，也不像汉赋那样，如六朝庾信的《小园赋》，现在看看也还是可以的。那也是很好的抒情诗，里边也用了一些典故，可是并不妨碍它写得很好。李白、杜甫的诗也用了很多典故。毛主席的诗词中也用了一些。我们判断诗的句子不能单纯从修辞的标准来衡量，《哀江南赋》比较长一些，主要是更难懂一些。赋长，用的典故多，念起来更麻烦，因此群众难以接受。虽然这种赋体后来到了清朝也还是有人在写，可是到现在，就没人写了。

另外还有一种赋，朝相反的方向发展，更加散文化，变成一种散体赋。《古文观止》上有这样几篇，如苏轼的前后《赤壁赋》，欧阳修的《秋声赋》，杜牧的《阿房宫赋》等。《秋声赋》和《赤壁赋》比较流行，它的体裁比较自由，有的片断整齐，有的片断不太整齐。但是这种赋的发展总不能和五七言诗去比较。

五七言诗是诗的正宗。但五七言诗后来也有了变化，出现了词曲的体裁。现在我们把词和诗放在一起，其实开始时，真正的词不见得比赋更有资格放进诗里边去。词和歌曲差不多，它与曲调分不开。赋体和普通的诗差不多，不需要一定的歌曲来配它。不过词后来成了一种特殊的诗体。现在很少有人把词按照曲调来唱出——这在某种意义上可以算作否定的否定。

词里边，有满篇都是三五七言的，也有满篇都是四六言的，也有三五七言与四六言错综起来的，这样也就更能显出它的特色，也更好一些。

有一些诗人所写的诗，以及傅东华翻译的欧洲的诗，是用的一种新体裁，把单字尾、双字尾的体裁混合起来。这样的诗念起来有一种很特别的调子。这种调子，人家可以喜欢，也可以不喜欢，反正它构成了一种特殊的音响，这种音响大体上就是从曲的体裁中演变出来的。现在的鼓词也有这样一些单字尾和双字尾的没有规律的交叉，和自由体差不多。说话说到什么地方，需要用什么，愿意用什么，就用什么字尾。这与李季同志的《五月端阳》不同。他是有意地安排了单句单尾，双句双尾的，但也是大体上这样，不是那么得心应手。

词曲是从五七言、四六言发展起来的，也可以说是一种综合。它本来有它的历史，现在我们离开词的音乐和戏剧，单纯的把词作为诗来谈，只从格律上来谈，也许它是五七言和四六言的发展遇到了困难后的一种产物。词更自由一些？还是诗更自由一些？这看你怎么说，有人说词更自由些。这不是很怪的怪论吗？也许是这样的，有些曲子一定要排成七言，排不下去，来一些变化，就感到自由了；或者是词的本身的音乐也需要这种变化，这当然也可以。

我的意见是：五七言、四六言，在中国诗的传统上都有根据。不能说五七言是传统，四六言就不是传统；不能说四六言仅仅是诗经、楚辞时代有之，到后来就不存在了，不成为诗体了。我看还可以更宽容一点，如果宽容一点，也许问题就更容易解决。

对这两种体裁，我想说点比较啰嗦的话，做进一步的考察。今天在座的诗人很多，还有研究诗的人，在这方面，我如果有说错的话，也可以得到纠正。

五七言能在中国历史上取得这样重要的地位，决不是偶然的，一定有它非常深刻的原因，非常有力的根据。诗经、楚辞很口语化，很自然；名作家选择了这样一种四六言的诗体，也不觉得它不好，可见得四六言也不能说是不自然的。但是究竟是传统的关系还是其他什么原因，我们听起来，五七言比四六言更加好听、畅快，更加和谐、自然。可能是节拍更清楚，它比较容易安排：五言三拍，七言四拍，都有半拍休息。四六言在音节上也不见得不好听，为什么又不如五七言流行得久远呢？四六言如诗经的“关关雎鸠”，是四个音，都很重。这种句子，不但是古代有，就在现在也还可以接受，如儿歌里边，也有“下雨下雪”这样的句子。谚语，五七言的固然很多，四言的也不少，如俗语集子中有“与人不和，劝人养鹅，与人不睦，劝人架屋”，这样的句子，是四个字的。五个字的有：“路遥知马力，日久见人心”；七个字的有：“你走你的阳关道，我走我的独木桥”。五七言的谚语是很多的。四六言的也不少，但似乎也不如五七言更流行。这说明五七言有一些优点是四六言没有的。它居于劣势了。优胜劣败，这是必然的。平常我们打锣鼓点，普通的敲法有：Ti-tang-ti-tang-ti-tang-tang，这也可以算七言诗。如果打成六言或者八言，可能很难。当然，天下无难事，也许能打出来，我没作过研究，说不出其中的道理来。但平常总把这种打法当做通常的锣鼓点的。

在旧诗和民歌这两种体裁中，七言和五言很重要，而七言比五言更重要。它比其他的格式更容易显示音节的条件。这是我的一种推测：七言的音节到后来可以不受言语的限制了。原先，旧诗的音节和语言的音节是差不多的，但是在某些时候，语言离开了诗的音节，比如“近寒食雨草凄凄”。这也是名句，它的语言并没有受音节的限制，却也不妨碍它是好的七言诗。它可以读成“近——寒食——雨——草——凄凄”，但一般的都读成“近寒——食雨——草凄——凄”。正如“剑外忽传收蓟北”，通篇的字尾都不受音节的限制。这是近体诗。古体诗也有这种情况，如鲍照的“奉君金卮之美酒，玳瑁玉匣之雕琴，七彩芙蓉之羽帐，九华葡萄之锦衾”，在古诗中是不错的诗，有它特殊的风味。李白等诗人也写过这样的古诗。它的念法是离开了语言的节奏的。按照诗句的语言的节奏，不能在这里用“之”字。当时的汉语和现在的有什么不同，我们已不能起古人而问之。也许，“奉君金卮之美酒”这种写法在当时更加自然一些。这与“剑外”一句不同，“剑外忽传收蓟北”七音都是重音，而这些诗行的第五字是轻音。可是尽管是个轻音，也可以念得很响亮，因为“之”字念重一点也没有关系。所以旧体诗，不论是古体今体，都可以冲破语言本来的音节限制而运用自如，它在文言体裁的运用过程中脱离了口语，在用词遣意方面，变化方便。虽只七字，可以表达出比较丰富的诗意。

五四以后，也有一些诗人写一种新体诗，也是七言，写来写去还是老式的七言诗。贺敬之同志写的《三门峡歌》，差不多还是旧诗的音节，读起来，给人的印象基本上是旧的。朱光潜同志去了玉门，李季同志也去了玉门。两个人都写了诗。朱光潜写的可以说是新派的旧体诗，或者就叫旧体诗。旧体诗这一条路好像也不容易离开，它还有一种吸引力。如果我们愿意用比较压缩的语言，旧体诗不见得完全不能用。它虽然和口语离开了，还是可以用，还能够听懂。卞之琳同志努力以口语来写诗，不用压缩的语言，可是许多读者却不谅解他。当然，这中间还有其他原因，但也说明用压缩的语言，未见得一定难懂，而用口语有时也可以艰深费解。

可见旧体诗中的七言诗，起很大作用，能够有两千年，甚至不止两千年的历史，是有原因的。

旧体和民歌体的七言诗是同一样式，但其中小有分别。民歌不能像旧体诗那样压缩，然而民歌并不排斥压缩的语言。它使用了一些并不是非常难懂的压缩语言。民歌大体上也和口语接近。和旧体诗不同，民歌中可以运用一些念轻音的虚字，或者不是虚字而也可以念轻音的字眼。轻音重音相结合的词句，在民歌中可以相当自由地运用。而在旧体诗里边，这多少有点不同。

大体上它们有这样一个音节上的分别。民歌的音节，一般的说，一三五七是重音，二四六不一定是轻音，但是可以是轻音，甚至全部是轻音。旧体诗差不多和它完全相反，可以七个字都是重音，但是它更着重二四六的重音。这个规律说明旧体诗里，二四六的地位比起一三五来更重要一些。

假如说七个字，一三五是重音，二四六是轻音，如“大的大来小的小，长的长来短的短”，这在民歌中不算是很好的句子，但是在民歌中，这样的句子俯拾即是。如《红旗歌谣》中有一首兰州民歌：“武山的大米兰州的瓜，疼不过老子爱不过妈，亲不过咱们的共产党，好不过人民当了家。”这是一首很不错的民歌，它的音节是二四六轻音，因此可以加衬字，重轻相间，每句半拍休息，更加接近于音乐的节奏，和口语的节奏，和旧体诗的音节完全不同。我觉得七言的旧体诗可以有它的安排，民歌体可以有民歌体的安排。这两种形式各有长处，雅俗共赏。它们各自都可得到一方面的自由。这是一种在音乐方面的价值，是为四六八言所不易得到的。

前几年我给几位写诗的同志宣传过五七言诗的好处。那时的说法可能有些片面。现在为了弥补错误，我想指出五七言的体裁也有短处。

比如，五七言诗可以有三字尾的情况。如果一句末了是三个字而倒数第三个字是轻音，如五言的“看见个娃娃”和七言的“远远看见个娃娃”，由于“个”字是轻音，就使它们不成其为民歌，也按不进旧体诗中，两种体都不行了。因为倒数第三个字不能用轻音（“奉君金卮之美酒”是另一种情况），用了轻音，五七言的音节就被破坏了。

比方说，张光年同志的《黄河大合唱》："风在吼，马在叫，黄河在咆哮"的"在"字不能念重，这不成其为五言诗。作曲家给它做了很好的安排。"在"字在这个地方唱得不重。"看见个娃娃"的"个"字是独立的。某些三字尾的句子不一定是五七言体裁。

比如我们的国歌："起来，不愿做奴隶的人们……前进!"这样一首诗，是否要规定一种诗体把它排起来呢？这是不可能的。它没有一句是用七言写成的。它也不是民歌体。一定要把它编成旧体诗，也是非常奇怪的旧体诗。

诗经、楚辞里有许多双音词，可能早在那时的语言就需要有双音词来表现，这是不能忽视的。这就是说，我们谈到的两种音节可以各有千秋，不能互相排斥，否则历史上很多的现象就不能解释。

歌曲《在那遥远的地方》也是七个字。这样的句子很普通。在我们日常生活中是离不开这种语句的。我们给小孩子讲童话，说："从前有一个国王。"如果像这种句子都排斥了，我们就很难说话。如果写童话诗，我们怎么写呢？就要写成"从前有一个老国王"，或者"从前有一个小国王"了。像这样的句子，末尾的两个音是重的，中间是轻音，这样的音节在口语中是太普通了。像"奉君金卮之美酒"这句话的出现，也许是诗人想用特殊的歌调来作试验。多少也反映了这样一个客观事实，就是说有种句子是避免不了的，放在七言诗里边不太好，如果改掉它也很可惜，但把它放在词赋里边却不成问题。

现在我们的民歌就遇到这种情况。按照我上面的解释，有些七言体的民歌就要发生变化，我们承认这种变化是可能的，现在七言体的民歌可以发展。但这样一来，七言体的某些优点就要失去，可能就不合乎通常的锣鼓点了。所以说它是有它一定的限制的。

我想句子的结构的样式，是经过音节来贯彻的。当然也还有其他的原因。从语法上来看，整个句子的形式可能受音节的一些限制。如民歌体中间，第一句和第二句可以是连贯的两个句子合成一个完整的句子。这是和它的音节相仿的关系，在这种情况下，这个句子如果过于松散，就会有一种毛病。句子整齐有好处，可以使句子音节上的整齐变成句子整个构造上的整齐。这种构造上的整齐常常使这一段成为一首小诗，而每一个句子都是单句。每一个句子都是单句也有好处，但是也有一些缺点，有些说法就很难利用。

为什么一首民歌和一首新诗，题材相同，而音节不同时，读起来印象就不同呢？音节上多多少少的不同影响了造句，这样一来，造句的简单化，单纯化，缺少变化，也不免给写诗的人造成困难。旧诗有些要求也不一定复杂，主要是要求完整一些。如果想使句子完整一些，就要有音节，而音节的限制也会使得造句章法受到限制，也会造成一种我们不完全希望的那种影响。

五四以来的新诗，很少用五七言。比较整齐的诗都是四六八言，虽然并不是很整齐，在戴望舒写的那种自由诗中，也有些比较整齐的句子，就不是自由诗了。

新诗，押了韵的，比较整齐的，不很松散的，多半是四六八言，我想这是不需要详细举例的。四六八言是新诗的骨干。诗人若愈加注意格律，这就愈加显著。八言在诗经、离骚中是没有的，《离骚》句子有些不整齐，有点像八言。两头四个字，中间加一个虚字，如《胡笳十八拍》中的第七首：“日暮风悲兮边声四起，不知愁心兮说向谁是。原野萧条兮烽戍万里，俗贱老弱兮少壮为美。逐有水草兮安家华垒，牛羊满地兮聚为蜂蚁。草尽水竭兮牛马迁徙，七拍流恨兮恶居于此。”像这样的一首诗，颇有八言风味。

但是八言的形式是很难发展的。六言诗比较容易写，历史上各个朝代都有人写它，但是六言诗在中国诗史上也没有构成它的地位，只在词里，或在新诗中，才有了地位。

在我看来，冯至同志写的六言比历史上的六言诗高明得多，“给我狭窄的心，一个大的宇宙”，只是念时不是六个重音。在口语中很难设想编出六个重音的句子，如果编，也是很糟糕的，八字的都是重音的句子在我是更难想象。

闻一多的诗《死水》是八言诗，实际按字数是九言。

林庚同志提倡九言诗，他的意见是有相当的根据的。但他的九言诗实际上也是八言诗，四个双音加一个轻音字，即是加一个衬字。也不一定把八言看得那么死，都要重音。只要它有一定数目的重音，有一定的安排、排列，就可以得到一定的效果。在现代的新诗里边，四六八言中四言较少，六言八言是基本的形式。

把新诗说成是从外国移植过来的东西，这是不妥当的，当然它有一定的外来的影响。五言诗七言诗中也有外来影响的词句，但不是起决定的因素，因为诗是语言的形式，我们不能搬用整个外来的语言形式，而且外国语言的形式是搬不过来的。但是过去写新诗的同志并不太注意中国诗的历史渊源，关于它们的关系，说得比较少。实际上新诗体是我们现代的口语加上历史上的诗体的传统的一种发展，再加上外来诗的刺激，但这只不过是外来的刺激而已。现代的口语、汉语本身的形式和历史的传统这几种因素加在一起，就产生了现在的新体诗，其中有一部分是比较整齐的，以四六八言作为骨干的诗体。

新诗的诗句中有很多复杂的变化。我前面举过一些例子是关于旧体诗中不同的情况的。这些例子，如果和新诗去比较，就会发现从前的诗也不是那样正规。七言体，或其他形式在新诗中都可以存在，比方说，郭沫若同志的《女神》中："我契己的心友呀"和"帝高阳之苗裔兮"音节一样。"女的抱的是什么"，"男的背着一捆柴"，"悲哉秋之为气也，草木摇落而变衰"，都是一样的。这是一种文字游戏，没有什么道理，不过有些比较重要一些。如《离骚》的第一句"帝高阳之苗裔兮"和"我是一条天狗呀"一样，何必加一个"呀"字呢？"浩浩乎平沙无垠"上三下四，在新诗中也是非常多的。

何其芳同志讲：袁水拍同志的诗，"美国第一靠不住，威慑政策一场空，新世界朝气蓬勃，旧世界老态龙钟"。前面两句是上四下三，后面两句变成上三下四了。所谓上三下四，和"浩浩乎平沙无垠"是一样的。这种句子是非常的多。

我们可以这样来设想，我们面前有了两种新诗的体裁——这是在我们这个范围说的。其实新诗的体裁不止这两种，有很多种。如果都说上，大概有七八种，而且都有发展的余地，都有前途，都可以提倡，都不要排斥。

我们可以设想，两种体裁都是中国诗体中正当的合理的合法的继承和发展。这样一来，我们就可以找到一条出路。否则就可能两面互相争论，会使我们的新诗不能得到比较顺利的发展。应该说，这两种形式都是新诗的基本方式，在语言中都有它的基础，在音节上都有它的长处。尽管从某一方面说有一种形式更加好，但是另外一种体裁也有它的优点，各有所长。过去一个时期，新诗的发展，忽略了七言诗，但是七言诗的生命并未结束，它还有很大的发展前途。我们的歌谣可以收集那么多，这是什么原因呢？而在歌谣中这种七言的形式还是很多的。可见七言的发展不仅是可能的，而且有它特殊的优点。人们对于音乐的感觉是非常具体的。五七言和六八言的两种体裁使音节和节奏有了变化。八言的节奏固然有些限制，但是也有优点，使人听了也有美感。七言诗的发展，不仅仅是因为可能，而且也有必要，它的音节给人的美感又是六八言诗所不能达到的。

这样看来，我是一个和事佬，不是各打五十大板，而是各给五分。各种形式都有它的优点，都可以发展。问题是如何使这些优点真正成为优点？从美学观点上来说，它们本身也有一种要求，要求互相配合，互相补充的。

现在的问题是对新民歌体和新诗体这两者的音节上和其他一系列的问题注意和研究得不够。这个问题可能是很复杂、很繁琐的问题，但对于现代诗歌的发展是很重要的。

无论哪一种体裁，要真正能够实现，本来可以是非常简单的事，可是如果不注意有时可以弄得相当复杂。为了解决中国诗的出路，使之更好地发展，我建议：

首先把新诗诗体好好地确定起来，使之明朗化。旧诗有入门、启蒙的书，我们也应该做这种工作。各种诗体有了大体的定规，大家有了共同的语言，等于有了一个“宪法”。我是什么样的诗都能接受的，我要求大家都能了解这一点；诗是有很多种体裁的。

可以有自由体，而且自由体的长处也很多，对于自由体的诗不要施加压力。还有一种散体诗，句子结构有的整齐，有的不整齐，有些句子比较松散，音节比较随便，有时长，有时短，押一点韵，有时也不能用音节去计算，音节也有多有少。这种诗，可以从历史上的散体赋中去找解释，也可以有这样一种体裁。不过我现在稍微感到这种体裁有点泛滥了，这种泛滥对于诗造成了一种不好的声誉。

大家知道，有一个对于现代新诗的批评，这就是毛主席说的，“新诗我就是不看，送给我多少钱我还是不看”。理由是这种诗写的随便，想写成什么样子就写成什么样子，这还成吗？我想主席的这种批评是代表人民的批评。

诗没有一定的约束，使人有两方面的遗憾。一方面是如果诗句比较整齐，节奏也比较整齐，读诗的人就能够领略一种整齐的美感。跳舞和散步不一样，散步有散步的美感，但是跳舞常常是比散步给人的美感大一些，否则，散步的地方很多，何必去跳舞呢？不但在文学艺术方面是这样，其他艺术方面也有这种情况。节奏整齐能够使人心情上感到愉快；如果句子不整齐，就不能给人以快感。这是条件反射，因为在他精神上没有准备而引起的。这是一方面。另一方面是，如果这首诗是经过推敲的作品，有一种约束，读者对这样的作品便有一种钦佩心理。我们看到一种手工艺品，制造得非常精致，不管是采取什么观点去评价它，但是有一点是共同的，即是欣赏的心理，佩服的心理，承认他费的功夫深，他本领不小。我们对于毛主席的诗词，除去内容和情绪所引起的钦佩感情外，即是大家认为它写得太好了。主席对于诗的批评，也代表了群众的审美的要求。有些诗可以多添三五个字，也可以砍掉三五个字，可以随意加减字数。这种话对于写诗的人是一种批评，本来是写诗人的甘苦不易被外界人所了解，“此中味道，不足为外人道也”，可是现在写诗没有甘苦，这对于写诗的人是一种批评。

散体诗有一种好处，但是因为它现在占了一种压倒的优势，结果就使新诗受到了一种压倒的反感。于是，其他问题就不讨论了，首先讨论这个问题。遇到这种评论，我们就难以招架。我们首先把阵脚站稳，再来研究其他的问题，那时就比较容易。

各种体裁都应该存在，而且必然会存在。比如《后赤壁赋》，到现在大家都很欣赏，并不因为形式不整齐，大家不欣赏它。可见得文章只要写得好，就不会被忘记。

刚才我说的两种格式，应该成为主要的形式，前面我说过四种了。还有其他的形式，如词曲体，也还有人在写。田汉同志的作品就谱上曲子了。有人喜欢，也有人不喜欢。

民歌体有它的限制。我们可以做些调节，减少一些限制。但是它仍然保持它的缺点，何其芳同志举过的例子："走西口"，完全按照音乐的节奏，这种民歌的发展不一定完全妥当。因为离开了曲调，读诗的人不一定就读得那样好。李季同志的《王贵与李香香》，头一段是"公元一九三 年，有一件伤心事出在三边"。按"信天游"的调子来唱，这没有问题。懂得这个道理的人可以念得两句很协调，不懂得这个道理的人念起来可能就有小问题，就念不顺。因为"有一件伤心事出在三边"和"公元一九三 年"连在一起，读者要费许多猜测。也许猜得对，也许猜不对，猜不对的人对这首诗就不感兴趣了，因为它的音节未被读者所了解。所以民歌完全跟着一定的音调走，会发生这样一些问题。

这给我们一种启示，七言诗可以有七言的味道，但是不一定是七个字，可以是八个字，九个字，十个字，但是还是保持了七言体的规律。它有着一定的规格。这个规格我们要承认它。这个规格也很简单，可以衬字。

将来小学一年级教科书中可以讲清楚诗的形式，这样可以形成一条轨道，一直发展下去。当然，发展中也会有变化。但总要有一种固定的形式。

七言诗中，还有这种情况，可以叫七言的变体，就是上三下四，上四下三混合在一起，这不是好办法。这点我和何其芳同志有同样的偏见。因为它不能给读者一种心理上的美感，读者读时摸不清规律，使人无法掌握音节。《五月端阳》是交插的，是李季同志有意的尝试，可以形成一种统一体，就和不变化差不多。我的想法可能过于旧了，因此不一定合乎实际。七言体可以有许多变化，但是他还是保持一种音节的形式。读者知道这种体裁，他就更容易接受。如果通篇都是上三下四这种体裁，也还是七言诗，也可以写得很好，不过按照我的分类，我就不把它分到七言体中去。

这种体裁叫什么，今天在座的有好几位教授，可以让他们想出一个名字来。我觉得上三下四的体裁宁可放在六言体，与其说它是七言体变出的不如说它是六八言体里变出来的。

六言八言这种格式究竟是一种什么格式？我也不太清楚。近二三十年很多人讨论这个问题。我的想法也是守旧，但是不一定能把这种诗体的特点说得更清楚。有人给音节起了一些名字，顿、音步、拍子等。这些术语不一定能把现在诗句中的音节关键说得很清楚。音步是翻译的说法，它的意思和拍子差不多，其中可能有轻重音。今天没有叫语言学家陆志韦来参加这个讨论。他也研究过这个问题。如果我们更多的注意中国历史上诗的传统所产生的规律，用外来的诗或者现在的口语来印证和研究这个问题的话，对于诗的创作实践会更有帮助。我没有更多的研究，也没有实践的经验，我觉得如果我们暂时不讨论外国的音节轻重音的变化，而从汉语、口语的音节出发，以口语的顿来做诗的顿，那样有些情况是符合的，但有些情况也会不适合，因为口语比较自由一些，口语中顿不是主要的，虽然有时说话也产生顿的美感。而诗的情况不同一些，有时就会发生问题，也就是说念诗要合拍子，一顿有时要念三个重音或四个重音。有时，读者又不知如何数法，即如何分出顿来。这还不要紧，但是读起来就没有一个明了的节奏美感。诗应该有一种比较明显的，一种形成了习惯的节奏。

六、八、十言这种格式，也还有推敲的地方。有的人严格的照顿来写，但是读起来却不合传统，不能给读者形成一种美感。

要形成习惯是比较容易的，但是至少需要训练。李季同志，田间同志他们在诗的音节方面做了努力的研究。卞之琳同志在另外一个方面对于音节进行了试验。

卞之琳同志的诗我可以了解，我可以读它，但是多数的读者并不能欣赏。作者费了很大苦心，读者看不出来，诗愈加口语化，音节就愈加不明了。三字一组的拍子在口语中大量存在，但是介绍到诗中来就不容易。还有待继续探索试验，开路的人免不了会感到寂寞。

还有些词，用的比较多，如“共产党”、“拖拉机”。这些词在诗句的安排上恐怕要比较慎重些。我的通篇发言，都是从比较守旧的观点出发的，如果从比较革新的观点来说，那自然是没有问题的。但我们要与中国诗的长期传统联系起来。三个字的音节，如果是重重轻，这样的音节是大量的没有问题。如果是重轻重，那就会造成一些小障碍。如果是重重重，障碍就会多一些。它们连到一起，读者读一拍或两拍都可以，如果把它念成七言诗的句子那就会念不好。卞之琳同志用通俗的口语写诗，但是当做诗的音节来看却是非常不通俗的，因此在读者中间引起不好的反响，发生了一些问题。三个字一定要切成两个字，语言的安排免不了有些简单，三个字的音节还是要用，但是作者要作一种安排，使得读者听起来和双音节差不多，这样就比较容易流行。

任何时代的诗，和任何民族的诗，以一种风格排斥另一种风格都是不好的。也许有某种风格为许多同志所喜爱，也许某种风格现在不为读者喜爱，将来会成为阳关大道。读者对于卞之琳同志的诗，没有给他应有的欣赏的程度，当然还有其他的，如修辞等等原因。

一个作家的作品，有多少手举起来赞成，并不能成为标准。批评家根本不能用这样的观点去研究作品。双字尾的诗，它的发展会比现在的情况更好一些。诗句本身的音节还要搞得更明朗，更自然。在音节的通俗化方面将来还可以多加注意，可以和音乐家合作，找到通俗的音乐的节奏，使读者更容易接受。

究竟诗的样式是怎样的？可以有各种的样式。也许除了那些短小的抒情诗，两节对称的诗之外，还可以有一些诗，这种诗中国外国都有，句子的变化或者每一小组都有它特殊的结构。它由于艺术的需要，有了一种特殊的安排。我们要做有意的安排，不要无意于安排；要严格而不要粗糙。这种诗能给读者音乐上和节奏上的明确的感受，他们接受它。这样，作者就要作许多推敲，使读者读时也能引起相称的观感。花的心血越多，读者给以称赞、鉴赏、欣赏的热情也会同样多。要把诗搞得更整齐，更美，更能够合乎现在的合理的要求，是完全可以的。民歌体也是这样。

我个人有一种希望，我非常希望诗人不要怕困难，多花一点功夫，把诗体在群众中间都弄清楚。让群众都知道各种各样的诗体都有它的好处。各种各样的体裁都是有意义的，也让群众都知道，什么样的诗情适合用什么样的诗体。虽然目前我们还有相当的困难，这些问题需要弄清楚。当诗的必然性还没有被我们充分认识时，我们也就没有得到自由。必然性被我们充分认识了，我们得到了充分的自由了，那时我们完全可以像古人那样的即席赋诗，不仅当场读起来愉快，即席诗也可以成为不朽的作品。这是完全有可能的。我们历史上有许多这样的故事。这也合乎我国诗史的传统。诗的传统的发展，同时也是口头语言的传统的发展，如果有很多人努力去研究，这条路一定可以走得更快。

如何把握中国当代文学史的研究对象*

首先，我认为文学史研究的对象是文学创作的有重要意义的成果，而不是成果形成过程中这样那样的临时性的政治事件（不包括积极的社会变革，这种变革的影响是长期的），这些政治事件对于文学的影响是客观事实，但是这些影响也是临时性的，它们不能产生甚至也很少影响有重要意义的文学成果，这是更重要的客观事实。文学史家首先要把这些真正重要的事实从那些千变万化的现象中区别出来。确实，一些临时性的政治事件会影响到作家，甚至也可能影响某些临时性的作品，但是极少影响到那些值得写进文学史的有重要文学价值的作品。影响作家的传记，这在作家的传记部分需要说一些，但也不需要说太多，这不是因为我对作家的遭遇没有同情，而是因为文学史究竟不是作家的传记集。比方我们写新中国三十年的科学史，虽然内容不多，总还有些内容。那么是否要将科学院成立、谁当了学部委员、谁

---

* 此篇是1979年8月29日听取中国社会科学院文学研究所陈荒煤、许觉民、朱寨等关于中国当代文学史编写工作简况汇报后的谈话，登载在内部刊物《文学研究动态》第20期（1979年11月5日）。标题是收入《胡乔木文集》第3卷时加的。

在什么会议上做了报告，通过什么决议，农业纲要的讨论，一些建设项目上马下马，大跃进，这口号那口号，这批判那批判，直到“文化大革命”，统统写到科学史中去呢？我认为不需要。如果写成这样的科学史公之于世，哪一个科学家有兴趣看呢？世界上的科学史都不会这样写。与唐山地震有关的政治事件如写到科学史里去，这反映新中国的哪一种科学成就呢？世界上的科学家和普通读者读科学史关心的是科学本身的发展，而不是与科学有关的社会政治事件，也不是科学管理史。也许有一部分人对管理的兴味大于对科学的兴味，他们需要读一种科学管理史，但这也必须先把管理放在正确的位置上并客观地研究其演变和规律，才有成书的希望（这种书编得再好，也不能与科学史混为一谈），否则就有可能把反科学、反管理、反历史的东西拼凑出一种毫无价值的废料。至于宗教裁判史，可以成为社会史文化史宗教史的史料，但不能成为科学史。裁判中间没有科学，也产生不出科学。哲学史也是如此。新中国三十年中间哲学研究除哲学史研究外没有什么值得论述的发展，因此就写不出什么哲学史。围绕哲学的论争、批判很不少，但是不可能用那些构成哲学史。

再如一个国家的经济史，要说到这个国家的工业发展、技术水平、管理水平、劳动生产率以及农业、商业、外贸等。至于要说到某个工厂某个银行如何修建起来的，某个工厂厂长的个人生活变迁如何，写起来就得一百卷本，甚至一百卷本也不写这些，普通的经济史不需要这样写。写经济史只能以经济发展的实际成果和变化为对象。当然经济史的作家可以因个人的兴趣、目的、表现方法的差别，使作品有所不同，但不管怎样总是以经济发展的实际成果和变化为研究对象。经济史不是经济学说史或政府的经济政策史，如果一些言谈够不上经济学说或经济政策，那就连经济学说史或经济政策史也列不进了。

文学史同样要以文学作品为对象。文学成品指在社会上发表过并得到社会上的一定评价的文学作品。如果只有手稿，没有发表过，没有发生过社会影响，就不能成为文学史的对象。文学史家讲到这个作家时只能在注解说明听说他还有什么手稿。

文学史免不了涉及作家的历史。但文学史不能成为作家的传记集，不是每个作家的活动史。例如托尔斯泰一生有很多活动，他除了文学活动外，还有宗教、教育等活动，晚年还主持过乌托邦式的活动，这都是他的传记材料的重要组成部分。但一般的俄国文学史就不详细讲托尔斯泰文学创作以外的其他活动。我们不能认为文学史不写这些是错的。相反，这是对的。又如肖伯纳和威尔斯晚年都投过英国共产党的票。这在英国文学史上就难写。共产主义文学史家可能要写一笔，别的文学史家就不大会写。因为这不是文学活动，也没有影响到他们的文学著作。

同样，在法国，左拉曾经在“德莱菲斯事件”[①] 中挺身出来反抗反动政治。这事对左拉生平很有意义，在文学史上需要写几句，但也不能花费很多篇幅评论这些事，文学史主要还是要讲他的作品。又如罗曼·罗兰和巴比塞在欧战结束后的争论当时很有意义，引人注意。但争的不是文艺问题。这种情况在文学史中如需要提到，也不能成为重要的题目。

一个作家，他的遭遇不管如何叫人同情，但如没有值得一提的作品，在文学史上便没有地位。鲁迅说的“空头文学家”，那总还是写了几篇文章的，但毕竟摆脱不了空头文学家的地位，不

---

① 1894年发生法国军方陷害犹太血统军官德莱菲斯叛国的冤案。左拉得到此案材料后立即投入为之伸冤的斗争。为此，左拉发表了一系列演说和文章，1898年1月发表了著名的致共和国总统的公开信《我控诉》，有力地推动了这场斗争。他因此而遭到反动势力的迫害，被无理判处一年徒刑。宣判当天他即逃亡英国，翌年才得返回祖国。

管他曾在文坛上如何登龙，如何大闹天宫，总不能写进文学史，写了便成为秽史。文学家在文学史上的地位，必须与他的文学著作成果（包括量与质）成比例，不能与别的任何东西成比例。把不应该注意的事情列到文学史中去，文学史便会失去它的品格。

以上说的是作家个人的情况。对于整个文学也是如此。两次世界大战对各国文学影响很大但是文学史所关心的还是两次战争期间出了哪些作品，或关于两次战争出了哪些作品，而不能多说战争对于各个作家产生的个人生活上的影响。作家对于战争的态度如果不是表现于作品并且是重要的作品，那文学史也就不大会写。事实上我们尽管当时很注意，事后也就很少理会了。豪普特曼和佛朗士欧战时都拥护过本国的政策，现在我们难道能根据这一点来评定他们在文学史上的地位吗？

文学史提到政治，只能在政治影响到文学成品的范围来谈。文学史不是报纸或文艺新闻。一般报纸离不开每天的政治。文学史则不然。文学史中谈到政治对文学的影响，首先要有科学的了解和判断，无论是正面的还是反面的影响，都要有科学的判断。至于政治上的影响，什么能写到文学史中去，这是要另外研究的问题。政治家对作家的帮助、谈话，是否就成为文学史的对象呢？我认为，除非对于极重要的作品发生了极重要的影响，一般不能。否则文学史就会变成文学琐闻史。中国的唐诗记事和很多诗话中充满了这些琐闻或琐谈，但是不能成为文学史。

以上说的都是一些常识。世界各国的文学史基本上都是根据这样的原则来写的。

文学史有它的特定范围，尽管在这范围中，各个文学史家会有观点、材料取舍、表达方式等方面的差异，但对象是相同的，大致的方法不会有太大的变化。这是一种科学，如同物理学不管怎样编写，它的对象总是相同的一样。对文学史的范围与对象要研究，不要为时代潮流或临时的气氛所左右，要有独立的严肃的科学态度。不能春天有春天的文学史，夏天有夏天的文学史。

其次，谈谈政治与文学的关系。

文学是上层建筑，政治也是上层建筑。但两者性质不同，任务也不同，社会作用和作用的方式都完全不一样，两者不能混为一谈。有人说，文学是手段，政治是目的，我认为它们的关系决没有这样简单。革命的最后目的表现为经济和文化（人民的物质生活和文化生活），从这个意义上说，政治只是手段而不是终极的目的。这是完全可以理解的，在一定意义上是必要的。但也不能把这个事实绝对化。无论在什么历史时期，伟大的文学艺术作品都不仅仅是政治的手段。政治必然影响文学，但如认为政治能够或应当决定文学的发展，那就是政治史观而不是唯物史观了。我们当然可以写政治史如何影响文学史的专著，但是一般的文学史并不是这样的专著，它只需要写到适当的程度，而不需要超过这种程度。文学史并不因此就脱离了政治。我们的文学史有一定的政治观点，一定的社会历史观点，这是一。我们在说到作家的重要作品时，不能不说到每一部作品的思想政治意义，这是二。因此，文学史不会因为忽视临时性的政治事件而脱离政治。我不相信现在有这种危险，相反，倒是有文学淹没在政治史中的危险。这不是可能性，而是现实。

我相信上层建筑和经济基础都是有客观规律性的。我们对生产力的规律容易承认，对生产关系的规律性也能接受，而对上层建筑的客观规律性就有很多人不承认。有些热衷于发号施令的人就认为发号施令能改变一切，有权力就可决定一切，以为他一发号施令即使不能改变工农业（其实也能改变工农业），起码可以改变上层建筑。上层建筑、生产关系以及生产力当然会因而发生这样那样的变比，但这并不说明生产力、生产关系的客观规律或上层建筑的客观规律不起作用，并不意味着权力可以为所欲为。政治对文学的影响也是如此。这种影响有其客观的局限，决非随心所欲。文学史当然也可以详细叙述政治对文学的各种影响及其局限，但是我想这与其说是文学史的任务，不如说是政治史或文化史的任务。

当代文学史，这是政治干涉文艺相当多的时期。这是客观事实。但是在一切客观事实中，我认为，对于文学史最有意义的客观事实恰恰是主要的文学作品成果都并非这种干涉的结果。粗暴的干涉不会造成作品，我想可以说没有造成任何一部值得写入文学史的作品，只是造成了许多作品和作家的各种不幸。写文学史，我们不能从这里面去找灵感。解放以来出版的好作品很多，这是社会主义社会优越性的合乎规律的表现，而任何优秀的作品都不是指挥棒造出来的或批判出来的。种种批判、种种运动，在文学生活的实际经历（这不等于文学史）上发生过各种影响是一回事，当代文学的主要成果的产生是另外一回事。这不是贬低这些批判，许多批判是合理的，或有其合理内核的，而是尊重客观事实。《保卫延安》、《红旗谱》、《创业史》是怎么产生出来的？难道是哪一次批判产生出来的吗？对建国以来的作家作品（当然是值得写进文学史的作家作品）要作认真的研究，这才是文学史工作者的大事。如果注意力放在每年发生什么事件，以事件来划分文学史的阶段，那就过于着重或夸大政治编年史的影响了。这样做，主观上即使是想纠正某些错误的批判，实际上反而是向它们投降，承认它们有它们所不可能有的作用。我们对非文学的因素的力量不能估计过高。写文学史不能感情用事。文学史家不能是感情家。政治上的各种因素表面上造成各种纷扰，影响作家作品的生产，但它不能构成文学的主流。总之，不能靠指挥棒去生产作品，也不能靠指挥棒去解释作品，也不能靠指挥棒来衡量文学的成就。如果说只用六分之一的篇幅来评论、解说或总结，我想对于文学史还是太过分了。文学史实际上不需要也不可能担负这样的任务。研究社会主义文学发展的规律，三十年时间未免太短了，并且这是另一种历史研究，恐怕未必是文学史的不可缺少的一章。毫无疑问，社会主义社会对于当代作品的产生有十分重要的意义，可以说决定的意义，但社会主义社会与指挥棒是非常不同的两件事。也许，时间隔得愈久愈能看清楚这一点。比方说，左联时代曾经产生过《子夜》和其他不少优秀作品，但这些作品都是时代的产物和作家自己的创作。左联在中国文学史上有不可磨灭的功绩，但是难道能说这些作品是左联“领导”出来的吗？难道我们现在写当时的文学史，能够不去研究当时的作家和作品，而去研究左联的会议记录吗？

我想文学史还是要紧紧围绕主要的作品、它的出现、它和过去文学的区别和继承的关系，要从这些方面做很多的研究。这些方面，我们过去功夫下得很不够。如果不是对作品下功夫研究，那么即使对每次政治运动都能做出正确的鉴定，这样的文学史也没有多大价值。

一个历史时期的文学潮流，似乎不同于刊物上、会议上或批判中形成的潮流。甚至一种政治思潮、哲学思潮，一种世界观，以什么方式影响文学，也是很复杂的现象，不能以编年史的办法来说明，例如十九世纪的文学，毕竟不能以马克思主义的产生为界线，虽然在马克思、恩格斯生前就已经产生了无产阶级的诗歌和小说。马克思主义在什么范围内，经过什么途径影响到广大的文学界，是一个值得研究的题目。我想它是通过社会运动影响到作家，是有了广泛的群众性的革命运动以后才影响到作家的。革命在一个国家胜利了，建立了社会主义社会，这就影响了这个国家的绝大多数作家。马克思主义的产生尚且没有导致文学史上的分期，可见思想潮流对作家的影响是有限的，何况一种决议、命令，那影响更有限了。

为了写出有科学价值的当代文学史，我想不必过于急躁。现在高等学校已编写出两部当代文学史，已经定稿或将要定稿，这就可以暂时多少满足社会上的需要。文学所可以后来居上。不必匆匆忙忙地写出充满各种政治事件、口号的文学史，充满社会政治分析和作家作品政治鉴定的文学史。过去的经验教训需要研究清理，但更重要的是向前看，要写出一部真正有科学水平和文学水平的当代文学史来，这样编写的文学史会使读者得到长久的深刻的教育。

这些意见可能很不正确，现在提出来请大家考虑、讨论一下，究竟哪些意见可以参考，哪些必须拒绝，最后还是由文学所决定。特别是由负责编写的同志决定。我保证言行一致，除了提出供参考的意见以外，不作任何行政的干预。

拿出更多更好的研究成果来纪念鲁迅*

祝愿会议得到成功。希望通过这次会议，鲁迅研究工作有进一步的成就，拿出更多、更好的研究成果来纪念鲁迅先生诞辰一百周年。

同志们要我讲几句话，我恐怕很难说出什么有价值的意见，因为我虽然对鲁迅作品接触过不少，但是没有进行过多少专门的研究。鲁迅研究的著作我读过一部分，也不是读得很多。就我读过的著作来说，鲁迅研究是取得了不少成就，有许多研究相当深入，相当仔细，比过去有了很大进步。明年我们将要拿出一些进一步研究的成果。我作为一个读者，想对于我们将要拿出的成果，表示一点希望。

我希望能够把鲁迅放在整个的文化发展的历史、文学发展的历史或社会思想、政治发展的历史背景下来研究，不仅着眼于鲁迅个人，他的传记，他的每篇作品的研究。鲁迅不是一个突然的

---

* 此篇是1980年4月3日在中国社会科学院文学研究所和鲁迅研究学会召开的纪念鲁迅诞辰100周年撰稿座谈会上的讲话。登载在内部刊物《文学研究动态》1980年第11期（1980年5月30日）。标题是收入《胡乔木文集》第3卷时加的。1981年9月25日是鲁迅诞辰100周年。

现象，也不是一个孤立的现象。这就是说，鲁迅的研究同当时或稍前稍后的一些文化现象、文学现象、思想现象不能分开。有一些研究鲁迅的著作给人这样一个印象，好像鲁迅就是鲁迅，同他的同时代人没有全面的联系，不能进行比较。这就是研究方法上的局限。鲁迅反对什么人，或者支持什么人，这是在他传记中或评论中说到了的。可是鲁迅是怎么产生的，往往说明得不够。只讲在帝国主义、封建主义压迫下面中国是什么情况，向作家提出什么要求，这当然对，但仅仅说到这一步是不够的。鲁迅和他的同时代人不能分开，他是和同时代人一起生长，一起受教育，一起进行斗争，一起在斗争中前进的。在某些方面鲁迅前进得更快一些，在另外一些方面也许鲁迅前进得不那么快，这不奇怪，历史的发展本来是参差不齐的。这样才能说明鲁迅，才能说明他的思想，他的艺术，他的各方面的活动的由来。否则就不容易得到解释。举个例子比较一下，也许能把我的意思说清楚些。过去毛选中所附的《关于若干历史问题的决议》[①]，那里关于毛泽东思想的论述，就有这种缺点。在《决议》里，毛泽东思想好像是天上掉下来的，它形成的过程没有说明。现在我们说，毛泽东思想是中国共产党集体智慧的结晶，这就把这个问题说得比较合乎历史。对于鲁迅也有同样的问题，不能设想鲁迅的一切，他的每一句话都是他自己创造出来的，这是不可能的。他的同时代人从鲁迅那里接受了许多东西，鲁迅也从他的同时代人那里接受了许多东西。这个同时代人的范围可以说得比较广一些，包括外国的同时代人。鲁迅当时所接触到的中国古典文献和外国的各方面文献，对他发生了很重要的影响。但是正是他所接受的影响，无论

① 1945年4月20日中共六届七中全会通过的《关于若干历史问题的决议》，作为《学习和时局》（1944年4月12日）的附录收入《毛泽东选集》第3卷。

是哪个时代的，现在似乎没有一位研究者画出一个轮廓来。特别是他所接触到的外国的著作，思想家的也好，艺术家的也好，这方面的论述很少。我看过一些欧洲人写的马克思研究的著作，他们可以说明马克思的哪些论点是从哪里发源的，哪些论点是他直接继承了别人的，哪些是他把别人的论点发展了，哪些是他自己创造的，当然也不可能是凭空创造。我不是说我们完全应该学习那种研究方法，但是，我们应该做到有同样的基本功。我们对鲁迅的研究还没有下这方面的功夫。在系统地研究了鲁迅的思想和艺术的来龙去脉以后，我们对鲁迅的了解就会比较正确，说话也会比较有分寸，合乎实际，合乎科学。否则我们就难免说一些如果鲁迅在世看到也不能同意的话。总之，我们把研究的范围放宽一些，就可以使研究的水平提高一些。

此外，鲁迅也不是一个一去就没踪迹的现象。鲁迅的思想，鲁迅的活动是在被继承着的，尽管有些方面的继承很明显地没有赶上鲁迅。比如说，我们现在还举不出一个散文家作为鲁迅的后继者。这是很大的遗憾。可是，不是所有的方面都这样，鲁迅活动的其他领域，鲁迅活动的某些水平早已被超过了。这才是历史，这才是发展的真正的历史。如果不这样看历史，鲁迅就是一个不可理解的现象，鲁迅的活动就整个失败了，因为他的存在随着他的生命的结束而结束了。然而事实不是这样，他的活动在许多范围里是既被继承，而且被超过，这是完全合乎规律的现象。比如鲁迅的中国小说史的研究，现在的研究已经超过他当时的水平，因为有许多东西，他当时没有看到，现在有了更多的发现。又如，鲁迅是木刻艺术的倡导者，鲁迅本人虽然不是一个木刻艺术家，但他确实是一个版画艺术的鉴赏家、评论家，但也不能说鲁迅对版画艺术的鉴赏、评论的水平达到顶点，鲁迅自己也没有这样看待。我们如果从这样的观点来观察鲁迅，研究鲁迅，看他在中国文化史上的作用，那么就可以看出鲁迅的作用是怎样广大，有怎样的贡献。他在许多方面作为一个开山祖，把那一门学问开辟了，而在他以后大大发展了。

鲁迅的短篇小说创作，留下了许多可以说是难以企及的成就。所谓难以企及，不是说不可以企及，也不是说不可以逾越。如果是那样的话，那么对于中国文学的发展，就要得到一个非常悲观的结论。鲁迅自己就不这样看。鲁迅所写下的小说不多，在不多的小说里所表现的他的小说艺术，他的独特风格，这是可以列举出来的。这些当然没有包括中国现代小说艺术的全部，也没有包括现代中国短篇小说艺术的全部。这样看，我们才能比较认真地来研究和讨论鲁迅，否则我们就不是在研究鲁迅，而是在讴歌，讴歌并不是研究。一味的崇拜、赞美，冠以最好的形容词，过去有些人对毛主席就用过这样的一种方法。这种方法是不对的，鲁迅研究也不能用这种方法。我们不要害怕把鲁迅和他的同时代人以及他以后的人作一种比较的研究。可能我们还没有这样做。我看的鲁迅研究的著作很不完全，说这话有点冒险，说错了我很愿意改正。无论如何我们要解放思想，在这里就要解放思想。这样，我们才能写出有更大科学价值的著作，作出颠扑不破的贡献。拿鲁迅的小说来说，大体有一些是带着相当大的抒情成分的小说，有一部分是以讽刺为主的；还有一些是着重通过小说来表达某种思想观点的；还有一些是忠实地细致地描写当代和古代多方面的生活的，当然也表达一定的思想观点。每个类型的小说，鲁迅都达到了相当高的水平。但是这些小说都是需要评论和可以评论的，在评论中才能准确地说明鲁迅的特点。我们现在鲁迅研究就缺少这种评论。因为当我们写研究文章时，差不多是用了一种崇敬的心情，这样就很难进行科学的研究，很难产生科学的评论。我们今天能说这话，是因为我们大家都从对毛主席同样的那种心情里面逐步地解放出来，这样我们也就更真实地了解毛主席，对毛主席有更接近科学的评价。对鲁迅也是这样。如果是完全用一种门徒甚至教徒的心情是不能进行研究的。任何一个个人总是有限的。鲁迅对中国社会生活的了解、观察、认识，鲁迅对于新的文学艺术的掌握，鲁迅对于马克思主义和当代科学文化的掌握，这些都不能认为是无限的，不可逾越的。这样不但不能研究，而且会妨碍进行科学研究。我们曾经把毛主席所有的话当成禁区，不能去动它，这样的结果，就妨碍了中国的马克思主义理论的研究，自己把自己封锁了起来。研究鲁迅也不能这样。当然这样说，我决没有这样的意思，即可以采取一种轻率的态度，随便地，没有根据地，更不用说抱有一种不好的动机，恶意地去贬低鲁迅，那是我们所坚决反对的。我只是说，我们把鲁迅当作一个伟大的著作家、伟大的战士、伟大的思想家来评价，这不应该妨碍而且要求我们抱一种科学的态度来对他进行研究，这两者之间毫无矛盾。

鲁迅思想的历史的文化的背景很需要研究。鲁迅受到的中国古代作家的影响，这已经有一些同志写过文章，但还没有什么系统的著作。至于鲁迅受到的外国作家的影响，这个工作比较困难一些，因为要做这个工作，他就需要相当熟悉外国文学。现在有这样的困难，研究、熟悉外国文学的人好像没有参加或很少参加研究鲁迅的行列，而研究鲁迅的同志，多数对于外国文学不像鲁迅本人那样熟悉。这样我们对鲁迅的研究就会受到一种限制。怎样打破这种限制呢？可以找人合作，可以把两方面的力量合起来。还有，鲁迅对他的同时代人（我是说中国，但也可以在某种程度上推广到日本）的相互影响，以及他对同时代人的评价，这方面我们的工作是做得远远不够的。鲁迅虽然对他同时代的许多人进行过很尖锐的批评，但是他抱有好感的作家或其他方面的人也不少。虽然这方面他在文学上留下的痕迹不是那么多，对某个作家也许只说了几句话，但是这给我们一种线索。况且我们现在还有条件去访问一些人，了解这方面的真实情况。过去有一些评论，是比较简单的评论，缺乏综合性的评论，缺乏像鲁迅在新文学大系小说二集里所作的那种评论。[①] 比方说，鲁迅和茅盾，他们曾经共同编过两部中国当代的小说选，这是为斯诺和伊罗生翻译给外国人看的。[②] 他跟茅盾推荐这些小说，当然并不等于他对他们的作者全盘肯定，但是多数是表示他对这个作家，特别是对他所选的这个作品的肯定。在其他他所留下的文字里面我们还可以看到，鲁迅所肯定的人并不少，但是在这方面我们研究、讨论太少。鲁迅对于有些作家是相当尊重的，虽然他并没有说多少话。这里固然有与他年龄相差不多的人，也有年龄比他轻的，但是鲁迅看了他的作品就认为这样的作家有相当高的成就和很大的前途。这不光是对小说，在其他的领域有的时候也谈到过。

鲁迅小说的艺术以及他的散文的艺术，在它们的渊源方面也是研究很少的。我们的评论多少还有点像中国历代流传下来的文评、诗评、诗话，科学的研究比较少，中国历史上这种研究一向就比较少。讲鲁迅和庄子有什么关系，或者说鲁迅与韩愈的关系，鲁迅与屈原的关系，只从他的著作里找一点根据。如果说是

---

① 《中国新文学大系》是中国现代文学最早的大型选集。赵家璧主编，1935—1936 年间上海良友图书公司出版。全书 10 集，其中小说共三集。小说二集由鲁迅编选并作“导言”。鲁迅在小说二集《导言》中评述了除文学研究会、创造社以外的其他社团的小说作家的思想追求和艺术探索，涉及 30 多个作者。

② 鲁迅、茅盾为斯诺、伊罗生分别主编的两部小说选集推荐了选篇。斯诺主编的英文本中国现代短篇集为《活的中国》，收作品 24 篇，1936 年由英国伦敦乔治·G. 哈拉普公司出版。伊罗生（美国人，曾任上海出版的中英文合印的刊物《中国论坛》的编辑）主编的中国现代短篇小说集为《草鞋脚》，收作品 26 篇。当时未能出版。后经重编，1974 年由美国麻省理工学院出版社印行。

研究，也只是一种入门性质的研究。真正的研究不能停止在这样的水平。要做更加深入的、更加吃力的、更加艰苦的工作。要做更加广泛的研究，即没有那么多一眼就可以看出的根据，而是需要我们去认真、仔细地观摩，去和其他很多著作作比较，然后才能得到结论。我们需要这样的研究。这样研究的著作，不但是一种学术的工作，而且，它对我们现在小说艺术的发展，对我们现在散文艺术的发展，也有很重要的意义。

鲁迅的艺术观、社会观、历史观这方面已经有些论著，我们希望在这方面能够花更多功夫。这就要求不仅仅把鲁迅说过的什么话排比出来，然后加以赞扬。鲁迅在成为马克思主义者以后，他对于过去的文学还是非常重视的，比如说，在他一生的最后，还用了极大的努力翻译了《死魂灵》。在讲到《奔流》的编辑方针时说，介绍现代的作品，应当介绍现代作品的父亲，也要介绍现代作品父亲的父亲。我们对鲁迅的研究也必须这样穷根究底。

对于参加“左联”后的鲁迅，我们应该把他放在左翼文化运动活动里面来研究，应该把他看成是左翼文化运动的旗手，不应该把鲁迅同其他一些人的争论看成是一种敌对的关系。尽管鲁迅说过一些过分的话，这些话，鲁迅在另外的时候，也感觉这是说得过分的。当时鲁迅和左翼的一部分同志或者许多同志，在艺术观点上有些分歧。他当然不赞成所谓空头文学家，就是说左而不作。对于怎么看待艺术，艺术怎样来为革命服务，鲁迅的看法和其他同志的看法，也有一些区别。

研究鲁迅的艺术观不能仅仅限于他直接说出来的，而且应该包括他没能说出来的评价。比如我刚才说的他所选的短篇小说，他并没有作什么评价，可是他的选择就代表他的评价。还有他对于他自己的文字，以及对于别人的文字，对于自己的文字怎么加工，怎么修改，怎么要求；对于别人文字怎么样评论，这些评论有时是不容易觉察到的。在这些方面我们应当注意得更宽一些，包括他愿意和什么样的人作文字上的来往，而没有和另外一些人作文字上的来往，这就可以看出他不仅仅像他在文字上已经写下来的话。如他对郁达夫，他讲郁达夫怎样，讲他与创造社其他人怎样不一样，这是他写下来的。他还有许多没有写下来的。比如他们选的小说里，就包括了像《过去》、《迟桂花》那样的作品。他并没有给这些作品作过什么评论，也没有把郁达夫作为一个小说家进行什么评论。可是，他注意到，他肯定这样的作品，这就是他的评论。所以说，鲁迅的艺术思想，我们不能限于他直接讲出来的理论性的文字和论断。如果那样，我们所能讨论的问题就很有限了。我们应把这个范围大大扩大。他自己的作品，从《呐喊》到《故事新编》中最晚写成的几篇，有一个明显的发展过程，这也是他的艺术观的发展的一种说明。当然这种说明也只是一方面的，因为一个人写什么样的作品有一定的限制，不见得能够代表他的艺术思想的全部。比方说鲁迅并没有写长篇小说，但这并不等于说，他对长篇小说没有他的想法，没有他的观点。至于他的社会观、历史观，这方面的材料就更多了。

末了，我还想提出一个题目，就是外国对鲁迅的研究，对鲁迅的评论。我们要做研究的研究，评论的评论。这个工作我们做得很少，可以说没有做。这确实是我们的弱点，分工以后（与外国文学研究的分工）带来的发展的不完全。

以上说的只是我作为读者的一些希望，说出来只能供参考。发表希望是非常容易的，不费什么气力，要实现这些希望的某一条，却要有许多同志作很大的努力。更不必说，我说的话中还会有不正确不周到的方面。这方面希望大家提出批评。

诗歌中的平仄问题*

赵老：

昨天向您提出的问题，[①] 因限于时间，说得太简略，很难表达出我为什么要重视这个似乎不那么重要的问题。因此再多说几句，请你原谅。

（一）平仄如果只是一种人为的分类，而没有某种客观的依据，很难理解它为什么能在一千几百年间被全民族所自然接受，成为“习惯”。

（二）这种习惯远不限于诗人文人所写的诗词骈文联语，而且深入民间。过去私塾里蒙童的对对并不需要长时间的训练，巧对的故事也并不限于文人。民歌中常有大致依照平仄规律的，如著名的“山歌好唱口难开”，“桃红柳绿是新春”，“赤日炎炎似火烧”，“月子弯弯照九州”（后二者可能出于民间文人）等。甚

---

* 此篇是 1981 年 6 月 12 日致赵元任的信。标题是收入《胡乔木论文学艺术》时编者加的。赵元任（1892—1982）：江苏常州人，语言学家。早年在清华大学任教授。后在美国任大学教授，为美籍华人。时任美国语言学会会长，美国东方学会会长。

① 6 月 11 日胡乔木在北京医院同赵元任会晤，即提出诗歌中的平仄等问题。随同来华访问的赵元任的长女赵如兰教授会晤时在座。

至新诗中也有“教我如何不想他”,“太阳照着洞庭波”这样的名句。

（三）平仄之分，至少在周代即已开始被人们所意识到，所以诗经楚辞中用平韵的作品，远远超出用仄韵的，这决不是一个偶然的现象。后来历代诗赋词曲和现代的歌谣、歌曲、新诗，一直没有什么改变。这个事实，有力地说明平声和仄声确有明显的虽然是不容易讲清楚的区别，无论各自的实际调值在各时期和各方言区有多大不同。而且这个现象也包括北京话地区在内。平声字多似乎是一个理由,但是是一个不充足的和不能令人信服的理由。它还引出另一个不容易答复的问题:为什么汉语里平声字多?

因为这些，我想平仄的区别仍是一个值得深入研究的问题。

此外，还有一个问题也是我久已思考而未见有人解答的，即中国诗歌何以诗经楚辞时期的偶数字句型为主变为两汉以后的以奇数字句型为主？偶数字句诗除辞赋体外，六言诗始终不流行，八言根本没有（当然不算新诗），奇数字句诗基本上也只限于五七言（不包括词曲），在民歌中大多数是七言。新诗出现以后，情况再变，基本上以偶数字句型为主，而且一般句子的字数也多在八言以上（这里没有考虑自由诗）。这个新起的变化因为是现代的，可能比较容易解释，但是四六言变为五七言的语言学上的原因就比较不清楚。是否古汉语的发展在此期间出现了某种重要变化?

向您这样高龄的前辈提出这些问题，于心很觉不安。不过我终于不肯放过这个求教的机会。您在返美以后，如能把您的一些想法告诉赵如兰教授（我所提的问题我想她也会感兴趣的），请她给我回一封信，我就感谢不尽了。

祝您和如兰女士一路平安，健康长寿!

胡乔木

六月十二日

关于文艺与政治关系的几点意见*

本来，我决定不参加这个会了，后来看到几期会议的简报，看到有几位同志对文艺与政治的关系问题还有一些很强烈的意见。我感到这个问题提出来跟我有点关系，我觉得有一种政治上的责任，把这个问题谈一下。这也可以说是政治为文艺服务吧。

中央考虑不再用“文艺为政治服务”、“文艺从属于政治”这些提法，而改用“文艺为人民服务，为社会主义服务”，究竟出于什么原因？是一种暂时的考虑，还是从根本的理论和实际上的考虑？我想谈一谈个人的看法。当然，文艺与政治的关系问题很复杂，我在这里不可能全面地讨论这个问题，只能就当前争论中的几个主要之点谈一谈。

在这次中国文联全委会上，我听说已经把列宁的《党的组织和党的出版物》这篇文章的新译文印发给大家了。我相信，如果我们是一个诚实的马克思主义者，如果我们是公正的，不带偏见的，有历史眼光的，那么我们读了中共中央编译局列宁斯大林著作编译室所写的《〈党的组织和党的出版物〉的中译文为什

* 此篇是1982年6月25日在中国文联四届二次全委会招待会上的讲话。

么需要修改?》，一定会同意他们的意见。因为这个说明理由充足，是无法辩驳的。过去译成《党的组织和党的文学》，本来就是翻译错了。可是现在在有些同志看来，好像 Litteratura（俄文是 Литература）这个词不译成“文学”，党的 Litteratura 不译成“党的文学”，就是不能容许的事情。为了解除疑虑，我要给大家介绍两件材料。第一件，是《共产党宣言》第三章，小标题叫“社会主义的和共产主义的文献”，这里的“文献”这个词原文就是 Litteratura。“社会主义的和共产主义的文献”这一章里说的是什么呢？第一节是“反动的社会主义”，第二节是“保守的或资产阶级的社会主义”，第三节是“批判的空想的社会主义和共产主义”。大家想想，假如把这一章的题目译成“社会主义的和共产主义的文学”，我们的文学家和文学理论家们会不会认为译得很准确，感到很光彩？可见，Litteratura 虽然在许多时候可以翻译成“文学”，而在许多时候就不能翻译成“文学”。另外一件材料，在《马恩选集》第二卷里面，也是一篇很重要的文章，叫《流亡者文献》。这里的“文献”，原文也是 Litteratura。假如我们硬要把 Litteratura 翻译成“文学”，这篇文章题目就得译成《流亡者文学》。其实，从内容看《流亡者文献》还不如译成《流亡者的出版物》。因为《共产党宣言》中所说的“社会主义的和共产主义的文献”，指的是历史的文献，而《流亡者文献》中的“文献”，指的不过是巴黎公社失败以后的流亡者在外国出的刊物、报纸这些东西。我举以上两件材料，可以具备足够的权威，使大家相信，Litteratura 这个词并不是在任何时候都应该译成“文学”。要打破这一层成见。这样，我们才能比较客观地来考虑，列宁的这篇文章，究竟是翻译成《党的组织和党的文学》好，还是翻译成《党的组织和党的出版物》好。这完全是一个科学的问题，是一个语言学的问题，也是个历史学的问题，完全应该采取一种冷静的、科学的态度来对待。列宁所讲的，实实在在就是“党的出版物”，编译局的同志已经做了详细的说明。有的同志说，“党的文学”这个译法已经流行这样久了，现在忽然要改成“党的出版物”，会引起很大的混乱，甚至担心资产阶级自由化思想会借此进攻。这就发生一个问题，究竟是科学服从于政治，还是政治服从于科学？科学的研究和探讨，固然有时要考虑到政治，考虑到革命的利益和人民的利益，但是，归根到底，我们的政治是服从于科学的。因为我们是科学的社会主义者，而不是别的种类的社会主义者。因为我们的政治的根基牢牢地建立在科学上面，而不是建立在任何别的东西上面。因为马克思主义的科学符合客观的历史规律，因而符合革命的和人民的根本利益。现在遇到这样一个小小的问题，难道就不能尊重科学、服从科学了？何况这里面根本没有什么政治问题，纯粹是个语义问题、翻译问题。该翻译成什么就翻译成什么。过去翻译错了，这个错译造成了消极影响。我们不能迁就这个错译的既成事实。主张照旧不改，当然也是一种思想方法。持这种思想方法的同志，看来忠实于科学的精神不那么充分。我们要忠实于政治，我们更要忠实于科学。我们不能让科学来服从政治，那样，科学就不成其为科学，政治也就不成其为科学的政治了。我们的政治要服从于科学。我们党犯了错误，就要做实事求是的自我批评，虽然这种自我批评有时也会带来种种争论，甚至会带来一些消极的副作用，可是我们党有这种勇气，我们党忠实于科学，忠实于历史。而对科学，对历史，是不能不忠实的。勇敢的、科学的、恰如其分的自我批评，正是推动我们事业前进的巨大的积极力量。至于我们这里所谈的这个翻译错误，在马克思主义著作的翻译者中间，据我所知，基本上是没有争论的，都认为确实是翻译错了。而且在《列宁全集》里面，这个词在类似的情况下也是译成"书刊"，并没有都译成"文学"。仅仅这篇文章，沿用旧译，译成《党的组织和党的文学》。因为过去在延安《解放日报》上面这样译过（在这之前，在上海也这样译过，不过影响没有那么大），后来又被毛泽东同志《在延安文艺座谈会上的讲话》引用了，这就似乎成为不可更改的了。现在好像我们的文艺政策不是建筑在科学上面而是建筑在误解上面。哪有这样的事情呢？历史上有过许多误解。这个误解毛泽东同志不能承担责任，文章是博古同志翻译的。改正一个错误，这根本不应当成为一个问题。

有的同志说，文学怎么能够不是党的文学？怎么能够不是党的工作、党的事业的一部分呢？这是提到了问题的比较重要的方面。我们党领导人民建设社会主义。对于社会主义事业，我们党要承担领导责任，要领导到底，一直领导到共产主义。但是，我们要知道，社会主义事业，它是人民的事业，是我们十亿人口、各民族男女老少共同进行的事业，它属于整个社会、整个国家和人民。不能因为它要有党的领导，就把它说成是属于党的。文学艺术是一种社会文化现象，党需要对这种社会文化现象的发展方向进行正确的领导，但是，文学艺术方面的许多事情，不是在党的直接指挥下，经过党的组织就能够完成的，而是要通过国家和社会的有关组织、党和党外群众的合作才能进行的。而且，有许多与文学艺术发展方向关系不大的事情，党没有必要也没有可能去干预。因此，不能把文学艺术这种广泛的社会文化现象纳入党所独占的范围，把它说成是党的附属物，是党的"齿轮和螺丝钉"。正如同对其他社会经济文化现象不能这样做一样。比方说，我们党领导教育工作，但是不能说，整个国民教育是党的教育。我们党领导经济工作，但是不能说，整个国民经济是党的经济。或者说党的大学、中学、小学，党的工业、农业、商业。这样称呼显然是不妥当的。如果用党的教育的说法，那是专指在党内所进行的教育，有关党的章程、党的知识的教育，这与整个国民教育不能等同。如果叫党的经济，那是专指有关党的活动经费，党的财政收支，也与整个社会的国民经济不能等同。由此可以看出，党的文学这种说法的含义是不清楚的。把文学这种社会生活现象完全纳入党的范围是不合适的。

在这个问题上，斯大林讲过一段很好的话，他说，文学艺术是一种广大的社会事业，不能够用党的概念去衡量。所以，他反对在文学艺术领域中使用“左倾”、“右倾”这样的字眼。他说，这是党的工作里面的术语。一篇文学作品，可以说它是爱国主义的，是社会主义的；或者是反爱国主义、反社会主义的。但是，不要去说，哪个作品是“左倾”的或是“右倾”的。这是斯大林给比尔—别洛采尔科夫斯基的一封信里的话。我认为斯大林对这个问题说得很好。对于人民生活里面的问题，不要用党的概念去硬套。

前面我们说了列宁文章翻译的错误，又说了“党的文学”概念的不妥，再回过头来说文学的党性问题，就比较容易说清楚了。一个是文学的党性，一个是文学家、艺术家中的共产党员的党性。这是两个不同性质的问题。共产党员文学家，首先是共产党员，同任何共产党员一样，他必须坚持党的政治立场，在政治上同党保持一致，遵守党的章程和决议，服从党的组织和纪律，执行党所授予的任务，一句话，必须有坚强的党性。共产党员文学家决不可以把他所从事的文学艺术工作当作与党无关的个人事业，而应该把它看作是党的事业的一部分，决不可以因为是文学家就自视特殊，而应该把自己看作是党的组织的守纪律的成员。这个问题比较简单，这些原则是不能含糊，不能有丝毫疑义的。至于文学的党性，这个问题不那么简单，文学的党性是一个特定的概念，不是可以随便使用或广泛使用的。与此相联系，我们通常还使用文学的倾向性这个概念。对于文学的倾向性，有一些不同的看法和争论。是不是凡作品都有倾向性？或者说凡伟大的作品都有倾向性？没有倾向性的作品是不是不可能存在或者必定毫无价值？讨论这个问题要从文学的实际出发，从文学这种社会生活现象的特点和规律出发。从世界文学史和中国文学史的客观事实看来，有许多有价值的作品是有倾向性的，是或隐或显地表现了作者的政治观点和社会观点的。但是，也有许多有价值的作品并不带有倾向性。文学艺术的一些形式，如长篇叙事的诗歌、小说、戏剧、电影，可以带有倾向性，而另外一些形式，如建筑艺术、音乐艺术（不是指歌词），虽然离不开一定的社会历史背景和色彩，却一般很难直接说出它的社会政治倾向性来，某些绘画、诗歌和散文也有这种情况。在过去时代，对文学艺术作品的倾向性的要求，并没有提到过分的绝对化的地步。在今天，在社会主义时代，情况当然与过去有很大的不同。因此，对我们时代的作家的要求，应该既不同于对过去时代的别的阶级的作家，也不同于过去时代的无产阶级早期作家。我们时代、我们社会生活的主流，就是社会主义的。文学艺术既然是社会生活的反映，它就不能不反映我们社会生活的社会主义的内容。文学艺术的读者既然是广大人民群众，就不能不要求它用反映人民的利益和意志的社会主义思想来团结人民、鼓舞人民、教育人民。因此，在社会主义社会，文学艺术为人民服务、为社会主义服务的要求是必然的，是历史地不可避免的。即使如此，某些没有倾向性或者没有明显的政治倾向性的文学艺术作品也仍然要存在和发展。只要是合乎美学标准的，也能够在一个方面起为人民服务、为社会主义服务的作用。我们也要让这一类作品充分发挥它们的积极作用。

文学的党性，我认为它同文学的倾向性是一个性质，但是它比倾向性更自觉，更鲜明，更强烈。可以说，它就是文学作品的思想内容、思想倾向中所集中表现的阶级立场、政治立场、党派立场，这并不是一般文学作品所普遍具有的。我们党要求党员文学家，也希望所有革命的文学家，努力在作品中表现出革命的思想内容，表现出无产阶级的阶级立场和政治立场，使它们成为在政治上和思想上教育人民、鼓舞人民的武器。我们党对于某些文艺作品中表现出来的不健康、不正确的政治倾向和思想倾向，对于资产阶级和封建阶级的腐朽的思想政治影响，不能熟视无睹，任其腐蚀人民的思想，而要根据情况，进行有分析的、有说服力的批评和教育，以克服这些倾向和影响。这是今天党对于文学的党性的正反两个方面的要求。但是，当我们说，党要求在作品中努力表现无产阶级的阶级立场和政治立场的时候，我们必须记住，这是对党员的有倾向性的文艺创作而言的，不必要也不应该成为对所有的文艺作品的要求；如果那样要求，我们就把问题简单化了，我们的文学观就太狭窄了。我们还必须记住，这种倾向性，如恩格斯所指出的，“要从场面和情节中自然而然地流露出来”，就是说，要通过深刻反映社会生活本身的规律，通过严格遵循艺术创作本身的规律来表现，而不应该违背生活、违背艺术的规律，从外面加进来，硬塞给读者。对于共产党员文学家，党也是这样要求，因为艺术规律是客观的，违背艺术规律，不从生活出发而从政治概念出发去创作必定不会是成功的，不管你是不是共产党员。正如党性（这里当然是说的正确理解和正确要求的党性）并不要求做经济工作的共产党员不顾经济规律办事一样，它也并不要求做文艺工作的共产党员不顾文艺规律去创作。

有的同志这样问：现在党中央讲“文艺为人民服务，为社会主义服务”，“为人民服务，为社会主义服务”不就是“为政治服务”吗？为什么要变换一个说法？有什么好处？有什么必要？我认为，提出这个新口号，来代替“为政治服务”的旧口号，有很大的必要。两个口号有很大的不同。当然，我说这个话的时候，要声明，这两个口号不是截然不同的两回事，它们有很多共同的方面。但是也有很不同的方面。根本的不同在于新口号比旧口号在表达我们的文艺服务的目的方面，来得更加直接，给我们的文艺开辟的服务途径，更加宽广。因为人民，这是我们一切工作的目的，这是我们一切工作所努力服务的对象，此外没有第二个目的、第二个对象。共产党的宗旨就是为人民服务。毛泽东同志在《为人民服务》这篇文章里讲：“我们的共产党和共产党所领导的八路军、新四军是革命的队伍，我们这个队伍是完全为着解放人民的，是彻底地为人民的利益工作的。”在《论联合政府》里讲：“全心全意地为人民服务，一刻也不脱离群众；一切从人民的利益出发，而不是从个人或小集团的利益出发；向人民负责和向党的领导机关负责的一致性；这些就是我们的出发点。”“共产党人的一切言论行动，必须以合乎最广大人民群众的最大利益，为最广大人民群众所拥护为最高标准。”毛泽东同志在他的全部著作中，反复地讲了这个意思。这是毛泽东思想的一个基本点。“为人民服务，为社会主义服务”的提法比“为政治服务”的提法更本质，它的范围比“为政治服务”广阔得多。“为政治服务”，政治本身不是目的，政治是达到我们的目的的一种手段，固然是一种重要的手段，非常重要的手段，但它终究只是手段。政治的目的是为人民的利益。人民的利益，这才是目的。政治要从属于人民，从属于社会主义，这样的政治才是正确的；如果政治不从属于人民，不从属于社会主义，这样的政治就是错误的。所以，我们提出文艺“为人民服务，为社会主义服务”，这就把直接的、根本的目标摆到了我们面前，而不需要经过一个间接的目标。这个间接的目标——政治，它的范围是有限的，是比较狭窄的。而人民、社会主义，这是根本的目标，是非常广阔的概念。它们把政治包含在内，但不单单归结为政治。它们是政治的目的，政治的正确性归根到底要用人民的利益、社会主义的利益来衡量和保证。如果说我们“为人民服务，为社会主义服务”，也就是“为政治服务”，那么，这正好说明我们的政治跟人民的利益、社会主义的利益完全一致，以人民的利益、社会主义的利益为归依。那么，提“为人民服务，为社会主义服务”有什么不好呢？还需要有什么争论呢？为什么在有些同志看来，说“为政治服务”，就似乎光彩、革命一些，而说“为人民服务”，反而显得好像有些犯了错误，好像对毛泽东思想有些动摇，好像有点资产阶级自由化了呢？这是什么逻辑呢？“为人民服务”的口号不正是毛泽东同志自己提出来的吗？我们党不就是为人民服务，为社会主义服务的吗？我们的政治不就是为人民服务，为社会主义服务吗？所以，在这个问题上的争论我认为不必再进行下去了。在这个问题上，争论的时间已经够长了，我们非常希望大家的力量不要消耗在这些方面，不要为了这些问题而形成隔阂。我尊重这些提出异议的同志，我认为他们是革命家，可是我希望这些同志能够接受这个观点。

有人问，如果我们继续用“文艺为政治服务”的口号有什么不可以呢？有一些文学艺术，比如说政治宣传画、政治讽刺画，当然还有其他许多形式或者作品，可以而且需要“为政治服务”，即使是狭义理解的“为政治服务”，这是很明显的。但是这远不能代表文学艺术的全体。我们不能把人类历史上的文学艺术——除掉我们所要剔除的那一部分糟粕以外——都贴上“为政治服务”的标签，那是做不到的。中国文学作品最早的集子是《诗经》，《诗经》的第一首是《关雎》，按照古人的说法这首诗是歌颂“后妃之德”的。那么，这大概可以说是“为政治服务”了吗？但是我们不能承认。我们不能说“关关雎鸠，在河之洲”是为什么政治服务的。如果这样讲，我们就不是在做严肃的马克思主义的文艺理论研究，而是在讲笑话、说相声了。孔夫子对于诗的观点是比较开明的。他说：“小子何莫学夫诗？诗，可以兴，可以观，可以群，可以怨。迩之事父，远之事君；多识于鸟兽草木之名。”前面那四句话说得很好。“兴”有各种各样的解释，我们可以说是兴起一种意念，兴起一种愿望，兴起一种感情。“观”，按照古人的解释是观风俗之兴衰，我们也可以解释为观察，或者按照时髦的说法，也就是文艺作品的认识价值。“群”，就是把群众联系起来，文学艺术是可以有这个作用的。前些日子北京组织合唱团，举行合唱节，大家都来唱，这不也是“可以群”吗？“怨”，就是有不满、不平、不快要表现出来。这也有好处，因为既然有怨，就应该知道是什么怨，为什么怨，然后才能知道怎样去平息这种怨（如果可以平息）。孔夫子并没有把歌颂和暴露绝对地对立起来。他认为，诗可以歌颂，也可以暴露；可以抒情，也可以叙事。他是一个眼光、胸怀比较广阔的人，我们要在这些方面学习孔夫子。当然，孔子说“远之事君”，这也可以说是孔子提倡文艺为政治服务。可是他这样的话，并没有在文学史上起多大作用。我们中国流传的小说、戏曲、诗歌，究竟有几本是“远之事君”的呢？我看，是很少的。在我们的戏曲中的皇帝，没有几个是正面人物。就是皇帝不是正面人物的戏，慈禧太后她也是看的。我们的胸怀难道比孔夫子或者慈禧太后还要狭隘吗？

我们是为人民服务的，我们的作品是反映人民的生活的。我们站在人民的立场上，不是分裂人民、污辱人民，而是团结人民，鼓舞和教育人民，这样的文艺作品，我们都欢迎。有一部分艺术作品（文学也有，姑且不说），是很难指出它的政治内容，很难说它是为哪个政治服务的。我们看看这里墙壁上挂的几幅画。《武汉长江大桥》，我们说它是为政治服务，说它是为人民服务，为社会主义服务的，也一样嘛！另外三幅画，《松》、《竹》、《梅》，很难说是为哪个政治服务的。当然，它们可以表现人的品质，但是要看什么人、在什么具体历史环境下去看。难道能够说《松》、《竹》、《梅》这类作品只会得到拥护社会主义的人赏识，不会得到不拥护社会主义的人赏识吗？只有无产阶级有这种品质，资产阶级、地主阶级就不能有这种品质吗？事实上，用松竹梅来表现人的品质，正开始于地主阶级。音乐作品更加是这样（我不是指唱的某些歌词，而是说乐曲）。无论中外历史上的乐曲，其中只有很少数是有政治倾向的，大多数是没有的。比方说广东音乐《步步高》、《雨打芭蕉》，或者江南丝竹《春江花月夜》，能够说它们是为政治服务的吗？能够因为这些东西不是为政治服务，或者说，不是为我们今天的政治服务的，就不让这些节目演出吗？能够把这些作品从音乐史上勾销吗？我们不是这样胸怀狭窄的人。我们要领导全社会，要组织十亿人口的社会生活，要满足全体人民各种各样的物质和文化需要。我们的文艺作品，毫无疑问，它的思想内容的主要倾向（如果有倾向）是要拥护人民，拥护社会主义，拥护党，表现某些强烈的政治主题，这是我们提倡的。但是，我们并不认为，这是文学艺术的惟一主题。鲁迅在关于“国防文学”问题的论战中，在答徐懋庸的信里说过这样的话：“‘国防文学’不能包括一切文学，因为在‘国防文学’与‘汉奸文学’之外，确有既非前者也非后者的文学，除非他们有本领也证明了《红楼梦》、《子夜》、《阿Q正传》是‘国防文学’或‘汉奸文学’。”能够因为当时要提倡“国防文学”，或者说，要提倡抗战文学，民族革命战争的大众文学，就把《红楼梦》、《子夜》、《阿Q正传》排除在外吗？鲁迅早就看到了这一点。鲁迅的一生，都是为政治奋斗，为正义奋斗，为社会进步奋斗的，但是鲁迅的文艺观点是宽广的。

我今天讲的话，很不适合于茶会的调子，这是因为我没有学好文学艺术。我这个人，说实在的，只会为政治服务，我一辈子就是为政治服务。但是我知道，我为政治服务，就是要为人民服务。而且，愈是为政治服务，我就愈感觉到政治不是目的，政治如果离开了人民的利益，离开了为社会主义、共产主义的目的，就要犯错误。今天我们最重要的政治，就是要集中力量建设高度的物质文明，建设高度的社会主义精神文明，改善人民的物质生活和文化生活。为政治服务，就不得不为人民生活的各种需要服务。政治也不得不为经济服务，不得不为教育服务，不得不为文化服务，其中也包括为文学艺术服务，还要为很多很多的东西服务。各种各样的人民利益，各种各样的人民需要，都要去服务。我希望今天我讲的话，也能够为人民的需要服务。

谢谢大家。

作者主要著作目录

《胡乔木文集》第一卷　人民出版社 1992年6月出版

（收作者1941年6月至1986年2月所写社论、政论114篇，其他的评论和评论性新闻12篇。编为文集的第一辑。）

《胡乔木文集》第二卷　人民出版社 1993年7月出版

（收作者1950年3月至1991年8月所写的论文、文章和在党的会议上的讲话共40篇，按内容分为党的历史部分、理论和政策部分两辑。）

《胡乔木文集》第三卷　人民出版社 1994年12月出版

（收作者1939年5月至1991年1月期间的作品74篇，按内容分为两辑：第四辑收录中华人民共和国成立后作者在各种思想文化工作会议上的讲话以及与有关部门和地方负责同志的谈话共26篇，内容涉及理论、宣传、新闻、出版、翻译、历史、教育、法制、语言文字、文学艺术以及经济建设等方面；第五辑48篇，收录作者从30年代至90年代撰写的各种体裁的有代表性的文字。）

《胡乔木回忆毛泽东》　人民出版社 1994年9月出版

（此书是作者回忆毛泽东40年代和50年代思想和活动著作的未完成稿。分两部分：第一部分《谈话录》，共14篇，是作者自1990年2月至1991年12月二十多次谈话的记录整理稿；第二部分《初拟稿》，共19篇，是写作组成员按作者意见写的初稿，起自1941年皖南事变，终于 1949 年共同纲领的制定。)

《乔木文丛·胡乔木谈中共党史》 人民出版社 1999 年 9 月出版

(收作者 1979 年至 1991 年有关中共党史的论文和讲话、谈话共 37 篇。)

《乔木文丛·胡乔木谈新闻出版》 人民出版社 1999 年 9 月出版

(分《谈新闻》和《谈出版》两部分,收作者 1942 年至 1991 年有关新闻出版的文章、文稿、讲话、谈话、书信共 90 篇,其中《谈新闻》61 篇,《谈出版》29 篇。)

《乔木文丛·胡乔木谈语言文字》 人民出版社 1999 年 9 月出版

(收作者 1936 年至 1991 年有关语言文字的文章、讲话、谈话、书信共 56 篇。)

《乔木文丛·胡乔木谈文学艺术》 人民出版社 1999 年 9 月出版

(收作者 1930 年至 1992 年有关文学艺术的文章、讲话、谈话、书信共 71 篇。)

《人比月光更美丽》 人民文学出版社 1988 年 4 月第 1 版,1993 年 7 月第 2 版

(此书第二版收作者 1939 年至 1992 年创作的诗歌 79 首。分两辑:第一辑为新诗,共 32 首,其中歌词 5 首;第二辑为旧体诗词,共 19 题 47 首。另有附录 7 篇。)

《胡乔木诗词集》 人民出版社 2002 年将出版

(收作者 1930 年至 1992 年创作的诗歌 107 首。分正编和补编两部分。正编基本上按《人比月光更美丽》第一版编辑,所不同者:补入作者生前一直寻找而不得的新诗一首;将第二版按家属意见收录的歌词 5 首与新发现的歌词 1 首,合成一组,收入补编。补编收录 33 首,除收入歌词 6 首外,收录了作者生前公开发表而没有收入《人比月光更美丽》的新诗 9 首,没有公开发表过的新诗 3 首,公开发表过的旧体诗词 15 首。此外,还增收附录 3 篇,其中包括作者对自己所写旧体诗词 42 首的白话试译。)

《胡乔木书信集》 人民出版社 2002 年将出版

(收作者 1945 年至 1992 年的书信四百余封。)

作者年表

1912年

6月1日，生于江苏盐城鞍湖乡北张本村的一个地主家庭。原名胡鼎新。

1918年

秋，入北张本村鞍湖小学读书。

1924年

秋，入扬州江苏省立第八中学读初中。

1927年

秋，入江苏省立扬州中学读高中（理科）。

1930年

3—5月，在《扬州中学校刊》上发表诗文多篇。在《近代文艺观测》一文中表明信奉科学社会主义。

夏，在扬州中学毕业。

秋，考入清华大学物理系。进校后，改入历史系。不久，加入左联。

12月，在清华大学加入共青团。

1931年

春，任清华大学团支部书记。随后，又任共青团北平市西郊区委书记。办民众夜校，在工人、农民中发展团员。为革命刊物《北方青年》主编之一。

秋，调任北平团市委委员、宣传部长，参加北平市反帝大同盟的领导工作。九·一八事变后，参与领导北平学生和工人的抗日爱国运动。主编《工农兵小报》。被北平市公安局列入缉捕的黑名单。

1932年

春节，河北团省委"左"倾领导宣布解散北平团市委，被撤销一切工作。

5月，回盐城，在家乡从事进步活

动。

秋，在盐城加入中国共产党。先后主编半文艺半时事性刊物《海霞》、《文学青年》。

1933 年

夏，因盐阜特委负责人叛变，离盐城，考入浙江大学外文系英语专业读书。组织秘密读书会，传播进步思想和马列主义。

1934 年

10 月起，在《国立浙江大学校刊》上发表诗文、译作。

年底，因参与领导反对校长的学潮而被责令退学。

1935 年

1 月，到上海，参加左翼文化运动。担任“社联”沪东区书记，参加“社联”编辑部工作，为主要撰稿人。

5 月，重新加入中国共产党。

6—7 月，“社联”党团改组，为成员之一。并被选为社联常委。

7—8 月，调任“中国左翼文化界总同盟”（简称“文总”）中共党团成员、宣传部长。

11 月，由中央“文委”决定，任“文总”党团书记。

1936 年

2 月，“文总”解散，中共江苏省临时工作委员会（简称“江苏临委”）成立，为临委委员。

春，接待平津来沪学生领袖，指导全国学联筹备工作。

8 月，“江苏临委”结束，参加“上海救委”领导工作。

9 月，化名胡定九，隐蔽到培明女中任英文教员。

1937 年

初，入光华大学外文系读书。

5 月，奉党组织调遣离开上海赴延安。

7—9 月，在中共中央宣传部党内教育科工作，后任陕北公学招生委员会委员，至陕西三原、云阳等地招生。

10 月，在三原举办战时短期青年训练班。第二期起迁至泾阳县云阳镇北之安吴堡，任青训班副主任，主管教务。

1938 年

6 月，接待“世界学联代表团”。

7 月，与谷羽结婚。

8 月，赴延安参加“西北青年救国会第二次代表大会”筹备工作。

10 月，出席“西北青年救国会第二次代表大会”。会后成立中央青年工作委员会（简称“青委”），任委员。

1939 年

4 月，中央青委机关刊物《中国青年》复刊，任社长、主编。在《中国青年》上发表《青年运动中的思想问题》、《反迷信提纲》、《科学和科学家的故事》等。

夏，任中央青委宣传部长、南方委员会委员。

9 月，受命与冯文彬一起到南方巡视青年工作。

年底，回到延安。继续主编《中国青年》。

1940 年

5 月，安吴青训班撤到延安，改名“泽东青年干部学校”，任教务长。

1941 年

2 月起，任毛泽东秘书（至 1966 年“文化大革命”爆发）、中共中央政治局秘书（至 1948 年）。在毛泽东指导下编辑《六大以来》、《六大以前》、《两条路线》等历史文献。

1942 年

4 月，协助毛泽东领导《解放日报》改版工作，参与整顿《解放日报》。自此至 1946 年为《解放日报》写了不少社论、时评。

5 月，出席延安文艺座谈会，参与领导文艺界的整风运动。协助整理毛泽东的《在延安文艺座谈会上的讲话》。

1943 年

9 月，列席中央政治局扩大会议（即中央政治局整风会议），至 1944 年 5 月结束。

1944 年

5 月起，参加《关于若干历史问题的决议》的起草工作。列席中共扩大的六届七中全会（5 月 21 日至 1945 年 4 月 20 日）。

1945 年

4—6 月，出席中国共产党第七次代表大会。

8 月 28 日，随毛泽东赴重庆谈判。参与《双十协定》的起草。毛泽东回延安后，继续留在重庆，参加文化宣传工作。

年底，返回延安。

1946 年

4 月，为《解放日报》撰写《驳蒋介石》等社论。

年底，在陕甘宁边区的陇东参加土改。

1947 年

4 月，随毛泽东转战陕北。途中为新华社撰写社论和新闻。执笔起草《中共中央关于土地改革中各社会阶级的划分及其待遇的规定（草案）》。

7 月，为中央起草关于“七·七”

抗战十周年纪念日发布的对时局的口号。

9月，为中央起草发布“中国人民解放军口号四十条”的命令。

10月，为中国人民解放军总部起草《中国人民解放军训令》。经毛泽东修改定稿，对三大纪律八项注意作统一规定。

12月，出席在杨家沟召开的中央政治局扩大会议。

1948年

5月，随毛泽东和中央前委到达河北省平山县西柏坡。任新华社总编辑。根据党中央的决定，具体负责新华社主要干部的集训。为中宣部和新华总社起草关于新闻宣传工作的指示。

1949年

2月，遵毛泽东嘱，为中共七届二中全会参加者开列“干部必读”书目十二种。

3月，列席中共七届二中全会，在会上作关于新闻工作的发言。为新华社起草《中共召开七届二中全会》于3月23日播发。

3月25日，随中央抵北平。

4月18日，当选为中国新民主主义青年团中央委员会委员。

5月11日，当选为中华全国民主青年联合会全国委员会委员。

6月15日，新政协筹备会在北平正式成立。参加共同纲领起草工作。

6月24日，任中共中央宣传部副部长，兼新华社社长。

7月，出席中华全国文学艺术工作者代表大会。

8月21日，为新华社撰写的社论《无可奈何的供状——评美国关于中国问题的白皮书》，经毛泽东审阅修改后发表。

本月，任中共中央机关报《人民日报》社社长（至本年12月）。

本月，任中华全国新闻工作者协会筹委会主任。

9月21日至30日，出席中国人民政治协商会议第一届全体会议。当选为第一届全国政协委员。

10月1日，为新华社撰写的社论《中华人民共和国万岁！》发表。

10月19日，任中央人民政府政务院文化教育委员会委员、秘书长，新闻总署署长（至1952年）。

本月，中国文字改革协会成立，为发起人之一。

12月4日，当选为中国文字改革协会常务理事会副主席。

1950年

3月29日，在全国新闻工作会议上

作《关于目前新闻工作中的两个问题》的报告。

5月，中共中央毛泽东选集出版委员会正式成立，参加编辑工作。

6月，在中共七届三中全会上作整风问题发言。

下半年，任中宣部常务副部长兼秘书长。

10月26日，任中国人民抗美援朝总会常务委员。

1951年

5月7日，出席党的第一次全国宣传工作会议，作《关于党的宣传教育工作的几个问题》的讲话。

5月24日，受毛泽东指派，参加指导全党整风三人委员会，为主任。

6月6日，主持撰写的《人民日报》社论《正确地使用祖国的语言，为语言的纯洁和健康而斗争》发表。

6月22日，所作《中国共产党的三十年》，经毛泽东审阅、批示，在《人民日报》发表。

7月9日，召集党的翻译工作会议，讨论《斯大林全集》的翻译工作和《毛泽东选集》的俄译、校阅问题。提议成立党中央翻译工作委员会。任该委员会主持人。

12月26日，任中国文字改革研究委员会委员。

1953年

1月13日，任中华人民共和国宪法起草委员会委员。

10月1日，任中共中央文字问题委员会主任。

12月，任中共中央政治局决定成立的宪法起草小组成员。随毛泽东到杭州起草宪法。

本月，为中共中央宣传部起草《关于党在过渡时期总路线的学习和宣传提纲》，经中共中央批准发出。

本年，当选为第一届全国政协常委。

1954年

2月，在毛泽东指导下起草的《关于增强党的团结的决议》在中共七届四中全会上通过。

3月中旬，宪法草案第四稿修改完成后，赴苏联诊治眼疾。8月回国。

9月27日，当选为一届全国人大常委会委员。

本月，任中共中央副秘书长。

12月16日，任中国文字改革委员会委员。

1955年

初，修改《农业生产合作社示范章程》。

3月15日，在全国政协作《汉字简化和改革的问题》报告。

5月9日，确定为中共八大政治报告

起草委员会成员、修改党章和修改党章报告起草委员会成员。

5月31日，任中国科学院哲学社会科学部委员。

11月23日，中央为准备召开知识分子问题会议成立“知识分子问题十人小组”，为成员之一。起草周恩来在知识分子问题会议上的报告。

本月，为中共中央对资本主义工商业改造十人小组成员之一。

1956年

2月，任中央推广普通话工作委员会委员。起草的《国务院关于推广普通话的指示》发出。

夏，为贯彻“双百”方针，代表中共中央领导《人民日报》的改版工作。

7月1日，为《人民日报》改版撰写的社论《致读者》发表。

9月15日至27日，出席中国共产党第八次全国代表大会。当选为中央委员。

9月28日，在中共八届一中全会上当选为中央书记处候补书记。

10月，任汉语拼音方案审订委员会副主任。

本月，作为刘少奇、邓小平率领的中共代表团成员，赴莫斯科与苏共会谈，共同处理波匈事件。

12月29日，根据中央政治局扩大会议讨论执笔撰写的《再论无产阶级专政的历史经验》，以《人民日报》编辑部文章发表。

1957年

3月15日，在中国新闻工作者第一次全国代表会议上作报告。

5月2日，为《人民日报》撰写的社论《为什么要整风?》发表。

6月至9月，按毛泽东关于反击右派的文章和讲话，为《人民日报》撰写社论多篇。

11月2日至21日，作为毛泽东率领的中国代表团团员，赴莫斯科参加十月革命节四十周年庆祝活动，随后出席社会主义国家共产党和工人党代表会议和接着召开的六十四国共产党和工人党会议。会前和会议期间，在毛泽东主持下，对苏共提出的《莫斯科宣言》草案进行了调整和修改。

1958年

1月10日，在全国政协作《〈汉语拼音方案〉（草案）的几点说明》。

3月至5月，参加起草刘少奇代表党中央向八大二次会议作的《工作报告》。

8月1日，参加毛泽东和来华访问的苏共中央第一书记赫鲁晓夫的会谈。

本月，参加起草在北戴河召开的中共中央政治局扩大会议的会议公报。

11月28日至12月10日，出席在武昌举行的中共八届六中全会，起草《关于人民公社若干问题的决议》。

1959年

4月，当选为二届全国人大常委会委员。

5月6日，根据中央政治局扩大会议讨论执笔撰写的《西藏的革命和尼赫鲁的哲学》，以《人民日报》编辑部文章发表。

7—8月，出席庐山会议。为会议纪要起草小组组长，主持起草《庐山会议诸问题的议定记录（草稿）》。会议后阶段参加起草八届八中全会决议、公报等文件。

1960年

2月上旬，在广州参加毛泽东读苏联《政治经济学（教科书）》。

春，全力投入《毛泽东选集》第四卷的编辑工作。

9月16日，作为邓小平任团长的中共代表团团员抵莫斯科，出席同苏共中央领导人举行的两党会谈。

10月10日至21日，参加1960年莫斯科会议文件起草委员会工作，并作为中共代表参加大会秘书处工作。

11月，作为刘少奇任团长的中共代表团团员出席八十一国共产党和工人党代表会议。起草重要发言稿。参加文件起草委员会会议。

12月24日至1961年1月13日，参加中共中央在北京召开的工作会议。

1961年

1月，出席中共八届九中全会。毛泽东在会上号召大兴调查研究之风，会后亲自领导三个调查组进行农村调查。其中一个调查组由胡乔木带领到湖南湘潭韶山冲等地调查。

2月至3月，在广州参加毛泽东主持召开的中央工作会议。讨论制定《农村人民公社工作条例（草案）》（即《六十条》）。

3月下旬至5月下旬，再度在湖南湘潭、湘乡等地进行调查。4月14日，致信毛泽东，报送关于解决公共食堂等问题的四份材料，反映多数群众不愿办公共食堂，还反映湘乡县存在饿死人等严重问题。4月15日，毛泽东即批示印发。

6月起，因神经衰弱症加剧而长期休养。

1964年

10月下旬，在杭州把休养中于10月写成的词十三首寄请毛泽东阅正。毛泽东悉心修改。12月2日，又将11月续作的三首词，与修改后的前作十三首合为《词十六首》再寄毛泽东，由毛泽东定稿。

1965 年

1 月 1 日，《词十六首》在《人民日报》和《红旗》杂志 1965 年第一期同时发表。

本月，当选为三届全国人大常委会委员。

9 月 29 日，《诗词二十六首》在《人民日报》和 10 月 1 日出版的《红旗》杂志第十一期发表。

1966 年

3 月，毛泽东在杭州召见胡乔木，嘱他回京后少说多看。

6 月，迁出中南海，住进南长街 123 号。

7 月底，中央文革小组开会当面批评胡乔木犯了一系列错误。江青指责他送诗词干扰毛主席工作，不许再送。

8 月 1 日至 12 日，出席中共八届十一中全会。

9 月 5 日，中共中央办公厅对胡乔木停发文件。

1967 年

2 月，在“一月革命”风暴后连遭揪斗。根据周恩来的意见，作出不得揪斗胡乔木的规定。

3 月 31 日，《红旗》杂志发表《爱国主义还是卖国主义？——评反动影片〈清宫秘史〉》，被半点名批判，又连遭批判斗争。

5 月 1 日，毛泽东在赴天安门途中经过胡乔木住宅，停车欲往访，因敲错门而未果。第二天晚安排前往胡宅，因江青阻挠而未遂。自此，不再直接揪斗。

12 月 26 日，被列入中央专案一办周扬专案组，进行审查。在被审查期间，认真研读《马恩选集》（四卷本），研究汉字结构，作《汉字部件论》。

1968 年

5 月 6 日，周扬专案组在审查报告中诬称胡乔木历史上“很可能被突击当了特务”，在 1959 年庐山会议上“大肆攻击三面红旗”。江青在 9 月 18 日的一次讲话中诬陷胡乔木曾“被捕叛变”。

1971 年

4 月 29 日，致信毛泽东，说明自己的历史是清楚的。为较快得出结论，请求中央指定一位同志同他谈一次话。毛泽东批示中央组织部找一二人同胡乔木谈话。

7 月 1 日，写出《我的历史上的三个问题》，澄清事实，说明历史清楚，没有问题。

1974 年

6 月 4 日，中央专案一办和中组部业务组向中央报送《关于胡乔木同志审查情况和处理意见的报告》，说明政治历史清楚，排除被捕、自首的“嫌疑”，但仍认为“犯有严重的政治错误”。

9 月 30 日，出席国庆招待会。

1975 年

1 月 6 日，邓小平约见，告知拟请他和吴冷西、胡绳、李鑫当国务院顾问，像过去“钓鱼台的班子”那样写一批反帝反修的文章。

7 月 5 日，国务院办公室发出通知：经毛主席、党中央批准，国务院政治研究室已经设立。由胡乔木、吴冷西、胡绳、熊复、于光远、李鑫、邓力群等同志组成。在此之前，经毛泽东批准，已参加毛泽东选集工作小组。自此，胡乔木领导国务院政研室协助邓小平进行 1975 年的整顿。主要工作有：调查研究，促进文艺调整；代管哲学社会科学部，筹办《思想战线》；协助修改《工业二十条》和《科学院工作汇报提纲》；指导撰写理论文章《论全党全国各项工作的总纲》等。同时，在邓小平领导下编辑《毛泽东选集》第五卷，整理出《论十大关系》等篇。

冬，“批邓、反击右倾翻案风”起，再次遭到打击、迫害。

1977 年

5 月 24 日，邓小平同王震、邓力群谈话时称胡乔木是“党内第一枝笔”。

本月起，主持新版《鲁迅全集》的注释和编辑出版工作。

8 月，出席科学教育工作座谈会。

本月初起，主持中央关于“三个世界划分”理论文章写作工作。至 10 月底，写成《毛主席关于三个世界划分的理论是对马克思列宁主义的重大贡献》，在 11 月 1 日《人民日报》上发表。

11 月，组建中国社会科学院，任院长、党组书记（至 1982 年）。

1978 年

3 月，当选为五届全国人大常委会委员。

春、夏，主持写作论述贯彻按劳分配原则、发展商品生产和商品交换的文章，先后在《人民日报》上发表。

7 月 28 日，在国务院务虚会上发言。以《按照经济规律办事，加快实现四个现代化》为题，在 10 月 6 日《人民日报》上发表。

10 月 7 日，主持召开第一次《中国大百科全书》总编辑委员会会议。任总编委会主任委员。

11—12 月，出席中央工作会议。协助邓小平起草在中央工作会议上的讲话《解放思想，实事求是，团结一致向前看》。在会议最后一天的分组会上发言，谈摆正个人和党的关系问题。

12 月，列席中共十一届三中全会。负责起草全会《公报》和《农村人民公社工作条例（试行）》等文件。在全会闭幕会上，增补为十一届中央委员。

本月下旬，经中央政治局会议决定，任中共中央副秘书长，负责中央文件的起草和对理论工作的指导；兼任毛泽东著作编委会办公室主任。领导《毛泽东选集》第一至四卷第二版的修订工作，主持编辑《毛泽东诗词集》。

1979 年

1 月 3 日，在中宣部碰头会上发表《关于社会主义时期阶级斗争的一些提法问题》的讲话。

本月，访问日本。

2 月，任全国人大法制委员会副主任。

3 月，协助邓小平起草 3 月 30 日在理论工作务虚会上的讲话《坚持四项基本原则》。

6 月，任全国人大法案委员会副主任。

7—9 月，在邓小平指导下，主持起草叶剑英代表中共中央、全国人大常委会、国务院在庆祝中华人民共和国成立三十周年大会上的讲话。

10 月 15 日，中共中央组织部向中央报送《关于胡乔木同志被审查情况和复查意见的报告》，肯定胡乔木政治历史清楚，对革命有重大贡献，为胡乔木同志彻底平反，恢复名誉。

本月起，在邓小平、陈云和中央政治局常委指导下，负责起草《建国以来党的若干历史问题的决议》。

11 月，访问罗马尼亚、南斯拉夫。

1980 年

1 月 29 日，中共中央成立中央党史委员会，在该委员会领导下成立党史编审委员会，为成员之一。在党史编委会下设立中共中央党史研究室，任主任（至 1982 年 4 月）。指导《中国共产党历史》上卷和《中国共产党的七十年》的编写和修改。

2 月，出席中共十一届五中全会。协助中纪委起草的《关于党内政治生活的若干准则》经全会通过。会议决定重新设立中央书记处，当选为中央书记处书记。

5月，任中共中央文献研究室主任（至1982年4月）。任主任期间及其后，为编辑出版《邓小平文选》第一、二卷和《周恩来选集》、《刘少奇选集》、《朱德选集》、《任弼时选集》、《陈云文选》等老一辈无产阶级革命家的著作集倾注了心血。

8月，协助起草邓小平8月18日在中共中央政治局扩大会议上的讲话《党和国家领导制度的改革》。

9月15日，出席中华人民共和国宪法修改委员会首次会议，任该委员会秘书长。协助叶剑英、彭真开展宪法修改工作。

1981年

6月，出席中共十一届六中全会。《关于建国以来党的若干历史问题的决议》经全会通过。

8月8日，在中共中央宣传部召集的思想战线问题座谈会上发表《当前思想战线的若干问题》的讲话。

1982年

1月23日，在中国文字改革委员会主任会议上发表《关于当前文字改革工作的讲话》，提出汉字整理和简化的15条原则和方法。

2月27日，在宪法修改委员会第二次全体会议上作《对宪法修改草案（讨论稿）的说明》。

3月11日，致信一位同志谈新闻工作的党性和人民性问题。

4月27日，在全国军事题材文学创作座谈会上讲话。

5月，倡议编写、出版《当代中国》丛书。7月，批准中国社会科学出版社的编写、出版方案。

6月25日，在中国文联四届二次全委会招待会上发表《关于文艺与政治关系的几点意见》的讲话。

9月1日至11日，出席中共第十二次代表大会。负责起草十二大报告和修改党章等。当选为中央委员。

9月12日，在中共十二届一中全会上当选为中央政治局委员。

10月5日，《关于共产主义思想的实践》在《人民日报》发表。

1983年

3月，任国务院学位委员会主任委员。

7月13日，在全国宣传工作会议上作《学习〈邓小平文选〉（一九七五——一九八二）》的讲话。

10月11日至12日，出席中共十二届二中全会。会前协助邓小平起草在全会上的讲话《党在组织战线和思想战线上的迫切任务》。全会通过《关于整党的决定》，任中央整党工作指导委员会顾问。

12 月 19 日，在卢沟桥视察，谈筹建“中国人民抗日战争纪念馆”的设想。

1984 年

1 月 3 日，在中共中央党校发表《关于人道主义和异化问题》的讲话。刊载于 1 月 27 日《人民日报》。

12 月，任中国莎士比亚研究会名誉会长。

1985 年

1 月 23 日，与中宣部新闻局同志谈“新闻工作的改革”。

本月，主持编辑的《遵义会议文献》由人民出版社出版。

3 月 26 日，积极支持筹建的中国现代文学馆正式开馆，代表中共中央在开馆典礼上讲话。

3 月 31 日，任中央党史领导小组副组长。

6 月 23 日，任中国社会科学院名誉院长。

1986 年

7 月，当选为吴玉章奖金基金委员会主任。

9 月 28 日，在中共十二届六中全会上作《坚持四项基本原则和加强精神文明建设》的发言。

12 月 24 日，在第一次全国地方志工作会议闭幕会上讲话。

1987 年

8 月，编定诗词集《人比月光更美丽》，由人民文学出版社于 1988 年 4 月出版。

10 月，出席中国共产党第十三次代表大会。当选为中央顾问委员会委员。11 月 2 日，在中顾委第一次全体会议上当选为常务委员会委员。

1988 年

5 月 26 日，出席河北省军民纪念党中央、毛主席移驻西柏坡四十周年大会，会后参观纪念馆的历史陈列展览和中共中央旧址，对展览提出改进意见。

1989 年

3—4 月，应邀赴美国访问，在加州理工大学、密执安大学、华盛顿威尔逊中心作《中国在五十年代怎样选择了社会主义》、《中国领导层怎样决策》等学术讲演。

10 月 29 日，在李大钊研究学术讨论会上作《纪念中国共产主义运动的伟大先驱李大钊》的讲话。

1990 年

2 月 19 日，谈关于写作《回忆毛泽东》一书的设想。

3 月 28 日，在全国党史工作部门负责人座谈会上作《加强党史的研究、宣传和教育》的讲话。

4月11日，致信两位同志谈对社会主义的新认识。

6月，与杨尚昆、薄一波一起向中央常委提议成立当代中国研究所，负责研究、编写中华人民共和国史，筹建国史馆。

9月，确诊患前列腺癌。

12月23日，出席人民出版社建社四十周年座谈会，讲话并题词。

1991年

4—5月，为纪念中共建党七十周年，抱病写作《中国共产党怎样发展了马克思主义》。该文在6月25日《人民日报》上发表。

6月26日，就写作《回忆毛泽东》给党中央送呈正式报告。9月，党中央批准成立编写组。先后同编写组成员作了二十多次谈话，审改了部分文稿。全书未及完成。后经党中央有关方面批准，1994年9月，分"谈话录"和"初拟稿"两部分，以《胡乔木回忆毛泽东》为书名，由人民出版社出版。

8月，在北戴河抱病审阅《中国共产党的七十年》，提出修改意见并作修改、补充，写《题记》。在10月8日召开的该书出版座谈会上发言。

9月，着手编辑《胡乔木文集》，决定分三卷五辑，并亲自选篇编目。

11月7日，出席新华社建社六十周年纪念会并讲话。

1992年

6月1日，八十诞辰。《胡乔木文集》第一卷由人民出版社出版。

9月25日，写定《人比月光更美丽》的《再版后记》。

9月28日，病故。